应用型本科国际经济与贸易专业精品系列规划教材

国际金融实务

主　编　李　蛟　张　欣
副主编　高　媛　陈凤新
　　　　郭艳慧　王丽华

北京理工大学出版社
BEIJING INSTITUTE OF TECHNOLOGY PRESS

内容简介

国际金融实务是一门理论与实际联系紧密的专业课程。为了突出"厚基础、宽口径、强能力、高素质"的复合型人才培养目标并满足本科经济管理类相关专业教学需求,本书对国际金融实务的基本原理和实际操作做了较为系统的梳理与介绍,主要围绕传统外汇交易、基础金融衍生产品交易、创新金融衍生产品交易以及国际金融风险管理等内容进行了较为详细的论述。全书共15章,分为基础模块、初级实操模块、中级实操模块、高级实操模块和综合运用模块五大部分。

本书在介绍国际金融实务的基本知识和原理的同时,注重与实际业务相结合。每章开头均设有引导案例,将国际金融领域的前沿动态融入教学实践,使读者有一种身临其境的国际金融市场体验。全书五大模块首尾呼应、循序渐进,能够更好地反映出国际金融市场发生的深刻变革,适应学科发展和社会需求,以培养具备全面国际金融风险管理能力的复合型多元化高级专业人才。

版权专有　侵权必究

图书在版编目(CIP)数据

国际金融实务 / 李蛟,张欣主编 . —北京:北京理工大学出版社,2019.9(2019.10 重印)

ISBN 978 – 7 – 5682 – 7561 – 3

Ⅰ. ①国… Ⅱ. ①李… ②张… Ⅲ. ①国际金融 – 高等学校 – 教材 Ⅳ. ①F831

中国版本图书馆 CIP 数据核字(2019)第 202588 号

出版发行 /	北京理工大学出版社有限责任公司
社　　址 /	北京市海淀区中关村南大街 5 号
邮　　编 /	100081
电　　话 /	(010)68914775(总编室)
	(010)82562903(教材售后服务热线)
	(010)68948351(其他图书服务热线)
网　　址 /	http://www.bitpress.com.cn
经　　销 /	全国各地新华书店
印　　刷 /	三河市天利华印刷装订有限公司
开　　本 /	787 毫米 × 1092 毫米　1/16
印　　张 /	25
字　　数 /	579 千字
版　　次 /	2019 年 9 月第 1 版　2019 年 10 月第 2 次印刷
定　　价 /	56.00 元

责任编辑 / 多海鹏
文案编辑 / 孟祥雪
责任校对 / 周瑞红
责任印制 / 李志强

图书出现印装质量问题,请拨打售后服务热线,本社负责调换

前　言

相对实体经济开放程度及市场对金融业的需求而言，中国金融业的开放水平相对偏低。根据经济合作与发展组织（OECD）发布的金融业开放指数，2016年年底中国金融业开放程度为0.51，低于OECD国家和G20国家的平均水平。随着中国金融市场的不断开放，已经出现跨市场、跨地域、跨国界的资本流动，而且产生很多金融创新。加快融入全球金融体系，引入更多的市场主体来参与竞争，可以提升整个金融体系的活力和资源配置效率。以银行业为例，2017年年底，中国银行业金融机构总资产突破250万亿元，资产规模居世界首位，已成为重要的世界金融大国。截至2018年12月末，中国银行业金融机构总资产为261.41万亿元，同比增长6.4%；总负债为239.90万亿元，同比增长6.0%。如此庞大的资产规模，只有在更开放的环境下配置资源才会更有效率，也会进一步降低风险。要想使中国从金融大国转变成金融强国，国内的金融机构需要适应开放环境、参与国际竞争，经受风雨历练，以增强国际竞争力：一方面，国内各类金融机构及其从业人员必须熟知国际金融市场的各类产品及其运作规则和惯例；另一方面，还要把国际上一些先进的金融产品和技术引入国内市场。这不仅需要金融机构从业人员精通这些国际金融产品和技术，还要求非金融机构及其从业人员甚至包括普通百姓熟知这些产品和技术，否则就可能落入"金融陷阱"或陷入"金融泥潭"。《国际金融实务》一书，立足中国对外经济发展的实际需要，结合国际金融业务发展的最新动态，对目前国际金融市场上一些常见的传统金融产品和衍生金融产品的一般原理和运作规范进行了系统的介绍，以帮助本书的读者更多、更深入地了解各类金融产品的特点和功能。

本书共分为基础模块、初级实操模块、中级实操模块、高级实操模块和综合运用模块五个部分。其中，在初级实操模块部分，归纳和梳理了三种传统的外汇交易——即期外汇交易、远期外汇交易和外汇掉期交易的运作以及套汇套利综合交易操作；在中级实操模块部分，详细介绍了金融期货（包括货币期货、利率期货、股票指数期货和股票期货）、金融期权（包括货币期权、利率期权和股票及股指期权）；在高级实操模块部分，总结了金融互换（包括货币互换和利率互换）、远期利率协议、票据发行便利以及信用衍生产品的基本交易原理和实际运用。此外，在基础模块部分兼顾国际金融实务涉及的外汇、汇率、国际收支及国际储备等基础知识，而在综合运用模块部分又将国际金融市场、国际资本流动与国际金融

· 1 ·

危机之间的关联影响同国际金融风险管理形成了较为连贯的有机整体。

本书可作为高等院校国际经济与贸易专业、其他经管类专业以及相关涉外专业本科生教学用书，也可作为各类金融机构从业人员和外贸企业管理人员的学习参考书。

本书由李蛟、张欣担任主编，并设计框架、拟定大纲、负责全书的统稿。本书具体编写分工如下：

第1章和第2章由陈凤新、王丽华负责；第3~7章由高媛、郭艳慧负责；第8~13章由李蛟、张欣负责；第14章和第15章由郭艳慧、陈凤新、张欣负责。

在本书编写过程中，编者得到了河北大学"精品教材"建设项目（项目编号为2017-BZ-JPJC09）以及"河北大学工商学院应用型课程"建设项目（项目编号为2018KCJS13）的大力帮助，感谢张欣女士在资料收集、文字输入和校勘等上面所付出的辛勤工作。同时，本书的顺利完稿离不开河北大学"双一流"学科建设专项资金以及河北大学经济学院各位领导和同事的大力支持，在此表示衷心的感谢。此外，本书在编写过程中参阅了国内外很多同行专家的著作，他们的成果不仅启发了我们的写作思路，也为我们提供了丰富的参考资料，在此一并表示感谢。

由于时间仓促和水平有限，书中难免有不当和疏漏之处，敬请广大读者批评指正（联系邮箱为lijiao444@sina.com）。

编　者

第1部分 基础模块

第1章 国际收支与国际储备 (3)
1.1 国际收支 (4)
1.1.1 国际收支概述 (4)
1.1.2 国际收支平衡表 (6)
1.1.3 国际收支分析 (14)
1.2 国际储备 (23)
1.2.1 国际储备概述 (23)
1.2.2 国际储备管理 (32)
1.3 中国的国际收支结构变化与外汇储备规模及结构变化 (37)
1.3.1 中国的国际收支结构变化 (37)
1.3.2 中国的外汇储备规模及结构变化 (41)

第2章 外汇与汇率 (46)
2.1 外汇 (47)
2.1.1 外汇的概念和特征 (47)
2.1.2 外汇的类型 (49)
2.2 汇率 (49)
2.2.1 汇率的概念 (49)
2.2.2 汇率的标价方法 (49)
2.2.3 汇率的种类 (51)
2.3 汇率的决定与变动 (55)
2.3.1 汇率决定的基础 (55)

  2.3.2 影响汇率变动的因素 …………………………………………………… (56)
  2.3.3 汇率变动对一国经济的影响 ………………………………………… (59)

第2部分 初级实操模块

第3章 外汇市场与外汇交易规则 ………………………………………… (67)
 3.1 外汇市场概述 …………………………………………………………… (68)
  3.1.1 外汇市场的概念 ……………………………………………………… (68)
  3.1.2 外汇市场的种类 ……………………………………………………… (68)
  3.1.3 外汇市场的结构 ……………………………………………………… (69)
  3.1.4 外汇市场的特点 ……………………………………………………… (70)
 3.2 外汇交易运行系统 ……………………………………………………… (72)
 3.3 外汇交易规则 …………………………………………………………… (73)
  3.3.1 交易货币 ……………………………………………………………… (73)
  3.3.2 交易时间 ……………………………………………………………… (74)
  3.3.3 交易报价 ……………………………………………………………… (75)
  3.3.4 交易交割 ……………………………………………………………… (75)

第4章 即期外汇交易 ……………………………………………………… (77)
 4.1 即期外汇交易概述 ……………………………………………………… (79)
  4.1.1 即期外汇交易的概念 ………………………………………………… (79)
  4.1.2 即期外汇交易的报价与取价 ………………………………………… (79)
 4.2 即期外汇交易原理与操作 ……………………………………………… (81)
  4.2.1 即期外汇交易原理 …………………………………………………… (81)
  4.2.2 即期外汇交易操作 …………………………………………………… (82)
 4.3 即期外汇交易运用 ……………………………………………………… (88)

第5章 远期外汇交易 ……………………………………………………… (91)
 5.1 远期外汇交易概述 ……………………………………………………… (92)
  5.1.1 远期外汇交易的概念 ………………………………………………… (92)
  5.1.2 远期外汇交易的种类 ………………………………………………… (92)
  5.1.3 远期汇率的报价 ……………………………………………………… (93)
  5.1.4 远期汇率的套算 ……………………………………………………… (94)
 5.2 择期远期外汇交易 ……………………………………………………… (95)
  5.2.1 择期远期外汇交易的概念及分类 …………………………………… (95)
  5.2.2 择期远期外汇交易的定价 …………………………………………… (95)
 5.3 零星远期外汇交易 ……………………………………………………… (97)
 5.4 远期外汇交易的操作与运用 …………………………………………… (98)

5.4.1　保值性远期外汇交易 (98)
　　5.4.2　投机性远期外汇交易 (101)

第6章　外汇掉期交易 (104)

6.1　外汇掉期交易概述 (105)
　　6.1.1　外汇掉期交易的概念 (105)
　　6.1.2　外汇掉期交易的种类 (105)
6.2　外汇掉期交易的掉期汇率的计算 (107)
6.3　外汇掉期交易操作及运用 (108)
　　6.3.1　客户外汇掉期交易的操作及运用 (108)
　　6.3.2　银行外汇掉期交易的操作及运用 (110)

第7章　套汇与套利交易 (114)

7.1　套汇交易 (115)
　　7.1.1　套汇的概念 (115)
　　7.1.2　套汇的种类 (115)
7.2　套利交易 (117)
　　7.2.1　非（或未）抵补套利 (117)
　　7.2.2　抵补套利 (118)

第3部分　中级实操模块

第8章　金融衍生产品概述 (123)

8.1　金融衍生产品的概念、特点和分类 (124)
8.2　金融衍生产品的功能与发展 (127)
　　8.2.1　金融衍生产品的功能 (127)
　　8.2.2　金融衍生产品的发展 (128)

第9章　金融期货交易 (132)

9.1　金融期货概述 (133)
　　9.1.1　金融期货的概念、类型及其特点 (133)
　　9.1.2　金融期货定价的基本原理 (135)
9.2　货币期货 (143)
　　9.2.1　货币期货的含义及其特点 (143)
　　9.2.2　货币期货套期保值 (145)
9.3　利率期货 (148)
　　9.3.1　利率期货的含义及种类 (148)
　　9.3.2　利率期货交易规则 (149)

    9.3.3　利率期货（债券类期货）套期保值 …………………………………… (159)
  9.4　股票指数期货 …………………………………………………………………… (170)
    9.4.1　股票指数期货的含义及其特点 ………………………………………… (170)
    9.4.2　股票指数期货的交易规则 ……………………………………………… (172)
    9.4.3　股票指数期货套期保值 ………………………………………………… (176)
  9.5　股票期货 ………………………………………………………………………… (177)
    9.5.1　股票期货的含义 ………………………………………………………… (177)
    9.5.2　股票期货的特点 ………………………………………………………… (182)

第10章　金融期权交易 ……………………………………………………………… (184)

  10.1　金融期权概述 ………………………………………………………………… (185)
    10.1.1　金融期权的概念和分类 ……………………………………………… (186)
    10.1.2　金融期权市场的交易制度 …………………………………………… (190)
    10.1.3　金融期权交易的单一部位策略 ……………………………………… (191)
    10.1.4　金融期权的风险管理 ………………………………………………… (195)
  10.2　货币期权 ……………………………………………………………………… (209)
  10.3　利率期权 ……………………………………………………………………… (212)
  10.4　股票期权和股票指数期权 …………………………………………………… (216)

第4部分　高级实操模块

第11章　金融互换交易 ……………………………………………………………… (223)

  11.1　金融互换概述 ………………………………………………………………… (225)
    11.1.1　金融互换的概念 ……………………………………………………… (225)
    11.1.2　金融互换的产生 ……………………………………………………… (225)
    11.1.3　金融互换的功能 ……………………………………………………… (227)
    11.1.4　金融互换的特点 ……………………………………………………… (228)
    11.1.5　金融互换交易的经济学基础 ………………………………………… (230)
  11.2　货币互换 ……………………………………………………………………… (234)
    11.2.1　货币互换的含义和种类 ……………………………………………… (234)
    11.2.2　货币互换的运用 ……………………………………………………… (238)
  11.3　利率互换 ……………………………………………………………………… (242)
    11.3.1　利率互换的含义和分类 ……………………………………………… (242)
    11.3.2　利率互换的运用 ……………………………………………………… (244)

第12章　远期利率协议与票据发行便利 …………………………………………… (250)

  12.1　远期利率协议 ………………………………………………………………… (252)
    12.1.1　远期利率协议的含义及基本条款 …………………………………… (252)

  12.1.2 远期利率协议的交割金额 …………………………………………………… (256)
  12.1.3 远期利率协议交易的基本术语、定价与报价 …………………………… (259)
  12.1.4 远期利率协议的运用 …………………………………………………… (263)
 12.2 票据发行便利 …………………………………………………………………… (266)
  12.2.1 票据发行便利的概念与类型 …………………………………………… (266)
  12.2.2 票据发行便利的发行费用 ……………………………………………… (267)
  12.2.3 票据发行便利的特点与风险 …………………………………………… (268)
 12.3 浮动利率票据 …………………………………………………………………… (269)
  12.3.1 浮动利率票据的概念与发行条件 ……………………………………… (269)
  12.3.2 浮动利率票据市场的结构 ……………………………………………… (270)
  12.3.3 浮动利率票据交易的主要策略 ………………………………………… (272)

第13章 信用衍生产品交易 …………………………………………………………… (277)

 13.1 信用衍生产品概述 ……………………………………………………………… (279)
  13.1.1 信用衍生产品的产生 …………………………………………………… (279)
  13.1.2 信用衍生产品市场的发展 ……………………………………………… (280)
  13.1.3 信用衍生产品市场的参与者 …………………………………………… (282)
  13.1.4 信用衍生产品的关键术语 ……………………………………………… (283)
  13.1.5 信用衍生产品的作用 …………………………………………………… (290)
 13.2 典型信用衍生产品交易 ………………………………………………………… (291)
  13.2.1 信用违约互换 …………………………………………………………… (291)
  13.2.2 总收益互换 ……………………………………………………………… (293)
  13.2.3 信用价差期权 …………………………………………………………… (296)
  13.2.4 信用联系票据 …………………………………………………………… (298)

第5部分 综合运用模块

第14章 国际金融市场、欧洲货币市场与国际资本流动 ……………………………… (305)

 14.1 国际金融市场与国际融资 ……………………………………………………… (307)
  14.1.1 国际金融市场 …………………………………………………………… (307)
  14.1.2 国际融资 ………………………………………………………………… (313)
 14.2 欧洲货币市场与离岸金融市场 ………………………………………………… (331)
  14.2.1 欧洲货币市场的概念和特点 …………………………………………… (331)
  14.2.2 欧洲货币市场的形成和发展 …………………………………………… (333)
  14.2.3 欧洲货币市场的类型 …………………………………………………… (335)
  14.2.4 欧洲货币市场的经济影响 ……………………………………………… (336)
 14.3 国际资本流动与国际金融危机 ………………………………………………… (337)

14.3.1　国际资本流动 ………………………………………………… (337)
　　14.3.2　20世纪80年代以来的典型金融危机 …………………… (345)
　　14.3.3　金融危机爆发的原因及危害 ……………………………… (353)

第15章　国际金融风险管理 …………………………………………… (355)
15.1　国际金融风险管理概述 …………………………………………… (356)
15.2　商业银行的风险管理 ……………………………………………… (357)
15.3　工商企业的风险管理 ……………………………………………… (365)
　　15.3.1　汇率风险管理 ………………………………………………… (365)
　　15.3.2　利率风险管理 ………………………………………………… (372)
15.4　国家风险评估与管理 ……………………………………………… (375)
　　15.4.1　国家风险概述及其类型 ……………………………………… (375)
　　15.4.2　国家风险评估 ………………………………………………… (377)
　　15.4.3　国家风险的管理措施 ………………………………………… (381)

参考文献 ……………………………………………………………………… (386)

第1部分　基础模块

第1章

国际收支与国际储备

学习目标

初步了解国际收支和国际收支平衡表的基本概念以及国际收支平衡表的内容和编制原则；理解国际收支平衡与失衡的内涵；掌握国际收支的调节机制，并能够结合中国国际收支的实际变化状况，运用相关国际收支理论对一国的国际收支及相关问题进行解读和深层分析。

引导案例

当前中日贸易差额的变化及结构分析

日本财务省2019年2月20日发布的2019年1月贸易统计速报（以通关数据为准）显示，日本1月对中国出口比上年同月减少17.4%，大幅下降至9 581亿日元。连续2个月下降，且降幅与2018年12月（下降7.0%）相比进一步扩大。中美贸易摩擦和中国经济减速等正在产生影响，半导体制造设备等出口下降。

日本2019年1月贸易收支逆差（出口额减去进口额）为1.415 2万亿日元，连续4个月出现逆差。在日本对中国的出口中，电路等设备约占39%，半导体制造设备约占25%，均大幅减少。对亚洲整体出口减少13.1%。对美国汽车和机械等出口增长，但对欧盟（EU）出口（以船舶等为中心）减少。

日本财务省就对华出口大幅回落的原因表示："今年春节相比2018年提前了，这加剧了出口减少。中国经济的减速也可能产生了影响。"中国在春节期间进入长假模式，企业活动减少。2018年的春节是在2月中旬，2019年的春节是在2月初，这可能导致了对华出口同比大减。

受春节前的抢购需求影响，统计数据容易出现大幅波动。日本2018年1月的对华出口增加了30.8%。但目前中国除了经济减速感增强之外，中美贸易摩擦的影响也日益扩大。

在日本从中国的进口方面，计算机等商品表现坚挺，进口额增长 5.6%。整体的对华贸易收支逆差为 8 797 亿日元，逆差额比 2018 年同月增加 50%。

中美贸易摩擦的余波也会对日本的部分产业结构产生波及。中国向美国出口的采用日本零部件的完成品的渠道已经固定，可以说，这是日本经由中国的间接出口。如果美国对中国加收关税，那么对日本的影响必将增大。

各国际机构都估算了中美贸易摩擦的影响。国际货币基金组织（IMF）认为，如果美国对价值 2 670 亿美元的中国产品征收 25% 的关税，而中国也征收相应的报复性关税，那么中国的经济增长率到 2020 年将被拉低 0.9%，美国的经济增长率也将被拉低 0.3%。不过，日本将被小幅拉高 0.01%，欧元区将被拉高 0.04%。有观点认为，现阶段打击主要限于中美两国，对其他国家和地区的影响有限。但如果依据经济合作与发展组织（OECD）发布的"附加值贸易"数据，则对日本的影响将加大，OECD 的分析考虑了国际分工。

假设日本向中国出口 60 美元左右的零部件，而中国以 100 美元向美国出口完成品。一般情况，日本对中国出口计为 60 美元，中国对美国出口计为 100 美元。但在附加值贸易中，计算为日本向美国出口 60 美元，中国向美国出口 40 美元。

据 OECD 统计，根据通关数据和附加值来比较占日本出口额的比例时，按通关数据来看，中国为 22.1%，高于美国；但从附加值来看，美国为 22.2%，反超中国。其原因是日本创造的附加值通过中国的出口转移到美国的规模巨大。如果中美贸易摩擦激化，日本也有可能遭受打击。日本内阁府表示："通过附加值的依存关系，日本也将受到相应影响。"

从截至有可比数据的 2015 年来看，在中国出口的约 2 万亿美元中，日本创造了 1.8% 的附加值，其规模相当于贸易统计上的日本年出口额的约 5%。

按中国出口品类来看，占比最大的是信息通信设备。其中，在华为等公司的 4 900 亿美元的出口额中，日本创造了 3.3% 的附加值。

（资料来源：日本 1 月对华出口大减 17%，连续 2 个月下降[EB/OL]．日本经济新闻中文网，2019 - 02 - 20，http://218.213.94.166/politicsaeconomy/investtrade/34393 - 2019 - 02 - 20 - 09 - 53 - 10.html；日本在中国出口创造 346 亿美元附加值[EB/OL]．日本经济新闻中文网，2019 - 02 - 26，http://218.213.94.166/politicsaeconomy/investtrade/34461 - 2019 - 02 - 26 - 05 - 00 - 00.html）

1.1 国际收支

1.1.1 国际收支概述

当今世界是一个高度开放的世界，各国之间的政治、经济、文化等方面的往来日益频繁，全球经济一体化已成趋势，各国都积极参与对外经济往来，国际经济关系错综复杂。国与国之间从事各种交易活动，不管是商品的输出输入、资金的借贷、跨国性的投资，还是非商业性交易，最终都是以国际收支体现出来的。国际收支已成为影响或决定一个国家国际储备、货币汇率与另一国家内外经济协调发展的一个重要因素。

国际收支（Balance of Payments）概念有狭义和广义两个层面。狭义的国际收支是建立在现金基础（Cash Basis）上的，即一个国家或地区在一定时期内，由于经济、文化等各种对外交往而发生的、必须立即结清的外汇的收入与支出；广义的国际收支是指一个国家（或地区）的居民与非居民在一定时期内全部经济交易的系统记录。要全面、准确地理解国际收支的概念，需要把握以下几个方面的特征：

第一，国际收支是一个流量概念，它与一定的报告期相对应，描述的是这一时期的发生额。各国一般以1年为报告期。国际借贷（Balance of International Indebtedness）也称为国际投资头寸（International Investment Position），是指一定时点上一国居民对外资产和对外负债的汇总。这是一个存量概念，它与一定的时点相对应，描述的是这一时间的余额。国际收支与国际借贷是既相互区别又相互联系的两个概念，国际借贷这一存量的变化，正是由国际收支所涵盖的对外经济交易引发的。

第二，国际收支反映的内容是经济交易，并以货币的形式记录。国际收支虽名为收支，但实际上并非以收支为基础，而是以交易为基础。所谓交易，是指经济价值从一个单位向另一个单位的转移。根据转移的内容和方向，经济交易可划分为五类：金融资产与商品和劳务之间的交换，即商品和劳务的买卖；商品和商品与商品和劳务之间的交换，即易货贸易；金融资产与金融资产之间的交换；无偿的、单向的商品和劳务转移；无偿的、单向的金融资产转移。

第三，国际收支记录的必须是发生在本国居民与非居民之间的经济交易。居民既包括自然人，也包括政府、企业、非营利团体等其他经济单位。在国际收支统计中，一国居民与非居民的划分以居住地为标准，而非以国籍或法律为标准；具体来说，其是以经济利益中心（Center of Economic Interests）所在地，即从事生产、消费等经济活动和交易的所在地为划分标准。因此，国际收支统计中的居民是指在一个国家的经济领土内具有经济利益，即在所在国从事1年或1年以上的经济活动和交易的经济单位（政府、企业、非营利团体等）和自然人。例如，凡在一国居住时间长达1年以上的自然人，无论其国籍如何，都属于居住国的居民；跨国公司设在其他国家的子公司属于所在国的居民。但作为例外，一个国家的外交使节、驻外军事人员等代表本国政府的个人和机构，尽管在另一国居住1年以上，仍是本国居民，是居住国的非居民。此外，国际性机构，如联合国、世界银行、国际货币基金组织等不是某一国的居民，而是任何一国的非居民。

我国自2013年11月9日修订、2014年1月1日实施的《国际收支统计申报办法》（于1995年8月30日由国务院批准、1995年9月14日由中国人民银行发布并于1996年1月1日起正式实施）第3条规定："中国居民，是指：在中国境内居留1年以上的自然人，外国及香港、澳门、台湾地区在境内的留学生、就医人员、外国驻华使馆领馆外籍工作人员及其家属除外；中国短期出国人员（在境外居留时间不满1年）、在境外留学人员、就医人员及中国驻外使馆工作人员及其家属；在中国境内依法成立的企业事业法人（含外商投资企业及外资金融机构）及境外法人的驻华机构（不含国际组织驻华机构、外国驻华使馆领馆）；中国国家机关（含中国驻外使馆领馆）、团体、部队。"

第四，国际收支是一个事后概念。定义中的"一定时期"一般是指过去的会计年度，也就是说，国际收支是对已发生事实的记录。

1.1.2 国际收支平衡表

1.1.2.1 国际收支平衡表及其内容

国际收支平衡表(Balance of Payments Statement)是系统地记录一个国家(或地区)在一定时期内居民与非居民的全部经济交易的统计报表。

由于各国的国际经济交易的内容与范围不尽相同,经济分析的需要也不完全一样,因而编制的国际收支平衡表也有所不同。为指导成员向基金组织定期提交国际收支报表,并使各国的国际收支平衡表具有可比性,国际货币基金组织在1948年、1950年、1961年、1977年、1993年和2008年先后六次出版或修订了《国际收支手册》,对国际收支平衡表的标准,如概念、准则、惯例、分类方法以及标准构成进行了统一规定和修订。目前,新版即2008年《国际收支与国际投资头寸手册》第六版(BPM6[①])是各国编制国际收支平衡表的主要参考依据(见表1-1)。

表1-1 国际收支平衡表(简表)[②]

项目	贷方	借方
经常项目(Current Account)		
商品(或货物)和服务(Goods and Services)		
初次收入(Primary Income)		
雇员报酬(Compensation of Employees)		
利息(Interest)		
公司的已分配收益(Distributed Income of Corporations)		
再投资收益(Reinvested Earnings)		
租金(Rent)		
二次收入(Secondary Income)		
对所得、财富等征收的经常性税收(Current Taxes on Income, Wealth, etc.)		
非寿险净保费(Net Nonlife Insurance Premiums)		
非寿险索赔(Nonlife Insurance Claims)		
经常性国际转移(Current International Transfers)		
其他经常转移(Miscellaneous Current Transfers)		

[①] BPM6体现了人们为了解国际经济发展动态,尤其在脆弱性和可持续性方面,对资产负债表分析方面日益浓厚的兴趣。为促进联系和一致性,《国民账户体系》和《货币与金融统计手册》(以下简称《手册》)更加重视金融工具分类,并细化了该分类。本《手册》就国际投资头寸提供了比以前更为详细的指南,还就重新定值、其他数量变化及其对资产和负债计值的影响,进行了更详细的讨论。过去十年中,在国际投资头寸、直接投资、外债、证券投资、金融衍生产品和储备资产方面的详细工作成果被纳入了新版《手册》。为反映有关交易、其他变化和头寸的一体化观点,《手册》名称改为《国际收支和国际投资头寸手册》,简称为《手册》第六版(BPM6),以突出《手册》的历史演变,人们所熟知的以前各版《手册》将分别简称为《手册》第五版(BPM5)、《手册》第四版(BPM4)等。

[②] 资料来源:国际货币基金组织《国际收支和国际投资头寸手册》第六版(BPM6)。

续表

项目	贷方	借方
养老金权益变化调整（Adjustment for Change in Pension Entitlements）		
资本和金融项目（Capital and Financial Account）		
资本项目（Capital Account）		
非生产非金融资产的取得/处置（Acquisitions/Disposals of Nonproduced Nonfinancial Assets）		
资本转移（Capital Transfers）		
金融项目（Financial Account）		
直接投资（Direct Investment）		
证券投资（Portfolio Investment）		
金融衍生品（储备除外）和雇员认股权（Financial Derivatives（other than Reserves）and ESOs）		
其他投资（Other Investment）		
储备资产（Reserve Assets）		
错误与遗漏净额项目（Net Errors and Omissions Account）		

国际收支平衡表的基本单位为 Account，称为项目或账户，《国际收支和国际投资头寸手册》（第六版）将国际收支分为三大项目：经常项目、资本与金融项目、错误与遗漏项目。

1. 经常项目（Current Account）

顾名思义，经常项目就是本国与外国进行经济交易而经常发生的项目，实际是指实质资源的流动。该项目在一国的国际收支中占据最基本、最重要的地位。该项目分为货物、服务、初级收入和二次收入四个二级项目。

（1）货物（Goods）。货物项目，即有形贸易（Visible Trade），包括5类：一般商品、用于加工的货物、货物修理、各种运输工具在港口购买的货物和非货币黄金。根据国际收支的一般原则，所有权的变更是决定国际货物交易的范围和记载时间的原则，而价格均以离岸价格（FOB）为准。

（2）服务（Services）。服务项目属于无形贸易（Invisible Trade），包括11类：运输、旅游、通信服务、建筑服务、保险服务、金融服务、计算机和信息服务、专有权利使用费和特许费、其他商业服务、有关个人服务及文化和娱乐服务、别处未提及的政府服务。

（3）初次收入（Primary Income）。初次收入项目显示的是居民机构单位与非居民机构单位之间的初次收入流量。初次收入反映的是机构单位因其对生产过程所做的贡献或向其他机构单位提供金融资产和出租自然资源而获得的回报。其分为两类：一类是与生产过程相关的收入，如雇员报酬是向生产过程投入劳务的收入，对产品和生产的税收和补贴也是有关生产的收入；另一类是与金融资产和其他非生产资产所有权相关的收入。财产收入是提供金融资产和出租自然资源所获得的回报。投资收益是提供金融资产所得的回报，包括股息和准公司收益提取、再投资收益和利息。雇员报酬和投资收益所形成的收入记入贷方，雇员报酬和投资收益所形成的支出记入借方。

收益（Income）也称为收入，是指生产要素（包括劳动力和资本）在国家间流动而引起的报酬收支，包括两种类型：一种是雇员报酬（Compensation of Employees）；另一种是投资收益（Investment Income）。雇员报酬是指支付给非居民工人的报酬，包括现金或实物形式的工资、薪水和福利。这里的非居民职工包括季节性工作的工人和其他短期工作（不足1年）的工人。在大使馆、领事馆或国际组织机构工作的当地职工得到的报酬也被视为这些机构驻地所在国的非居民向居民的支付。投资收益是指居民与非居民之间有关金融资产与负债收益的收入与支出，包括有关直接投资、证券投资和其他投资所得收益的收入与支出。

（4）二次收入（Secondary Income）。二次收入用于表示居民与非居民之间的经常转移，各种不同类型的经常转移记入本项目，表明其在经济体间收入分配过程中的作用。经常转移（Current Transfer）用来记载居民与非居民之间不涉及经济价值回报的实际资源或金融产品的所有权变更，也称为无偿转移（Unrequited Transfers）或单方面转移（Unilateral Transfers）。这类转移主要包括：一是政府的无偿转移，如战争赔款、政府间的援助和捐赠、政府向国际组织定期交纳的费用以及国际组织作为一项政策向各国政府定期提供的转移等；二是私人部门的无偿转移，如侨汇、捐赠、继承、赡养费、资助性汇款、退休金等。

初次收入影响国民收入，二次收入与初次收入共同影响可支配总收入；而资本转移不影响可支配收入，因此记入资本项目。经常转移形成的收入记入贷方，经常转移形成的支出记入借方。

2. 资本与金融项目（Capital and Financial Account）

资本与金融项目记录居民与非居民之间的资产转移以及投资与借贷的增减变化，包括资本项目和金融项目。贷方反映资本流入、金融资产的减少和金融负债的增加；借方反映资本流出、金融资产的增加和金融负债的减少。

（1）资本项目（Capital Account）。资本项目反映资产在居民与非居民之间的转移，它由资本转移和非生产、非金融资产交易两部分组成。

资本转移是指涉及固定资产所有权的变更及债权债务的减免等导致的交易一方或双方资产存量发生变化的转移项目，主要包括三种类型：一是同固定资产收买或放弃（如投资赠款，以增加受援国购置固定资产的能力）相联系的或以其为条件的资本转移；二是固定资产所有权的转移；三是债权人不索取任何回报而取消的债务。其中，第一种采用现金转移形式，后两种采用实物转移形式。投资捐赠（Investment Grants）和债务注销（Debt Cancellation）是资本转移的两种常见形式。投资捐赠既可以是实物形式，也可以是现金形式；债务注销是指债权人放弃债务，而未得到任何回报。

非生产、非金融资产交易是指非生产性有形资产（土地和地下资产）和无形资产（专利、版权、商标和经销权等）的收买与放弃。应特别注意的是，无形资产所有权的买卖，如专利权的买卖，应记入资本和金融项目中的资本转移项目，而无形资产运用所引起的收支，如专利使用费等，应记入经常项目中的收益项目。

（2）金融项目（Financial Account）。金融项目反映的是居民与非居民之间投资与借贷的增减变化，该项目分为直接投资、证券投资、金融衍生产品（储备资产除外）和雇员认股权、其他投资和储备资产五个二级项目，分别记载资产和负债的发生额。

直接投资（Direct Investment）是指一国的经济组织在国外采用各种形式，直接对工矿、商业、金融等企业进行的投资和利润再投资。投资者持股比例较高（《国际收支手册》规定这一比例最低为10%），对直接投资企业拥有永久利益和参与经营管理的权利。直接投资的资本包括股本资本、再投资利润和其他资本。

证券投资（Portfolio Investment）又称间接投资，指通过购买他国政府或企业发行的有价证券进行的投资。证券投资以取得利息或股息为目的，投资者持股比例较低，对企业不享有经营管理权。有价证券包括股本证券和债务证券。其中，股本证券包括一切表明在所有债权人的债权得以清偿之后对公司型企业剩余资产拥有所有权的工具和凭证，如股票、参股或其他类似凭证（如存托凭证）等。债务证券包括三类：一是长期债券、无抵押品的公司债券、中期债券等；二是货币市场工具或可转让的债务工具，包括短期国库券、商业票据和融资票据、银行承兑汇票、可转让的大额定期存单等；三是衍生金融工具，如金融期货、期权、互换等。

金融衍生产品（储备资产除外）和雇员认股权（Financial Derivatives (other than Reserves) and ESOs）是BPM6新增加的一个项目。金融衍生产品有两大类别——期权和远期型合约。期权是期权买方从期权卖方那里获得的一项权利，即按照履约价格，在特定日期当天或之前，购买或出售（取决于该期权是看涨期权/买权，还是看跌期权/卖权）一项特定的基础项目（商品或金融资产）。远期型合约（远期合约）是一种无条件的合约，根据该合约，两个对手方同意按照合约价格（履约价格）在特定日期交换特定数量的基础项目（实际项目或金融项目）。远期型合约包括期货和互换。列为远期型合约的互换合约包括货币互换、利率互换和交叉货币利率互换。雇员认股权（Employee Stock Options，ESOs）作为一种报酬形式，是向公司雇员提供的一种购买公司股权的期权。在有些情况下，发行期权的公司可能是雇员所在经济体之外另一经济体的居民（如用人单位是期权所涉公司的一个分支机构或子公司）。一方面，雇员认股权的定价行为与金融衍生产品类似；另一方面，它们具有不同的性质（包括在有关授予日和归属日的安排上）和目的（即雇员认股权是为了鼓励雇员为提升公司的价值做贡献，而不是交易风险）。如果授予雇员的认股权可以不受限制地在金融市场上交易，就将其列为金融衍生产品。

其他投资（Other Investment）为剩余项目，包括没有列入直接投资、证券投资、金融衍生产品和雇员认股权以及储备资产的头寸和交易。如果以下类别的金融资产和负债没有列入直接投资或储备资产，则被包括在其他投资中：其他股权；货币和存款；贷款（包括基金组织信贷的使用，以及来自基金组织的贷款）；非人寿保险技术准备金、人寿保险和年金权益、养老金权益、启动标准化担保的准备金；贸易信贷和预付款；其他应收/应付款；特别提款权分配（特别提款权持有列入储备资产）。

储备资产（Reserve Assets）也称为官方储备或国际储备，储备资产是由货币当局控制，并随时可供货币当局来满足国际收支资金需求，用以干预汇兑市场，影响货币汇率，以及用于其他相关目的（例如，维护人们对货币和经济的信心，作为向外国借款的基础）的对外资产。储备资产必须是外币资产和实际存在的资产，不包括潜在的资产。储备资产包括货币性黄金、特别提款权持有、在基金组织的储备头寸以及其他储备资产。例如，货币和存款；证券，包括债务和股本证券；金融衍生产品和其他债权（如贷款和其他金融工具）。其中，货币性黄金是一国货币当局作为储备而持有的黄金；外汇是指一国政府（货币当局）持有的、以银行存款和外国政府债券为主要形式的流动性资产;特别提款权是国际货币基金组织(International Monetary Fund,IMF)创设并无偿分配给各会员国、使用范围仅限于政府之间和政府与国际金融机构之间的账面资产;在基金组织中的储备头寸是各成员国在基金组织普通资金账户的头寸,包括一国向国际货币基金组织认缴份额中用可兑换货币缴纳的部分和国际货币基金组织可以随时偿还的、该国对基金组织的贷款。

3. 错误与遗漏(净额)项目(Net Errors and Omissions Account)

错误与遗漏(净额)也称为(净)误差与遗漏。该项目是为了使国际收支平衡表的借方和贷方平衡而人为设立的一个平衡项目。根据复式簿记原理,国际收支平衡表的借贷总额应该相等。但是在编制国际收支平衡表的实际过程中,因为统计资料来源不一致、记录时间不同、虚报出口、非法资金流动等人为因素,总会出现一定的错误与遗漏,造成国际收支平衡表的借方发生额和贷方发生额不一致。错误与遗漏项目的设立,可保证国际收支平衡表在形式上的借贷平衡。通常国际上认为,(净)误差与遗漏规模占进出口贸易总值的5%以下是可以接受的。

1.1.2.2 国际收支平衡表的记账原理和方法

国际收支平衡表是根据"有借必有贷、借贷必相等"的复式簿记原理编制的,即每笔国际经济交易都是由两笔价值相等、方向相反的账目表示的。根据复式簿记原理,借方(Debit)记录资产的增加和负债的减少,贷方(Credit)记录资产的减少和负债的增加。从国际收支的角度来讲,无论是实际资源还是金融资产,其借方表示该经济体资产(资源)持有量的增加,贷方表示资产(资源)持有量的减少。

因此,应记入国际收支平衡表借方的项目包括:反映实际资源流入的经常项目;反映对外资产增加或对外负债减少的资本与金融项目。应记入国际收支平衡表贷方的项目包括:反映实际资源流出的经常项目;反映对外资产减少或对外负债增加的资本与金融项目。

我们还可以从引发外汇收入或支出的角度进行分析。引发外汇支出的项目应记入借方,称为负号项目,用"-"记录;引发外汇收入的项目应记入贷方,称为正号项目,用"+"记录。

具体地说,在将每一项国际经济交易统计入国际收支平衡表时,应首先分清该项交易的两个方面属于哪一个项目,再确定借贷的方向。

以货物进出口为例:货物出口属于本国资产的减少(实际资源的流出),或理解为引发外汇收入,故属于正号项目,应记入经常项目中"货物"项目的贷方。如以现汇方式收入外汇,则对应的一方应为我国在国外的外汇存款增加,即对外金融资产增加,故属于负号项目,应记入资本和金融项目中"其他投资"项目的借方;货物进口属于本国资产的增加(实际资源的流入),或理解为引发外汇支出,故属于负号项目,应记入经常项目中"货物"项目的借方。如以现汇方式支出外汇,对应的一方应为我国在国外的外汇存款减少,即对外金融资产减少,故属于正号项目,应记入资本和金融项目中"其他投资"项目的贷方。

对于储备资产项目,如储备资产增加,即一国对外金融资产增加,则应记入借方,属于负号项目,发生额前有"-";如储备资产减少,即一国对外金融资产减少,则应记入贷方，属于正号项目，发生额前有"+"。符号与储备资产实际增减方向正好相反。

常见的对外经济交易的记录方向如下：货物进口应记入借方，货物出口应记入贷方。非居民为本国居民提供劳务或从本国取得收入，应记入借方；本国居民为非居民提供劳务或从外国取得的收入，应记入贷方。本国居民对非居民的单方向转移，应记入借方；本国居民收到的国外的单方向转移，应记入贷方。本国居民购买国外资产或对国外投资（资本输出），应记入借方；外国居民购买本国资产或对本国投资（资本输入），应记入贷方。本国居民偿还对非居民的债务，应记入借方；非居民偿还对本国居民的债务，应记入贷方。官方储备增加应记入借方；官方储备减少应记入贷方。当经常项目、资本与金融项目总计贷方余额大于借方余额时，误差与遗漏项目应记入借方；当经常项目、资本与金融项目总计贷方余额小于借方余额时，误差与遗漏项目应记入贷方。

现在以 M 国在某时期内的国际经济交易为例来说明其国际收支平衡表的编制，如表 1-2 所示。

(1) 法国商人向 M 国汽车公司购进价值 1 200 000 美元的汽车，付款方式是：从法国银行提出美元存款来支付货款。这说明 M 国出口商品，应记入"商品"的贷方；同时表明 M 国的外汇资产增加，所以应记入"其他投资"的借方。

(2) M 国公司向日本购买 930 000 美元的纺织品，用纽约银行的美元支票来付款。这项交易反映了 M 国输入商品，应记入"商品"的借方；同时日本在纽约银行的美元存款增加，即意味着 M 国的外汇资产减少，所以应记入"其他投资"的贷方。

(3) M 国一著名歌星的 CD 唱片海外销售 125 000 美元，并以在纽约的银行存款的形式持有。这项交易反映了 M 国输出劳务，应记入"服务（或劳务）"的贷方；同时 M 国在纽约银行的美元存款增加，即意味着 M 国的外汇资产增加，所以应记入"其他投资"的借方。

(4) 英国政府为了增加美元外汇储备，在 M 国的资本市场出售为期 20 年的 200 000 美元公债。M 国官方因购买了此项公债而获得了外国长期资产，所以应记入"证券投资"的借方；同时 M 国的外汇资产减少，所以应记入"储备资产"的贷方。

(5) M 国政府向巴基斯坦提供了 270 000 美元的谷物援助。该交易一方面说明（相当于）M 国出口了商品，所以应记入"商品（货物）"的贷方；另一方面，M 国政府向巴基斯坦提供援助属于无偿的单方面转移，所以应记入"二次收入（经常转移）"的借方。

(6) M 国的一汽车公司向外国居民支付 500 000 美元的红利。M 国投资收益的支出应记入"初次收入（公司的已分配收益）"的借方；同时支付美元反映在"其他投资"的贷方。

(7) M 国人在美国旅游，支付了 30 000 美元的费用，旅游者所需的美元是用 M 国旅行支票在美国换取的。此项交易（即旅游），应记入"服务（或劳务）"的借方；同时因 M 国对外负债增加，所以应记入"其他投资"的贷方。

(8) 德国银行向 M 国财政部买进了价值 2 800 000 美元的黄金。一方面，黄金是作为官方储备看待的，输出黄金实际上就是放弃一部分官方储备资产，所以应记入"储备资产"的贷方；另一方面，德国银行是在换取美元存款后才购买的黄金，这意味着 M 国官方外汇资产增加，所以应记入"储备资产"的借方。

表 1-2 M 国在某时期内的国际收支平衡表　　　　　　单位：万美元

项目	贷方（+）	借方（-）	差额
A 经常项目	159.5	173	-13.5（Ⅰ+Ⅱ+Ⅲ）
Ⅰ.商品和服务			
a. 商品（货物）	120（1）	93（2）	
	27（5）		
b. 服务（劳务）	12.5（3）	3（7）	
Ⅱ.初次收入		50（6）	
Ⅲ.二次收入		27（5）	
B 资本与金融项目	146	152.5	-6.5（Ⅰ+Ⅱ+Ⅲ）
Ⅰ.直接投资			
Ⅱ.证券投资		20（4）	
Ⅲ.其他投资	93（2）	120（1）	
	50（6）	12.5（3）	
	3（7）		
C 储备资产项目	20（4）		+20
	280（8）	280（8）	
综合差额（A+B）			-20
总计（A+B+C）	605.5	605.5	0

1.1.2.3　国际收支平衡表的分析

国际收支平衡表系统记录了一个国家或地区在一定时期内的全部对外经济交易，因此通过分析一国国际收支平衡表，能够了解该国的国际收支状况、外汇资金的来源和运用情况，并在此基础上了解该国经济结构特点和在全球经济贸易中所处的地位，可对该国货币汇率走势进行预测，也可作为该国制定相关政策的依据。一般采用差额分析法来分析一国国际收支平衡表和国际收支状况。

国际收支平衡表是按照复式簿记原理编制的，因此在形式上，借方余额和贷方余额必然相等，即综合差额或总差额（Overall Balance of Payments）为零。但某个项目或账户会出现借方余额和贷方余额不相等的情况，即差额的存在。国际收支的差额分析法即对这些差额的方向和规模进行分析，以了解一国的国际收支状况。

国际收支项目差额可分为三种情形：一是借方余额等于贷方余额，即国际收支平衡（Equilibrium）；二是借方余额小于贷方余额，即负号项目余额小于正号项目余额，称为国际收支盈余或顺差（Surplus）；三是借方余额大于贷方余额，即负号项目余额大于正号项目余额，称为国际收支赤字或逆差（Deficit）。后两种情形即为国际收支失衡（Disequilibrium）。

按照人们的传统习惯和国际货币基金组织的做法，国际收支差额分析一般有以下四种口径。

1. 贸易收支差额

贸易收支差额即货物进出口差额,这是传统工作中用得比较多的一个口径。如果货物项目借方余额小于贷方余额,即进口小于出口,则为贸易收支的顺差;如果货物项目借方余额大于贷方余额,即进口大于出口,则为贸易收支的逆差。实际上,贸易项目仅仅是国际收支的一个组成部分,并不能代表国际收支的整体。但贸易收支差额在国际收支中有着特殊重要性:一是对于很多国家来说,贸易收支在全部国际收支中的占比较大;二是贸易收支的统计数字来源于海关,易收集且比较可靠;三是贸易收支差额可综合反映一国的产品质量和劳动生产率状况、该国产业在国际上的竞争能力、产业结构和在全球分工中的地位。因此,即使像美国、日本等资本与金融项目占比相当大的国家,仍然十分重视贸易收支的差额。

2. 经常项目收支差额

经常项目包括货物和服务贸易收支和收益、经常转移收支,经常项目收支差额反映了一国实际资源的净流出或净流入状况。经常项目的收支虽不能代表全部国际收支,但它综合反映了一个国家的进出口状况(包括无形进出口,如劳务、保险、运输等),可以反映一国的国际竞争能力,可作为制定国际收支政策和产业政策的重要依据。

3. 资本和金融项目差额

资本和金融项目差额具有十分复杂的经济含义,必须对它进行综合分析和谨慎运用。

(1) 资本和金融项目差额反映了一国为经常项目融资的能力。经常项目中实际资源的流动与资本和金融项目中资产所有权的流动是同一问题的两个方面。不考虑错误与遗漏因素时,经常项目中的余额必然对应着资本和金融项目在相反方向上数量相等的余额。经常项目出现赤字,对应着资本和金融项目有相同规模的盈余,这意味着一国利用金融资产的净流入为经常项目赤字融资。随着经济和金融全球化的深入,资本和金融项目与经常项目之间的这种融资关系也发生了一定的变化,即资本和金融项目已经不再是被动地由经常项目决定,并为经常项目提供融资服务了,而是存在着独立的运动规律,其流量远远超过国际贸易流量,这从根本上摆脱了与贸易的依附关系。

(2) 资本和金融项目差额反映了一个国家资本市场的开放程度和金融市场的发达程度。资本市场越开放、金融市场越发达的国家,其资本和金融项目的流量总额就越大,且易出现资本和金融项目的顺差,如美国。由于各国在经济发展程度、金融市场成熟度、货币价值稳定程度等方面存在较大差异,因此资本和金融项目差额往往会产生较大的波动。

4. 综合项目差额

综合项目差额是指经常项目与资本和金融项目中的资本转移、直接投资、证券投资、其他投资项目所构成的余额,即综合项目差额=经常项目差额+资本和金融项目差额。在不考虑误差与遗漏项目的前提下,综合项目差额也就是将国际收支项目中的储备资产项目剔除后的余额。综合项目差额必然导致储备资产的反方向变动,因此可以用它来衡量国际收支对一国储备造成的压力。如果综合项目差额余额在借方(综合项目逆差),则该国同时期储备资产余额必然在贷方,也就意味着储备资产减少;如果综合项目差额余额在贷方(综合项目顺差),则该国同时期储备资产余额必然在借方,也就意味着储备资产增加。

如果一国出现了国际收支不平衡,就必须分析国际收支不平衡的原因,并适时采取措施来纠正。

1.1.3 国际收支分析

1.1.3.1 国际收支的平衡与失衡

1. 账面平衡与实质平衡

国际收支平衡表是按照复式簿记原理编制的,即每笔国际经济交易都必将产生金额相同的一笔借方记录和一笔贷方记录,因此借方总额与贷方总额必然最终相等,即国际收支的总差额必然为零,国际收支总体在账面上必然是平衡的。

账面上的平衡并不意味着实质上的平衡,只有自主性交易差额平衡才是实质平衡。在国际收支研究中,所有的国际经济交易按发生动机可分为自主性交易和补偿性交易(或非自主性交易)。自主性交易(Autonomous Transaction)属于事前交易,是指出于某种自主性目的而从事的交易,如追逐利润、旅游、汇款赡养亲友等,经常项目和长期资本流动基本就属于这种类型。补偿性交易(Accommodating Transaction)也称为弥补性交易(Compensation Transaction),属于事后交易,是指出于弥补自主性交易失衡的目的而发生的交易,如为弥补国际收支逆差而向外国政府或国际金融机构借款、动用官方储备等,短期资本流动和官方储备项目基本上属于这种类型。

国际收支的实质平衡就是自主性交易平衡。当自主性交易差额为零时,称为国际收支平衡;当这一差额为正时,称为国际收支顺差;当这一差额为负时,称为国际收支逆差。后两者统称为国际收支不平衡或国际收支失衡。

虽然按交易动机来识别国际收支平衡与否的方法在理论上成立,但在统计上很难实现,因为自主性交易与补偿性交易在实践中是很难精确区分的。

2. 静态平衡与动态平衡

静态平衡是在一定时期内(通常为一年)国际收支借贷相等、差额为零的平衡模式。而动态平衡是指在较长的计划期内(如国民经济发展的五年计划等)实现期末国际收支的大体平衡。

国际收支的静态平衡目标明确,易于统计核算,是国际收支分析的一种普遍模式。但事实上,国际收支是一个不断变化的动态过程,仅以某一时期的静态平衡为目标是片面的,是不利于经济发展的;相反,掌握更长时期的国际收支的动态平衡意义更大。例如,发展中国家在经济起飞阶段,由于进口机器设备、引进先进技术等需求,易出现国际收支的失衡。只要这个失衡在发展规划和承受范围之内,待生产力水平和出口竞争力提升,国际收支会逐渐转为动态平衡。

3. 总量失衡与结构失衡

总量失衡是指国际收支总体上的失衡,而结构失衡是指国际收支各部分的失衡。一个国家和地区一定时期的国际收支,可能会出现在总量上保持平衡但结构上存在失衡的现象。例如,一个国家经常项目存在着巨额的逆差,但资本和金融项目是顺差,也就是用资本净流入为经常项目提供融资。从总量上看,这个国家的国际收支是平衡的,但就经常项目和资本与金融项目来说,存在着严重的结构失衡,特别是面临资本流向逆转的风险。

1.1.3.2 国际收支失衡的原因

1. 季节性因素和偶然性因素

季节性因素是指一年四季的自然更替。某些部门受季节因素影响较大，如农业、旅游业等。若一国出口以农产品为主或以农产品为原材料的产品为主，则其出口必然因季节变化而有淡季、旺季之分，其国际收支就会产生相应的逆差和顺差的变化。偶然性因素是指一些突发性的、非确定性的因素，如自然灾害、社会骚乱、政治动荡等，会对一国的正常生产和进出口带来不利影响，从而影响其国际收支。但这些因素的影响往往不会持续很长时间，属于暂时性冲击。故由这些因素造成的国际收支失衡，称为暂时性失衡。这种失衡一般不需要特别的政策调节措施，市场汇率波动的自发调节或动用官方储备即可解决。

2. 周期性因素

典型的经济周期分为危机、萧条、复苏和高涨四个阶段，进行周而复始的波动，经济周期的不同阶段会对国际收支产生不同的影响。由这一因素造成的国际收支失衡，称为周期性失衡。

从经济周期对社会总需求产生影响的角度来讲，当一国经济处于危机和萧条时期，社会总需求下降，进口需求也相应下降，国际收支顺差增加或逆差减少。反之，如果一国经济处于复苏和高涨时期，国内投资与消费需求旺盛，对进口的需求也相应增加，国际收支便出现逆差增加或顺差减少。

当然，经济周期对国际收支的影响是比较复杂的。例如，对于出口导向型国家来说，一般在危机和萧条时期，出口能力减弱，会使国际收支顺差减少或逆差增加；而在复苏和高涨时期，出口能力增加，会使国际收支顺差增加或逆差减少。

3. 结构性因素

结构性因素指的是经济结构方面的因素，由此类因素造成的国际收支失衡，称为结构性失衡，此类失衡一般发生在经常项目中的贸易项目中。

结构性失衡有两层含义：一是由于一国经济和产业结构的变动滞后于国际经济结构变化而引起的国际收支失衡。例如，一国的国际贸易在一定的生产条件和消费需求下处于均衡状态。当国际市场需求发生变化，一国所生产商品的市场份额被其他国家的新产品取代，而该国的生产结构又不能做到及时调整，从而导致出口减少，贸易项目平衡遭到破坏，出现贸易逆差。这种性质的结构性不平衡，在发达国家和发展中国家都可能发生。二是由于一国产业结构和进出口商品的需求价格弹性问题而引起的国际收支失衡，这种失衡在发展中国家表现得比较突出。发展中国家一般产业结构比较单一，其出口商品的需求价格弹性较低，从而导致当本币贬值或国内商品价格降低时，不能引发相应的出口需求上升，或虽然出口商品需求价格弹性较高，但进口商品的需求价格弹性较低，从而导致即使出口需求上升，但进口需求并没有相应的下降，进而导致贸易逆差的出现。如在 20 世纪 70 年代，石油输出国调整了石油产量，引起世界市场石油价格上涨数倍，由于部分国家对石油的进口需求价格弹性较低，石油进口需求量没有相应的下降，从而导致这些国家的国际收支出现巨额逆差。

4. 货币性因素

货币性因素又称物价因素，指的是物价水平和货币价值的变化。由此类因素造成的国际收支失衡，称为货币性失衡。在汇率不变的前提下，当一国物价水平相对于其他国家发生变动时，会导致国际收支失衡。例如，当一国发生通货膨胀、物价全面上涨时，其商品价格水平相对高于其他国家，必然会导致该国出口减少，进口增加，从而国际收支出现逆差。相反，当通货紧缩时，其商品成本和物价水平相对低于其他国家，则会导致出口增加，进口减少，从而国际收支出现顺差。国内物价水平的变化一般受货币供应量变化的影响，因此此类失衡又被称为货币性失衡。

5. 收入性因素

收入性因素指的是国民收入的变化，由此类因素造成的国际收支失衡，称为收入性失衡。当一国国民收入增长时，总需求会增长，物价水平上升，这会导致进口需求的增加，出口减少，进而引起国际收支逆差；相反，当一国国民收入下降，总需求也会下降，物价水平下降，这会导致进口需求减少，出口增加，进而引起国际收支顺差。

6. 投机性因素

投机性因素指的是不同国家汇率、利率或其他金融资产（如黄金、股票等）价格的波动及其预期变化导致差额投机利润而引起的短期国际资本流动的因素，而投机性失衡则指在浮动汇率制度下因汇率等价格变动而产生的获利机会和风险所带来的国际收支失衡。投机性短期资本流动具有数量大、突发性的特点，20 世纪 90 年代以来尤甚，往往构成了一国国际收支不平衡的重要原因。

1.1.3.3 国际收支失衡的影响

1. 持续性国际收支逆差的影响

（1）一国国际收支长期逆差，会导致在外汇市场上，外汇需求大于外汇供给，从而使外币汇率上升，本币汇率下跌，影响本币信誉。

（2）一国国际收支长期逆差，本币汇率下跌后，一国可能动用外汇储备来弥补国际收支逆差，或抛售外汇储备回笼本币以维持本币币值，这会造成外汇储备的消耗甚至枯竭。

（3）一国国际收支长期逆差，收不抵支，外汇储备过度消耗，会无力进口本国经济发展所需的生产资料，进而影响本国经济增长。

（4）一国国际收支长期逆差，收不抵支，会导致外债的累积和偿债能力的削弱，甚至出现债务危机。

2. 持续性国际收支顺差的影响

（1）一国国际收支长期顺差，会导致在外汇市场上，外汇需求小于外汇供给，从而使外币汇率下降，本币汇率上升，这会造成出口商品的竞争力下降，从而影响出口，继而对国内就业率和经济发展产生影响。

（2）一国国际收支长期顺差，会造成本币升值的压力，如果货币当局欲维持本币币值稳定，会在外汇市场上抛售本币，这会导致货币供应量增加，进而造成通货膨胀的压力。此外，国际收支顺差造成的本币升值预期也容易引发套汇、套利等投机活动，造成金融市场的动荡。

（3）如果一国国际收支长期顺差是由经常项目顺差，特别是货币项目顺差造成的，则意味着实际资源的净流出，这会导致国内可使用资源的减少，从而不利于本国的经济发展。对于一些资源出口国来说，经常项目的顺差往往意味着资源的掠夺性开采和流失。

（4）一国国际收支长期顺差，必然意味着其他相关国家国际收支长期逆差，这必将加剧两国的贸易摩擦，影响国际经济关系。

一般说来，一国的国际收支失衡的规模越大，其不利影响也就越大。但相比之下，国际收支逆差所产生的不利影响比顺差更严重,因而对逆差采取相应调节措施更具有紧迫性。也就是说,国际收支顺差若不是长期且巨额,则货币当局不认为其会有问题,适当的顺差增加了官方储备积累,在某些时期是符合官方目标的;国际收支逆差则往往成为货币当局亟待解决的问题。

中国国际投资头寸表和中国国际收支平衡表的部分数据参见表1-3、表1-4和表1-5。

表1-3 中国国际投资头寸表(2004—2010年)① 单位:亿美元

项目	2004年年底	2005年年底	2006年年底	2007年年底	2008年年底	2009年年底	2010年年底
净头寸	2 764	4 077	6 402	11 881	14 938	14 905	16 880
资产	9 291	12 233	16 905	24 162	29 567	34 369	41 189
1. 直接投资	527	645	906	1 160	1 857	2 458	3 172
1.1 股权	514	591	709	891	1 389	1 585	2 123
1.2 关联企业债务	13	54	197	269	468	872	1 050
2. 证券投资	920	1 167	2 652	2 846	2 525	2 428	2 571
2.1 股权	0	0	15	196	214	546	630
2.2 债券	920	1 167	2 637	2 650	2 311	1 882	1 941
3. 金融衍生工具	0	0	0	0	0	0	0
4. 其他投资	1 658	2 164	2 539	4 683	5 523	4 952	6 304
4.1 其他股权	0	0	0	0	0	0	0
4.2 货币和存款	553	675	736	1 380	1 529	1 310	2 051
4.3 贷款	590	719	670	888	1 071	974	1 174
4.4 保险和养老金	0	0	0	0	0	0	0
4.5 贸易信贷	432	661	922	1 160	1 102	1 444	2 060
4.6 其他	83	109	210	1 255	1 821	1 224	1 018
5. 储备资产	6 186	8 257	10 808	15 473	19 662	24 532	29 142
5.1 货币黄金	41	42	123	170	169	371	481
5.2 特别提款权	12	12	11	12	12	125	123
5.3 在国际货币基金组织的储备头寸	33	14	11	8	20	44	64
5.4 外汇储备	6 099	8 189	10 663	15 282	19 460	23 992	28 473
5.5 其他储备资产	0	0	0	0	0	0	0
负债	6 527	8 156	10 503	12 281	14 629	19 464	24 308
1. 直接投资	3 690	4 715	6 144	7 037	9 155	13 148	15 696
1.1 股权	3 381	4 367	5 731	6 527	8 527	12 284	14 711
1.2 关联企业债务	309	349	413	510	628	864	985
2. 证券投资	566	766	1 207	1 466	1 677	1 900	2 239
2.1 股权	433	636	1 065	1 290	1 505	1 748	2 061

① 数据来源:中华人民共和国国家外汇管理局官方网站统计数据。

续表

项目	2004年年底	2005年年底	2006年年底	2007年年底	2008年年底	2009年年底	2010年年底
2.2 债券	133	130	142	176	172	152	178
3. 金融衍生工具	0	0	0	0	0	0	0
4. 其他投资	2 271	2 675	3 152	3 778	3 796	4 416	6 373
4.1 其他股权	0	0	0	0	0	0	0
4.2 货币和存款	381	484	595	791	918	937	1 650
4.3 贷款	880	870	985	1 033	1 030	1 636	2 389
4.4 保险和养老金	0	0	0	0	0	0	0
4.5 贸易信贷	809	1 063	1 196	1 487	1 296	1 617	2 112
4.6 其他	200	257	377	467	552	121	106
4.7 特别提款权	0	0	0	0	0	0	0

表1-4 中国国际投资头寸表（2011—2017年）① 单位：亿美元

项目	2011年年底	2012年年底	2013年年底	2014年年底	2015年年底	2016年年底	2017年年底
净头寸	16 884	18 665	19 960	16 028	16 728	19 504	18 141
资产	47 345	52 132	59 861	64 383	61 558	65 070	69 256
1. 直接投资	4 248	5 319	6 605	8 826	10 959	13 574	14 730
1.1 股权	3 125	3 917	4 693	7 408	9 123	11 274	12 413
1.2 关联企业债务	1 123	1 403	1 911	1 418	1 836	2 300	2 317
1.a 金融部门	/	/	/	/	/	/	2 345
1.a.(a) 股权	/	/	/	/	/	/	2 249
1.a.(b) 关联企业债务	/	/	/	/	/	/	95
1.b 非金融部门	/	/	/	/	/	/	12 385
1.b.(a) 股权	/	/	/	/	/	/	10 164
1.b.(b) 关联企业债务	/	/	/	/	/	/	2 221
2. 证券投资	2 485	3 361	3 865	7 962	2 613	3 670	4 972
2.1 股权	864	1 298	1 530	1 613	1 620	2 152	3 075
2.2 债券	1 180	1 108	1 055	1 012	993	1 518	1 896
3. 金融衍生工具	0	0	0	0	36	52	60
4. 其他投资	8 495	10 527	11 867	13 938	13 889	16 797	17 136
4.1 其他股权	0	0	0	0	1	1	54
4.2 货币和存款	2 942	3 906	3 751	4 453	3 598	3 653	3 677
4.3 贷款	2 232	2 778	3 089	3 747	4 569	5 768	6 372
4.4 保险和养老金	0	0	0	0	172	123	101
4.5 贸易信贷	2 769	3 387	3 990	4 677	5 137	6 145	6 339

① 数据来源：中华人民共和国国家外汇管理局官方网站统计数据。

续表

项目	2011年年底	2012年年底	2013年年底	2014年年底	2015年年底	2016年年底	2017年年底
4.6 其他	552	457	1 038	1 061	412	1 107	593
5. 储备资产	32 558	33 879	38 804	38 993	34 061	30 978	32 359
5.1 货币黄金	530	567	408	401	602	679	765
5.2 特别提款权	119	114	112	105	103	97	110
5.3 在国际货币基金组织的储备头寸	98	82	71	57	45	96	79
5.4 外汇储备	31 811	33 116	38 213	38 430	33 304	30 105	31 399
5.5 其他储备资产	0	0	0	0	7	2	5
负债	30 461	33 467	39 901	48 355	44 830	45 567	51 115
1. 直接投资	19 069	20 680	23 312	25 991	26 963	27 551	29 014
1.1 股权	17 842	19 425	22 149	24 076	24 962	25 370	26 758
1.2 关联企业债务	1 227	1 255	1 163	1 915	2 002	2 181	2 256
1.a 金融部门	/	/	/	/	/	/	1 491
1.a.(a) 股权	/	/	/	/	/	/	1 375
1.a.(b) 关联企业债务	/	/	/	/	/	/	115
1.b 非金融部门	/	/	/	/	/	/	27 524
1.b.(a) 股权	/	/	/	/	/	/	25 383
1.b.(b) 关联企业债务	/	/	/	/	/	/	2 141
2. 证券投资	2 485	3 361	3 865	7 962	8 170	8 111	10 439
2.1 股权	2 114	2 619	2 977	6 513	5 971	5 795	7 166
2.2 债券	371	742	889	1 449	2 200	2 316	3 272
3. 金融衍生工具	0	0	0	0	53	60	34
4. 其他投资	8 907	9 426	12 724	14 402	9 643	9 844	11 628
4.1 其他股权	0	0	0	0	0	0	0
4.2 货币和存款	2 477	2 446	3 466	5 030	3 267	3 166	4 452
4.3 贷款	3 724	3 680	5 642	5 720	3 293	3 205	3 922
4.4 保险和养老金	0	0	0	0	93	88	100
4.5 贸易信贷	2 492	2 915	3 365	3 344	2 721	2 883	2 871
4.6 其他	106	277	144	207	172	408	184
4.7 特别提款权	107	107	108	101	97	94	100

注：(1) 净头寸是指资产减负债，"+"表示净资产，"-"表示净负债。

(2) 从2015年一季度开始，本表按照国际货币基金组织《国际收支和国际投资头寸手册》（第六版）标准进行编制和列示。除2014年年底外，往期数据未进行追溯调整。

表 1-5 中国国际收支平衡表（2010—2017 年）① 单位：亿元

项目	2010 年	2011 年	2012 年	2013 年	2014 年	2015 年	2016 年	2017 年
1. 经常账户	16 043	8 736	13 602	9 190	14 516	18 950	13 352	11 090
贷方	125 015	142 541	151 074	160 568	168 534	163 213	163 214	182 723
借方	-108 972	-133 805	-137 472	-151 378	-154 018	-144 262	-149 862	-171 634
1.A 货物和服务	15 057	11 688	14 636	14 552	13 611	22 346	16 976	14 155
贷方	112 036	129 637	137 298	145 865	151 302	147 099	146 177	163 418
借方	-96 979	-117 948	-122 662	-131 312	-137 691	-124 753	-129 201	-149 263
1.A.a 货物	16 077	14 710	19 670	22 205	26 739	35 941	32 490	32 090
贷方	99 972	116 650	124 574	133 047	137 840	133 551	132 324	149 486
借方	-83 895	-101 939	-104 904	-110 842	-111 101	-97 610	-99 834	-117 396
1.A.b 服务	-1 020	-3 022	-5 034	-7 653	-13 128	-13 594	-15 515	-17 935
贷方	12 064	12 987	12 724	12 817	13 462	13 548	13 853	13 931
借方	-13 084	-16 009	-17 758	-20 470	-26 590	-27 142	-29 368	-31 867
1.A.b.(a) 加工服务	1 700	1 701	1 618	1 435	1 309	1 263	1 221	1 210
贷方	1 706	1 713	1 625	1 440	1 316	1 274	1 232	1 222
借方	-5	-12	-8	-5	-7	-10	-11	-12
1.A.b.(b) 维护和维修服务	0	0	0	0	0	142	215	248
贷方	0	0	0	0	0	225	346	401
借方	0	0	0	0	0	-82	-131	-153
1.A.b.(c) 运输	-1 966	-2 896	-2 963	-3 509	-3 557	-2 914	-3 110	-3 782
贷方	2 314	2 296	2 456	2 332	2 349	2 402	2 250	2 512
借方	-4 280	-5 193	-5 420	-5 842	-5 907	-5 317	-5 360	-6 294
1.A.b.(d) 旅行	-612	-1 558	-3 281	-4 765	-11 259	-12 755	-13 687	-15 215
贷方	3 100	3 127	3 158	3 198	2 706	2 804	2 953	2 202
借方	-3 712	-4 685	-6 438	-7 963	-13 965	-15 559	-16 640	-17 417
1.A.b.(e) 建设	636	709	545	419	644	403	278	242
贷方	980	950	773	660	943	1 038	843	823
借方	-343	-241	-228	-241	-299	-635	-565	-580
1.A.b.(f) 保险和养老金服务	-949	-1 079	-1 090	-1 121	-1 098	-238	-587	-499
贷方	117	195	210	247	281	311	270	274
借方	-1 066	-1 274	-1 300	-1 368	-1 379	-549	-857	-773
1.A.b.(g) 金融服务	-4	7	-2	-31	-25	-19	76	121
贷方	90	55	119	197	278	146	211	229
借方	-93	-48	-121	-228	-303	-164	-135	-108

① 数据来源：中华人民共和国国家外汇管理局官方网站。

续表

项目	2010年	2011年	2012年	2013年	2014年	2015年	2016年	2017年
1.A.b.（h）知识产权使用费	-826	-902	-1 054	-1 246	-1 347	-1 305	-1 515	-1 613
贷方	56	48	66	55	42	67	78	322
借方	-883	-950	-1 120	-1 301	-1 389	-1 372	-1 593	-1 935
1.A.b.（i）电信、计算机和信息服务	431	573	679	587	579	820	841	520
贷方	708	897	1 025	1 059	1 239	1 531	1 689	1 822
借方	-278	-324	-347	-472	-660	-711	-848	-1 302
1.A.b.（j）其他商业服务	599	463	547	615	1 731	1 174	978	1 085
贷方	2 920	3 650	3 220	3 544	4 233	3 638	3 851	3 958
借方	-2 321	-3 187	-2 673	-2 929	-2 503	-2 465	-2 874	-2 873
1.A.b.（k）个人、文化和娱乐服务	-17	-18	-28	-39	-43	-73	-93	-134
贷方	8	8	8	9	11	46	49	51
借方	-25	-26	-36	-48	-54	-118	-142	-185
1.A.b.（l）别处未提及的政府服务	-13	-20	-3	2	-60	-93	-131	-119
贷方	65	49	62	76	65	66	81	115
借方	-78	-69	-66	-74	-125	-160	-211	-234
1.B 初次收入	-1 765	-4 547	-1 251	-4 822	817	-2 602	-2 987	-2 293
贷方	9 630	9 314	10 547	11 411	14 706	13 877	14 987	17 372
借方	-11 395	-13 861	-11 797	-16 233	-13 889	-16 479	-17 974	-19 666
1.B.a 雇员报酬	823	965	964	996	1 582	1 703	1 372	1 015
贷方	922	1 070	1 077	1 102	1 838	2 059	1 785	1 467
借方	-99	-105	-113	-106	-255	-356	-413	-451
1.B.b 投资收益	-2 588	-5 513	-2 215	-5 818	-765	-4 346	-4 382	-3 341
贷方	8 708	8 244	9 469	10 309	12 869	11 767	13 165	15 857
借方	-11 296	-13 757	-11 685	-16 127	-13 634	-16 113	-17 547	-19 197
1.B.c 其他初次收入	0	0	0	0	0	41	23	32
贷方	0	0	0	0	0	51	37	49
借方	0	0	0	0	0	-10	-14	-17
1.C 二次收入	2 751	1 595	217	-540	88	-794	-637	-772
贷方	3 349	3 590	3 230	3 292	2 525	2 236	2 050	1 933
借方	-598	-1 996	-3 013	-3 832	-2 437	-3 030	-2 687	-2 705
1.C.a 个人转移	/	/	/	/	/	/	/	-172
贷方	/	/	/	/	/	/	/	472
借方	/	/	/	/	/	/	/	-644
1.C.b 其他二次收入	/	/	/	/	/	/	/	-600
贷方	/	/	/	/	/	/	/	1 461
借方	/	/	/	/	/	/	/	-2 061

续表

项目	2010年	2011年	2012年	2013年	2014年	2015年	2016年	2017年
2. 资本和金融账户	-12 488	-7 893	-8 107	-5 331	-10 394	-5 653	1 951	3 883
2.1 资本账户	314	352	270	190	-2	19	-23	-6
贷方	326	363	287	276	119	32	21	16
借方	-13	-11	-18	-86	-121	-12	-44	-22
2.2 金融账户	-12 802	-8 246	-8 376	-5 522	-10 392	-5 672	1 974	3 890
资产	-44 178	-39 763	-25 210	-40 377	-35 657	773	-15 426	-25 478
负债	31 376	31 518	16 833	34 856	25 265	-6 445	17 400	29 368
2.2.1 非储备性质的金融账户	19 030	16 985	-2 289	21 227	-3 182	-27 209	-27 647	10 026
资产	-12 346	-14 533	-19 123	-13 628	-28 448	-20 764	-45 047	-19 342
负债	31 376	31 518	16 833	34 856	25 265	-6 445	17 400	29 368
2.2.1.1 直接投资	12 569	14 983	11 121	13 473	8 899	4 174	-2 658	4 426
2.2.1.1.1 资产	-3 908	-3 115	-4 100	-4 522	-7 566	-10 932	-14 323	-6 857
2.2.1.1.1.1 股权	-4 197	-3 712	-4 592	-5 465	-8 750	-6 493	-9 732	-6 713
2.2.1.1.1.2 关联企业债务	289	596	492	943	1 184	-4 439	-4 591	-143
2.2.1.1.1.a 金融部门	/	/	/	/	/	/	/	-1 262
2.2.1.1.1.a.（a）股权	/	/	/	/	/	/	/	-1 252
2.2.1.1.1.a.（b）关联企业债务	/	/	/	/	/	/	/	-10
2.2.1.1.1.b 非金融部门	/	/	/	/	/	/	/	-5 594
2.2.1.1.1.b.（a）股权	/	/	/	/	/	/	/	-5 461
2.2.1.1.1.b.（b）关联企业债务	/	/	/	/	/	/	/	-133
2.2.1.1.2 负债	16 477	18 099	15 221	17 996	16 465	15 106	11 664	11 283
2.2.1.1.2.1 股权	15 255	16 211	13 537	16 414	12 948	13 201	11 002	9 548
2.2.1.1.2.2 关联企业债务	1 222	1 888	1 684	1 582	3 517	1 904	663	1 734
2.2.1.1.2.a 金融部门	/	/	/	/	/	/	/	964
2.2.1.1.2.a.（a）股权	/	/	/	/	/	/	/	710
2.2.1.1.2.a.（b）关联企业债务	/	/	/	/	/	/	/	255
2.2.1.1.2.b 非金融部门	/	/	/	/	/	/	/	10 318
2.2.1.1.2.b.（a）股权	/	/	/	/	/	/	/	8 839
2.2.1.1.2.b.（b）关联企业债务	/	/	/	/	/	/	/	1 480
2.2.1.2 证券投资	1 605	1 264	3 013	3 267	5 062	-4 162	-3 466	463
2.2.1.2.1 资产	-521	398	-406	-335	-665	-4 528	-6 858	-7 346
2.2.1.2.1.1 股权	-574	71	127	-158	-86	-2 453	-2 532	-2 533
2.2.1.2.1.2 债券	52	327	-533	-177	-579	-2 075	-4 327	-4 813
2.2.1.2.2 负债	2 126	866	3 419	3 603	5 727	367	3 392	7 809
2.2.1.2.2.1 股权	2 106	350	1 887	2 015	3 189	908	1 559	2 282
2.2.1.2.2.2 债券	20	516	1 531	1 587	2 537	-541	1 833	5 527

续表

项目	2010年	2011年	2012年	2013年	2014年	2015年	2016年	2017年
2.2.1.3 金融衍生工具	0	0	0	0	0	-130	-359	32
2.2.1.3.1 资产	0	0	0	0	0	-211	-433	100
2.2.1.3.2 负债	0	0	0	0	0	81	75	-67
2.2.1.4 其他投资	4 856	738	-16 424	4 486	-17 143	-27 091	-21 164	5 105
2.2.1.4.1 资产	-7 917	-11 815	-14 617	-8 771	-20 217	-5 092	-23 433	-5 239
2.2.1.4.1.1 其他股权	0	0	0	0	0	-1	0	3
2.2.1.4.1.2 货币和存款	-3 942	-7 415	-6 607	-426	-11 399	-3 442	-4 302	-2 483
2.2.1.4.1.3 贷款	-1 421	-2 898	-4 126	-1 982	-4 536	-2 849	-7 352	-2 793
2.2.1.4.1.4 保险和养老金	0	0	0	0	0	-192	-24	-2
2.2.1.4.1.5 贸易信贷	-4 196	-4 577	-3 901	-3 707	-4 235	-2 917	-6 858	-1 220
2.2.1.4.1.6 其他	1 642	3 075	16	-2 656	-47	4 308	-4 896	1 257
2.2.1.4.2 负债	12 773	12 553	-1 807	13 257	3 074	-21 999	2 269	10 344
2.2.1.4.2.1 其他股权	0	0	0	0	0	0	0	0
2.2.1.4.2.2 货币和存款	4 070	3 195	-3 753	4 686	5 001	-7 724	552	7 232
2.2.1.4.2.3 贷款	5 334	6 811	-1 070	5 789	-2 124	-10 407	-1 094	3 422
2.2.1.4.2.4 保险和养老金	0	0	0	0	0	149	-45	45
2.2.1.4.2.5 贸易信贷	3 387	2 476	2 673	2 784	-121	-3 869	1 157	-155
2.2.1.4.2.6 其他	-18	69	343	-2	318	-147	1 699	-200
2.2.1.4.2.7 特别提款权	0	0	0	0	0	0	0	0
2.2.2 储备资产	-31 831	-25 231	-6 087	-26 749	-7 209	21 537	29 621	-6 136
2.2.2.1 货币黄金	0	0	0	0	0	0	0	0
2.2.2.2 特别提款权	-7	30	32	13	4	-17	22	-49
2.2.2.3 在国际货币基金组织的储备头寸	-141	-226	102	69	60	56	-348	146
2.2.2.4 外汇储备	-31 683	-25 035	-6 221	-26 830	-7 273	21 498	29 947	-6 233
2.2.2.5 其他储备资产	0	0	0	0	0	0	0	0
3. 净误差与遗漏	-3 555	-842	-5 495	-3 859	-4 122	-13 298	-15 303	-14 973

1.2 国际储备

1.2.1 国际储备概述

1.2.1.1 国际储备的概念

国际储备（International Reserves）也称为储备资产（Reserve Assets）或官方储备（Official Reserves），对应的是国际收支平衡表中资本和金融项目里的储备资产，它的概念有广义和狭义之分。自有储备即狭义的国际储备，一般是指一国货币当局为弥补国际收支逆差、维持本国货币汇率稳定以及应付各种紧急支付而持有的、能为世界各国普遍接受的资产。而国际清偿力（International Liquidity）是一国的自有储备和借入储备之和，反映了一国货币当局干预外汇市场、弥补国际收支逆差的总体融资能力，它不仅包括货币当局的自有储备，还包括该国从国际金融机构和国际资本市场融通资金的能力，即借入储备。

通常所讲的国际储备是狭义的国际储备，即自有储备。1965年的"十国集团报告"中对国际储备的定义是：各国货币当局占有的那些在国际收支出现逆差时可以直接或通过同其他资产有保障的兑换性来支持该国汇率的资产。目前，对国际储备的一般界定也是基于此定义的。根据该定义，国际储备应具有以下特征：

第一，官方持有性，即作为国际储备资产，必须是掌握在该国货币行政当局手中的资产，非官方金融机构、企业和私人持有的黄金和外汇，不能够直接用于政府或货币当局弥补国际收支逆差和平抑汇率，所以不属于国际储备的范畴。

第二，普遍接受性，即作为国际储备的资产，必须是在外汇市场交易和国际间结算与支付中被国际社会普遍接受的资产。不具有这一特征的资产不能直接参与外汇市场交易，也不能用于国际间结算与支付，也就不能发挥平抑汇率和弥补国际收支逆差的作用。

第三，充分流动性，即作为国际储备资产必须是具有一定流动性、可以动用的资产。例如，存放在国外银行的活期存款、随时可以变现的有价证券和黄金等，只有这样的资产才能随时用于弥补国际收支逆差和平抑汇率。

1.2.1.2 国际储备的来源

从一国的角度来看，国际储备的来源有以下渠道：

1. 经常项目顺差

经常项目顺差是一国国际储备最主要也是最稳定的来源。一国经常项目的顺差越大，通过货物出口、服务输出、生产要素流动报酬和经常转移获得的外汇收入越多，国际储备规模就越大；反之，如经常项目逆差，外汇收入小于外汇支出，就会导致国际储备减少。

2. 资本和金融项目顺差

资本和金融项目顺差也是一国国际储备的重要来源。一国资本和金融项目顺差越大，资本净流入的规模越大，国际储备的规模也就越大。但资本的净流入往往意味着对外负债的增加，且存在一定的资本流动方向逆转的可能性，受外界因素影响比较大，因此这种顺差造成的国际储备积累稳定性较差。

3. 中央银行实施汇率干预政策时买入的可兑换货币

一国货币当局可能会出于抑制本币升值或促使本币贬值的目的在外汇市场抛售本币，买入其他可兑换货币，买入的可兑换货币就成为该国国际储备的一部分。

4. 中央银行在国内收购黄金

黄金储备是国际储备的一部分。如果一国中央银行要增加黄金储备，则既可以从国内市场购入，也可以从国际市场购入，两者都可增加其黄金的持有量。用本币从国内市场收购黄金，可以增加该国的国际储备总量；如果用原有的外汇储备从国际市场上收购黄金，则只改变该国国际储备的构成，并不会增大其国际储备总量。

5. 国际货币基金组织分配的特别提款权

特别提款权是国际货币基金组织无偿分配给会员国的账面资产，可作为会员国国际储备资产的补充。由于特别提款权分配总额占世界储备资产总额的比重过低，而且在发达国家和发展中国家之间的分配额不均衡，因此它不是国际储备的主要来源。

6. 储备资产收益和溢价

货币当局将国际储备以一定方式持有，会有不同程度的收益，如活期存款利息、外国政府债券利息收入等。另外，储备货币汇率的升值也会形成溢价，成为国际储备的来源。

从全球视角来看，由于外汇资产是国际储备的主要形式，因此国际储备主要来源于储备货币发行国的货币输出，它通过储备发行国逆差的形式成为顺差国的国际储备。另外，新开采黄金减去非货币用黄金和国际货币基金组织新分配的特别提款权也是全球视角下国际储备的来源之一。

1.2.1.3 国际储备的作用

1. 弥补国际收支逆差

这是持有国际储备的首要作用。当一国国际收支逆差时，货币当局可以动用持有的外汇资产，或者减少在国际货币基金组织的储备头寸和特别提款权持有额，或在国际市场上变卖黄金来弥补赤字造成的外汇供求缺口。这种方法一般适用于短期的、暂时性的国际收支失衡。如果国际收支困难是长期的、巨额的、根本性的，那么国际储备也可以起到一定的缓冲作用，使政府有时间渐进地推进其他调节措施，如财政和货币政策，以避免因过激的调节措施而引起经济和社会动荡。

2. 干预外汇市场，调节本国货币汇率

一国货币当局可以动用国际储备，进入外汇市场买卖，进而稳定本国货币汇率水平，或者使本国货币汇率波动朝着有利于自己的方向变动。例如，如果一国可以通过购入外汇储备抛售本币，增加本币的供给，阻止本币升值的趋势或促使本币贬值；也可以通过抛售外汇储备购入本币，阻止本币贬值的趋势或促使本币升值。很多国家都利用国际储备建立外汇平准基金（Foreign Exchange Stabilization Fund）制度，利用外汇平准基金来对外汇市场进行干预，以调节本国货币汇率。正因为外汇储备的抛售能起到抑制本币贬值的作用，所以丰富的外汇储备有利于增强公众对这种货币币值的信心和这种货币在国际上的信誉。在国际货币基金组织（International Monetary Fund，IMF）对外汇储备功能的新表述中，"增强对本币的信心"被放在核心地位上。

3. 充当国家对外举债的保证

一国的国际储备规模还可以表明一国对外债还本付息的能力，因为国际储备是债务国到期还本付息最主要、最稳定的来源。一国要对外举债，不管是争取外国政府贷款、国际金融机构信贷还是在国际资本市场上进行融资，其良好的信用和稳定的偿债能力是重要的前提条件，而一国拥有的国际储备资产状况是国际金融机构和国际银团提供贷款时评估其国家风险的指标之一，因此一国能支配的国际储备资产的规模便是对外举债的重要保证。

4. 其他

（1）动用外汇储备对国有金融机构进行注资。2003年年底至2004年4月，中国先后动用450亿美元和150亿美元分别向中国银行（225亿美元）、中国建设银行（225亿美元）

和中国工商银行进行了注资,以补充它们的资本金。

(2) 可以组建主权财富基金①,对外进行投资。2007年,为更好地管理当时增速较快的外汇资产,财政部发行1.55万亿元特别国债②,用于购买约2 000亿美元外汇,作为即将成立的中国投资责任有限公司(简称中投公司)的资本金,由中投公司进行海外投资,以增加我国外汇储备的投资渠道,提高外汇经营收益。

1.2.1.4 国际储备的构成

1. 自有储备

自有储备即狭义的国际储备。对IMF的成员国而言,其主要包括一国的货币性黄金储备、外汇储备、在IMF中的储备头寸和特别提款权。

1) 货币性黄金(Monetary Gold)

货币性黄金也称黄金储备,即一国货币当局作为金融资产持有的黄金,非货币用黄金不在此列。黄金作为国际储备资产已有很长的历史。从19世纪初到第一次世界大战爆发,在国际金本位制下,主要资本主义国家一直把黄金作为国际储备的主要形式和国际间结算与支付的主要手段。1944年开始的布雷顿森林体系虽然不再将黄金作为主要支付手段,但仍将其作为货币定值的标准,黄金作为国际货币体系和国际储备资产的基础再一次得到肯定。自1976年起,根据IMF的《牙买加协议》,黄金非货币化,不再作为货币定值的标准,在储备体系中的比重也呈下降趋势。但事实上,IMF在统计和公布各成员国的国际储备时,依然把黄金储备列入其中,发达国家一直持有较高规模的黄金储备。1979年成立的欧洲货币体系规定,每个成员国应将黄金储备的20%缴存欧洲货币体系的欧洲货币合作基金,作为共同储备资产的一部分。欧元创设时,欧洲中央银行明确规定黄金占该体系储备的15%,再次肯定了黄金作为储备资产的作用。

就全球黄金储备规模来看,由于黄金的供应不仅取决于黄金的产量,而且取决于世界黄金市场的供应数量和非货币用的吸收情况,而其产量又受自然条件的限制,加之私人储藏和工业用金需求的不断增长,作为国际储备资产的黄金数量一直徘徊在10亿盎司③左右,黄金在国际储备中的比重则呈不断下降的趋势。

就全球黄金储备分布来看,呈现极端不均衡的状态,黄金储备达百吨以上的有32个国家(地区或组织),且主要集中在欧洲和北美洲,亚洲及非洲国家只占少数;黄金储备不足10吨的国家(地区或组织)共有47个,基本上都分布在亚洲、非洲和拉丁美洲,其总量只占最大黄金储备国——美国黄金储备的1.43%。如表1-6所示,为部分国家黄金储备排名。

---

① 主权财富基金(Sovereign Wealth Fund,SWF)是一国政府通过特定税收与预算分配、可再生自然资源收入和国际收支盈余等方式积累形成的、由政府控制与支配的、通常以外币形式持有的公共财富管理机构。

② 2007年,第一期特别国债6 000亿元是面向境内商业银行发行的,最后选定当时尚未上市的中国农业银行(以下简称农行),通过农行"中转",由央行购买6 000亿元特别国债。具体操作路径是:财政部向农行发行6 000亿元特别国债,筹集人民币资金后,财政部向央行购买等值外汇;同时,央行利用卖汇获得的6 000亿元,向农行购买等值的特别国债。由于央行用卖汇收入及时向农行购进特别国债,故并不对农行的资产负债表产生影响。财政部发行的6 000亿元特别国债的最终持有人为央行,体现为央行资产负债表上条目的变换,从6 000亿元"外汇"变成了6 000亿元"对政府债权"(特别国债)。财政部发行的6 000亿元特别国债作为中投公司的资本金,由财政部行使出资人职责。

③ 1盎司=28.349 523克。

就黄金储备的特点来看，黄金的优势在于：一是黄金作为一种具有贵金属属性的特殊商品，作为财富的象征和最可靠的保值手段，特别是有防范通货膨胀风险的作用，是其他任何资产无法替代的。正如凯恩斯所说："黄金在我们的制度中具有重要的作用。它作为最后的卫兵和紧急需要时的储备金，还没有任何其他的东西可以取代它。"二是黄金储备可由一国主权自主控制，不受任何其他国家权力的干预。而其他形式的国际储备，如外国政府债券，往往要受其他国家和金融机构信用和偿付能力的影响。但黄金储备目前不能直接用于国际间结算支付和外汇市场交易，流动性比较差；另外，黄金储备需要较高的储藏和管理成本，且没有利息收入，所以收益率偏低。但黄金价格变化会影响黄金自身价值的变动。

表1-6 部分国家黄金储备排名（2018年10月）①

排名	国家（地区）组织	数量/吨	黄金占储备/%
1	美国	8 133.5	73.5
2	德国	3 369.8	68.9
3	国际货币基金组织	2 814.0	—
4	意大利	2 451.8	65.3
5	法国	2 436.0	58.5
6	俄罗斯	1 998.5	16.8
7	中国	1 842.6	2.2
8	瑞士	1 040.0	5.0
9	日本	765.2	2.4
10	荷兰	612.5	65.9

20世纪80年代后，国际黄金价格呈现不断下降的趋势，1997年国际黄金市场上的黄金价格约为280美元/盎司。但2000年之后，特别是在美元贬值、金融危机频发的背景下，国际市场上黄金价格持续上涨，2008年11月黄金价格约为680美元/盎司，到2011年7月19日蹿升到了1 600美元/盎司以上，黄金储备作为风险避风港的作用日益凸显。因此，近年来各国政府开始有增持黄金储备的趋势。2017年，全球央行净购买总量为371吨，同比下降5%，如今黄金占全球央行储备的18%；2017年，俄罗斯的黄金净购买量达到223.5吨，使年底的黄金储备量增加到1 838.8吨，同比增长14%，这标志着俄罗斯的黄金储备连续第11年增长，以及净购买量连续第3年超过200吨。2018年前10个月的净购买量为351.5吨，同比增长17%，为2015年以来的最高水平。增储动力也不断增强，仅2018年第三季度，全球央行净购买量就达到148.4吨，同比增长22%。从历史上看，俄罗斯、哈萨克斯坦和土耳其等国是最稳定的买家，每月定期购买。2018年，包括波兰、匈牙利和印度在内的此前不活跃的央行也购买了黄金。对于最大、最稳定的黄金买家——俄罗斯来说，关键的驱动因素无疑是安全——尤其是对没有政治风险的资产的渴望。俄罗斯的巨额黄金储备是其对西方施加的金融制裁压力的直接回应。与俄罗斯黄金持有量大幅增加相对应的是该国持有的美国国债大幅减少，这反映出俄罗斯央行长期以来的去美元化政策。可见，黄金已成为一

---

① 资料来源：世界黄金协会，https://www.gold.org/cn。

种具有战略意义的重要资产，是一种100%不受法律和政治风险影响的保障。

2）外汇储备（Foreign Exchange Reserve）

外汇储备是一国货币当局持有的外国可兑换货币和用它们表示的支付手段，主要形式是以外币表示的在国外银行的活期存款和外国政府债券。IMF 对外汇储备的解释为：它是货币行政当局以银行存款、财政部库券、长短期政府证券等形式保有的、在国际收支逆差时可以使用的债权。从全球角度来看，外汇储备已成为国际储备的主体，占国际储备总规模的90%以上。

外汇储备实际上是以外币表示的各类流动性资产，充当国际储备资产的货币一般必须具备下列条件：一是具有自由兑换性，能自由兑换成其他储备货币；二是在国际货币体系中占据重要地位，是主要的结算和投资货币；三是其币值比较稳定，不易贬值。目前，仅有美元、欧元、英镑等少数国际货币担任储备货币的角色。

3）在 IMF 的储备头寸（Reserve Position in IMF）

在 IMF 的储备头寸也称为普通提款权（General Drawing Rights）或储备档贷款，是指在 IMF 普通账户中会员国可自由提取使用的资产，包括会员国向 IMF 认缴份额（Quota）中的外汇部分和 IMF 用去的本国货币持有量部分。

根据规定，当一国加入 IMF 时，需按一定比例向 IMF 缴纳一笔钱，称之为份额。按照 IMF 的规定，认缴份额中的25%需以特别提款权或可兑换货币（1978年以前为黄金）缴纳，其余75%用本国货币缴纳。因此，一国在 IMF 的储备头寸包括两部分：第一部分，会员国向 IMF 认缴份额中25%的黄金或可兑换货币，会员国可自由提用这部分资金，无须特殊批准，因此它是一国的国际储备资产。第二部分，IMF 为满足会员国借款需要而使用的本国货币。对于会员国用本币缴纳的75%的份额，IMF 可向其他会员国提供贷款，从而产生该会员国对 IMF 的债权。对于这部分债权头寸，该国可无条件地提取并用于弥补国际收支逆差，因此也属于一国的储备资产。

4）特别提款权（Special Drawing Rights，SDRs）

（1）特别提款权的概念。

特别提款权是 IMF 为了解决会员国国际清偿力不足而于1969年9月在 IMF 第24届年会上创设的一种国际储备资产。各成员国分配得到的特别提款权是无附带条件的使用流动资金的权利。也就是说，当一国发生国际收支逆差，并要求动用其掌握的特别提款权来弥补这一逆差时，IMF 就有义务指定另一成员国接受特别提款权。

（2）特别提款权的特征。

第一，它不具有内在价值，是 IMF 人为创造的、纯粹账面上的资产。

第二，它不像黄金和外汇那样通过贸易或非贸易交往取得，也不像储备头寸那样以所缴纳的份额为基础，而是由 IMF 按份额比例无偿分配给各成员国。

第三，它的使用范围比较有限，只能在 IMF 及各国政府之间支付，不能直接用于个人、企业等私人主体的支付往来。

（3）特别提款权的定值。

在1970年创始之初，特别提款权的价值是用黄金来表示的，1个特别提款权的含金量为0.888 671克，与1971年贬值前的美元等值，即1个特别提款权等于1美元。布雷顿森林体系崩溃后，由于黄金非货币化及美元币值剧烈波动，特别提款权不再以黄金定值，从1974年1月1日起，IMF采用16种货币作为特别提款权的定值标准。但由于这种定值方法在技术上比较复杂，因此国际货币基金组织决定，从1980年9月18日起改用5种货币定值，即美元、德国马克（1991年以前为西德马克）、日元、法国法郎和英镑，它们的计算权数每5年进行一次调整；由于欧元的实施，德国马克与法国法郎不复存在，因此特别提款权由4种货币构成，即美元、欧元、英镑和日元。IMF网站每天登载特别提款权的美元等值数额。它是根据伦敦市场每天中午汇率报价，按4种货币以美元计值的具体数额之和来计算的。根据IMF在2011年对各货币权重的调整，美元占特别提款权的权重由2005年的44%降低至41.9%，日元占特别提款权的权重由11%降低至9.4%，欧元占特别提款权的权重从34%提升至37.4%，而英镑占特别提款权的权重仍为11.3%。到目前为止，IMF已对特别提款权篮子中各种货币所占的权数进行了7次调整（见表1-7）。

2010年特别提款权审查时中国已满足IMF修订的出口标准。过去5年来，人民币国际化迅速发展，可自由使用程度不断提高。基于各项评估指标①，IMF执行董事会认为有充分的基础可以认定人民币为可自由货币，决定将人民币纳入特别提款权货币篮子，新货币篮子于2016年10月1日正式生效。新的特别提款权货币篮子包含美元、欧元、人民币、日元和英镑5种货币，权重分别为41.73%、30.93%、10.92%、8.33%和8.09%，对应的货币数量分别为0.582 52、0.386 71、1.017 4、11.900、0.085 946。IMF根据篮子货币的权重相应确定特别提款权中包含的各篮子货币的绝对数量，作为每天计算特别提款权汇率的基础。在旧篮子下，1个特别提款权包含0.66美元、0.423欧元、12.1日元和0.111英镑。IMF于2016年9月30日公布了新篮子中的货币数量，1个特别提款权中包含1.017 4人民币、0.582 52美元、0.386 71欧元、11.900日元、0.085 946英镑。

表1-7 特别提款权中各种货币的权重

货币名称	1980年的权重	第1次调整后的权重（1986年1月1日生效）	第2次调整后的权重（1991年1月1日生效）	第3次调整后的权重（1996年1月1日生效）
美元	42%（$ 0.54）	42%（$ 0.452）	40%（$ 0.572）	39%（$ 0.582）
德国马克	19%（DM 0.46）	19%（DM 0.527）	21%（DM 0.453）	21%（DM 0.446）
日元	13%（¥34）	15%（¥33.4）	17%（¥31.8）	18%（¥27.20）
法国法郎	13%（FF 0.74）	12%（FF 1.02）	11%（FF 0.8）	11%（FF 0.813）
英镑	13%（£ 0.071）	12%（£ 0.089 3）	11%（£ 0.081 2）	11%（£ 0.015）

---

① 当前成为特别提款权篮子货币的审查包括两个标准：一个是出口，即某个国家或地区在考察期前5年中的货物和服务出口量居世界前列；另一个是该货币可自由使用，即在国际交易支付中被广泛使用和在主要外汇市场上被广泛交易，实践中主要通过货币在全球外汇储备、国际银行业负债、国际债务证券、跨境支付、贸易融资中的比重及在主要外汇市场交易量等指标来衡量。

续表

货币名称	第4次调整后的权重（2001年1月1日生效）	第5次调整后的权重（2006年1月1日生效）	第6次调整后的权重（2011年1月1日生效）	第7次调整后的权重（2016年10月1日生效）
美元	45%（$ 0.577）	44%（$ 0.632）	41.9%（$ 0.660 0）	41.73%（$ 0.582 42）
日元	15%（¥21）	11%（¥18）	9.4%（¥2.100 0）	8.33%（¥11.900 0）
英镑	11%（£ 0.098 4）	11%（£ 0.090 3）	11.3（£ 0.111 0）	8.09%（£ 0.085 963）
欧元	29%（€0.426）	34%（€0.485）	37.4%（€0.423 0）	30.93%（€0.386 71）
人民币				10.92%（¥1.017 4）

（4）特别提款权的分配。

特别提款权的分配是以各会员国在 IMF 的份额为基础的。特别提款权于 1970 年首次发行，在 1970—1972 年和 1979—1981 年分别进行了两次普遍分配。实际分配额分别为 93.148 亿特别提款权和 121.182 亿特别提款权。由于我国是于 1980 年恢复的在 IMF 的合法席位，因此只参与了第二次分配，获得了 1.224 亿特别提款权。由于发达国家在 IMF 的份额远高于发展中国家，因此在特别提款权分配的问题上，发展中国家一直处于不利的地位，这也是近年来 IMF 改革的主要内容之一，并且取得了一定的进展。2006 年 9 月 18 日，IMF 给中国、韩国、土耳其和墨西哥四个份额低估程度最严重的国家特别增资，增资总规模为 IMF 总份额的 1.8%。2009 年 8 月 28 日，国际货币基金组织向 186 个成员国发放了 1 612 亿特别提款权（等值于 2 500 亿美元），中国按照份额占比获得等值于约 93 亿美元的特别提款权；同年 9 月 9 日还实施了此前通过的"特别分配"方案，一次性分配 215 亿特别提款权（约合 330 亿美元），主要着眼于增加 1981 年后加入 IMF 的 42 个国家所持有的特别提款权，但其他成员国也将分别获得额外的特别提款权（其中，中国获得约合 11.71 亿美元的"特别分配"特别提款权）。2009 年进行的特别提款权普遍分配和特别分配合起来使特别提款权分配累计总额达到约 2 040 亿特别提款权（按 2012 年 8 月 20 日汇率折算，约相当于 3 100 亿美元）。2010 年 11 月 6 日，IMF 宣布该组织理事会已批准份额和执行董事会改革决议方案。根据方案，改革完成后，中国的份额将从目前的 3.72% 升至 6.394%，投票权将从目前的 3.65% 上升至 6.071%，超越德国、法国和英国，仅排在美国和日本之后①。此后，在 IMF 成员国中拥有投票权最多的前 10 个国家将分别是：美国、日本、中国、德国、法国、英国、意大利、

---

① 根据方案，发达国家份额整体将降至 57.7%，发展中国家份额升至 42.3%，发达国家向新兴市场和发展中国家整体转移份额 2.8%。其中美国降 0.263% 至 17.407%，日本降 0.092% 至 6.464%，仍分别排名第 1、第 2。德国降 0.524% 至 5.586%，排名降至第 4。法国和英国调整后并列第 5。意大利仍排第 7。印度增 0.309% 至 2.751%，从第 11 位升至第 8 位，俄罗斯增 0.212% 至 2.706%，从第 10 位升至第 9 位，巴西增 0.533% 至 2.316%，从第 14 位升至第 10 位。

印度、俄罗斯、巴西。"金砖四国"（中国、巴西、印度和俄罗斯）这几个最重要的新兴大国全部包含在其中。2017年1月26日，IMF份额改革正式生效①，中国超越英国、法国和德国，跃身为仅次于美国和日本的IMF第三大份额国，且巴西、俄罗斯等也将进入IMF十大股东之列，增加了新兴市场在国际金融秩序中的代表性。而美国的投票权较目前的接近17%有所下降，但依旧保持超过15%的重大决策否决权。

2. 借入储备

IMF把已具有国际储备资产三大特性的借入储备统计在国际清偿力范围之内。借入储备资产主要包括：备用信贷、借款总安排、互惠信贷协定、本国商业银行的对外短期可兑换货币资产等几种。这类资产虽尚未形成现实的储备资产，但只要协议达成，如一国发生国际收支逆差，国际金融机构或他国政府便保证及时提供一定的贷款，对逆差予以弥补，因而构成一国的国际清偿力。

1）备用信贷（Stand-by Credits）

备用信贷是一成员国在国际收支发生困难或预计要发生困难时，同IMF签订的一种备用借款协议。协议通常包括可借用款项的额度、使用期限、利率、分阶段使用的规定、币种等。协议一经签订，成员国在需要时便可按协议规定的方法提用，无须再办理新的手续。备用信贷协议签订后，成员国可全部使用，也可部分使用，甚至完全不使用。对于未使用部分的款项，只需缴纳1%的年管理费。凡按规定可随时使用但未使用的部分，记入借入储备。

2）借款总安排（General Arrangements to Borrow，GAB）

借款总安排是另一种短期信贷来源。目前，借款总安排已成为IMF增加成员国贷款所需资金的一个重要来源。IMF提供贷款中介角色，但这种贷款设施并不能成为成员国扩大国际清偿力的永久源泉，一旦成员国归还贷款，国际储备就会恢复到原来的水平。

借款总安排最先是于1962年由IMF同10个工业发达国家（十国集团，G10）设立的一笔折合60亿美元的资金，由G10管理。基于成员国大量借款有可能耗尽IMF的资金，借款国可向IMF和G10同时申请，经G10的多数（2/3）和IMF同意，由IMF向有关国家借入，再转贷给借款国，借款期限为3~5年。1983年2月，G10决定将该项借款总安排协定的资金增加到170亿特别提款权（约190亿美元），并于1984年吸收瑞士为集团的正式成员，同意沙特阿拉伯作为联系国，联系的信贷为15亿特别提款权。

1997年1月，IMF决定建立借款新安排（New Arrangements to Borrow，NAB）的融资方式，作为另一种短中期信贷资金来源，由25个参加国和地区，包括G10（比利时、加拿大、法国、意大利、日本、荷兰、英国、美国、德国和瑞典）、奥地利、丹麦、芬兰、卢森堡、挪威、西班牙、瑞士、澳大利亚、韩国、马来西亚、新加坡、沙特阿拉伯、科威特、泰国和中国香港向IMF提供340亿特别提款权，以辅助正规的份额资金，稳定国际货币体系。NAB的借款程序与借款总安排相似，这两项借款安排的最高贷款额不能超过340亿特别提款权。会员国申请借款，如NAB不能接受，则可转向借款总安排申请借款。凡参加国同意缴纳资

---

① 这一改革方案涉及修正IMF协定，并需要占总投票权85%的成员国接受，而美国在IMF的投票权是16.74%，由于美国国会一直不通过该方案，故IMF改革一直无法进行。直到2016年12月18日，美国国会才通过拨款法案，停滞5年的IMF份额改革方案获批。

金额占资金总额的85%，即开始启动生效。

2012年4月20日在华盛顿召开的IMF和世界银行春季年会决定，增资4 300亿美元以建立应对金融危机的"防火墙"。这是IMF在2008年全球金融危机爆发后第二次增加资金。上次是2009年9月，二十国集团峰会决定在IMF原来的借款总协定之外设立一个新的借款安排，筹措5 000亿美元的资金。该借款安排于2011年3月正式成立，最后实际筹资达到5 700亿美元。

3）互惠信贷协定（Swap Arrangements）

互惠信贷协定又称互换货币的安排，也是借入储备的一种形式。它是国与国的央行之间进行双边互借备用信贷的一种安排。其具体是由两国央行相互开立对方货币的账户，并规定相互运用对方货币，在需要资金的情况下，可用本币换取对方货币，用以干预外汇市场，稳定货币汇率。这种互换货币的协定最初是20世纪60年代初期西方工业国家为缓和美元危机而进行的国际货币协作的一个内容，后来就成为扩大借入的一种形式。一般在三个月后按原议定的汇率换回本币，归还借入货币。当借入对方货币时，借款国的国际储备增加，在归还对方货币，换回本币时，借款国的国际储备又恢复原状。2008年全球金融危机爆发后，很多国家都采用货币互换的方式来解决清偿力短缺的问题。

4）本国商业银行的对外短期可兑换货币资产

对于本国商业银行的对外短期可兑换货币资产，尤其是在离岸金融市场或欧洲货币市场上的资产，虽其所有权不属于政府，也未被政府借入，但因为这些资金流动性强，对政策的反应十分灵敏，故政府可以通过政策的、新闻的、道义的手段来诱导它的流向，从而间接达到调节国际收支的目的。

1.2.2 国际储备管理

国际储备管理是指一国政府及货币当局根据一定时期内本国的国际收支状况和经济发展的要求，对国际储备的规模、结构及储备资产的运用等进行计划、调整、控制，以实现储备资产规模适度化、结构最优化、使用高效化的整个过程，是国民经济管理的重要组成部分。国际储备的管理包括量的管理和质的管理两个方面。其中，量的管理是指对储备规模的选择和调整，即通常所说的国际储备的规模管理或总量管理；质的管理是指对国际储备运营的管理，主要是其结构的确定和调整，也被称作国际储备的结构管理。其中，规模管理又包括国际储备需求的适度水平的确定和国际储备供给如何适应需求变化而增减两个方面。

1.2.2.1 国际储备的规模管理

国际储备的规模管理包括两个内容：首先要确定本国国际储备的适度规模水平；再通过管理措施使本国国际储备规模达到这个适度规模水平。

1. 影响国际储备适度规模的主要因素

1）国际收支状况和调节能力

国际储备的基本作用之一是弥补国际收支逆差，因此一国国际收支失衡发生的概率和调节能力的大小影响着一国对国际储备的需求。一国的国际收支失衡是由多种原因造成的，可能是临时的、偶发性的因素，也可能是长期的、结构性的因素，前者可由国际储备的运用进行调节，如果发生的概率比较大，就需要政府持有较高的国际储备额；后者则靠需求调节、供给调节等政策措施进行调节，但这种调节需要一定的时间，且往往会对国内经济发展有一定的影响，会增加调节成本，因此需要国际储备的运用作为缓冲体，发挥辅助作用。如果依靠其他政策措施调节国际收支失衡的速度比较快、成本比较低，那么需要发挥缓冲作用的国际储备规模也就比较小；反之，需要的国际储备规模则较大。总之，一国发生国际收支失衡的概率越大、调节能力越差、调节成本越大、调节速度越慢，所需的国际储备规模也就越大；反之，所需的国际储备规模越小。

2）对外贸易的发达程度和结构

一方面，在开放经济条件下，若一国的进出口规模较大，外贸依存度高，则发生国际收支失衡的概率较大，即需要更多的国际储备来弥补国际收支逆差，因此对国际储备的需求量较多；反之，封闭经济条件下需要的国际储备量较少。另一方面，若一国的贸易条件良好，发生国际收支逆差的概率较小，则储备量可以适当少些，但若贸易条件恶化就需要较多的储备。

3）外汇管理宽严程度

当前资本流动日趋国际化，一国外汇管理的宽严程度往往决定了跨境资本流动的规模，也决定了一国政府为抵御国际资本冲击而需要持有的国际储备规模。一国外汇管制越宽松，跨境资本流动的规模越大，用于抵御国际资本流动冲击所需的储备就越多，特别是在不能有效、及时利用国际金融市场融资的情况下，所需持有的自有储备的规模就会大大增加；相反，一国所需的储备就可少些。

4）汇率制度

国际储备的另一个基本作用是干预外汇市场，稳定汇率水平，因为国际储备的适度规模与汇率制度有密切的关系。如果一国采取的是固定汇率制，则政府需要持有较高的国际储备，以便在本币汇率出现较大波动时在外汇市场上进行买卖，以维持较为稳定的汇率水平。反之，对于实行浮动汇率制的国家，其储备的持有量就可相对低些。

5）对外资信高低

国际储备还有作为对外举债保证的作用。如果一国对外资信较高，临时筹措外汇资金的能力较强，那么所需要的国际储备量就少；反之，则需要较多的国际储备。

6）持有国际储备的成本

从成本收益的角度讲，确定国际储备的适度规模必须考虑持有国际储备的机会成本。一国持有国际储备实际是放弃了将这部分外汇资产利用起来用于国内建设的机会，这是一种经济效益的损失，是一国持有国际储备的成本。当然一国持有国际储备也是有一定收益的，如银行存款利息、外国政府债券利息收入等。因此，持有国际储备的机会成本一般是投资收益率与利息率之差。这一差额越大，表明持有国际储备的机会成本越高；差额越小，则表明持有国际储备的机会成本越低。因此，一国国际储备的适度规模与其持有国际储备的机会成本成负相关的关系。

7）货币的国际地位

如果一国货币处于储备货币地位，那么它可以通过增加本国货币的发行来弥补国际收支逆差，而不需要较多的国际储备；相反，则需要较多的国际储备。

8）政府的政策偏好

这主要指政府对通货膨胀率、就业率、本币汇率弹性、投资风险管理的态度等，政府的政策偏好对该国国际储备规模的掌握有直接的影响。例如，如果一国政府偏好膨胀性经济政策，以经济增长和当期国民收入水平提高为主要目标，则该国对国际储备的需求较小；反之，如果政府更强调经济稳定，注重减少收入水平的波动，则对国际储备的需求必然较大。

2. 国际储备规模管理的内容

从根本上说，一国对国际储备规模的管理就是使国际储备的规模保持在最适度国际储备需求量的水平上。IMF 成员国的国际储备是由货币性黄金、外汇储备、特别提款权和 IMF 的储备头寸组成的，其中，特别提款权、储备头寸是 IMF 根据各国份额予以分配的，不在一国政府的控制之下。因此，一国国际储备规模的变动主要来自黄金储备和外汇储备两个方面。

1）黄金储备

对于储备货币发行国来说，用本国货币在国际黄金市场上购买黄金，可以增加其国际储备量，但对于非储备货币占绝大多数的发行国，由于本国货币在国际支付中不为人们接受，因此在国际市场购买黄金只能使用国际间可接受的货币，即储备货币。这样国际储备总量并不因此改变，改变的只是外汇储备与黄金储备间的比例。一国只有用本国货币在国内收购黄金时，才会增加其黄金储备。这一做法称为黄金的货币化（Monetization of Gold），即将黄金从非货币用途转引至货币用途。黄金的非货币化（Demonetization of Gold）则正好相反。然而，通过黄金的货币化来增加国际储备量毕竟是有限的，因为一国私人持有的黄金量是有限的，而且黄金产量也受到自然条件的限制。事实上，世界各国的黄金储备变动一直是相对较小的。

2）外汇储备

外汇储备增加的主要来源是国际收支顺差。其中，经常项目顺差是最为可靠、稳定的来源；来自资本与金融账户盈余的新增外汇储备则具有借入储备的性质，稳定性较低。另外，外汇市场干预也是一国增加国际储备的主要渠道。当一国当局在外汇市场抛售本国货币购入外汇时，这部分新增的外汇就列入外汇储备，造成外汇储备增加；反之，当一国当局向外汇市场抛售外汇购入本国货币时，本国的外汇储备就会减少。

1.2.2.2 国际储备结构管理

1. 国际储备结构管理的含义

国际储备结构管理是指一国如何最佳配置国际储备资产的内部结构，即数量比例。国际储备结构管理分为两个层次：第一个层次是指黄金储备、外汇储备、在 IMF 的储备头寸和特别提款权四种形式的国际储备资产持有量之间的合理结构；第二个层次是指外汇储备内部的合理的币种和资产结构。

2. 国际储备结构管理的基本原则

一国货币当局调整其国际储备结构的基本原则是统筹兼顾各种资产的安全性、流动性与营利性。安全性是指储备资产的存放可靠、价值稳定；流动性是指储备资产能随时变现、灵活调拨，从而用于国际间结算支付；营利性则是指储备资产的增值。储备资产的安全性、流动性与营利性之间往往互相排斥，具有负相关关系，一般来说，储备资产的安全性与流动性越高，其营利性越低，例如以外币票据为支付手段的银行活期存款；相反，营利性较高的资产的安全性和流动性较差，例如外国政府债券的偿还期较长，且存在信用风险和价格风险。就国际储备管理的原则来看，一国货币当局持有国际储备资产时，应在安全性与流动性得到充分保证的前提下，争取最大限度的营利性。

3. 国际储备结构管理的内容

1) 国际储备结构管理的基本构成

如前所述，国际储备结构管理的第一个层次是指黄金储备、外汇储备、在 IMF 的储备头寸和特别提款权四种形式的国际储备资产持有量之间的合理结构。由于普通提款权和特别提款权的数额都是以各成员国在 IMF 的份额为基础决定的，而且在各国国际储备中所占的比例较小，因此国际储备的结构管理通常忽略这两种资产形式。这一层次的国际储备结构管理通常指黄金储备和外汇储备之间的数量比例。如前文所述，黄金虽然已经非货币化，和外汇储备相比，流动性较差，但作为财富的代表、最终支付手段和风险规避工具，一直在国际储备体系中具有重要的地位，特别是在当今次贷危机、金融危机和债务危机相继爆发，全球经济动荡的年代，黄金价格不断上涨，各国越来越重视黄金储备的作用。根据 2010 年年底的数据，美国、德国等发达国家拥有的黄金储备占国际储备总额 70% 以上。而发展中国家、新兴经济体持有黄金储备的比例相对较小，有些国家已经意识到这一问题，开始逐步增持黄金储备。根据世界黄金协会最新发布的数据显示，截至 2019 年 3 月，全球官方黄金储备共计 33 976.5 吨；其中，欧元区（包括欧洲央行）共计 10 778.5 吨，占其总储备比重的 54.3%；央行售金协议（CBGA）签约国共计 11 944.2 吨，占其总储备比重的 29.6%；全球前十官方黄金储备数据表明，美国、德国、意大利、法国、瑞士、日本、荷兰的官方储量没有变化，俄罗斯则由 2 150.5 吨增至 2 168.3 吨，保持其增长趋势，中国也由 1 874.3 吨增加了黄金储备至 1 885.5 吨。而外汇储备具有流动性强、可衍生利息收入等优点，但在安全性和保值方面存在一定问题。比如持有外汇储备这种以外币形式持有的资产必然面临汇率风险，可能会引发资产缩水；再如持有外国政府债券必然面临对方违约的信用风险等。发展中国家普遍存在外汇储备相对于黄金储备比例过高的问题。

2) 外汇储备的结构管理

（1）外汇储备的币种结构管理。

外汇储备的币种管理包括储备货币币种选择和数量比例安排两个方面。

一国外汇储备中储备货币币种的选择及其数量比例主要取决于下列因素：一是该国贸易与金融性对外支付所需币种。也就是说，一国外汇储备币种应与国际贸易（如进口）与金融性支出（如偿还外债）的币种保持一致。二是该国货币当局在外汇市场干预本国货币汇率所需币种。也就是说，一国外汇储备币种应满足货币当局干预外汇市场、维持本币汇率稳定的需求。以上两点是与国际储备的基本作用相对应的。三是各种储备货币的收益率。一种储备货币的收益率 = 汇率变化率 + 名义利率。外汇储备的币种结构管理要求在对汇率走势进行研究的基础上，选择价值稳定、收益率较高的储备货币。这是与国际储备管理的安全性和收益性相关联的。四是一国经济政策的要求。

自布雷顿森林体系确立后，就确立了将美元作为主要储备货币的地位，20世纪70年代布雷顿森林体系崩溃后，美元的这种地位虽然有所削弱，但在一定程度上仍然存续，多数国家都将美元作为其外汇储备的主体。这一现象的主要原因在于：一方面，因历史原因美元仍是国际结算、投资和外汇交易当中使用得最多的货币，为实现外汇储备作为弥补国际收支逆差和干预外汇市场、维护汇率稳定的需要，各国需要持有美元储备；另一方面，美国作为世界最大的经济体，经济实力最为强大，金融市场也最为发达，美国政府每年发行巨额政府债券，为各国提供了安全性和流动性较高又具有一定营利性的外汇储备投资工具，因而美元是多数国家外汇储备中最主要的储备货币。除美元外，欧元、日元、英镑在各国的国际储备中均占有一定的比重，特别是2004年后，欧元因其币值的坚挺，在全球外汇储备占比中的比重逐渐上升，成为仅次于美元的第二大储备货币。出于分散风险、保证收益率的目的，各国货币当局一般都实行了储备货币的多元化管理，审时度势，根据储备货币发行国的经济情况和币值变化进行外汇储备币种结构的调整。

（2）外汇储备的资产结构管理。

外汇储备的资产结构管理关键在于确保流动性与营利性的恰当结合。由于国际储备的主要作用是弥补国际收支逆差，因而在流动性与营利性中，各国货币当局更重视流动性。以英格兰银行对美元储备的流动性管理为例，按照流动性的高低，将外汇储备资产分成三个层次：

第一个层次是一级储备。其流动性最高，但营利性最低，包括在国外银行的活期存款、外币商业票据和外国短期政府债券。其中，在国外银行的活期存款可随时开出支票对外进行支付，流动性最高。虽然储备货币发行国一般都有发达的二级市场，短期政府债券和商业票据变现能力也比较强，但是这些流动性很高的资产的营利性是比较低的。因此，货币当局需根据季节或特定时期短期对外支付的需要安排一定数量的一级储备，但要控制其在储备资产中的比重。

第二个层次是二级储备。其营利性高于一级储备，但流动性低于一级储备，如2~5年期的中期外国政府债券。二级储备是在必要时弥补一级储备不足以应付对外支付需要的储备资产。准确预测短期对外支付的金额是难以做到的。任何一国货币当局必须持有一定数量的二级储备。

第三个层次是三级储备。其营利性高于二级储备，但流动性低于二级储备，如外国政府长期债券。此类储备资产到期时可转化为一级储备。如提前动用，将会蒙受较大损失。一国货币当局可根据对外债务的结构持有一定数量的三级储备，并可提高持有外汇储备资产的营利性。

国情不同，各国货币当局持有上述三级储备的结构也就互不相同。一般说来，国际收支逆差国应更注重流动性，因此须在其储备资产中保留较大比重的一级储备；而顺差国可更注重营利性，保留较小比重的一级储备和较大比重的三级储备。

1.3 中国的国际收支结构变化与外汇储备规模及结构变化

1.3.1 中国的国际收支结构变化

2018年是中国改革开放40周年。在这40年间，中国经济保持了持续快速增长，1978—2017年，这40年的年均国内生产总值（GDP）增速高达9.6%，无论是经济总量还是人均收入的累积，其增幅都是非常惊人的。例如，1994—2017年，中国GDP规模由5 737亿美元上升至12.66万亿美元，增长了近21倍，中国GDP与美国GDP的比率由1994年的7.9%上升至2017年的65.0%。又如，同期内，中国人均GDP由481美元上升至9 130美元，增长了18倍，中国人均GDP与美国人均GDP的比率由1994年的1.7%上升至2017年的15.3%[①]。

首先，自中国政府开始发布年度国际收支数据的这36年间（1982—2017年），中国仅有5年出现过经常账户逆差，且均发生在1994年之前。1994—2017年，中国经济出现了持续24年的经常账户顺差。中国经常账户顺差余额在2008年达到4 206亿美元的历史性峰值，到2017年下降至1 649亿美元。其次，在这36年间，中国有10年出现过非储备性质金融账户逆差。在1982—1984年以及2014—2016年，中国经济出现了两次持续数年的非储备性质金融账户逆差。有趣的是，迄今为止，中国还没有任何年份出现过经常账户逆差与非储备性质金融账户逆差并存的双逆差局面。相反，在1999—2011年，中国曾经连续13年出现过经常账户顺差与非储备性质金融账户顺差并存的双顺差格局。再次，在这36年间，中国有26年都出现了错误与遗漏项的逆差。中国的错误与遗漏项余额存在明显的持续性特征，而非围绕零值上下做正态分布，这说明错误与遗漏项在较大程度上反映了地下渠道的资本流动。例如，在2002—2008年，出现了持续7年的错误与遗漏项净流入。而在2009—2017年，则出现了持续9年的错误与遗漏项净流出。值得关注的是，错误与遗漏项净流出规模在2015—2017年显著上升（年均2 214亿美元），显著高于之前3年年均723亿美元的水平，这意味着地下渠道的资本流出压力自2015年以来显著放大。

1. 经常账户：顺差出现趋势性下降，未来将会顺、逆差交替

经常账户分为货物贸易、服务贸易、初次收入与二次收入四个子项。货物贸易一直是中国经常账户顺差的最重要来源，近年甚至成为经常账户顺差的唯一来源。

在1994年年初的人民币汇率并轨之后，中国在1994—2017年实现了连续24年的货物贸易顺差。中国在加入世界贸易组织（WTO）之后，货物贸易顺差迅速增长，由2001年的282亿美元一度上升至2015年的5 762亿美元。在1998年东南亚金融危机与2008年美国次贷危机爆发后，中国货物贸易顺差均出现了显著下降趋势。虽然2016年与2017年没有国际金融危机爆发，但中国货物贸易顺差也出现了持续下降。随着2018年中美贸易摩擦开始激化，未来几年，中国货物贸易顺差规模可能还会进一步下降。

---

① 张明.改革开放四十年来中国国际收支的演变历程、发展趋势与政策含义[J].国际经济评论，2018（6）：38–51.

1998—2017年，中国出现了持续20年的服务贸易逆差。这说明，中国服务业的发展相对于发达国家而言整体是较为落后的。服务贸易逆差的规模则由1998年的18亿美元上升至2017年的2 654亿美元。值得注意的是，过去10年以来，中国服务贸易逆差的增长速度相当快，这背后可能与中国人均收入到达一定门槛后，对服务品的消费需求显著增强有关。2014—2017年，中国服务贸易逆差已经达到货物贸易顺差的一半左右。

初次收入项又可以分为雇员报酬与投资收益两个细项。2003—2017年这15年间，中国的雇员报酬一直为正，这意味着中国公民的海外劳务收入持续高于外国公民的中国劳务收入。然而，除2007年与2008年这两年外，中国的投资收益细项在1993—2017年这25年间持续为负，这说明中国的海外投资收益持续低于外国在中国的投资收益。考虑到这一期间的中国一直是全球债权人（即海外资产规模显著高于海外负债规模），这一点令人费解。

二次收入项主要反映了中国与全球之间的转移支付。中国的二次收入项在2013年之前一直为正。而在2013—2017年这5年间，二次收入项有3年为负。背后的原因是，随着中国综合国力的增强，中国接受外部援助的规模下降，而中国对外援助的规模上升。

中国的经常账户顺差占GDP比率在中国加入WTO之后一度显著上升，由2001年的1.3%攀升至2007年的10.0%。这就是在2008年全球金融危机爆发之前，全球范围内流行过一阵关于全球经常账户失衡（Global Imbalance）的讨论。美国指责中国通过操纵人民币汇率来实现过高的经常账户顺差，并认为如果经常账户顺差占GDP比率超过3%~4%，就说明一国存在经常账户失衡。中国的经常账户顺差占GDP比率从2009年起显著下滑，并在2011—2017年连续7年低于3%。这说明，即使按照美国的标准来衡量，中国的经常账户失衡也已经不复存在。

导致中国经常账户失衡缓解的原因，可以从以下三个角度来解释：一是从经常账户的结构来看，导致中国经常账户顺差规模下降的原因，一方面是服务贸易逆差的不断扩大，另一方面则是货物贸易顺差的回落（始于2016年）。此外，持续的初次收入逆差与二次收入逆差也扮演了一定角色。二是中国经常账户顺差的下降也与人民币升值有关。2004年年底—2015年年底，人民币实际有效指数由81.87上升至130.35，升值幅度高约59%。人民币实际有效汇率升值降低了中国出口商品的竞争力，并提高了中国企业与居民对外国商品的购买力，因此是导致经常账户顺差下降的重要原因。三是根据国民收入恒等式，一国的净出口等于国内储蓄减去国内投资。从这一视角来看，中国近年来经常账户顺差的下降，也与国内储蓄投资缺口收窄有关。在21世纪的第一个10年，中国的储蓄率与投资率均处于上升通道，但由于储蓄率上升得比投资率更快，导致储蓄率与投资率的差距在2007年达到占GDP 8.6%的高位。从2010年起至今，尽管储蓄率与投资率均处于下行通道，但由于储蓄率下降得比投资率更快，两者的差距在2017年仅为GDP的2.0%。

从上述视角来判断未来中国经常账户余额的变化：一是从经常账户的内部结构来看，2018年以来中美贸易摩擦的爆发与加剧意味着未来中国的货物贸易顺差可能以更快的速度下降（2017年中国对美国的货物贸易顺差占到中国货物贸易整体顺差的一半以上），而中国居民的收入上升与消费升级可能会使中国的服务贸易逆差持续上升，这意味着中国的经常账户顺差将会进一步缩小，甚至转为经常账户逆差。二是从经常账户余额与人民币汇率的关系来看，当前无论是人民币兑美元汇率，还是人民币兑一篮子货币的汇率，均呈现出双向波动趋势，这一趋势可能延续较长的时间，这意味着汇率因素可能不会再对经常账户余额产生持续性的单边冲击。三是从国内储蓄投资缺口来看，中国人口年龄结构的老化和近年来中国居民部门负债率的快速上升，都意味着未来中国储蓄率可能以较快的速度下降，其速度很可能超过投资率的下降速度，这也意味着中国的经常账户顺差可能进一步缩小，甚至出现经常账户逆差。综上所述，从中长期来看，未来中国经常账户由持续顺差转为持续逆差的概率较大。2018年第一季度，中国经常账户在近20年来首次出现季度逆差。这可能是未来一段时间内中国经常账户出现交替性顺差逆差格局的开始。

2. 非储备性质金融账户：持续性顺差已经消失，未来将会变动不居

在1982—2017年这36年间，中国有10年出现过非储备性质金融账户逆差。非储备性质金融账户可以分为直接投资、证券投资和其他投资三个子项。在1982—2017年这36年间，中国有35年存在直接投资顺差（仅在2016年出现过直接投资逆差）、23年存在证券投资顺差、15年存在其他投资顺差。值得一提的是，在中国出现非储备性质金融账户逆差的10年内，中国都存在其他投资逆差，但这10年内有3年中国面临证券投资顺差。根据计算表明，1982—2017年这36年间，直接投资、证券投资与其他投资余额的变异系数分别约为1.15、8.23与-3.26。虽然其他投资的波动性低于证券投资，但其他投资变动的幅度远高于证券投资。从上述分析中不难得出这一结论：在过去36年的时间内，其他投资项的变化在较大程度上主导了中国非储备性质金融账户余额的变化。

中国政府从20世纪90年代起开始实施针对外商直接投资的优惠政策。中国的外商直接投资流量在20世纪90年代和21世纪快速增长，由1990年的35亿美元上升至2013年的2 909亿美元。在此期间，外商直接投资流量仅在1998年东南亚金融危机、2008年全球金融危机与2012年欧洲主权债务危机爆发后短暂下降。然而，受优惠政策减弱甚至取消、中国国内劳动力成本上升、人民币汇率持续升值等因素影响，中国吸收的外商直接投资流量在2014—2017年连续下降，在2017年降至1 682亿美元。2008年美国次贷危机爆发之后，中国政府开始鼓励中国企业"走出去"，到海外进行直接投资。2007—2016年，中国的对外直接投资流量从172亿美元攀升至2 164亿美元。在2016年，中国的外商直接投资与对外直接投资流量分别为1 747亿美元与2 164亿美元，中国在改革开放之后第一次成为直接投资的净输出国。然而，在中国对外直接投资激增背后，出现了中国国有企业在境外非理性的并购、假借对外直接投资之名的资本外逃等现象，这一现象在2015年"811汇改"之后变得尤其突出。因此，中国政府从2016年下半年起开始收紧对外直接投资的管理，此举导致中国对外直接投资流量在2017年锐减至1 019亿美元。

中国政府长期以来对跨境证券投资保持着较为严格的管制。在相当长的时期内，中国投资者与外国投资者只能分别通过合格境内机构投资者（QDII，2007年出台）与合格境外机构投资者（QFII，2002年出台）的管道投资境外与境内证券市场。随着央行从2009年起开始推进人民币国际化，为了促进境外人民币资金回流，中国政府增设了人民币合格境外机构投资者（RQFII）的管道（2011年出台）。为了促进中国内地与中国香港股票市场的互联互通，中国政府在2014年与2016年分别开通了沪港通与深港通。2017年，中国内地与中国香港之间的债券通正式上线,但目前仅开放了"北向通"(即境外投资者投资内地银行间债券市场)。在 2007—2017 年这 11 年期间,除 2015 年与 2016 年外,中国均面临证券投资顺差,即外国投资者的对内投资额超过了中国投资者的对外投资额。一方面,最近几年来,外国投资者显著增持了对中国债券的投资。在 2015 年之前,外国投资者对中国的股票投资显著高于债券投资。但在 2016—2017 年,外国投资者对中国的债券投资则超过了股票投资。2017 年,外国投资者对中国股票与债券的投资额分别为 340 亿美元与 829 亿美元。另一方面,2015—2017 年,中国投资者对外国证券投资规模呈现稳定增长态势,且在 2016 年与 2017 年,中国投资者对外国债券的投资规模也超过了股票投资。

与证券投资余额存在鲜明的反差,在 2007—2017 年这 11 年间,中国有 6 年面临其他投资逆差。由于其他投资项主要反映跨境企业与金融机构借贷,故其他投资逆差表明中国对外贷款规模超过了外国对中国的贷款规模。如前所述,其他投资项的变动在较大程度上主导了中国非储备性质金融账户的变动。例如,2014—2016 年,中国连续 3 年出现非储备性质金融账户逆差。这 3 年间,中国的其他投资逆差规模也是历史上最高的。其他投资余额的变动,在较大程度上受到人民币汇率变化预期、中国资本账户管制严厉程度等因素的影响。例如,2014—2016 年,中国的其他投资逆差在很大程度上是由人民币兑美元贬值预期加剧导致的。而在 2017 年,其他投资余额由负转正,这一方面与中国央行加强了资本外流的管制程度有关,另一方面与逆周期因子的引入消除了持续的人民币兑美元贬值预期有关。此外值得一提的是,由外国投资者提供的其他投资在特定年份可能由流入逆转为流出,例如在 2008 年、2012 年和 2015 年。2008 年与 2012 年分别爆发了美国次贷危机与欧洲主权债务危机,而 2015 年是人民币贬值预期显著加剧的一年。外国投资者提供的其他投资流量由正转负,既可能是境外机构抽回借贷资金(如 2008 年、2012 年),也可能是中国企业提前偿还外国贷款(如 2015 年)。

1999—2011 年(中国经济高速增长时期),中国曾经出现了连续 13 年的非储备性质金融账户顺差。而在 2012—2017 年,中国出现了 4 年的非储备性质金融账户逆差。我们可以从以下几个角度来预测未来中国非储备性质金融账户余额的走势:首先,随着中国人均收入的上升与产业结构的升级转型,中国对外直接投资的增长速度可能持续超过外商直接投资的增长速度,这意味着未来中国在直接投资子项方面可能出现持续逆差。其次,随着中国政府逐渐放松对国内机构投资者与外国机构投资者的跨境投资限制,未来中国证券投资资产与负债均会显著增长,证券投资余额则可能时正时负。不过,由于短期内人民币仍面临贬值压力,因此中国政府对外国投资者对内证券投资的开放速度,要显著超过对本国投资者对外证券投资的开放速度。这意味着中国的证券投资余额短期可能是顺差,而中期可能是逆差。最后,随着人民币兑美元汇率进一步呈现双向波动特征,以及中国政府逐渐放松资本管制,其他投资项余额未来也会呈现出时正时负的特征。综上所述,未来相当长时间内,中国可能面临非储备性质金融账户余额交替出现正负的格局。

当然,从统计上讲,如果中期内人民币汇率制度转为自由浮动(Free Floating),那么经常账户与资本账户(包含储备资产变动和净误差与遗漏)必然是互为镜像的自主平衡格局,不会出现持续的双顺差或双逆差。然而,一方面,这里讨论的是非储备性质金融账户余额

（即扣除了外汇储备与误差与遗漏项的资本账户余额）；另一方面，在国内外市场波动性增强的背景下，即使一国存在经常账户逆差，该国也同样可能因为资本外流出现非储备性质金融账户逆差（尤其是考虑到当前中国政府对居民部门海外投资实施了非常严格的管制，一旦管制放松，就很可能会引发持续的私人部门资本外流）。换言之，即使未来中期内中国经常账户余额持续为负，也未必能够保证非储备性质金融账户余额持续为正。

3. 国际储备：短期有望维持稳定，中长期将会逐渐下降

从国际收支平衡表角度看，国际储备项是一个平衡项，它等于经常账户余额、非储备性质金融账户余额与误差与遗漏项余额之和。外汇储备是中国国际储备最主要的构成部分，也主导了国际储备项的变动。1999—2011年是国际收支双顺差时期，也是中国外汇储备急剧增加的时期。外汇储备增量由1999年的97亿美元激增至2010年的4 696亿美元。尤其值得注意的是，在2007—2011年，以及2013年，中国年均外汇储备增量超过了4 300亿美元。人民币兑美元升值预期逆转为贬值预期，以及非储备性质金融账户余额由顺差转为逆差，中国的外汇储备增量从2014年起显著下降，并在2015年与2016年出现了负增长。中国的外汇储备存量在2014年6月底达到4万亿美元的峰值。在2014年下半年至2015年年底，中国外汇储备下降了约1万亿美元。导致外汇储备缩水的最重要原因是中国央行为了抑制人民币兑美元的贬值，在外汇市场上出售美元买入了本币。自2016年年初以来，中国外汇储备存量一直稳定在3.0万亿~3.2万亿美元。这说明中国央行从2016年起已经不再将出售外汇储备作为维持人民币汇率稳定的主要政策工具。

可以从短期与中长期两个角度来展望未来的外汇储备项变化。从短期来看，中国央行有较强的动力将外汇储备稳定在3万亿美元上下，这是因为3万亿美元被市场视为一个重要的心理阈值。如果外汇储备跌破3万亿美元，则可能对市场预期产生重要影响。从中长期来看，由于非储备性质金融账户余额是变动不居的，外汇储备增量在很大程度上取决于经常账户余额。随着未来中国经常账户余额最终可能由正转负，中国外汇储备增量未来也会大概率由正转负，中国外汇储备增量将趋于消失。当然，如果中国央行实施自由浮动的汇率制度，不再使用外汇储备来干预外汇市场，那么理论上，外汇储备存量将会趋于稳定（或者说外汇储备的变动在剔除估值效应后将会主要取决于投资收益）。然而，考虑到中国政府正在大力推进"一带一路"倡议（这意味着要在中国境外使用外汇资金），以及未来中国政府将会逐渐放开资本账户（即放宽居民部门购汇的限制），中期内中国的外汇储备存量很可能会逐渐下降。

1.3.2 中国的外汇储备规模及结构变化

1. 外汇储备规模的变化及其特点

改革开放初期，中国外汇储备规模非常小，处于极为短缺的状态。20世纪70年代中后期外汇储备才突破10亿美元，1982年突破百亿美元。1994年后外汇储备才步入快速增长阶段，到1996年突破千亿美元，2006年突破万亿美元并一举成为世界最大的外汇储备持有国。2009年4月，中国外汇储备规模突破2万亿美元，2011年年底中国的外汇储备总额占全球外汇储备总规模的30.3%。从增长速度数据来看，1978—2011年，中国外汇储备规模年平均增长速度为29.15%。在2012年与2013年世界经济非常不稳定时期,中国外汇储备仍呈增长趋势,其中,2013年年底,中国外汇储备规模达到3.82万亿美元,比2012年年底增加5 097亿美元。2014年中国外汇储备规模增长速度放缓,同比增长仅0.57%,但总规模达到3.84万亿美元。2015年年底中国外汇储备规模降为3.33万亿美元,同比减少5 126亿美元,这也是自1994年以来外汇储备规模首次出现负增长。

具体来说,中国的外汇储备规模变化经历了以下几个阶段,并呈现出明显的特点[①]:

第一阶段(1978—1993年):中国外汇储备发展初期。其特点是:外汇储备从极度短缺状况向逐渐增多转化,但总体上储备增长率高低起伏,呈不稳定状况,没有形成明显增长的趋势。其主要原因是:1978年的改革开放使中国进口迅猛增加;1990年开始,部分内销产品转为出口,人民币对外贬值40%;1992年后中国经济进入稳定的增长阶段,进而保证外汇储备规模进入较稳定增长阶段。

第二阶段(1994—2005年):中国外汇储备规模激增、储备币种多样化快速发展。其特点是:外汇储备规模开始逐步增加,增长速度快;储备货币构成日趋多元化;汇率变动以盯住美元为主,储备风险也逐步显现;汇率改革发挥了积极的作用。这阶段的外汇储备从1993年的约212亿美元,增至1994年的约516亿美元,再增至2005年的约8 189亿美元。快速增长的原因主要在于:1994年中国汇率制度的改革(人民币汇率一次性由改革之前的5.8元/美元向下调整为8.7元/美元,且取消了各类外汇留成和额度管理制度),由此导致对外贸易与外商直接投资的大幅度增加。

第三阶段(2006—2014年):中国外汇储备破万亿美元成为全球第一储备国。其特点是:储备规模剧增(虽然从2005年7月开始人民币升值,但2006年外汇储备仍达10 663万亿美元,仍为世界第一。在2008年次贷危机和全球金融危机爆发后,2014年我国外汇储备规模仍创新高),直至2015年才开始出现规模下降(这也是1994年以来的首次下降)。中国的外汇储备存量在2006年10月首次突破1万亿美元,随后扶摇直上,在2014年6月达到3.99万亿美元的历史性峰值。然而,2014年6月—2017年1月,中国外汇储备由3.99万亿美元下降至3.00万亿美元,缩水了近1万亿美元。中国外汇储备货币多元化,但美元仍居主导地位;储备投资增加但风险扩大;汇率与储备相关性增大。促成外汇储备规模超额增长的直接原因是经常项目、金融和资本项目都出现了大规模顺差,即所谓的"双顺差";其根本原因是中国经济的稳健发展。

第四阶段(2015年至今):外汇储备进入增速下降与总体规模波动阶段。其特点是:外汇储备规模下降、增速下降,出现了"双降"现象。2015年年底外汇储备为3.33万亿美元,同比减少5 126亿美元。这是国内外经济发展步伐放慢、中国国际收支由长期的"双顺差"变成2015年的"一顺一逆"、美国联邦储备系统(简称美联储)加息和预期、人民币汇率形成机制改革、人民币国际化加快、藏汇于民政策实施以及阻击国际炒家行动等多重因素所致。2007—2014年,中国外汇储备规模持续上升,累计涨幅达到151%;2014—2016年,中国外汇储备规模连续下降,累计跌幅达到22%,在2017年上半年有所反弹。相比之

---

① 朱孟楠. 中国外汇储备有效管理:宏观策略与微观措施[J]. 财经智库,2016(3):38-66.

下，2007—2013 年，全球外汇储备规模持续上升，累计涨幅达到 74%；2013—2016 年，全球外汇储备规模连续下降，累计跌幅达到 8%，在 2017 年上半年同样有所反弹。不难看出，中国外汇储备的增减变动与全球外汇储备的增减变动基本上是同步的，但前者的变动幅度显著高于后者。中国外汇储备占全球外汇储备的比重，则由 2007 年的 22.8% 上升至 2014 年的 33.2%，之后又下降至 2017 年上半年的 27.5%[①]。2018 年年底中国外汇储备为 30 727 亿美元，占全球外汇储备的近 30%，仍保持全球首位。

2. 外汇储备币种结构状况变化及其特点

根据 IMF 的数据，目前，无论是发达国家的外汇储备，还是新兴和发展中国家的外汇储备，在其币种安排中首先持有的是美元或以美元为主，其次是欧元、英镑、日元等。其中，2015 年发展中国家的外汇储备币种结构（占比）为：美元 63.7%，欧元 19.5%，英镑 5.0%，日元 3.4%。新兴和发展中国家币种结构的特点是：

（1）从占比上看，美元处于绝对优势地位，2005—2015 年呈现出先下降而后又逐步上升的趋势；欧元占比呈逐步下降趋势，日元占比略有上升。

（2）币种结构波动幅度大于发达国家。

（3）长期来看，外汇储备币种结构继续呈现多元化态势。中国作为全球最大的发展中国家，与其他新兴和发展中国家没有太大的差异，储备币种结构应与 IMF 统计的新兴和发展中国家储备币种结构类似。粗略估计，近 3 年，在中国外汇储备中，美元占 60%~65%，欧元占 20%~25%。当然，伴随着中国经济的进一步崛起、人民币国际化的深入、人民币纳入特别提款权后的广泛影响，以上占比情况会发生一定程度的改变，但在 10 年内，总体情况应变化不大。

3. 外汇储备资产结构变化状况及其特点

外汇储备的资产结构主要是指政府持有的货币资产、证券资产比重构成以及长短期期限配置。2014 年，在中国的外汇储备中，美国证券资产超过 1.8 万亿美元。目前，中国外汇储备资产结构的特点是：外汇储备资产以金融资产为主；金融资产以美国证券资产为主；而在美元证券资产中，又以长期国债为主。由于中国没有对外公布外汇储备的具体资产结构，因此本书仅根据美国财政部国际资本系统（Treasury International Capital System，TICS）公布的世界各国持有美国资产状况来反映中国外汇储备的资产结构状况。TICS 数据显示，在 2012 年之前，中国有 55%~65% 的外汇储备是以美元证券资产的形式持有的；2012—2014 年，美元证券资产占中国外汇储备的比重也在 45% 之上，其中，对于美元债券资产的投资比重始终保持在投资总额的 80% 以上。在债券资产中，除 2009 年外，长期债券的投资额占债券总投资的比重均不低于 92%，而短期债券的投资额自 2010 年起大幅收缩，占债券投资总额不足 1%。从 2009 年起，中国对美元股权资产的投资占比呈逐年上升趋势，在 2014 年达到投资总额的 17.59%，取代了之前的短期债券投资，成为美国证券资产投资中第二大资产，但与债权投资相比，中国对美国股权投资比重依然较低。

具体来看，在中国持有的美国长期债券资产中，除 2008 年外，中国每年持有的美国长

---

① 张明. 全方位透视中国外汇储备下降：估值效应、适度规模与资产结构 [J]. 学术研究，2018 (7)：97-102.

期国债占长期债券总额比重均超过50%，且近几年总体保持在80%以上，长期国债的投资比重整体呈上升趋势。在2008年次贷危机前，中国投资于美国长期国债的比重有降低趋势；与此同时，长期机构债券占中国长期债券资产的比重逐渐上升。2008年中国持有的美国长期机构债券比重超越美国长期国债，美国长期机构债券成为中国对美国投资的第一大资产。次贷危机后，长期机构债券比重逐年降低，直至2013年年底，长期机构债券比重仅为11.84%，为近10年来最低水平。

综上分析，中国的外汇储备资产结构管理呈现了债券投资重于股权投资、长期债权投资重于短期债券投资、长期国债投资重于长期机构债与公司债投资的特点。

核心概念

国际收支
国际收支平衡表
经常项目
国际借贷
经常转移
国际投资头寸
直接投资
资本与金融项目
证券投资
储备资产
错误与遗漏
自主性交易
补偿性交易

复习思考题

1. 简述国际收支与国际借贷的联系与区别。
2. 试述国际收支平衡表的编制原则及其主要内容。
3. 如何理解国际收支的平衡与失衡？
4. 简述一国国际收支失衡的原因。
5. 论述国际收支失衡对一国经济的影响。
6. 国际收支失衡的调节措施有哪些？
7. 某国某年国际收支状况如下（单位：亿美元）：

货物项目　　　+6 500
服务项目　　　-1 800
初次收入　　　-780
二次收入　　　+200

资本项目	−50
直接投资	+3 700
证券投资	+2 500

请计算该国国际收支的经常项目差额、资本和金融项目差额以及综合项目差额，并分析该国当年储备资产的变动情况。

8. 根据下述某国某年度的对外经济交往，做出会计分录并编制该年度的国际收支平衡表：

(1) A 国某公司从 B 国进口一批价值 50 万美元的小麦，货款用 A 国某公司在 B 国商业银行的美元存款支付。

(2) B 国人在 A 国旅游花费 30 万美元，A 国某旅行社将其美元外汇存入其在 X 国的某商业银行账户上。

(3) A 国政府用其外汇储备 50 万美元和相当于 50 万美元的粮食向 B 国提供经济援助。

(4) A 国某公司用 500 万美元买入 D 国某上市公司股份的 51%。D 国将此美元收入存入其在 A 国某商业银行的账户上。

(5) C 国某投资者用其在 A 国某商业银行的美元到期存款，购入 A 国某公司发行的 30 万美元长期债券。

(6) A 国某公司购买 C 国的有价证券共获收益 20 万美元，并存入其在 C 国某商业银行的账户上。

9. 根据某国某年国际收支平衡表（表1），计算并回答以下问题：

(1) 该国该年度的国际收支是否平衡？是顺差还是逆差？具体数额是多少？

(2) "外汇储备变化"项目的数字 15.44 表明什么？

(3) 试从该国国际收支状况，分析该国货币汇率走势。

表 1　某国某年国际收支平衡表　　　　　单位：10 亿美元

项目	余额
货物输出	121.33
货物输入	−119.23
旅游收入	30.48
旅游支出	−41.44
经常转移	−1.32
直接投资	−3.19
证券投资	−1.5
其他投资	−3.43
外汇储备变化	15.44
错误与遗漏	2.86

第 2 章

外汇与汇率

学习目标

通过了解外汇和汇率的概念，掌握汇率的标价方法、分类与决定基础，能够看懂外汇牌价，熟练运用汇率报价进行货币兑换，深刻理解影响汇率变动的主要因素并结合实际来分析汇率变动对一国经济的多重影响。

引导案例

美联储和欧洲央行议息会议对国际金融市场的短期影响

2019年3月的行情已经拉开序幕，美元指数相对坚挺，金价则承压下行；美联储3月20日将迎来美联储利率决议，尽管还有两周的时机，但中线投资者可以提前关注；美联储的主席和副主席表示经济处于良好状态，并暗示是否进一步加息将取决于未来公布的数据是否能缓解对风险的担忧。从最新的数据看，美联储3月份的政策声明可能会侧重下行风险。

据汇通网观察，美联储主席鲍威尔与副主席克拉里达在过去72小时内的评论为本月晚些时候召开的联邦公开市场委员会划定了明确的讨论界限。

道明证券首席美国宏观策略师 Michael Hanson 表示，他们对经济的基本预期是稳健，但讨论将侧重于下行风险。

美联储将在3月19—20日的FOMC会议上公布新的季度预测。显而易见的是，其对美国经济增长的预期可能会下调，或将调整2018年12月做出的2019年加息两次的预期。

克拉里达于2月28日告诉全国商业经济协会，即使相对于12月，他也可能会下调对全球增长的预测。官员们最关心的问题是世界经济增长放缓、金融环境趋紧以及贸易争端和英国退欧带来的政策不确定性。

美联储的新流行语是"耐心等待"。他们在2019年1月的利率声明中使用了该词，鲍威尔通过本周在国会的两天作证进一步阐述了该词的含义。

显而易见的是，鲍威尔和克拉里达愿意让通货膨胀指标来告诉他们美联储的基准政策利率是太低还是高，他们对是否应该进一步加息没有强烈想法。

2019年3月4日（周一）欧洲时段，欧元兑美元转跌并快速扩大跌幅。本周欧元面临的主要风险事件无疑是3月7日（周四）的欧洲央行会议。欧洲银行将下调其经济增长和通胀预期。贸易流动的潜在中断也可能损害欧元。截至发稿，汇价下跌0.19%至1.1342。盘中创5个交易日新低至1.1333，日内最大跌幅为0.27%。欧元投资者将继续关注美联储动向。特朗普总统在上周末重申，不满意美联储正在进行的量化紧缩（Quantitative Tightening, QT）。他补充称，美联储的做法让美元"过于强劲"，不利于提升美国经济竞争力。

尽管中美两国接近达成的贸易协议也让美元进一步承压，包括欧元在内的一些风险资产在过去一段时间里反弹，但欧元兑美元汇率还是无法逾越1.14重要关口，2018年4季度至今，总体上处于横向盘整阶段。

FX678（汇通网）预计，欧银将下调其经济预测，并且随着会议日期的步步临近，市场可能更希望押注那些温和（或负面）预期。

从更广泛的情况来看，市场预计欧洲央行将在可预见的未来继续处于"暂停模式"，因为该地区经济持续放缓，而投资者实际上已将今年的利率上调定价。此外，鉴于即将举行的欧盟议会选举，也出现了政治逆风，其中的关注焦点可能是民粹主义抬头现象进一步蔓延。

加拿大国民银行的分析团队表示，由于经济数据疲弱，欧元2019年以来一直承受压力，欧洲央行不太可能获得太多帮助，欧洲央行将在3月份的会议上下调欧元区GDP增长和通货膨胀预测。

该行还补充道：贸易流动的潜在中断也可能损害欧元。英国在没有达成协议的情况下，于3月29日离开欧盟的可能性不能排除，并且美国还可能对欧元区额外征收关税。最近几周，这些风险有所增加，因此我们降低了欧元兑美元的目标。

（资料来源：美联储3月将再迎利率决议，政策声明或侧重下行风险［EB/OL］. 汇通网，https://news.fx678.com/201903040852192068.shtml, 2019-03-04；欧元兑美元创一周新低，警惕欧洲央行3月会议或调降两大预期［EB/OL］. 汇通网，2019-03-04, https://news.fx678.com/201903041806202117.shtml）

2.1 外汇

2.1.1 外汇的概念和特征

2.1.1.1 外汇的概念

外汇（Foreign Exchange）是国际汇兑的简称，是实现国际经济活动的基本手段。其含义有动态和静态之分。

动态的外汇概念是指把一种货币兑换成另一种货币，借以清偿国际间债权债务关系的行为。清偿国际间债权债务关系主要通过国际银行间的各种业务活动来实现。因此，动态的外汇概念可以理解为国际汇兑或国际结算。

静态的外汇概念是指国际汇兑活动所凭借的手段和工具。它是从动态的外汇概念中衍生出来的，我们日常生活中所说的外汇指的是静态的外汇，本书所涉及的外汇概念也主要是静态的概念。

《中华人民共和国外汇管理条例》规定，外汇是指以外币表示的、可以用作国际清偿的支付手段和资产，其具体包括：外币现钞，包括纸币、铸币；外币支付凭证或者支付工具，包括票据、银行存款凭证、银行卡等；外币有价证券，包括债券、股票等；特别提款权；其他外汇资产。

2.1.1.2 外汇的特征

1. 自由兑换性

根据《国际货币基金协定》的规定，自由兑换是指对国际经常往来的付款和资金转移不得施加限制。也就是说，这种货币在国际经常往来中，随时可以无条件地作为支付手段使用，对方也应无条件接受并承认其法定价值。外汇必须是可以自由兑换成其他货币所表示的资产或支付手段。如果一种货币不能自由兑换，就不可能将一国的购买力转换为另一国的购买力，也就无法偿付对外债务，不具备作为国际支付手段的条件，因而该货币自然就不是外汇。目前，世界上有50多个国家接受了《国际货币基金协定》中关于货币自由兑换的规定，也就是说，这些国家或地区的货币被认为是自由兑换的货币，其中主要有：美元（USD）、欧元（EUR）、日元（JPY）、瑞士法郎（CHF）、丹麦克朗（DKR）、瑞典克朗（SKR）、挪威克朗（NKR）、港元（HKD）、加拿大元（CAD）等。

2. 普遍接受性

一种货币要成为外汇，除了能自由兑换外，还必须被各国普遍接受和运用。一种货币是否能成为国际支付手段，并不取决于货币价值的大小，而是以被国际认可并被普遍接受为前提的。如果不能被其他国家政府、工商企业或个人普遍接受，就无法执行国际支付的职能，也就不能成为外汇。普遍接受性与货币发行国的资本管制情况、币值稳定性和国际经济地位密切相关。资本管制越松乃至完全取消，币值越稳定，经济实力越强，该国货币就越可能被广泛接受。

由此可以看出，虽然外汇是以外国货币来表示的，但并不是所有的外国货币或外币资产都是外汇。事实上，只有能自由兑换并且被国际社会普遍接受的外国货币才是外汇。目前，能够同时具备上述特征的主要是发达国家或地区的货币，如美元、欧元、日元、英镑、瑞士法郎、港元、加拿大元、澳大利亚元等。这些货币发行国基本上取消了外汇管制，持有这些货币可以自由兑换成其他国家的货币，或向第三国进行支付，是世界各国普遍接受的国际支付手段。

3. 可偿付性

外汇能用于国际间债务的偿还，且要求外币表示的支付手段必须能在国外得到普遍认可，承认其代表一定的价值量。因此，空头支票或拒付的汇票不是外汇。

2.1.2 外汇的类型

1. 按买卖的交割期限，其可分为即期外汇和远期外汇

即期外汇又称现汇，是指在外汇买卖成交后于当日或两个营业日内办理实际交割的外汇。

远期外汇又称期汇，是指外汇买卖双方先按协定的汇率签订买卖合同，在约定的未来某一时间办理实际交割的外汇。

2. 按来源和用途，其可分为贸易外汇和非贸易外汇

贸易外汇是指一个国家或地区通过出口贸易收入的外汇和通过进口贸易支出的外汇，以及进出口贸易从属费用外汇，如运输费、保险费、佣金、样品费、宣传广告费和商标注册费等。

非贸易外汇是指经常项目中除进出口贸易以外收支的各种外汇，包括旅游等服务业、劳务合作、侨汇、投资所得利润等非贸易项目收支的外汇。

3. 按外汇的形态，其可分为现汇和外币现钞

现汇主要是指以支票、汇款、托收等国际结算方式取得并形成的银行存款。现汇主要由国外汇入，或是由境外携入、寄入的外币票据，经银行收妥后存入。现汇是外汇的主体。

外币现钞通常指外币的钞票和硬币或以钞票、硬币存入银行所生成的存款。现钞主要由个人境外携入。

在银行业务中，银行买入现汇和现钞的价格是不同的。国家在外汇管理上一般对现钞的管理更严格。

2.2 汇率

2.2.1 汇率的概念

汇率（Exchange Rate）是指以一种货币表示另一种货币的价格，又称汇价或兑换率。外汇银行对外公布的汇率称为外汇牌价；外汇市场上不断变化的汇率走势，一般称为外汇行市或外汇行情。这些说法不同的词，均属于汇率的范畴。

2.2.2 汇率的标价方法

两种货币相互兑换与折算，首先要确定以哪种货币为基准，即是用本币表示外币的价格还是用外币表示本币的价格。由于确定基准不同，故存在两种外汇汇率的标价方法：直接标价法和间接标价法。20世纪五六十年代以后，西方各国的跨国银行普遍采用了美元标价法。

1. 直接标价法

直接标价法（Direct Quotation）又称应付标价法，是以一定单位（如1、100、10 000）的外国货币为标准来折算应付若干单位的本国货币的汇率标价方法，即以外国货币为基准货币，以本国货币为标价货币。

在直接标价法下,如果一定单位的外币折合本币数量增加,则外币升值,本币贬值。反之,如果一定单位的外币折合本币数量减少,则外币贬值,本币升值。绝大多数国家都采取直接标价法。

我国一直采用直接标价法,如某日人民币对部分外币的汇率为:

USD 100 = CNY 627.52

JPY 100 = CNY 6.525 9

EUR 100 = CNY 813.61

HKD 100 = CNY 80.88

美元、日元、欧元、港币等外币均为基准货币,人民币为标价货币。

2. 间接标价法

间接标价法(Indirect Quotation)又称应收标价法,是以一定单位(如1、100、10 000)的本国货币为标准来折算应收若干单位的外国货币的汇率标价方法,即以本国货币为基准货币,以外国货币为标价货币。

在间接标价法下,如果一定单位的本币折合外币的数额增加,则本币升值,外币贬值;反之,如果一定单位的本币折合外币数量减少,则本币贬值,外币升值。世界上采用间接标价法的国家主要是英国及前英联邦国家(爱尔兰、澳大利亚、新西兰等)、美国和欧元区国家。英国是资本主义发展最早的国家,英镑曾充当世界贸易计价结算的中心货币。因此,长期以来,在伦敦外汇市场上,英镑采用间接标价法。第二次世界大战后,美国经济实力迅速扩大,美元逐渐成为国际结算、国际储备的主要货币。为了便于计价结算,从1978年9月1日开始,纽约市场也改用间接标价法,即以美元为标准公布美元与其他货币之间的汇率,但美元对英镑、爱尔兰镑仍沿用直接标价法。

如某日,纽约外汇市场美元对部分外币汇率为:

USD 1 = JPY 94.97

USD 1 = HKD 7.760 3

USD 1 = CHF 0.943 2

GBP 1 = USD 1.512 2

采用间接标价法时,在上例中,在美元对英镑的汇率中,美元是标价货币,英镑是基准货币;其他三种汇率中美元均为基准货币。

3. 美元标价法

美元标价法是为适应第二次世界大战后,特别是20世纪60年代欧洲货币市场迅速发展的要求而产生的。在外汇市场上,交易量最大的货币是美元,特别是在欧洲货币市场上,不涉及本币,主要进行以美元为主的境外货币兑换。由于在外汇交易中涉及的两种货币都是外币,很难用直接标价法或间接标价法来判断,因此传统的直接标价法和间接标价法已不能适应全球化的外汇市场的发展,进而逐渐形成了以美元为基准货币进行标价的市场习惯,即美元标价法。

在美元标价法下,美元作为基准货币,外汇市场上其他交易货币(除英镑、澳大利亚元、欧元等极少数货币外)都是标价货币。而美元对英镑、澳大利亚元、欧元的汇率采用非美元标价法，即英镑、澳大利亚元、欧元等作为基准货币，美元是标价货币。

这种方法便于国际间外汇交易的进行，因此，近年来世界各大金融中心的国际银行都采用美元标价法来表示其外汇牌价。非美元货币之间的汇率则通过各自对美元的汇率套算，作为报价的基础。

在美元标价法下，市场参与者不必区分直接标价法和间接标价法，都按市场惯例进行报价和交易。货币升值或贬值可以通过汇率数额的变化直接反映。

2.2.3 汇率的种类

1. 按银行业务操作情况划分

按银行业务操作情况，汇率划分为买入汇率、卖出汇率、中间汇率和现钞价。

（1）买入汇率（Buying Rate）又称买入价，是指报价银行从同业或客户那里买入外汇时所使用的汇率。

（2）卖出汇率（Selling Rate）又称卖出价，是指报价银行向同业或客户卖出外汇时所使用的汇率。

商业银行等金融机构买卖外汇遵循贱买贵卖的原则，以赚取外汇买卖的差价。买入汇率与卖出汇率相差的幅度一般为1‰~5‰，各国不尽相同。

（3）中间汇率（Medial Rate）是指买入价和卖出价的平均价，常见于报刊杂志之中，用来预测、衡量某种货币汇率变动的趋势和幅度。另外，银行及涉外企业年终决算、制作报表时也使用中间汇率。

（4）现钞价（Bank Note Rate）就是银行购买外币现钞的价格。买入汇率和卖出汇率是银行买卖外汇支付凭证的价格。银行买入外汇支付凭证后，可很快存入国外银行，开始生息。而银行买进外币现钞后，需要将其运送到国外存入外国银行，运输期间的运费、保险费以及一定的利息损失，银行会转嫁给卖外币现钞的顾客，所以，外币现钞买入价低于现汇买入价。现钞卖出价和现汇卖出价相等，不再单列。

例如，某银行外汇牌价中的人民币对美元的汇率为：

USD 100 = CNY 620.26/622.74

在我国，人民币对外币采用直接标价法。在上例中，数字620.26是买入汇率，表示银行买入100美元需支付620.26元人民币；数字622.74是卖出汇率，表示银行卖出100美元要收取622.74元人民币。在外汇市场上，汇率的标价通常为5位有效数字，我们一般将0.0001（日元为0.01）称为1个基点（Basic Point），所以在本例中，买卖美元的价差是248点。在间接标价法中，情况则相反，较低的价格为卖出价，较高的价格为买入价。

2. 按汇率制定的方法不同划分

按汇率制定的方法不同，汇率划分为基础汇率和套算汇率。

（1）基础汇率（Basic Rate）是指一国货币对某一关键货币的汇率。世界上货币的种类很多，一国在制定汇率时，没有必要也不可能将本币与各种外币逐一确定汇率，而且难以与国际外汇市场汇率保持一致。为此，可先选择某一国货币作为关键货币；再确定本币与关键货币的汇率；最后由此确定的汇率便成为本币与其他各国货币套算的基础，称之为基础汇率。关键货币（Key Currency）是一国在国际经济交易中最常使用、在外汇储备中占比最大、可自由兑换且在国际社会上被普遍接受的主要国际货币。第二次世界大战后，美元成为国际上最重要的货币，成为各国都接受的关键货币，因此大多数国家以本币对美元的汇率为基础汇率。

（2）套算汇率（Cross Rate）又称交叉汇率，是指以基础汇率为基础而计算出的本币与其他外币的汇率。之所以称为套算汇率，是因为它不是直接确定的，而是根据国际外汇市场上外币与关键货币的基础汇率和本币与关键货币的基础汇率间接套算出来的，套算汇率的计算规则如表2-1所示。

表2-1　套算汇率的计算规则

项目	关键货币作为基准货币	关键货币作为计价货币
关键货币作为基准货币	交叉相除	同边相乘
关键货币作为计价货币	同边相乘	交叉相除

3. 按外汇交割的期限不同划分

外汇交割（Delivery）是指外汇买卖双方履行交易契约，进行钱汇两清的行为。因交割期限不同，汇率有差异。

按外汇交割的期限不同，汇率划分为即期汇率和远期汇率。

（1）即期汇率（Spot Rate）又称现汇汇率，是买卖双方成交后，在两个营业日内办理外汇交割时所使用的汇率。它反映现时外汇汇率的水平。

（2）远期汇率（Forward Rate）又称期汇汇率，是买卖双方事先约定的，据以在未来一定日期进行交割的汇率。它是在现行汇率基础上的约定，往往与现汇汇率不一致。

远期汇率虽然是未来交割时所使用的汇率，但其与未来交割的现汇汇率是不同的：前者是事先约定的远期汇率，后者是未来的即期汇率；前者是远期外汇交易中使用的汇率，后者是未来即期外汇交易中使用的汇率。

4. 按汇率是否剔除通货膨胀因素划分

按汇率是否剔除通货膨胀因素，汇率划分为名义汇率、实际汇率、有效汇率和实际有效汇率。

（1）名义汇率（Nominal Exchange Rate）是由官方公布的或在市场上通行的没有剔除通货膨胀因素的汇率。

（2）实际汇率（Real Exchange Rate）是在名义汇率基础上剔除了通货膨胀因素后的汇率。实际汇率是能够反映国际竞争力的汇率。其计算公式可表述为

$$E_r = E \cdot \left(\frac{P^*}{P}\right)$$

式中，E_r表示实际汇率；E表示名义汇率；P^*和P分别表示外国和本国的价格水平；$\frac{P^*}{P}$表示国际相对价格。

在国际经济活动中，一个国家要与多个国家产生货币兑换关系，从而会出现多种汇率，

而一定时期内,这多种汇率变化的方向是不一致的。例如,人民币对美元升值的同时,可能对欧元贬值,对日元保持稳定。在宏观经济分析中,如研究汇率变动对一国经济的影响,要用到有效汇率和实际有效汇率的概念,有效汇率是一种名义汇率,实际有效汇率是一种实际汇率。

(3) 有效汇率(Effective Exchange Rate)是指各种双边汇率的加权平均,也被称为有效汇率指数或汇率指数。从 20 世纪 70 年代末起,人们开始使用有效汇率来观察某种货币的总体波动幅度及其在国际经贸和金融领域中的总体地位。以一国的主要贸易伙伴在其对外贸易总额中所占比重为权数的有效汇率所反映的是一国货币汇率在国际贸易中的总体竞争力和总体波动幅度。有效汇率的计算公式为

$$A\text{ 币的有效汇率} = \sum A\text{ 国货币对 }i\text{ 国货币的汇率指数(以基期为 }100) \times \frac{A\text{ 国对 }i\text{ 国贸易额}}{A\text{ 国全部贸易额}}$$

式中,A 国货币对 i 国货币的汇率指数 $= \frac{\text{当前名义汇率}}{\text{基期名义汇率}}$。

(4) 实际有效汇率(Real Effective Exchange Rate)是根据价格水平变化调整后的有效汇率。在一个国家与多个国家发生经济往来时,有效汇率与名义汇率具有同样的局限性。所以,需要把有效汇率剔除通货膨胀的因素,再做国际比较。

实际有效汇率的计算需要在有效汇率计算的基础上剔除通货膨胀的因素。即对于 A 国货币对 i 国货币的汇率指数这一项目中,用当前名义汇率/基期名义汇率来计算有效汇率;用当前实际汇率/基期实际汇率来计算实际有效汇率。

5. 按外汇交易的支付工具不同划分

按外汇交易的支付工具不同,汇率划分为电汇汇率、信汇汇率和票汇汇率。

(1) 电汇汇率(Telegraphic Transfer Rate,T/T Rate)也称电汇价,是指银行以通信方式买卖外汇时所使用的汇率。所谓电汇,是指银行在买卖外汇时,用通信方式通知国外分支机构或代理行付款。由于电汇迅捷,银行一般无法占用客户资金,加之国际间通信费用较高,故电汇汇率较高。但由于它快速高效的特点,因而在现代银行外汇交易和国际结算中被广泛采用,并成为外汇市场的基准汇率。

(2) 信汇汇率(Mail Transfer Rate,M/T Rate)也称信汇价,是指银行以信函方式买卖外汇时使用的汇率。所谓信汇,是指银行买卖外汇时,用信函方式通知国外分支机构或代理行付款。由于信汇比电汇需要的时间长,银行在一定时间内可以占用客户的资金,因此信汇汇率较电汇汇率低。信汇多用于临近国家和地区的交易。

(3) 票汇汇率(Demand Draft Rate,D/D Rate)也称票汇价,是银行买卖外汇汇票、支票和其他票据时使用的汇率。所谓票汇,是指银行在买卖外汇时,开立一张由其国外分支机构或代理行付款的票据交给汇款人,由汇款人自带或寄往国外取款。由于从卖出外汇到支付外汇有一段时间间隔,银行可以在这段时间内占用客户的资金,因此票汇汇率也较电汇汇率低。

6. 按汇率制度不同划分

按汇率制度不同,汇率划分为固定汇率和浮动汇率。

(1) 固定汇率（Fixed Rate）是指政府用行政或法律手段选择一基本参照物，并确定、公布和维持本国货币与该单位参照物的固定比价。充当参照物的可以是黄金，可以是某一种外国货币，还可以是某一组货币。这种汇率基本固定、波动幅度限制在一定范围以内。它曾是金本位制度和布雷顿森林体系下世界各国通行的汇率制度。

(2) 浮动汇率（Floating Rate）是指政府既不确定本国货币与某一参照物的固定比价，也不规定汇率上下波动的界限，汇率水平完全由外汇市场上的供求决定。在布雷顿森林体系崩溃后，西方主要工业国家均采用这种汇率制度。关于汇率制度将在第4章做详细介绍。

7. 按外汇管制的宽严程度划分

按外汇管制的宽严程度，汇率划分为官方汇率与市场汇率。

(1) 官方汇率（Official Rate）又称官定汇率或法定汇率，是指由一国货币当局确定并公布的汇率。在严格外汇管制的国家，外汇不能自由买卖，一切交易都必须按官方汇率进行，官方汇率可以是单一的，也可以是多种的。官方汇率能够保证汇率的稳定，但汇率不能反映市场供求状态，缺乏弹性。

(2) 市场汇率（Market Rate）是指由外汇市场供求状况自由决定的汇率。在外汇管制较松的国家，外汇交易不受官方限制，汇率受市场供求关系的影响自发地经常波动。但在一般情况下，货币当局为了避免汇率出现过度频繁或大幅度的波动，常运用各种手段干预外汇市场。

在一些逐步放松外汇管制、建立外汇市场的国家，也可能出现官方汇率与市场汇率并存的状况，即在官方规定的范围内使用官方汇率，在外汇市场上又有供求关系决定的市场汇率。

8. 按汇率是否统一划分

按汇率是否统一，汇率划分为单一汇率与复汇率。

(1) 单一汇率（Single Rate）指一国货币对某一外币只有一种汇率，该国不同性质与用途的外汇收支均按此汇率计算。

(2) 复汇率（Multiple Rate）也称多种汇率，指一国货币对某一外币因性质与用途不同而规定两种或两种以上的汇率。双重汇率是复汇率的一种典型形式。例如，用于进出口贸易及其从属费用方面收支结算的贸易汇率（Commercial Rate）和用于劳务、资金转移等非贸易方面收支结算的金融汇率（Financial Rate）。

复汇率是外汇管制的产物，官方制定两种或两种以上不同范围使用的汇率主要是为了促进出口、限制进口、改善本国贸易状况，或是为了增加非贸易外汇收入以及限制资本流出入，以达到国家在特定时期的经济政策目标。由于复汇率是一种歧视性汇率，故IMF要求成员国采用单一汇率，实行复汇率的成员国应在一定时期内过渡为单一汇率。

9. 按外汇银行营业时间划分

按外汇银行营业时间不同，汇率划分为开盘汇率和收盘汇率。

(1) 开盘汇率（Opening Rate）又称开盘价，是指在外汇市场上经营外汇交易业务的银行在每天外汇交易开始时报出的第一个外汇汇率。这个汇率一般是根据异地外汇市场的银行报出的汇率、对汇率变化趋势的预测以及向外汇市场经纪人询问的情况报出的。

(2) 收盘汇率（Closing Rate）又称收盘价，是指外汇市场上每天交易将结束时报出的最后汇率，通常是交易结束前 30 秒至 60 秒内几种汇率的加权平均数，此汇率将坚持到营业终了。

当前通信设施高度发达，世界各国银行间的联系十分方便，由于时差关系世界各地外汇市场实际已连为一体，外汇交易在世界范围内可昼夜不断地进行，同时各种通信工具又可使外汇汇率几乎在同一时间传到世界各地，且外汇汇率可以在 24 小时内连续不断地报出，因此开盘汇率和收盘汇率本身的差别已不十分重要了。

2.3 汇率的决定与变动

2.3.1 汇率决定的基础

2.3.1.1 金本位制度下的汇率决定

金本位制度（Gold Standard System）是从 19 世纪初到 20 世纪初资本主义国家实行的货币制度。1816 年英国《金本位法》的颁布标志着金本位制度最早在英国诞生。此后，德国及其他欧洲国家和美国也陆续实行金本位制度。金本位制度包括金（铸）币本位制、金块本位制和金汇兑本位制三种形式。其中，金币本位制是典型的金本位制度；后两种则是削弱了的、变形的金本位制度。

典型的金本位制度的特点是：各国货币均以黄金铸成，金铸币有一定重量和成色，有法定的含金量（Gold Content）；金币可以自由流通、自由铸造、自由熔化、自由买卖、自由输出输入，具有无限法偿力；辅币和银行券可以按其票面价值自由兑换为金币；各国货币发行额受各国黄金准备数量的限制，由央行控制。

在金币本位制度下，各国都规定金币的法定含金量。两种不同货币之间的比价，由它们各自的含金量之比决定。例如，在 1925—1931 年，1 英镑的含金量为 7.322 4 克，1 美元所含纯金量则为 1.504 656 克，两者相比约等于 4.866 5，即 1 英镑等于 4.866 5 美元。这种用两种金属铸币含金量之比得到的汇价被称为铸币平价（Mint Parity）。铸币平价是决定两种货币汇率的基础。

在金币本位制度下，汇率决定的基础是铸币平价。实际汇率因供求关系而围绕铸币平价上下波动，但其波动的幅度受制于黄金输送点（Gold Points）。

在外汇市场上，当某种货币供不应求时，其汇价会上涨，超过铸币平价；当某种货币供大于求时，其汇价会下跌，低于铸币平价。当一国的贸易收支发生顺差时，即出口大于进口时，本国的外汇供给大于外汇需求，则外汇贬值、本币升值；反之，当一国的贸易收支发生逆差时，即出口小于进口，本国的外汇供给小于外汇需求，则外汇升值、本币贬值。

但是，在金币本位制度下，汇率的波动不是没有界限的，其界限为黄金输送点。在金币本位制度下，黄金可以自由输出输入，作为支付手段用于国际间债务的清偿。例如，在国际贸易中，买方向卖方支付外汇货款时，当汇率对买方不利时，他就不用外汇结算，而改用输出黄金的办法结算。假定在英国和美国之间运送1英镑黄金的费用为0.03美元，那么铸币平价4.8665美元加上运送费0.03美元等于4.8965美元，这是美国对英国的黄金输出点。如果1英镑的汇价高于4.8965美元，美国债务人就会觉得购买外汇不合算，不如直接向英国运送黄金有利，于是美国的黄金就要向英国输出。铸币平价4.8665美元减去运送费0.03美元等于4.8365美元，这是美国对英国的黄金输入点。如果1英镑的汇价低于4.8365美元，那么美国的债权人不会购买外汇，而宁肯自己从英国输入黄金。

2.3.1.2 纸币流通制度下的汇率决定基础

纸币流通制度是20世纪30年代经济危机爆发导致金本位制度崩溃之后产生的货币制度。它包括两个阶段：货币法定含金量时期和1978年4月1日后货币无法定含金量时期。纸币作为价值符号，在金属货币退出流通后，成为金属货币的取代物并执行流通手段和支付手段的职能。从纸币制度产生之日起，各国政府就以法令形式规定了本国货币所代表的（而不是具有的）含金量，即代表一定价值。因此，在国际汇兑中，各国货币之间的汇率也就成为它们所代表的价值量之比。

然而，由于纸币所代表的含金量毕竟不同于金本位制度下铸币所具有的含金量，因此这两种汇率决定机制之间有着本质的区别。金铸币本身不会贬值，名义价值就是实际价值。而在纸币流通制度下，各国政府面对巨额财政赤字，如果依靠国家强制权力过多发行货币，产生的通货膨胀就会导致纸币的实际价值量与名义价值量相脱离。而1978年以后，各国不再规定本国货币的含金量，也就谈不上纸币的名义价值了。因而，纸币流通条件下汇率的决定基础不能用纸币的名义价值量来衡量，而应该用纸币的实际价值量来衡量，即用货币的购买力来衡量。

货币的对内价值决定货币的对外价值，而货币对内价值的高低具体体现为其货币的购买力，货币购买力可以由一般物价水平代表。因此，货币的购买力对比或一般物价水平之比，就成为纸币流通制度下汇率决定的基础。这一观点在第二次世界大战后纸币流通制度下被广泛地接受与运用，它也是西方汇率理论中"购买力平价学说"的重要思想。

2.3.2 影响汇率变动的因素

1. 国际收支状况

一国国际收支状况大体反映该国外汇供求的状况。可以说，国际收支差额是影响一国货币对外价值变化的直接因素。其中，贸易收支差额又是影响汇率变化的最重要因素。当一国有较大的贸易逆差或国际收支逆差时，说明本国外汇收入小于外汇支出，外汇供给小于外汇需求，外汇升值，本币贬值；反之，当一国贸易收支顺差或国际收支顺差时，说明本国外汇收入大于外汇支出，外汇供给大于外汇需求，外汇贬值，本币升值。

2. 通货膨胀率差异

若一国的通货膨胀率高于其他国家，则该国商品生产成本增加，商品出口竞争力下降，出口减少，引起贸易收支逆差，从而导致本币贬值。

另外，实际利率等于名义利率减去通货膨胀率，若本国的通货膨胀率高于他国，假定两国的名义利率相同,则本国的实际利率低于他国,本国资本流出,引起资本与金融项目逆差,从而引起本币贬值。

这种传导过程一般需要半年或更长的时间,才会引起汇率的变动。另外,通货膨胀率差异还会通过人们对汇率的预期,作用于资本与金融项目收支。若一国通货膨胀率较高,则人们会预期该国货币汇率趋于疲软,由此进行货币替换,即将手中的该国货币兑换为他国货币,促成该国货币迅速贬值。总之,若一国通货膨胀率高于他国,则该国货币趋于贬值;反之,则该国货币趋于升值。

3. 利率水平差异

在资本可以自由流动的开放经济条件下,利率水平变化与汇率变化息息相关。利率对汇率的影响在短期极为显著。其影响汇率的传导机制是:

(1) 提高利率会吸引资本流入,在外汇市场上形成对该国货币的需求,从而导致本币升值。因当前国际金融市场上存在着大量对利率变动异常敏感的国际游资,所以从短期来看,诱发资本流动是利率影响汇率的主要途径。

(2) 提高利率意味着银根紧缩,会抑制通货膨胀和总需求,导致进口减少,从而有助于本币升值。20世纪80年代初期,里根政府实施高利率政策,尽管美国存在巨额外贸逆差,但大量国际资本流入美国,其结果造成美元大幅度升值,以致达到历史最高水平。

(3) 利率的变化还会引起远期汇率的变化。这是因为,当大量的国际游资因为高利率的吸引而进入一国的同时,游资的持有人为了防止将来到期时该种货币贬值所带来的风险和损失,在购买即期外汇的同时,进行相反方向的掉期交易,卖出相同数量的远期外汇,从而使其远期汇率贴水。利率与远期汇率之间的这种关系可以在"利率平价学说"中得到进一步证明。

4. 一国经济实力

一国经济实力的强弱是奠定其货币汇率高低的基础,而经济实力的强弱可以通过许多指标表现出来。稳定的、适度的经济增长率,较低的通货膨胀率,均衡的国际收支,充足的外汇储备规模以及合理的经济结构、合理的对外贸易结构等,都标志着一国经济实力较强。这不仅构成了本币币值稳定坚挺的物质基础,而且会形成外汇市场上人们对该国货币的追求,该国货币价值必然坚挺。反之,经济增长缓慢甚至衰退,较高的通货膨胀率,国际收支长期、巨额逆差,外汇储备短缺以及经济结构、贸易结构失衡等,都标志着一国经济实力较差,从而使本币失去稳定的物质基础,对外价值也会不断贬值,该国货币价值必然疲软。

一国经济实力的强弱对汇率的影响是较长期的,即它影响汇率变化的长期趋势。

5. 财政与货币政策

一般来说,扩张型的财政、货币政策造成的巨额财政赤字和通货膨胀会使本国货币对外贬值;紧缩性的财政、货币政策会减少财政支出,稳定通货,进而使本国货币对外升值。但这种影响是相对短期的。财政、货币政策对本国汇率的长期影响则要视这些政策对该国经济实力和长期国际收支状况的影响而定。如果扩张型政策能最终增强本国经济实力,促使国际收支顺差,那么本币对外价值的长期走势必然会提高,即本币升值;如果紧缩型政策导致本国经济停滞不前,国际收支逆差扩大,那么本币对外价值必然逐渐削弱,即本币贬值。

6. 政府的市场干预

政府干预外汇市场是影响外汇市场供求关系和汇率水平的重要因素。当外汇市场汇率波动对一国经济、贸易等产生不良影响,或政府需要通过调节汇率来达到一定政策目标时,货币当局便可以参与外汇买卖,在市场上大量买进或抛出本币或外汇,以改变外汇供求关系,促使汇率发生变化。

为进行外汇市场干预,一国需要有充足的外汇储备,或者建立专门的基金如外汇平准基金、外汇稳定基金等,并保持一定数量,随时用于外汇市场干预。

当央行的外汇干预难以实现政府汇率政策目标时,政府还可以借助外汇管制干预汇率。当前,发达国家更多的是采取口头干预,官方对市场汇率发表有倾向性的看法,通过影响预期来实现干预目标。政府干预行为对汇率变化的作用一般是短期的。

7. 市场预期：心理因素

市场对各种价格信号的预期会影响汇率,如果市场预期本币贬值,则在外汇市场上会出现抛售本币的风潮,进而加大本币贬值的压力,最终导致本币的实际贬值。例如,如果市场预期本国将出现较高的通货膨胀,就会派生出本币对外贬值的预期。另外,市场的心理可能受到诸如宣传、报道和谣言等因素的影响。一些事件一旦对市场的汇率预期产生普遍影响,便会对汇率走势产生重大的作用。

在当今国际金融市场上,国际游资规模庞大,它们对世界各国的政治、经济、军事形势等因素都具有高度敏感性。受预期因素的支配,一旦出现风吹草动,这类短期性资金或为保值,或为获取投机利润,就会迅速流动,这会给外汇市场带来巨大冲击,成为市场汇率频繁波动的重要根源。可以说,在一定条件下,预期因素是短期内影响汇率变动的重要因素。如1997年东南亚金融危机中有关国家货币的迅速贬值,市场预期因素就起到了推波助澜的作用。

8. 突发因素

在外汇市场上,一些非经济、非市场因素的突发变化往往也会波及外汇市场。武装冲突与战争、经济制裁、一国政局不稳定、领导人更迭、自然灾害等,都会导致汇率暂时性或长期地变动。无论是政治、战争还是其他因素,都会不同程度地影响有关国家的经济政策、经济秩序和经济前景,从而导致心理因素起作用,即人们会出自各种目的进行迅速的外汇交易,进而引起汇率波动。

另外,国际金融市场一体化的发展,资金在国际间的自由流动,使得黄金市场、股票市场、石油市场等其他投资品市场间的联系十分密切,价格的相互传递成为可能和必然。因此,以上市场的价格变化也会导致外汇市场汇率的波动。

上面因素分析的一个基本前提是,假定其他因素不变,考察某一因素变化对汇率的影响。然而,实际情况要复杂得多,这些因素之间相互联系、相互制约,有时还相互抵销,现实中的汇率变动是各种因素综合作用的结果。因此,只有依据具体情况对各项因素进行综合、全面的分析,才能对汇率变动做出较为正确的判断。

2.3.3 汇率变动对一国经济的影响

2.3.3.1 汇率变动对一国国际收支的影响

1. 汇率变动对贸易收支的影响

汇率变动最为直接也最为重要的影响就是对进出口贸易的影响。若一国货币对外贬值，则有利于扩大出口，抑制进口，进而改善其贸易收支状况；若一国货币对外升值，则会刺激进口，抑制出口，进而使贸易收支状况恶化。

本币对外贬值后，会对出口产生两种结果：一是出口商品国内售价不变，本币贬值，使出口商品在国际市场上的外币价格下降，市场竞争力增强，外国对本国出口商品的需求增加，刺激本国出口；二是出口商品在国际市场上的外币价格保持不变，则国内出口商的出口利润（以本币计）增加，从而使国内出口商的出口积极性提高，本国出口数量增加。

本币对外贬值对进口产生的作用与出口正相反，贬值后，以外币计价的进口商品在国内销售时折合的本币价格比贬值前高，本国对外国的进口商品需求下降，进口减少。如果维持原有的国内销售价，则进口商成本增加，利润减少甚至亏损，从而使进口商减少进口。如果要压低进口品的外币价格，则会招致外国商人的反对，往往又不能实现。因此，本币贬值会自动地抑制商品的进口。

如果本币对外贬值有效地促进了出口，限制了进口，则会改善一国的贸易条件，扭转贸易收支的不平衡。但是，本币贬值起到扩大出口、限制进口的作用不是在任何条件下都能实现的。本币贬值措施在实际运行中会受一些因素的制约：

一是进出口需求弹性。贬值能否改善一国的进出口贸易状况，还取决于需求与供给的弹性，即出口商品的需求弹性和供给弹性、进口商品的需求弹性和供给弹性。若供给具有完全的弹性，其贬值的效果便取决于需求的弹性。需求弹性是指商品价格变动所引起的进出口需求数量的变动。假定货币贬值时其他条件不变，马歇尔－勒纳条件认为，只有在进口商品需求弹性和出口商品需求弹性的绝对值之和大于1时，贬值才能改善进出口贸易状况；若小于1，则会恶化进出口贸易状况；若等于1，则对进出口贸易没有影响。

二是时滞效应。一国货币贬值后，该国商品的外币价格虽然会下降，但外国对其出口商品的需求并不会马上增加，从而该国出口商品的数量也不会迅速增加。又由于以前的进口合同还未完全履行或由于产业结构尚未做出及时调整，进口数量及进口支出仍会持续增加。因此，本币贬值对于扩大出口、抑制进口的作用，要在一段时间之后才能显示出来。在贬值之初，贸易收支会有一段继续恶化的过程，一段时间以后，出口才开始增加，贸易收支才开始改善。这就是反映时滞的所谓的"J曲线效应"。J曲线效应（J－curve Effect）的期限为9～12个月，即汇率变化之后要半年以上的时间才能对贸易差额产生正效应。如果在这个期限内，马歇尔－勒纳条件能够满足，那么国际收支就能得到理想的调节；如果马歇尔－勒纳条件不能满足，或者在这一期限内国内物价上涨赶上甚至超过本币贬值程度，则国际收支非但不能改善，反而有可能进一步恶化，贬值出现负效应。

本币对外贬值在一定条件下有促进商品出口的功能，因而许多国家以本币贬值为促进出口和改善贸易状况的重要手段，这就是外汇倾销。

外汇倾销（Exchange Dumping）是指在有通货膨胀的国家中，货币当局促使本币对外贬值，且使货币对外贬值程度大于对内贬值程度，用低于原来在国外销售商品的价格来倾销商品，从而达到提高商品竞争力，扩大出口，增加外汇收入和最终改善贸易逆差的目的。但外汇倾销会使本国产品冲击对方国家市场，并抢占其他国家在国外的市场，因此容易遭到贸易对方和其他有关国家竞争对手的反对。如果这些国家采取一些反倾销措施，就会使外汇倾销失败。

2. 汇率变动对非贸易收支的影响

从非贸易收支来看，本币对外贬值可以增加非贸易收入，抑制非贸易支出。

在国内物价水平和其他条件不变的情况下，本币贬值，单位外币折合更多的本币，外国货币的购买力相对增强，该国的商品、劳务、交通和旅游等费用就变得相对便宜。这便增加了对旅游者的吸引力，促进了本国旅游业及其有关部门的发展，增加了旅游和其他非贸易外汇收入。同时，贬值使得国外的旅游和其他劳务开支对该国居民来说相对提高，从而抑制了该国的非贸易外汇支出。同样，贬值对非贸易收支的影响也存在弹性和时滞问题。

3. 汇率变动对资本流动的影响

资本在国际间流动的原因是追逐利润和规避风险，因而汇率变动会影响资本流动，特别是短期资本流动。本币对外贬值的影响可以从两个方面进行分析：

一是汇率变动对长期资本流动的影响。本币贬值对此的影响不大，因为长期资本流动注重的是投资整体环境的好坏。贬值的影响只是其中的一个因素。但在其他条件不变的情况下，本币对外贬值后，1 单位外币折合更多的本币，外币的购买力相对上升，这会促使外国资本流入增加，有利于吸引外商到货币贬值国进行新的直接投资。

二是汇率变动对短期资本流动的影响。短期资本的流动性强，货币对外贬值使金融资产的相对价格降低，本币贬值对此影响较大且直接。如果本币将要贬值，或市场上对本币有继续贬值的预期，则资金会从该国迅速大规模地转移到其他国家，即发生资本外逃，其间伴随着本币贬值。如果本币贬值停止，或市场认为贬值过头，其后必然要反弹，从而产生本币升值的预期，那么资金会从国外流入国内，本币趋于升值。

汇率变化对于资本流动的影响方向和影响程度的大小还受其他因素，如受到政府管制、资本投资的安全性等方面的制约。资本管制严格的国家，汇率变动对资本流动影响较小；资本管制松的国家，汇率变动对资本流动影响较大。资本的本性是追求利润和规避风险的，所以资本投资的安全性也是一个重要因素。只有在既有利可图，风险又不是很大的情况下，资本的流动才会是积极的、活跃的。

4. 汇率变动对外汇储备的影响

外汇储备是一国国际储备的主要内容，由本国对外贸易及结算中的主要货币组成。在布雷顿森林体系下，美元是各国外汇储备的主要币种，20 世纪 70 年代以后，各国外汇储备逐渐走向多元化，主要由美元、日元、英镑、欧元等世界货币组成，不论是以单一的币种为储备货币，还是以多元化的币种为储备货币，储备货币汇率变化都会直接影响一国外汇储备的价值。

在以美元为主要储备货币的时期，外汇储备的稳定性和价值高低完全取决于美元汇率的变化。美元升值，一国外汇储备相应升值；美元贬值，一国外汇储备也相应贬值。20世纪70年代初期，美元在国际市场上的一再贬值曾给许多国家尤其是发展中国家的外汇储备造成了不同程度的损失。

在多元化外汇储备时期，汇率变化的影响较为复杂，使外汇储备管理的难度加大，因而各国货币当局都随时注意外汇市场行情的变化，相应地进行储备货币的调整，以避免汇率波动给外汇储备造成很大的损失。

2.3.3.2 汇率变动对国内经济的影响

汇率变动不仅影响一国的对外经济，而且影响其国内经济。对一国国内经济的影响与该国的开放程度有关。其开放程度越高，影响越大。一般来说，它会影响以下三个方面。

1. 汇率变动对国内物价水平的影响

本币对外贬值对物价的影响有两方面：一是通过贸易收支改善的乘数效应，引起需求拉上的物价上升。本币对外贬值，扩大了出口，抑制了进口，这意味着本国商品市场上的商品供应相对减少；本币对外贬值后，出口增加，外汇收入增加，居民手中的外汇需兑换成本币才能用于国内的购买和支付，这致使本国货币投放量增加，由此可能造成国内商品需求大于商品供应，进而拉动物价水平上升。二是通过提高国内生产成本来推动物价上升。本币对外贬值后，进口商品以本币表示的价格会立即上涨。其中，进口消费品的价格上升会直接引起国内消费物价某种程度的上升；而进口原材料、中间品和机器设备等的价格上升，会造成产成品的价格上升。

在现实生活中，一国发生通货膨胀会导致本币对内贬值，本币对内贬值又会产生物价上涨的压力。如果政府当局不能有效地加以控制，则会陷入"本币贬值－国内通货膨胀－本币贬值"的恶性循环之中。因此，汇率与价格水平之间的关系是汇率理论与政策研究中的一项重要内容。

2. 汇率变动对经济增长和就业的影响

本币对外贬值，可以扩大本国出口商品和进口替代商品在国内外市场的份额；而出口商品和进口替代商品生产的扩大，又通过产业递推作用直接或间接地推动整个国民经济的发展。此外，本币贬值可以增加本国的外汇积累，加大投资，还可能吸引外来的直接投资，使本国生产能力大大提高。总之，本币对外贬值后，贸易收支的改善通过乘数效应会扩大总需求，带动投资、消费增加，使社会总产量倍数扩张，从而推动经济增长，扩大就业。

因此，各国都把汇率作为十分重要的经济杠杆，通过汇率调整达到奖出限入，实现充分就业、经济增长的宏观经济目标。但这种作用的前提条件是国内尚未达到充分就业，还有闲置资源可供利用，即本币对外贬值有利于经济增长；否则，不仅对经济增长作用不大，而且会造成通货膨胀压力。

3. 汇率变动对国内资源配置的影响

本币对外贬值后，出口商品本币价格由于出口数量的扩大而上涨，进口商品本币价格上升带动进口替代品价格上涨，从而使整个贸易品部门的价格相对于非贸易品部门的价格上升，引发生产资源从非贸易品部门转移到贸易品部门。这样，一国的产业结构就导向贸易品部门，整个经济体系中贸易品部门所占的比重就会扩大。

2.3.3.3 汇率变动对国际经济关系的影响

在浮动汇率制下，国际外汇市场各种货币频繁的、不规则的波动，不仅给各国对外经济、国内经济造成了深刻的影响，而且影响着各国之间的经济关系。

1. 加剧发达国家与发展中国家的矛盾

第二次世界大战后美元的两次贬值，使初级产品生产国家的外汇收入遭受损失；它们的美元债务，由于订有黄金保值条款而丝毫没有减轻，至于其他非美元债务，有的则相对加重。

2. 加剧发达国家之间的矛盾，促进区域经济集团的建立与加强

一国货币汇率的下跌，必然会加剧发达国家之间争夺销售市场的斗争。20世纪80年代以前，美元汇率急剧下跌，日元与德国马克的汇率日益上升，资本主义世界货币十分动荡。美国政府对美元汇率日趋下降的现象放任不管，其目的就在于扩大本国的出口，迫使日本及西欧等工业发达国家和地区采取刺激本国经济发展的措施，以扩大从美国的进口。美元汇率的一再下降，加深了西欧共同体国家的困难，使这些国家陷入经济增长缓慢、失业现象严重以及手中持有的美元价值日益下跌的困难处境。在这种情况下，当时欧洲共同体九国决定建立欧洲货币体系，确定成员国之间汇率波动界限，建立欧洲货币基金，并创设欧洲货币单位。欧洲货币体系的建立，是共同体实现财政经济联合、最终走向货币一体化的必然过程，但美元日益贬值、美元汇率急剧下降则是促进欧洲货币体系加速建立的一个直接原因。

此外，制约汇率发挥作用的条件通常取决于一国对外开放的程度、国内商品结构以及与国际金融市场的联系程度。经济对外依赖程度较深、进出口贸易在国民生产总值中所占比重较大者，汇率变动对该国经济进程影响就较大；反之，则较小。汇率变动对生产单一商品的国家的经济影响较大；对商品生产多样化的国家的影响较小。汇率变动对与国际金融市场联系密切的国家的影响较大，对较少参与国际金融市场活动的国家的影响较小。一国货币完全自由兑换、在国际支付中使用较多者，汇率变动影响较大；否则，影响较小。

某些国家以促进出口、改善贸易逆差为主要目的的货币贬值，会使顺差国的货币相对升值，这必然引起顺差国和其他利益相关国家的反对与报复。特别是主要发达国家的货币贬值，不利于其他国家的贸易收支，由此可能引起贸易战和汇率战。各国货币竞相贬值以促进各自国家的商品出口是国际上普遍的现象，由此造成的不同利益国家之间的分歧和矛盾层出不穷，加深了国际经济关系的复杂化。

核心概念

外汇　　　　　　汇率
直接标价法　　　间接标价法
买入汇率　　　　卖出汇率
基础汇率　　　　套算汇率

即期汇率　　　　远期汇率
名义汇率　　　　实际汇率
有效汇率　　　　铸币平价
J曲线效应　　　　即期外汇
远期外汇　　　　关键货币
基点

复习思考题

1. 简述狭义外汇与广义外汇的联系与区别。
2. 简述金本位制度和信用本位制度下的汇率决定基础。
3. 试述纸币流通条件下影响汇率变动的主要因素。
4. 试述本币贬值（或本币升值）对一国对外贸易的影响。
5. 请联系实际，论述汇率变动对一国经济的影响。
6. 如果客户向中国银行询问人民币/美元的汇价，中国银行答："619.81/622.29"。

请问：

(1) 中国银行以什么汇价向客户买进美元？

(2) 客户以什么价格向中国银行买进美元？

7. 假设某日汇率为：

USD／JPY＝94.030/40

USD／GBP＝1.517 0/80

请问某公司以日元买进英镑的汇率是多少？

第2部分 初级实操模块

第 3 章

外汇市场与外汇交易规则

学习目标

外汇交易是国际金融实务中最基本、最核心的内容。从外汇市场的基本结构入手,掌握外汇交易的基础知识(主要包括外汇交易国际惯例、外汇交易的运行系统等内容),帮助学生初步了解外汇市场及其交易的一些基础知识。

引导案例

交易越来越自动化:程序化交易和高频交易

计算机技术的应用从根本上改变了人们对交易概念的理解,不仅交易后台的会计账簿可通过直通式处理程序(Straight Through Processing, STP)来完成,几乎完全避免人为的干预,而且改变了交易本身,计算机的自动化功能催生了算法交易(又称程序化交易或智能交易)(Algorithmic Trading)和高频交易。

算法交易者包括自营交易者和一些金融机构,通过应用程序接口(Application Programming Interface, API),能够为基于计算机的交易模型编程,接受市场数据并根据既定的交易规则处理信息,然后计算机自动发起并执行交易,而交易者主要负责制定和修改交易模型的参数。据估计,在银行间交易平台上算法交易占到50%以上。以上高频交易最早于20世纪80年代被欧美的大型金融机构使用,并流行于证券市场。90年代后,电子交易平台/ECN的出现以及银行间市场的开放,为高频交易提供了巨大的生存空间。高频交易至今没有一个统一的定义,一般将其看作算法交易孵化出来的一种新的交易方式。按照美国证券交易委员会(SEC)相关规定,高频交易具有以下特点:利用交易所和其他机构提供的主机托管(Co-location)和市场数据服务来降低延迟;在短周期的时间框架下建立并消除头寸;大量提交订单并很快撤单;持仓不过夜。简言之,高频交易是利用超高性能计算机和复杂的交易算法,通过高频率的小额交易,快速捕捉短暂的价格差来实现利润的交易方式。目前,高频交易主要活跃在多银行交易平台以及EBS。由于缺乏严格的定义，而且在技术上也难以将其与其他算法交易区分，故高频交易鲜有完善的统计数据。King和Rime（2010年）估计，高频交易大约占即期交易额的四分之一；而EBS估计，其平台上交易的30%~35%是高频交易驱动的，近些年高频交易的扩张可能是全球外汇交易额上升的原因之一。

2010年5月16日美国股市闪崩（Flash Crash）后，针对高频交易可能导致的系统风险和市场操纵行为，欧美加强了对高频交易的监管。但由于外汇市场的特殊性，外汇市场上的高频交易几乎没有什么限制，在一般证券市场上不合规的交易策略也能大显身手，几乎所有的市场参与者包括交易商在内，都有可能成为高频交易算计的对象。而为了使交易系统提高几微秒的速度和设计更好的交易算法，高频交易者以及大型银行一直在进行着软硬件设施的"军备竞赛"。

（资料来源：公衍照. 外汇交易方式的演变、影响及启示 [J]. 技术经济与管理研究，2016（1）：93-97.）

3.1 外汇市场概述

3.1.1 外汇市场的概念

外汇市场（Foreign Exchange Market）是指从事外汇买卖或者各种货币彼此进行交换的场所或领域，是金融市场的重要组成部分。

外汇市场是随着国际经济往来中非现金结算的发展而发展起来的。由于国际间的一切经济往来必然伴随货币的清偿和支付，因此在进行结算时就必须进行货币兑换或外汇买卖活动。货币兑换或外汇买卖需要一定的组织形式，或在固定的交易场所进行，或借助通信网络来实现。这种进行外汇买卖的交易场所或领域就是外汇市场。

外汇市场作为国际关系的纽带，集中反映了世界经济、国际金融和主要国家货币汇率的变化趋势，其功能主要体现在：反映和调节外汇的供求，形成外汇价格；进行货币兑换，实现购买力的国际转移；提供资金融通，促进国际贸易、投资等国际经济往来发展；便于防范汇率风险和进行外汇投机。

3.1.2 外汇市场的种类

世界各国的外汇市场按照不同的标准，可以划分为不同的种类。

1. 外汇市场按其经营场所特点，可划分为有形外汇市场和无形外汇市场

有形外汇市场是指设有固定的交易场所，参加外汇交易的有关各方按照规定的营业时间和业务程序在交易场所进行交易。欧洲大陆的德国、法国、荷兰、意大利等国的外汇市场有固定的交易场所，故称其为欧洲大陆式外汇市场。

无形外汇市场是指无固定的交易场所，参加外汇交易的有关各方利用电报、电话、电传和计算机终端进行交易，它是一种抽象的市场。英国、美国、加拿大和瑞士等国的外汇市场都没有固定的交易场所，故又称为英美式外汇市场。在自由竞争资本主义时期，西方各国的外汇买卖主要集中在外汇交易所。而进入垄断资本主义阶段后，银行成为"万能的垄断者"，垄断了外汇交易，致使外汇交易所日渐衰落。目前，随着现代化通信工具的发展，除个别欧洲大陆国家（如德国和法国）的一部分银行与客户之间的外汇交易还在外汇交易所进行外，世界各国大部分外汇交易均通过通信网络进行，无形市场已成为今天外汇市场的主体。

2. 外汇市场按其空间范围，可划分为国内外汇市场和国际外汇市场

国内外汇市场由一国的外汇指定银行、外汇经纪人和客户等组成，仅限于本国居民参加交易，交易的货币也仅限于本币和少数几种自由外汇。

国际外汇市场则除了本国居民外，境外居民也可凭借现代化的通信工具参与外汇买卖，交易的货币可以是各种自由外汇。目前，国际性的外汇市场主要有纽约、伦敦、法兰克福、苏黎世、巴黎、东京、中国香港、新加坡等。

3. 外汇市场按其交易范围，可划分为零售外汇市场和批发外汇市场

零售外汇市场也称银行柜台上的外汇交易，它是指银行与客户之间的外汇交易，通常无最小成交金额的限制。

批发外汇市场是指银行同业间的外汇市场，通常有最小成交金额的限制。

3.1.3 外汇市场的结构

1. 外汇市场的参与者

在外汇市场上，外汇交易的参与者主要有以下四类：

（1）外汇银行（Foreign Exchange Banks）。外汇银行为外汇市场的主体，主要包括专营或兼营外汇业务的本国商业银行和开设在本国的外国商业银行分支机构。这些商业银行不仅受进出口商的委托，办理进出口结汇业务，充当外汇买卖的中介人，还通过自行买卖外汇来获取利润。

（2）外汇经纪商（Foreign Exchange Brokers）。外汇经纪商是介于外汇银行之间或外汇银行与客户之间，专门从事介绍成交或代客买卖外汇工作，以从中收取手续费的公司或汇兑商。其主要依靠与外汇银行的密切关系和熟知外汇供求情况的优势，利用各种通信工具与各外汇银行、进出口商等保持紧密联系，以促使外汇的买卖双方成交。外汇经纪人有两种：一种是一般经纪人（General Brokers），他们用自有资金参与外汇中介买卖，并承担买卖损益；另一种是跑街经纪人或掮客（Running Brokers），他们以收取佣金为目的，代客买卖外汇。

（3）客户（Clients）。外汇银行的客户包括：交易性的外汇买卖者，如进出口商、国际投资者、旅游者、留学生、移民等外汇的最终需求者或供应者；保值性的外汇买卖者，如套期保值者；投机性的外汇买卖者，即外汇投机商。

（4）中央银行（Central Banks）。中央银行（简称央行）参与外汇市场的活动有两个目的：一是储备管理；二是汇率管理。在储备管理上，央行在外汇市场的角色与一般交易者相同；而在汇率管理上，央行行使金融监管职能，经常通过参加外汇市场的交易来干预汇率走势，从这个角度讲，可以说央行是外汇市场的实际操纵者。一些国家设有专门的机构和资金来从事这项活动，如外汇平准基金。

2. 外汇市场的交易层次

外汇市场的参与者构成了外汇市场交易的三个层次：外汇银行与客户之间；外汇银行同

业之间;外汇银行与中央银行之间。这三个层次交易的功能是不同的。

1) 外汇银行与客户之间的交易

客户出于各种各样的动机,需要向外汇银行买卖外汇。由于非投机性外汇买卖常与国际结算联系在一起,所以这类交易主要是本币与外汇之间的相互买卖。在银行与客户的外汇交易中,一方面银行从客户供给方买入外汇,另一方面银行又将外汇卖给客户需求方,在外汇供应者与需求者之间起中介作用,以赚取外汇的买卖差价。这一市场也称零售外汇市场,其进行的交易主要有出口收汇、进口付汇、汇出汇款和汇入汇款四种类型。

2) 外汇银行同业之间的交易

在银行为客户提供外汇买卖的中介服务中,难免会在营业日内出现各种外汇头寸的"多头"(Long Position)或"空头"(Short Position),统称"敞口头寸"(Open Position),即一些币种的出售额低于购入额或另一些币种的出售额高于购入额。为了避免汇率变动的风险,商业银行在经营外汇业务时常遵循"买卖平衡"原则,即将多头抛出或将空头补进,借助同业间的交易进行外汇头寸调拨,轧平各币种的头寸。这种轧平并不意味着商业银行在买卖外汇后需要立即平衡,其可以根据自身的资金实力以及对汇率变动趋势的预测来决定立即轧平或加以推迟。此外,银行会出于投机、套利、套汇等目的从事同业间的外汇交易。同业交易占外汇交易总额的90%以上。银行同业间从事外汇买卖的交易场所,也称批发外汇市场。银行同业间的外汇买卖差价一般低于银行与客户之间的买卖差价。

银行同业市场汇集了外汇市场的供求流量,由此来决定外汇汇率的高低。在外汇市场上,当这些银行报出某种货币的买卖价时,就承担了随时以这些价格买进和卖出一定数量(每笔可达100万美元以上)该货币的义务。只要某种货币的价格报得偏高,其他银行向其出售该货币的数额就会多于向其购买的数额,由此形成这种货币头寸的多头。如果仍维持这一汇率,则多头还会增加。除非银行具有很大的吞吐能力,并愿意对这种货币进行多头投机,否则就必须降低该货币的报价,直到头寸额达到期望持有的水平。同样,如果价格报的偏低,就会出现空头的不断增加,促使银行调高报价,直到外汇买卖净额达到所期望的水平。

3) 外汇银行与中央银行之间的交易

央行干预外汇市场所进行的交易是在它与外汇银行之间进行的。通过这种交易,央行可以使外汇市场的供求关系所决定的汇率相对地稳定在某一期望的水平。如果某种外币兑本币的汇率低于期望值,央行就会向外汇银行购入这种外币,增加市场对该外币需求量,进而促使银行调高该外币汇率;反之,如果央行认为该外币的汇率偏高,就向外汇银行出售该外汇,促使该外币汇率下降。

3.1.4 外汇市场的特点

1. 外汇市场是无形市场

一般情况,外汇市场是场外交易市场,没有专门的有形场所供银行的交易员聚在一起买卖货币。交易员往往是坐在世界各国主要商业银行的办公室里,通过计算机终端、电话、电传和其他通信手段进行联系。

例如,纽约某银行的外汇交易员向伦敦某银行的交易员询问英镑的价格,并决定按在电话中商定好的价格买入英镑。此时,交易员会进入银行的计算机或其他记录咨询系统的交易程序,进行交易活动,互发载有交易细节的确认书并对交易合同的清算做出安排。这一货币交易过程完全是以交换通信的方式进行的,通信又是通过已建立的通信网发送的。实际的货币调拨过程并不需要交易员费心,所以一个交易过程一般只需几秒钟。届时,纽约的银行便将一笔美元存款转到伦敦这家银行在纽约往来行的账户上,伦敦的银行则将一笔英镑存款转到对方在伦敦往来行的账户上。

2. 外汇市场是 24 小时循环交易的全球最大单一市场

各国都有外汇市场,主要外汇市场营业的时间因时差有所差别。在全球范围内,24 小时都有外汇市场在营业,进行着外汇交易。由于外汇市场是无形市场,因此银行的外汇交易员可以在任何时间进行交易。具体来说,由于英国与欧洲各国的格林尼治时间改成欧洲标准时间,故欧洲各国形成了一个大规模的统一市场。从欧洲上午 9 点开始营业起,至欧洲下午 14 时,纽约外汇市场开始营业。之后是旧金山、东京、中国香港、新加坡、孟买、中东等外汇市场陆续开业,每天东京和香港的外汇市场即将收盘时,伦敦等欧洲外汇市场又重新开市了。如此周而复始,世界外汇市场形成了一个遍布全球的、相互间有机联系的巨大网络,使国际外汇市场获得空前的拓展。纽约时间的上午这个阶段,外汇市场交易最为繁忙,因为纽约、伦敦、法兰克福和巴黎四个外汇交易中心同时在营业和交易。

外汇市场是世界上规模最大的市场。国际清算银行对外汇市场每三年进行一次调查估算,1998 年全球外汇市场日平均交易量约 15 000 亿美元,1995 年、1992 年和 1989 年全球外汇市场的日均交易量分别为 11 900 亿美元、8 200 亿美元和 5 900 亿美元。而 2010 年全球外汇市场日均交易量约为 4.0 万亿美元,较 2007 年增长 20%。根据国际清算银行每三年调查一次的惯例,截至 2016 年,全球外汇市场的日均交易量已经达 5.088 万亿美元。目前,英国有全球最大的外汇市场(占 36.7%),排名第二和第三的分别为美国(占 17.9%)和日本(占 6.2%)。

之所以说全球外汇市场是一个单一市场,不仅在于外汇市场能够进行 24 小时的连续交易,更在于与其他市场相比,各个市场上交易的货币种类基本一致,绝大多数交易集中在几种主要货币上。美元一直是外汇交易中使用最多的货币,其次是欧元和日元(见表 3-1)。

表 3-1 外汇市场交易币种结构　　　　　　　　　　　单位:%

货币	2004 年	2007 年	2010 年	2013 年	2016 年
美元	88	86	85	87	88
欧元	37	37	39	33	31
日元	21	17	19	23	22
英镑	16	15	13	12	13
瑞士法郎	6	7	6	5	5
澳大利亚元	6	7	8	9	7
加拿大元	4	4	5	5	5
瑞典克朗	2	3	2	2	2
港元	2	3	2	1	2

续表

货币	2004 年	2007 年	2010 年	2013 年	2016 年
韩国元	1	1	2	1	2
新加坡元	1	1	1	1	2
人民币元	0.1	0.5	0.9	2	4
俄罗斯卢布	0.6	0.7	0.9	2	1
印度卢比	0.3	0.7	0.9	1	1
巴西雷亚尔	0.3	0.4	0.7	1	1
土耳其里拉	0.1	0.2	0.7	1	1
其他	14.6	16.5	13.9	14.0	13.0
合计	200	200	200	200	200

注：双边统计，合计为200%。

资料来源：根据 BIS Triennial Central Bank Survey, Report on global foreign exchange market activity in 2010 及 BIS Statistical Bulletin – September 2018 整理。

3. 外汇市场是以做市商为核心的市场

每天外汇市场上都发生成千上万宗外汇交易，不可避免地会出现外汇供给和需求的临时性不平衡。一些银行随时准备在相互之间就某一种或几种货币进行交易，而不考虑其本身外汇头寸的状况，以保证外汇市场运行的连续性，这些交易并不一定是银行自身的实际需要。从这个意义上讲，这些银行相互之间创造了外汇市场，因而称为做市商（Market－maker）。

并非所有银行都是做市商，只有那些资本雄厚、在世界各地都有往来账户、拥有大量优秀高水平的外汇交易员、配有先进交易设备的大银行，才能承担做市商的角色。做市商是银行间外汇市场的核心，集中了外汇的供给和需求，做市商之间的交易占外汇交易总量的85%以上，并最终决定了汇率水平，在外汇市场具有举足轻重的作用。据估计，全世界大约有200家银行充当外汇市场做市商角色。

对一般银行而言，虽然也为客户办理外汇买卖业务，但这种业务并不占重要地位。通常，小银行和大银行的分支机构不直接在银行间市场上进行交易，而是通过大银行代理。

4. 外汇市场存在双重交易结构

在银行间外汇市场上，外汇交易分直接交易和经纪交易两种形式。按照传统惯例，国内银行与外国银行通过电话、电传直接进行交易，而国内银行间的交易往往以外汇经纪商作为中介间接进行交易，即经纪交易。20世纪70年代以后，外汇经纪商通过兼并等手段，发展成为提供多种金融服务的经纪商，开始从事国内银行与国外银行之间的经纪交易。

3.2 外汇交易运行系统

各国的外汇市场，由于各自长期的金融传统和商业习惯，其交易方式不尽相同，一般有场外交易和场内交易两种方式。目前，外汇市场主要通过场外交易方式进行。

1. 场外交易方式

这种方式无一定的开盘收盘时间，无具体交易场所，交易双方不必面对面地交易，只靠电传、电报、电话等通信设备相互接触和联系，便可协商达成交易。英国、美国、加拿大、瑞士等国的外汇市场均采取这种场外市场的组织方式，因此这种方式又称为英美体制。

2. 场内交易方式（即交易所方式）

这种方式有固定的交易所，如德国、法国、荷兰、意大利等国的外汇交易所，这些外汇交易所有固定的营业日和开盘收盘时间，外汇交易的参加者于每个营业日规定的营业时间集中在交易所进行交易。由于欧洲大陆各国多采用这种方式组织外汇市场，故又称这种方式为大陆体制。场外交易方式是外汇市场的主要组织形式。这不仅是因为世界上两个最大的外汇市场——伦敦外汇市场和纽约外汇市场是以这种方式组织运行的，还因为外汇交易本身具有国际性。由于外汇交易的参加者多来自各个不同的国家，交易范围极广，交易方式也日渐复杂，参加交易所交易的成本显然高于通过现代化通信设施进行交易的成本，因此即便是欧洲大陆各国，其大部分当地的外汇交易和全部国际性交易也都是用场外方式进行的。而交易所市场通常只办理一小部分当地的现货交易。在外汇交易参与者中，最高级别的是银行同业市场。在银行同业市场，通过电子经纪服务（Electronic Brokering Services，EBS）和路透（Reuters）这类电子经纪系统，最大的银行可直接进行交易。一般的中小银行、外汇经纪商、机构投资者会通过一家大银行进行外汇交易；而一般的交易者则通过中小银行、外汇经纪商进行交易。当然，越是上层的交易者，得到的价格越具有竞争力（见图3-1）。

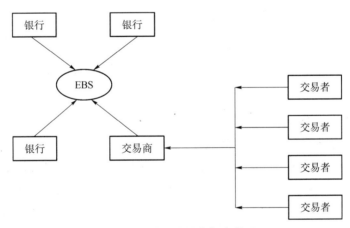

图3-1 外汇交易参与者关系

3.3 外汇交易规则

3.3.1 交易货币

外汇市场上交易活跃、流动性量大的货币分为以下两类：

一类是五种主要货币。这些货币占所有外汇交易的90%，分别是：美元（USD）、欧元（EUR）、日元（JPY）、英镑（GBP）和瑞士法郎（CHF）。美元是外汇交易最频繁的货币，世界上60%以上的外汇储备都是美元。世界上大多数商品和货币都以美元计值。

另一类是商品货币。例如，加拿大元（CAD）、澳大利亚元（AUD）和新西兰元（NZD）是主要的、几种交易不太活跃的商品货币。商品货币的波动与商品价格高度相关。

此外，还有一些交叉货币对，不以美元交易。最活跃的交叉货币对有：欧元／日元（EUR／JPY）、英镑／日元（GBP／JPY）和英镑／欧元（GBP／EUR）。其余货币被视为次要货币。常见的次要货币有土耳其新里拉（TRY）、南非兰特（ZAR）、墨西哥比索（MXN）、泰铢（THB）和新加坡元（SGD）。次要货币是来自新兴经济体的货币，次要货币流动性不大，交易量小，买卖点差大，交易成本高。

在外汇市场上，交易货币一般采用国际通用的标准——ISO 4217货币代码：前两个字符表示这种货币所属的国家和地区，第三个字符表示货币单位，如表3－2所示。

表3－2 外汇市场上主要交易货币的国际标准代码

货币名称	国标代码	货币名称	国标代码	货币名称	国标代码
美元	USD	人民币元	CNY	俄罗斯卢布	RUB
欧元	EUR	澳门元	MOP	挪威克朗	NOK
日元	JPY	新加坡元	SGD	瑞典克朗	SEK
英镑	GBP	新台币	TWD	捷克克朗	CZK
瑞士法郎	CHF	马来西亚林吉特	MYR	匈牙利福林	HUF
澳大利亚元	AUD	泰铢	THB	波兰兹罗提	PLZ
新西兰元	NZD	印度卢比	INR	巴西里亚尔	BRL
加拿大元	CAD	韩国元	KRW	墨西哥比索	MXN
港元	HKD	印尼盾	IDR	南非兰特	ZAR

3.3.2 交易时间

全球各外汇交易市场被距离和时间隔开，各自独立又相互影响。这些外汇市场以其所在的城市为中心，辐射周边的其他国家和地区。由于所处时区不同，各外汇市场在营业时间上此开彼关，一个外汇市场的结束往往成为下一个外汇市场开盘的基础。这些外汇市场通过先进的通信设备和计算机网络连成一体，外汇市场的参与者可以在世界各地进行交易，由此形成了全球一体化运作、全天候运行的国际外汇市场。

外汇市场是目前全球最大的金融市场，每日的平均交易量达4万亿美元。以北京时间为标准，每天凌晨，从新西兰的惠灵顿开始，直到美国西海岸外汇市场的闭市。大洋洲、亚洲、欧洲、北美洲各大外汇市场首尾衔接，在营业日的任何时刻，交易者都可以寻找到合适的外汇市场进行交易。

相对北京时间而言，20:30～24:00（夏令时）是英国伦敦外汇市场和美国纽约外汇市场的重叠交易时段，是各国银行外汇交易的密集区，也是大宗交易最多的时段，市场波动最为频繁。与其他金融市场不同，在正常的外汇市场开市时段，无论是白天还是黑夜，外汇交易者都能够随时对市场波动做出反应。

3.3.3 交易报价

外汇交易采用以美元为中心的报价方法，除非特别说明，否则所有货币汇率报价都是针对美元的。这是由美元在国际金融中的特殊地位决定的。除了英镑、美元、澳大利亚元、新西兰元、欧元等采用间接标价法外，其他货币交易都使用直接标价法，目的在于使外汇交易能迅速地进行。报价力求简洁，银行同业交易只报出汇率最后几位数，远期汇率只报出升水、贴水和平价值，其目的在于提高交易效率。

外汇交易报价以及报刊上刊登的和计算机终端显示的参考汇率都以100万美元（或更大金额）为交易单位，这主要适合于银行同业间的大批量外汇买卖。假如一般进出口商和投资者对小规模外汇交易的汇率感兴趣，则必须在询价时预先讲明，并报出具体买卖金额。在这种情况下，银行会对其原先报价做出适当调整，一般来说，调整后的交易价格对客户不利。

在接受客户的询价之后，银行有义务进行报价，包括买入价和卖出价。在采用直接标价法时，买入价在前，卖出价在后。在采用间接标价法时，卖出价在前，买入价在后。银行在报出某种货币的买入价和卖出价之后，按商业习惯，应当承担按报出的价格买进或卖出该种货币的义务。只要询价者愿意按报出的价格成交，报价方就必须同意，但有交易时间和成交金额的限制。即交易一方不能要求另一方按10分钟以前给出的报价成交；交易金额一般在100万~500万美元。交易双方必须恪守信用，共同遵守"一言为定"的原则和"我的话就是合同"的惯例，买卖一经成交便不得反悔、变更或要求注销。外汇交易一般是先通过电话、电报或电传等通信手段谈妥细节，达成协议，随后再用书面文件对交易内容加以确认。交易用语必须规范化。在外汇交易过程中，常使用一些局外人听来"莫名其妙"的"行话"，这些行话是带有技术性的，其中大部分是一些俚语和为节省时间而用的简语。例如，交易中使用"One Dollar"表示100万美元，"Five yours"表示"我卖给你500万美元"；再如，Give（卖出）、Take（买进）、Go North（上升）、Go South（下降）、Square（平仓）、Out（取消）等。

3.3.4 交易交割

一般来说，在纽约、伦敦、巴黎等欧美外汇市场上，即期外汇交易交割在成交后的第二个营业日进行。在东京、新加坡等外汇市场上，即期交割在成交后的第一个营业日进行。香港外汇市场比较复杂，1989年以前港元兑美元的交易在成交当日交割，1989年后改为第二个营业日交割；港元兑日元、新加坡元、马来西亚林吉特、澳大利亚元则在成交后第一个营业日交割；除此之外，港元兑其他币种在成交后的第二个营业日进行交割。

营业日是除开节假日的工作日，一般来说，如果交割日正逢结算国银行节假日，则往后顺延。但具体又分为以下几种情况：

（1）如果成交后的第一天是两个结算国中某国银行的节假日，这一天不算营业日，交割时间顺延一天。

（2）成交后的第一天是两国银行的营业日，而第二天是其中某一国银行的节假日，这一天不算营业日，交割时间顺延一天。

（3）当交易涉及美元时，情况比较复杂。如果两天之中的第一天是美国银行的节假日，但另一国银行不是节假日，那么这一天也算作营业日。这样，在对美元的即期交易中，交割日就可能出现四种情况。例如，按标准即期交易以美元买入英镑，成交时间为星期一。此时，可能出现的四种情况是：第一种，星期二和星期三两国银行都营业，则交割日在星期三；第二种，星期二是英国银行的节假日，则交割时间顺延至星期四；第三种，星期二是美国银行的节假日，则交割日仍是星期三；第四种，星期二是营业日，星期三不管是遇到美国银行的节假日还是英国银行的节假日，交割日都要顺延至星期四。

交易国和结算国可能不一致。交易国是进行外汇交易的外汇交易市场所在国，结算国则是外汇交易实际发生的两国，即交易中两种货币的发行国。在东京外汇市场上甲银行用美元向乙银行购买英镑，这样一笔交易，交易国是日本，而结算国是美国和英国。目前，各种货币的清算基本上在货币的所在国或地区进行。那么，如何进行结算呢？银行间的收付款是通过交易双方的代理行进行的。以甲、乙两银行的交易为例：甲、乙两银行成交后，甲方会根据乙方的收款指示，指示其在纽约的代理行把应付美元付至乙银行的代理行账户上，受益人为乙银行。同时，甲银行会指示其在伦敦的代理行收入乙银行汇入的英镑。同理，乙银行的收付款与甲银行相反，指示其在伦敦的代理行付出英镑，受益人为甲银行。同时，乙银行会指示其在纽约的代理行收入甲银行汇入的美元。美元的清算统一通过 CHIPS 付款系统①进行，每个美元账户均有自己的 CHIPS UID 号码。

核心概念

外汇市场
外汇经纪商
做市商

复习思考题

1. 简述外汇市场的基本结构。
2. 论述外汇市场的特点。
3. 论述外汇市场的交易惯例或规则。

---

① CHIPS 付款系统是银行同业清算中心（Clearing House Interbank Payments）的缩写，UID 是 CHIPS 的通用识别号码（Universal Identification）。

第4章

即期外汇交易

学习目标

即期外汇交易是外汇市场上一种传统的外汇交易方式,也是外汇市场上一种最基本、最主要的外汇交易方式。在学习即期外汇交易含义的基础上,着重从外汇银行角度阐释银行间即期外汇交易的操作流程,熟练运用即期外汇交易以更好地管理外汇汇率波动所带来的金融资产风险。

引导案例

美国非农前瞻:就业市场面临挑战

美国劳工部将于北京时间2019年3月8日(周五)21点30分公布美国2019年2月非农就业报告:美国2月ADP私营部门就业人口增加18.3万人,1月从21.3万人修正至30万人,初请失业金人数四周均值为22.9万人,暗示就业市场强劲。

这份受到广泛关注的月度报告的主要统计数据通常被简单地称为非农业就业人数,它通过就业创造、失业率、平均时薪、劳动力参与率、平均每周工作时间等数据,追踪美国劳动力市场的状况。非农就业数据是美国最受关注和交易最频繁的经济统计数据。该报告是硬数据系列中最及时的报告之一,因为它的信息只有一个月的历史。该报告由编制调查和住户调查两部分组成。调查机构对非农业企业的员工数量、薪酬、工作时间和其他就业特征进行了调查。这项调查产生了工资、参与率和其他数据。这项家庭调查联系了美国适龄劳动人口的一个代表性样本,并将每个人划分为就业、失业和非工作人员。其中,最常被引用的U3失业率规定,一个人必须在前一个月找过工作才算失业,否则就被认为不属于劳动力。U6失业率指的是在前一年找过工作的失业者。

美国2019年2月非农人口预期增加18万人,1月大增30.4万人,工厂就业人口增加1.1万人,U3失业率预期下跌0.1%至3.9%,平均每小时工资月率预期增长0.3%,前值

0.1%。年率增速预期从 3.2% 上升至 3.3%。过去 24 个月制造业就业增速创 20 年以来最高,2019 年 1 月录得 12 个月均值为 21.75 万人,为 1998 年 4 月以来最高水平。初请失业金人数四周均值为 22.9 万人,2019 年 2 月中旬曾出现上升,但依然处于历史区间的极低水平。

2018 年,美国 GDP 增长了 2.6%,预期增长为 3.1%。劳工经济依然健康:过去 12 个月非农均值为 23.39 万人,为 2015 年 8 月以来最佳表现,制造业就业人口持续增长。许多分析人士和政界人士认为,全球化不可避免地会造成就业岗位的巨大损失。

尽管如此,一股缓慢的经济担忧浪潮正悄然袭来。政府关门导致 1 月份消费者信心下降。世界大型企业联合会(Conference Board)的相关指数已回升至 2018 年年初的活跃水平。密歇根(大学)消费者信心指数尚未公布,该指数仍低于 2016 年 11 月大选后飙升之前的几乎所有过去两年的指数。

在政府关门之前,商业信心一直在下降,2018 年上半年的商业信心处于 20 年来的最低水平。由于政府的关闭,2018 年 12 月假期的最终统计数据被推迟,修订后的数据将于 2019 年 3 月 11 日(星期一)公布。

整体销售下降 1.2%,除汽车外销售下降 1.8%。人口普查局也指出了数据存在的问题。亚马逊(Amazon)、红皮书指数(Redbook Index)和万事达(Master Card)的私人部门会计报告显示,消费者支出良好或出色。预计 2019 年 1 月的销售数据为 0.1%,除汽车外的销售数据为 0.3%,控制组为 0.6%。目前还没有对 2018 年 12 月的修订做出预测。

亚特兰大联邦储备银行(Atlanta Fed)广受关注的 GDPNow 估计,可能增加了不确定性。2019 年 3 月 4 日的第一季度 GDP 年化估计值仅为 0.3%,2019 年 3 月 6 日增长至 0.5%。

在国内不安的背后,隐藏着相当真实的全球问题。欧洲似乎正走向衰退。德国 2018 年第三季度环比增长为 -0.2%,以第四季度增长持平的微弱幅度避免了经济衰退。意大利经济十年来第三次陷入衰退,第三季度收缩 0.2%,第四季度经济增长 0.1%。2018 年前九个月,法国的季度平均环比增长为 0.23%,第四季度的经济活动将于 2019 年 3 月 28 日公布。

无论是在 2019 年 3 月 29 日脱欧之前的某个时间,还是被推迟的某个日期,英国脱欧都将是一条痛苦的道路。无论如何,旷日持久的争吵和混乱损害了英吉利海峡两岸的增长和人气。

在美国,虽然中美贸易摩擦似乎即将得到解决,却不断发现拖延的障碍。达成协议将大大提振美国和中国的人气和经济,但在习近平主席和唐纳德·特朗普(Donald Trump)总统在海湖庄园(Mar-a-Lago)共进晚餐之前,所有的预期都还为时过早。最后,经济合作与发展组织再次下调了其全球经济预测,2019 年的增长率已经从 2018 年 11 月的 3.7% 下调至 3.3%,欧洲则从 1.8% 降至 1.0%。

2019 年 1—2 月,美国的经济状况几乎没有什么变化,而国内外的预测都有所恶化,且在 1 月份就业数据令所有预期都趋平时,这些预测并不乐观。美国劳动力市场能否继续否认经济方面的反对者?

(资料来源:美国非农前瞻:就业市场面临挑战 [EB/OL]. 外汇街,2019-03-07,https://www.fxstreet.cn/analysis/meiguofeinongjiuyeshujuyuce/20190307326323.html)

4.1 即期外汇交易概述

4.1.1 即期外汇交易的概念

即期外汇交易（Spot Exchange Transaction）又称现汇交易，是指在成交当日或其后的两个营业日内办理实际货币交割的外汇交易。即期外汇交易是外汇市场上最常见、最普遍的外汇交易形式。

即期外汇交易的交割日（Delivery Date）又称结算日（Maturity Date），也称有效起息日（Value Date），是指买卖双方将资金交与对方的日期。此日期也是双方的货币资金划拨到指定账户银行并开始计息的日子。即期外汇交易的交割日包括三种情况：

（1）标准交割日（Value Spot 或 VAL SP）。其是指在成交后第二个营业日交割。它采用 T+2 的交割方式，与欧洲账户同步。目前，大部分的即期外汇交易都采用这种方式。但是如果遇到节假日，则外汇交割日顺延至下一营业日。例如，英国银行与美国银行于 2018 年 8 月 16 日（星期四）进行日元买卖，交割日应为 8 月 18 日（星期六），但是由于 18 日、19 日都是银行休假日，故交割日顺延至 8 月 20 日。

（2）隔日交割（Value Tomorrow 或 VAL TOM）。其又称现金交割，是指在成交后第一个营业日交割。它采用 T+1 的交割方式。某些国家由于时差的原因采用这种方式。例如，在中国香港的外汇交易市场上，港元对日元、新加坡元、澳元的即期交易成交后的次日是交割日，因为这些国家或地区基本上属于同一时区。

（3）当日交割（Value Today 或 VAL TOD）。其是指在成交当日进行交割。它采用 T+0 的交割方式。银行与当地客户的零星即期外汇买卖一般采用这种方式，当天就可以实现外汇的收付。另外，以前在香港外汇市场用美元兑换港元的交易可在成交当日进行交割。

在外汇市场上，由于涉及两种不同的货币，因此交割日必须是两种货币发行国家的共同营业日，因为只有这样才能将货币交付对方。所以，即期交割日必须是两种货币共同的营业日，至少应该是付款地市场的营业日。交易必须遵循"价值抵偿原则"，即一项外汇交易合同的双方必须在同一时间进行交割，以免任何一方因交割不同时而蒙受损失。

4.1.2 即期外汇交易的报价与取价

1. 外汇银行报价的依据

根据国际惯例，在即期外汇市场上，任何一家外汇银行报出的外汇买卖价格，都是客户可以自由买卖的价格，外汇银行要对报价承担责任。因此，外汇银行的外汇交易员在接到询价后决定如何报价时，一般会考虑多方面的因素或依据，其主要有：

第一，市场行情，主要包括现行市场价格和市场情绪。现行市场价格是指市场截至此时的最后一笔常规金额交易的成交价，或者此时市场核心成员的买卖价。市场情绪是指报价银行报价时市场的升跌趋势。市场情绪主要依赖于报价人的直觉判断。一般来说，在市况趋升的情况下，报价偏高；反之，则偏低。

第二，报价行的外汇头寸。即报价行在接到询盘时，是否持有所询货币的多头与空头，或所持金额大小以及其成本价格水平等。若报价行持有所询货币的多头且金额较大，则其报价会偏低；反之，则提高报价，以吸收询价者抛售。

第三，询价者的交易意图。询价者的询价意图一般不会自己暴露，外汇交易员通过试探和估计，对询价者的意图进行判断。若判断对方意欲购买，则会抬高报价；反之，则会压低报价。但这种估计和判断不一定做到完全准确。

第四，国内外政治经济领域的最新发展。比如一些主要国家的社会动乱、军事冲突，以及货币供给量、通货膨胀率和利率的变化等。在上述几个主要的报价依据中，市场行情是最关键的依据，因为外汇头寸及询价意图只是交易员围绕市场价格水平进行微调的考虑，国际政治经济等其他因素则会反映到市场行情中。

2. 即期外汇交易的报价方式

传统上，外汇银行的报价分为直接标价法和间接标价法两种。尽管在现代化的外汇交易市场上，国界的重要性已被时间和价格的波动取代，但所有报价仍然是遵循这两种方式进行的。在这两种报价方式中，除了英国等极少数国家实行间接标价法外，绝大多数国家（包括中国在内）的银行报价都采用直接标价法。以直接标价法表示时，外币折合本币较少的那个汇率是买入价，外币折合本币较多的那个汇率是卖出价；买价在前，卖价在后。以间接标价法表示时，本币折合外币较少的那个汇率是卖出价，本币折合外币较多的那个汇率是买入价；卖价在前，买价在后。但无论采取何种标价方法，外汇银行都坚持贱买贵卖原则，以从中获利。

外汇银行在报价时所使用的各种货币名称是目前正在推广使用的 ISO 4217 三字符货币代码。在该货币代码的三个拉丁字符中，前两个表明这种货币所属国家和地区，用《国家名称代码》（ISO-3166）中的两个字符表示，第三个字符表示货币单位。例如，瑞士法郎为 CHF、英镑为 GBP、人民币元为 CNY、美元为 USD 等。采用三字符货币代码容易识别和记忆，特别是它没有采用 $、£、¥等特殊字符，避免了计算机输入时的麻烦，为计算机数据处理和数据通信创造了有利条件，现已被环球银行金融电信系统（SWIFT）等国际性计算机通信网络和数据处理系统采用。

3. 即期外汇交易报价应注意的问题

第一，外汇银行在接到询价后应迅速给出报价。这不仅体现该银行业务水平的高低，而且可以使客户无暇去别处寻找成交机会，从而有利于增大业务量。

第二，应适当拉开所报出的买入价与卖出价之间的价差。价差越大，银行的收益越大。一般而言，银行业之间的交易因交易量较大，故价差会相对小一些。在银行与一般客户的交易中，因商业买卖的交易额通常没有很大，且交易额往往不是整数，故银行所报买卖差价相对要大些。

第三，应与当时外汇市场价格拉开一定距离。这是提高报价竞争力和吸引客户、影响市场的重要手段，如果银行的某种外币金额是多头头寸，那么其报价应低于一般市场价，从而吸引想购买此货币的客户。如果银行的某种外币金额是空头头寸，那么其报价应高于一般市场价。

第四，应根据银行自身的外汇头寸情况，调整报价。在外汇交易过程中，当银行报出较好的买入价和卖出价时,所产生的买入和卖出数量可能会大大超出银行原来所希望的,头寸情况可能会发生重大变化。银行应根据本身外汇头寸变动情况,及时调整报价和买卖币种,以促使自身外汇头寸趋于平衡。

第五,若对询价者的询价意图判断不准,给出了事与愿违的报价,那么银行应坚持满足客户的要求,以不让竞争对手了解自己的真正意图。不过此时一般应限制交易数量,以减少风险。

4. 即期外汇交易中取价者应注意的问题

外汇交易中的取价者是指向报价者索价并在报价者所提供的汇价上与报价者成交的其他外汇银行、外汇经纪商、企业、个人及央行等。取价者要想成功交易,就应注意以下几点:

第一,认真选择最佳交易银行。选择资信可靠、作风正派、关系良好的银行作为交易对手是十分重要的。在选择最佳银行时,应根据其报价是否具有竞争性和是否有利于询价者、报价速度是否迅速、服务是否全面周到等情况进行综合判断。

第二,不要把所有的货币买卖集中在同一家银行,因为银行对经营的货币一般都有专业分工,而且买卖的货币在货币发行国外汇市场的报价对取价者较为有利。

第三,询价者不能要求报价者按其询价行的参考价成交,也不能要求报价者按 10 分钟前报出的价格成交。

第四,不能指望交易对手会对金额在 100 万美元以下的几种大货币报出好价钱。

第五,不要在重要新闻发布前或是星期五下午、周末头寸轧平时做大额交易,因为那时的外汇交易员一般都不愿意做业务,往往会把差价拉宽。

第六,路透社或美国联合通讯社(简称美联社)等机构的计算机终端、华尔街日报等西方国家著名的通讯社和报纸所显示的汇价不同于银行报价,这些价格仅供参考,不能作为成交的依据。

4.2 即期外汇交易原理与操作

4.2.1 即期外汇交易原理

由于国际外汇市场上习惯采用以美元为中心的报价方法,因此如果交易双方买卖的是非美元币种(如欧元兑英镑、日元兑瑞士法郎、港元兑欧元等),就需要以美元为中介来进行汇率的套算。这种以美元(第三种货币)为中介而推算出来的另两种非美元货币的汇率即为交叉汇率(Cross Rate)或套算汇率。

1. 两个已知即期汇率中的关键货币均为基准货币

当两个已知即期汇率中关键货币(通常是 USD)均为基准货币时,采用交叉相除来计算两种标价货币的交叉汇率。所谓交叉相除,即用两个已知汇率中的买入价与卖出价分别相除,被除数为交叉汇率中的标价货币的汇率,除数为交叉汇率中的基准货币的汇率。商小的为交叉汇率的买入价,商大的为交叉汇率的卖出价。

【例 4 - 1】已知 USD / EUR = 0.731 4 / 24,USD / HKD = 7.772 0 / 30,试计算 HKD/EUR 的交叉汇率。

解：因为 USD／EUR   0.731 4 ~ 0.732 4

        USD／HKD   7.772 0 ~ 7.773 0

HKD／EUR 的买入价 = 0.731 4 ÷ 7.773 0 ≈ 0.094 1

HKD／EUR 的卖出价 = 0.732 4 ÷ 7.772 0 ≈ 0.094 2

所以，HKD／EUR 的交叉汇率为 0.094 1／42。

2. 两个已知即期汇率中的关键货币均为标价货币

两个已知即期汇率中的关键货币（通常是 USD）均为标价货币时，采用交叉相除计算两种标价货币的交叉汇率。所谓交叉相除，即还是用两个已知汇率中的买入价与卖出价分别相除，被除数为交叉汇率中的基准货币的汇率，除数为交叉汇率中的标价货币的汇率。商小的为交叉汇率的买入价，商大的为交叉汇率的卖出价。

【例 4 - 2】已知 GBP／USD = 1.582 0／30，AUD／USD = 0.732 0／25，计算 GBP／AUD 的交叉汇率。

解：因为 GBP／USD   1.582 0 ~ 1.583 0

        AUD／USD   0.732 0 ~ 0.732 5

GBP／AUD 的买入价 = 1.582 0 ÷ 0.732 5 ≈ 2.159 7

GBP／AUD 的卖出价 = 1.583 0 ÷ 0.732 0 ≈ 2.162 5

所以，GBP／AUD 的交叉汇率为 2.159 7／2.162 5。

3. 两个已知即期汇率中的关键货币一个为基准货币，另一个为标价货币

当两个已知即期汇率中的关键货币一个为基准货币，另一个为标价货币时，采用同边相乘来计算交叉汇率，即买入价与买入价相乘、卖出价与卖出价相乘。

【例 4 - 3】已知 GBP／USD = 1.561 9／30，USD／JPY = 76.10／90，试计算 GBP／JPY 的交叉汇率。

解：因为 GBP／USD   1.561 9 ~ 1.563 0

        USD／JPY   76.10 ~ 76.90

GBP／JPY 的买入价 = 1.561 9 × 76.10 ≈ 118.86

GBP／JPY 的卖出价 = 1.563 0 × 76.90 ≈ 120.19

所以，GBP／JPY 的交叉汇率为 118.86／120.19。

4.2.2 即期外汇交易操作

在即期外汇交易市场上，银行同业间的即期外汇交易约占整个即期外汇交易的 90% 以上。下面以银行间即期外汇交易为例，介绍两种银行间即期外汇交易的基本流程：一种是通过路透交易系统进行的直接交易；另一种是通过外汇经纪人进行的间接交易。

4.2.2.1 通过路透交易系统进行的直接交易

对于加入了路透交易系统的各家银行而言，可以借助路透交易机来进行与其他银行间的即期外汇交易，一般分为询价、报价、成交、确认、交割等环节。

1. 询价（Asking Price）

询价是即期外汇交易的起点，即发起即期外汇交易的一方（通常称为询价方）向报价银行询问某种货币的即期汇率。

通常是由询价方交易员通过路透交易机的键盘输入报价行的路透交易系统代号（四个英文字母）来呼叫该银行，待叫通后，荧光屏上即开始显示双方对话内容，然后开始询价。询价时应注意以下问题：

（1）指明交易币种，但不要透露出是想买进还是想卖出。

询价方在询价时需指出准备交易的货币币种（一般是报出非美元的币种），但是不应暴露意图（即是想买进还是想卖出），否则报价方可能会故意抬价或压价。一般询价可表示为：

SP JPY PLS

【请问美元／日元的即期汇率报价】

若是通过电话交易，则表示为

"What's your spot USD against JPY, please?"

（2）采用国际标准的三字符货币代码。

为了提高外汇市场的交易效率，国际标准化组织对各国货币都规定了一个 ISO 代码，该代码由三个英文字母组成。

（3）为便于报价方准确报价，询价方通常要报出交易金额。

所报交易金额一般为基准货币的金额，通常以 100 万为基本单位，用"Million"表示，既可缩写为"MIO"，也可省略。例如：

SP JPY 5（MIO）

【500 万美元兑日元的即期汇率】

SP GBP 5（MIO）

【500 万英镑兑美元的即期汇率】

2. 报价（Quotation）

当报价行接到询价后，需立即做出报价。报价表示报价方愿意按某种汇率与对方进行外汇交易，它对报价方具有法律约束力。

报价是外汇交易的关键环节，它关系到外汇买卖双方是否能够成交，并直接影响报价方在外汇市场上的竞争力和风险收益。因此在外汇交易中，报价方的交易员要特别注意报价问题，既要遵守一般的报价惯例，也要掌握和运用一些报价技巧。

1）报价惯例

（1）采用美元为中心的报价方法。

目前，国际外汇市场上普遍采用"单位元"报价法，即以美元为基准货币，报出 1 美元等于多少其他货币，如 USD 1 = CHF 0.945 8、USD 1 = JPY 102.25、USD 1 =

CAD 1.018 5、USD 1 = SGD 1.254 3 等。但是英镑、澳大利亚元、新西兰元、欧元等货币采用"单位镑"报价法，即以美元为标价货币，如报价为 GBP 1 = USD 1.543 3、EUR 1 = USD 1.318 7、AUD 1 = USD 0.954 4、NZD 1 = USD 0.756 1。

（2）采用双向报价，通常只需报出汇率的后两位数字。

①所谓"双向报价"，就是要同时报出买入汇率和卖出汇率。由于询价方在询价时没有透露交易方向，因此报价方在报价时必须同时报出买入汇率和卖出汇率。需注意的是，报价方所报的买入汇率和卖出汇率都是就基准货币而言的，其在单位元法报价中，是指报价方买、卖美元的汇率；而在单位镑法报价中，是指报价方买、卖非美元货币的汇率。

②汇率一般用五位数字表示，基本单位称为"点"。汇率每变动一个单位，就称该汇率变动了一个点。如 USD／CHF 汇率由 USD 1 = CHF 1.025 3 变为 0.937 1，则称 USD 兑 CHF 下跌了 882 点。根据惯例，汇率的最后两位数称为"小数"（Small Figure），前面三位数称为"大数"（Big Figure）。由于在外汇市场每天的交易中，汇率的小数变化非常活跃，而大数相对稳定，故一般交易员对市场汇率的大数都比较清楚，因而在报价时无须过多重复，只需报出汇率的小数（后两位数字）即可。

（3）先报买入汇率、后报卖出汇率，而且买入汇率一般要低于卖出汇率。按照惯例，报价方要先报买入汇率、后报卖出汇率。由于报价方在外汇交易中要赚取价差（通常是低价买进、高价卖出），因此报价方报出的两个汇率总是"前小后大"，即买入汇率要低于卖出汇率。

注意：

①有时为了吸引更多的客户以增加交易量，报价方也可能报出差价为零的"任选价"（Choice Price），即买入汇率与卖出汇率相同。若报价方报出的是任选价，则询价方必须接受报价，不能拒绝成交。

②若只报出汇率的后两位数字，则可能出现"前大后小"的情况，这并不意味着买入汇率高于卖出汇率，而是卖出汇率的大数要大于买入汇率的大数。如 USD／CHF 报价为 0.939 5／00，斜线前面的 0.939 5 为报价方买入美元的汇率，斜线后面的"00"实为"0.940 0"，是报价方卖出美元的汇率，其大数为"0.94"、而非"0.93"。

③买卖差价的大小视询价方而定。一般银行同业间的差价较小，通常为 1‰～2‰；对普通客户的报价价差则较大，通常为 2‰～5‰。因此，一般要求询价方在询价时报出交易金额或自报家门，如 "Bank of China Calling Spot EUR Please"。

（4）报价方必须遵守"一言为定"的原则，对所报出的汇率要承担以此汇率成交的责任。在做出报价后，只要询价方表示愿意按报价进行交易，报价方就必须按此报价成交，不得反悔或更改报价。

2）报价技巧

在外汇交易中，报价是关键。对于询价方而言，报价是否具有吸引力决定其成交的意愿。报价的吸引力首先取决于买卖差价的大小，买卖差价越小，对询价方越有吸引力。对于报价方而言，应询价方要求报出买卖汇率时，并不知道询价方的交易方向，因此买卖差价实际构成了报价方承担风险的报酬，买卖差价越大，报价方获利的机会越大，但其报价的竞争力会减小，进而对询价方的吸引力也减小；买卖差价越小，报价对询价方的吸引力越大，但是也意味着报价方承担的风险越大，获利减少。故在报价时，报价方需要根据市场条件和自身情况，在盈利机会（差价趋大）和竞争力（差价趋小）之间找到平衡：既要提供富有竞争力的报价来吸引询价方交易，又要通过报价来保护自己，以便在承担风险的同时获取相应的盈利。

在实务操作中，报价方可以运用以下技巧：

（1）根据市场汇率的走势来确定报价的买卖差价。一般而言，当市场汇率走势平稳时，为吸引客户进行交易，可缩小报出的买卖差价；反之，当市场汇率波动频繁且波幅较大时，为避免承担过多的风险，可扩大报出的买卖差价。

例如，USD／CHF 市场汇率为 0.935 0／60。如果报价方预测近期内 USD／CHF 不会有太大的变动，则可通过缩小报出的买卖差价来吸引客户，以扩大交易量，如报"0.935 4／58"，从而使买入价和卖出价都比市场价优惠。如果报价方觉得市场风险太大而不希望成交，则可扩大报出的买卖差价，如报"0.934 5／65"，从而使买价和卖价都比市场价差，难以吸引客户成交。

（2）根据汇率变化方向来确定报价与市场汇率的差价。汇率的变化方向主要是指上升或下跌，当报价方认为汇率将上升时，可使报价略高于市场汇率（一般指市场上上一笔交易的成交价或市场上核心成员的买价或卖价），以吸引询价方卖出，从而获得低价位头寸；反之，当报价方认为汇率将下跌时，可使报价略低于市场汇率，以吸引询价方买入，从而抛出高价位头寸。

例如，USD／CHF 的市场汇率为 0.934 0／50，若报价方认为 USD／CHF 将上升，希望大量买入 USD，那么可报"0.934 5／55"，使买入价比市场汇率优惠，吸引询价方按 0.934 5 将 USD 卖给报价方，可比市场价高出 5 个点，而这个价要比报价方在市场上买入 USD（0.935 0）低 5 个点。反之，若报价方认为 USD／CHF 将下跌，希望大量卖出 USD，则可报"0.933 5／45"，使卖出价比市场汇率低 5 个点，从而吸引询价方按 0.934 5 与报价方成交。对于报价方而言，卖出 USD 的价位是 0.934 5，这个价要比在市场上卖出高 5 个点。

（3）根据所持有的外汇头寸状况来确定报价。报价方在报价时，除了可运用以上所述技巧外，还需要根据自身持有的外汇头寸状况来确定报价。一般而言，当持有外汇多头头寸时，应尽量卖出一部分多头外汇，以避免外汇汇率下跌而遭受损失，因此报价时可使买入价和卖出价略低于市场价；反之，若是持有外汇空头头寸，则应尽量买进一部分（"空头的"）外汇，以避免外汇汇率上升而遭受损失，因此报价时可使买入价和卖出价略高于市场价。

除此之外，报价员还应根据国际经济、政治及军事最新动态的变化调整报价。因为交易货币所在国家及西方主要国家（如美国、日本、德国、英国等）的经济繁荣或萎缩、财政的盈余或赤字、国际收支的顺差或逆差、政治军事动荡与稳定等，都会引起外汇行情的动荡不安，所以报价员在进行报价时必须时刻关注并以此调节本行的报价。

3. 成交（Done）或放弃（Nothing）

按照外汇市场交易惯例，通常要求询价方在接到报价后的数秒钟内做出是否成交的表示，而不能待价太久，否则报价方马上就会以"My risk"来取消报价。如果询价方还想交易，就必须重新询价，可用"ANY CH（Change）"询问新的报价。

1）询价方对报价满意的处理

若询价方对报价满意，则要在数秒钟内做出成交的表示，即告知交易方向。

通常以 Buy、Take、Mine 等表示买入，以 Sell、Give、Yours 等表示卖出。还有一种更简单的表示交易方向的方法，即以报价方的报价来表示交易方向：用报价方的买入价来表示（询价方）卖出价；用报价方的卖出价来表示（询价方）买入价（注意，此处的交易方向都是就基准货币而言的）。

2）询价方对报价不满意的处理

若询价方对报价不满意，则可能会出现两种情况：

（1）对报价不满意，但希望报价方再重新报一次价。可先用"My risk"来表示原来的报价不再有效，并在数秒钟内用"ANY CH"请求报价方重新报价。

（2）对报价不满意，并且不想重新询价。可用"TKS NTH"或"SORI NTH"表示谢绝成交，即放弃交易。

4. 确认（Confirmation）

由于上述询价、报价和成交都是在快速而简捷的过程中进行的，大量使用了缩写和行话，不利于日后的清算工作和查询，因此在报价方做出交易承诺之后（通常是回答"OK Done"或"Agreed"后），交易双方需将交易的详细内容，进行一次完整的重复叙述。

确认的内容必须包括以下五个方面，缺一不可。

1）交易汇率

因为在报价中通常只报汇率的后两位数字，为避免日后交割时在汇率的前三位大数上出现不必要的纠纷，所以在确认中必须将大数和小数全部列明，而不能只列小数。

2）交易币种

必须清楚地表明交易中买入了何种货币、卖出了何种货币。通常，由报价行单方面表述即可。

3）交易金额

需明确是哪一种货币的交易金额。

4）起息日

应详细说明起息日的年、月、日。

5）银行账户

交易双方把各自买入货币所存入的银行账户告知对方，便于对方办理货币的转账。

5. 交割

这是即期外汇交易的最后一个环节，即在交易双方交易员将交易的文字记录交给交易后台后，由后者在交割日根据交易要求，将自己所卖出的货币划入对方指定的银行账户。

【例 4-4】2018 年 8 月 28 日（星期二）A 银行（询价行）与 B 银行（报价行）通过路透交易机进行一笔即期外汇交易。

A：SP CHF 5 MIO PLS

【500 万美元瑞士法郎的即期汇率报价】

B：86 / 89

【86 / 89（更准确些译为：USD / CHF = 0.978 6/89）】

A：86

【我卖出美元】

B：OK Done. At 0.978 6 I Buy USD 5 MIO AG CHF VAL Aug 28, 2018 My USD to B Bank NY for A / C 1234567 TKS N BI

【同意成交。在 0.978 6 的价位上我买进 500 万美元卖出瑞士法郎。起息日为 2018 年 8 月 28 日，我的美元请划入我行纽约分行账号 1234567，谢谢，再见】

A：OK Agreed. My CHF to A Bank Zurich for A / C 7654321 TKS for the Deal N BI

【同意确认内容。我的瑞士法郎请转入我行苏黎世分行，账号为 7654321。谢谢你的交易，再见】

4.2.2.2　通过外汇经纪人进行间接交易

外汇经纪人（FX Broker）也称外汇经纪商，是指介绍客户进行外汇交易的中介人。其本身并不买卖外汇，只是连接外汇买卖双方，促成交易。外汇经纪人的收入是靠收取外汇买卖点差和手续费来获得的，他们自身不承担交易风险。通过外汇经纪人来进行的银行间即期外汇交易，主要采用两种方式。

1. 银行向经纪人询价

银行根据自己的需要或客户的需要，通过路透交易机、电话或电传，直接呼叫经纪人，请其报价。在得到经纪人报价后，银行若觉得合适，当即拍板决定买入或卖出某种外汇及其金额，交易成功。之后，经纪人通知该银行，此笔交易的交易对手是谁，双方相互交付货币，经纪人开出佣金收取通知书。一般情况下，经纪人向购买行报出的汇率会高于出售者对其报出的汇率，差额就是经纪人的佣金。

2. 经纪人主动报价

通常，外汇经纪人是根据上一个市场的收市价和银行客户的订单，主动频繁地向各家外汇银行报价，一旦银行觉得经纪人的报价对自己有利或符合自己的某种需要，便表示买入或卖出。因此，经纪人的报价都是实价，是以银行和客户的订单为依据的。具体操作：银行或客户订下买卖基准，通过电话、电传或计算机系统（AMS）等把订单交给经纪人；经纪人从已经收到的一系列报价中，选出最高买入价和最低卖出价，并将其匹配起来，组成一种交易价差最小的综合性双向报价，它可能由不同银行的买卖价构成，然后经纪人向客户通报这种综合报价，这种报价是市场上最好的价格，也是最具竞争力的报价。

通过经纪人达成外汇交易的最大优点是，可以使交易双方处于匿名状态并得到最好的成交价格。首先，双方银行可以保持匿名状态。对大银行而言，买卖外汇的数量一般都很大，其交易往往影响甚至决定着外汇市场上汇率的走势；就小银行而言，如果直接进入银行间市场进行交易，由于竞争力不强，往往得不到对自己有利的汇率。其次，各银行都将自己的汇率报给经纪人，而经纪人通常是将最高买入价和最低卖出价组合成报价，所以从经纪人那里得到的汇率应是当时市场上最好的汇率。同时，通过经纪人成交还省去了分别向其他银行询价比较的时间，降低了交易成本。

4.3 即期外汇交易运用

1. 银行与客户之间的即期外汇业务

银行与客户之间的即期外汇业务主要有汇出汇款、汇入汇款、出口收汇、进口付汇四种类型。

（1）汇出汇款。这是汇出行接受国内汇款人的委托向国外收款人支付一定金额外币的行为。有外币的汇款人委托汇出行直接汇出；无外币的汇款人则要向汇出行支付本币，兑换成外币后，委托汇出行汇出。

（2）汇入汇款。这是汇入行接受国外汇款人的委托向国内收款人解付一定金额外币的行为。收款人收到外币后，既可以将其存入自己的外币账户，也可以将其卖给银行兑换成本币。

（3）出口收汇。这是在信用证结算方式下，出口商根据信用证发货并取得全套单据后交银行议付货款，收回一定金额货款的行为。出口商将收回的外币货款卖给银行，兑换成本币，称为银行结汇。目前，我国银行结汇制规定，单位各类外汇收入按银行挂牌汇率结售给外汇指定银行。

（4）进口付汇。这是在信用证结算方式下，进口商为取得全套单据，根据信用证规定通过银行向出口商支付一定金额货款的行为。进口商用本币向银行兑换成外币，称为银行售汇。目前，我国的银行售汇制规定，在经常项目下的正常对外支付用汇用人民币到外汇指定银行办理兑付。

银行与客户之间的交易主要是本币与外币之间的相互买卖，通常与国际结算、投资、借贷等对客户的服务相联系。对客户的外汇支付，银行可按照客户的要求使用电汇、信汇、票汇来指示国外账户行借记本行外汇结算账户办理；对客户的外汇收入，也只有在收到外国账户行已贷记本行外汇结算账户的通知后才进行。

2. 银行同业间的即期外汇业务

银行从事以上即期外汇交易，主要目的是获取买卖价差。在很多情况下，银行的外汇头寸是不平衡的，处在持有外汇多头状态或空头状态①。由于汇率的变动，持有外汇多头或空头的风险极大。银行同业间的即期外汇业务，主要是为了平衡外汇头寸。当某种外汇处于多头状态时，为了防止该外汇汇率下跌，必须将多头部分及时卖出；当某种外汇处于空头状态时，为了防止该外汇汇率上升，必须将空头部分及时补进。银行同业间相互交易，各自得到平衡。

银行同业间的交易主要是各种自由外汇之间的相互买卖，交付时使用电报、电传发文来

---

① 在外汇业务中，对于银行来讲，客户买进的外汇金额与卖出的外汇金额不可能完全相等会导致银行的外汇买卖余额不相等，出现超买或超卖的情况。银行在外汇业务经营中，经常会出现外汇买进数量和外汇卖出数量不相等的情况，形成敞口头寸（Open Position）。所谓敞口头寸，是指由于没有及时抵补而形成的某种货币买入过多或某种货币卖出过多。前者形成"多头头寸"（Long Position），后者形成"空头头寸"（Short Position）。无论是多头头寸还是空头头寸，敞口头寸都会暴露在汇率波动的风险中。因此，外汇银行在外汇业务经营中必须就其所持有的外汇头寸状况随时根据市场汇率的变动而做出相应调整，尽量使敞口头寸为零，即尽可能保持外汇头寸的平衡状态：若出现某种货币的多头头寸，就要尽快将超买部分在即期外汇市场抛出；若面临某种货币的空头头寸，就要尽快将超卖部分在即期外汇市场补进。

通知账户行借记本行账户、贷记对方行账户，办理交付手续。现在大多数国际性大银行都已加入 SWIFT 系统，转账交换极其迅速、安全。

【例 4-5】某外汇银行在一天之内做了 6 笔 EUR/USD 的即期，交易情况如下：

买入 EUR 2 000 000，汇率 1.327 2

买入 EUR 4 000 000，汇率 1.327 5

卖出 EUR 2 000 000，汇率 1.329 3

卖出 EUR 3 000 000，汇率 1.329 5

买入 EUR 3 000 000，汇率 1.328 8

卖出 EUR 3 000 000，汇率 1.329 6

问：若该行以外汇市场收盘汇率 EUR/USD = 1.327 3/77 来平衡头寸，则其盈亏状况如何？

解：收盘时，该行外汇头寸情况如表 4-1 所示。

表 4-1 外汇头寸表

序号	EUR		汇率	USD	
	买入	卖出	（EUR/USD）	买入	卖出
1	2 000 000		1.327 2		2 654 400
2	4 000 000		1.327 5		5 310 000
3		2 000 000	1.329 3	2 658 600	
4		3 000 000	1.329 5	3 988 500	
5	3 000 000		1.328 8		3 986 400
6		3 000 000	1.329 6	3 988 800	
合计	9 000 000	8 000 000		10 635 900	11 950 800
	多头 1 000 000				空头 1 314 900

由表 4-1 可知，收盘时该行的外汇头寸为：EUR 多头 1 000 000，USD 空头 1 314 900。为避免 EUR 汇率下跌而给 1 000 000 的 EUR 多头带来损失，该行应尽快将 EUR 多头抛出而补进 USD 空头。以市场收盘汇率 EUR/USD = 1.327 3/77 平盘，EUR 1 000 000 相当于 USD 1 327 300（= 1 000 000 × 1.327 3）。因此，以美元计价，抛售 1 000 000 EUR 多头可获利 12 400 USD。

3. 利用即期外汇交易进行外汇保值和分散风险

例如，某进口商需在将来某日向某外国出口商支付 200 000 000 日元货款，而进口商的资金来源只有美元。市场上预期美元将对日元贬值，进口商担心美元贬值会增加成本，则可以与银行进行即期外汇交易，以即期汇率向银行购入日元并存入银行，将来到期再支付。

再如，某公司现有 1 000 000 美元的外汇头寸，根据"不要把所有的鸡蛋放在一个篮子里"的分散风险原则，通过即期外汇交易，将一部分美元头寸调整为欧元、日元等其他币种，通过这种组合可以分散部分外汇风险。

4. 利用即期外汇市场进行外汇投机

外汇市场上的行情起伏不定，甚至暴涨暴跌，产生了投机的机会。投机（Speculation）

就是根据对汇率变动的预期，有意持有外汇的多头或空头，利用汇率变动来获取利润。当预期某种货币升值时，买进该货币；反之，当预期某种货币贬值时，抛出该货币。

核心概念

即期外汇交易
当日交割
隔日交割
即期交割
敞口头寸
多头头寸
空头头寸

复习思考题

1. 已知 GBP／USD = 1.548 7／90，AUD／USD = 1.033 5／38，计算 GBP／AUD 和 AUD／GBP 的交叉汇率。

2. 已知 2012 年 10 月 16 日的即期外汇市场行情：EUR／USD = 1.272 0／30，USD／CHF = 1.022 5／35。做以 USD 为中介货币，买入 EUR、卖出 CHF 的对冲投资操作。假设 2012 年 10 月 30 日平仓，此时即期外汇市场行情为 EUR／USD = 1.278 0／90，USD／CHF = 1.031 5／25。不考虑利率变化和交易手续费等的影响，试计算该操作的损益状况。

3. 当前即期外汇市场上 AUD／USD = 0.946 6／68。在澳大利亚公布 6 月西太平洋／墨尔本消费者信心指数升至 102.2 后，澳大利亚消费者信心大为好转，提振澳元兑美元快速走高。目前，汇价迫近 5 日均线及 0.95 关口，若短线能有效升破并站稳，则有望暂缓近期的持续下行态势。某投机者于是以即期汇率买入 1 000 000 澳大利亚元，当 AUD／USD 市场汇率升至 AUD／USD = 0.952 5／29 时，不考虑其他费用的情况下，计算该投机者此时卖出澳大利亚元的损益情况。

4. 当前即期外汇市场上 USD／JPY = 96.51／55。鉴于有关美联储逐步减少资产购买的争论不断，而日本央行将继续保持宽松货币政策以实现经济中的通胀，市场预期 USD／JPY 可能进一步下跌。于是，某投机者以即期汇率卖空 12 500 000 日元。若市场汇率变为 USD／JPY = 99.10／55，试分析该投机者此时补进日元（在不考虑其他费用的情况下）的损益情况。

第5章

远期外汇交易

学习目标

远期外汇交易是有效的外汇市场中不可缺少的组成部分。在国际外汇市场上,远期外汇交易也是一种传统的外汇交易方式,是有效管理外汇风险的基本工具之一。通过了解远期外汇交易的概念和分类,熟练掌握远期外汇交易的基本原理和操作流程,重点把握择期远期外汇交易汇率的确定,理解零星远期外汇交易交割日汇率的计算原理,全面运用远期外汇交易在套期保值和外汇投机中发挥的重要作用。

引导案例

市场预期美联储加息周期结束,美元涨势也随之终结?

如果金融市场是正确的,经过3年9次25个基点的加息之后,美联储最新一轮货币政策收紧周期现已结束。那么,这是否暗示美元的涨势即将结束呢?

根据历史数据,答案可能是否定的。来自西太平洋银行的分析显示,在美联储加息周期末端,并没有看到美元汇率下跌,而是美元进一步走强。在最后一次加息的12个月内,这次是2019年12月份,若市场对于加息周期结束的预期是正确的,则在此前周期结束后美元指数的平均涨幅为5%左右。唯一一次美元没有上涨的情况是2006年加息周期结束时,其他4次周期均出现美元涨势。因此,如果历史可以参考,那么2019年美元很可能会升值。

(资料来源:市场预期美联储加息周期结束,美元涨势也随之终结?[EB/OL].外汇街,2019-03-08,https://www.fxstreet.cn/news/20190308326585.html)

5.1 远期外汇交易概述

5.1.1 远期外汇交易的概念

远期外汇交易（Forward Foreign Exchange Transaction）又称期汇交易，是指交易双方在成交后并不立即办理交割，而是事先约定币种、金额、汇率、交割时间等交易条件，到期才进行实际交割的外汇交易。

远期外汇交易与即期外汇交易的根本区别在于交割日不同。凡是交割日在成交两个营业日以后的外汇交易均属于远期外汇交易。远期外汇交易一般有1月期、2月期、3月期、6月期、1年等，使用最多的是3月期的远期外汇交易。远期外汇到期时的"交割日"一般是按月而非按天计算的。在少数情况下，有的客户出于某种特殊需要，也可以同银行签订特殊日期或带零头日期（如78天或227天等）的远期外汇合同，称为零星远期外汇交易（Odd／Broken Date Forward Foreign Exchange Transaction）。

远期外汇交易的交割日分两步确定：先确定这笔交易的标准即期交割日，然后在即期交割日基础上加上远期期限。原则上，交割日的确定是按月累加的。例如，在6月10日（星期一）成交的即期交割日是6月12日（星期三），则这一天成交的1月期、3月期和6月期的远期外汇交易的交割日分别为7月12日、9月12日和12月12日。如果遇到假日或非营业日，则将交割日顺延到下一个营业日。

5.1.2 远期外汇交易的种类

根据交割日的确定方式，远期外汇交易分为固定交割日的远期外汇交易和择期远期外汇交易。

5.1.2.1 固定交割日的远期外汇交易

固定交割日的远期外汇交易（Fixed Maturity Date Forward Foreign Exchange Transaction）是指交割日在某一固定日期的交易，如上述远期外汇交易交割日的确定。这类交易的交割既不能提前，也不能延期，大多远期外汇交易是固定交割日的。

远期外汇交易双方成交后，按标准的整月来确定交割日期，如成交后的1个月、2个月、3个月、6个月等。需要注意的是，规则日期的交割日也要按照一定的惯例来确定，其确定惯例是：日对日、月对月，遇假顺延不跨月。

所谓"日对日"，是指远期外汇期交易的起息日要与成交时的即期日对应，即是以即期外汇交易为基础，在即期交割日的基础上加上相应的月数（或周数、天数）。例如，对于2019年2月18日（星期一）成交一笔USD/CNY的1个月的远期交易，该笔远期交易的交割日不是2019年3月18日（星期一），而是2019年3月20日，因为2019年2月18日（星期一）成交的即期交易的交割日是在2月20日（星期三，成交后的第2个营业日），1个月的远期交割日要在即期交割日2月20日的基础上加1个月，即2019年3月20日（星期三）。再如，2019年2月18日（星期一）成交一笔USD/CNY 1周的远期交易，根据"日对日"规则，其交割日应在2019年2月27日。

"月对月"也称"月底日对月底日"。所谓"月底日",是指每月的最后一个工作日,而不是每月的最后一天。如果成交时的即期日为月底日,那么远期交易的交割日也应该为月底日。例如,2019 年 2 月 26 日(星期二)成交一笔 USD/CNY 的 3 个月的远期外汇交易,2 月 26 日成交的即期交割日是在 2 月 28 日(星期四),而 2 月 28 日为月底日(2 月份的最后一个工作日),那么在 2 月 26 日(星期二)成交的 3 个月的远期外汇交易,其远期交割日就要对应为 5 月的月底日,即 2019 年 5 月 31 日(星期五,5 月份的最后一个工作日,即 5 月份的月底日)。

"遇假顺延不跨月"是指远期交割日若遇上交割银行的非营业日,则要往后顺延一个营业日,但不能跨过远期交割日所在的月份。例如,2019 年 1 月 28 日(星期一)成交一笔 USD/CNY 的 2 个月的远期外汇交易,1 月 28 日成交的即期交割日为 1 月 30 日(星期三),在即期交割日的基础上加 2 个月,即应为 3 月 30 日,而 3 月 30 日为星期六,如果交割日往后顺延就会出现跨月份的情况,这时交割日就不能往后推延到 4 月 1 日(星期一),而应往前推一个营业日,即在 3 月 29 日(星期五)进行交割。

5.1.2.2 选择交割日的远期外汇交易(择期远期外汇交易)

择期远期外汇交易(Optional Date Forward Foreign Exchange Transaction)是指买卖双方在成交时只事先确定交易外汇的数量和汇率,外汇交割日期不规定具体的时间,而是规定一个时间段(通常是一个半月内),客户可以要求银行在此时间段内任何一天进行交割。择期远期外汇交易使企业进行外汇买卖更具灵活性,从而避免远期外汇买卖交割日期确定不变的缺点。这样主动权在客户,银行处于被动地位,承担的汇率风险较大,所以银行一般选择从择期开始到结束这段时间里最不利于客户的汇率来作为择期交易的汇率。

5.1.3 远期汇率的报价

银行一般都直接报出即期汇率,但对于远期汇率的报价,各国银行的做法则有所不同。远期汇率的报价有直接报价和点数(远期差价)报价两种方式。

1. 直接报价(Outright Rate)

与即期汇率报价相同,即直接将各种不同交割期限的远期外汇的买入价与卖出价表示出来。这种方法通常用于银行对一般客户的报价。日本、瑞士等国的银行同业之间的远期外汇买卖也采用这一报价方法。一般而言,考虑到汇率风险,远期外汇的买卖价差要大于即期外汇的买卖价差。例如,某日英镑兑美元的即期汇率为 GBP 1 = USD 1.641 0/20,1 月期的远期汇率为 1.638 0/00,2 月期的远期汇率为 1.635 0/70,3 月期的远期汇率为 1.633 0/50。英镑的即期外汇买卖价差为 10 点,远期外汇的买卖价差则有 20 点。

2. 远期差价(Forward Margin)报价

其是指用报出远期汇率比即期汇率高或低若干点来表示,这种报价方法为英国、美国、德国、法国等采用。远期汇率与即期汇率之间存在的差价被称为远期差价,远期差价有升水、贴水、平价三种。升水(At Premium)表示远期汇率比即期汇率贵;贴水(At Discount)表示远期汇率比即期汇率便宜;平价(At Par)表示远期汇率与即期汇率相同。

由于各国的汇率标价方法不同,故通过远期差价来计算远期汇率的规则也不同(见表 5 - 1)。

表 5-1 不同标价法下远期汇率的计算规则

汇率标价方法	直接标价法	间接标价法
远期差价为升水	远期汇率 = 即期汇率 + 升水	远期汇率 = 即期汇率 – 升水
远期差价为贴水	远期汇率 = 即期汇率 – 贴水	远期汇率 = 即期汇率 + 贴水

在上例中,如果纽约的银行报出的即期汇率为 GBP 1 = USD 1.641 0/20,则是采用了直接标价法。前一数字为英镑的买入价,后一数字为英镑的卖出价。对于英镑 3 月期的远期汇率,纽约的银行也可以采用"贴水 80/70"的办法报出。如果牌价是由伦敦的银行报出的美元买卖价,则是采用了间接标价法。前一数字为美元的卖出价,后一数字为美元的买入价,对于美元 3 月期汇率,伦敦的银行也可以用"升水 80/70"的方法报出。两种情况下,远期汇率的计算过程和结果都是相同的。

GBP 1 = USD 1.641 0/20
–)   80/70
GBP 1 = USD 1.633 0/50

在计算远期汇率时,如果无法判断是直接标价法还是间接标价法,或没有指明是升水还是贴水,应如何进行正确的计算?

银行标出的即期汇率的顺序都是前小后大,而远期差价两个数值的关系不外乎是前小后大或前大后小两种。正确的计算方法是:

(1) 如果远期差价是前小后大的情况,则

远期汇率 = 即期汇率 + 远期差价

(2) 如果远期差价是前大后小的情况,则

远期汇率 = 即期汇率 – 远期差价。

检验通过远期差价计算出的远期汇率是否正确的方法:一是远期汇率仍然保持前小后大的顺序;二是远期汇率买卖价差要大于即期汇率买卖价差。

5.1.4 远期汇率的套算

远期汇率的套算与即期汇率的套算原理基本一致,只是在计算远期套汇汇率时,首先要分别计算远期汇率,然后按照即期汇率套算的方法进行计算即可。

【例 5-1】已知即期汇率 USD/HKD = 7.781 0/20,3 月期的远期差价为 10/30;USD/JPY = 76.25/35,3 月期的远期差价为 30/45。试计算 HKD/JPY 的 3 月期的远期汇率。

解:第一步,计算 USD/HKD 和 USD/JPY 3 月期的远期汇率。

USD/HKD = (7.781 0 + 0.001 0) / (7.782 0 + 0.003 0) = 7.782 0/50

USD/JPY = (76.25 + 0.30) / (76.35 + 0.45) = 76.55/80

第二步,按照即期汇率套算原理计算即可。

USD / JPY   76.55 ~ 76.80

USD / HKD   7.782 0 ~ 7.785 0

3 月期 HKD／JPY 的买价 = 76.55÷7.785 0≈9.83

3 月期 HKD／JPY 的卖价 = 76.80÷7.782 0≈9.87

所以，HKD／JPY 的 3 月期的远期汇率为 9.83／9.87。

5.2 择期远期外汇交易

5.2.1 择期远期外汇交易的概念及分类

汇率、买卖外汇金额和交割日都是在交易合同中固定的。但对于使用远期外汇交易来避险保值的进出口商而言，在他们签订进出口贸易合同时，并不知道付款和收款的确切日期，因而这种交割日固定的远期外汇交易就有很大的局限性。为了适应这种需要，就产生了一种交割日期不固定、可以选择的远期外汇交易，称之为择期远期外汇交易。

择期远期外汇交易又称非标准交割日远期外汇交易，是指外汇买卖双方在签订远期合同时，事先确定交易的货币、数额、汇率和期限，但交割可在这一期限内的某段时间里选择某一日进行的一种远期外汇交易方式。也就是说，客户在约定的期限内对交割日有选择权。例如，如果客户选择 5 月 1 日至 6 月 1 日为择期，那么客户有权在 5 月 1 日至 6 月 1 日的任何一个工作日进行外汇买卖的交割。

择期远期外汇交易具有较大的灵活性，客户在规定的交割期限范围内，可以按预定的汇率和金额自由选择日期进行交割。交割日期不固定，客户可以在择期内的任何一天（可以是第一天，也可以在最后一天）办理交割，交割日的期限范围可以是签约日至到期日的整个期间，称之为完全择期；也可以定于该期间内某两个具体日期之间或具体的月份，称之为部分择期。例如，2 月 23 日甲公司与乙银行达成一笔 3 个月期的择期远期外汇交易，约定 5 月份交割，那么甲公司可以在 5 月 1 日至 5 月 25 日的任一营业日内向乙银行提出交割（部分择期）；如果甲公司与乙银行达成的是一项完全择期的远期外汇交易，那么甲公司可以在 2 月 26 日至 5 月 25 日的这段时间内选择任一个营业日向乙银行提出交割。对客户来说，应尽量缩小择期的范围，以减少成本，获得更有利的远期汇率。

由于择期外汇交易的顾客对具体交割日期有选择的主动权，而银行处于被动地位，受到汇率变动损失的可能性大，因而使用的汇率对顾客不利而对银行有利，这既是对银行承担风险的一种补偿，也是顾客在交割日取得主动权而应付的代价。总体来说，银行将选择从择期开始到结束期间最不利于顾客的汇率作为择期交易的汇率。

5.2.2 择期远期外汇交易的定价

定价问题是择期远期外汇交易最重要的问题。由于客户可在规定期限内随时要求交割，得到所要求的货币，因此银行总是设想客户会在对银行最不利而对客户最有利的情况下提出交割，因此，银行也会相应给客户报出对客户最不利的汇率，即尽可能压低客户的卖价，以提高客户的买价。换句话说，银行在买入时尽可能出低价，在卖出时尽可能出高价。

【例 5 – 2】 美国进口商以择期远期外汇交易的形式购买了 100 万英镑，择期 2 个月。有关银行报出的卖出价为：

情况一：英镑升水　　即期汇率 GBP 1 = USD 1.530 0
　　　　　　　　　　1 个月　　　　　　　　　1.540 0
　　　　　　　　　　2 个月　　　　　　　　　1.550 0

情况二：英镑贴水　　即期汇率 GBP 1 = USD 1.530 0
　　　　　　　　　　1 个月　　　　　　　　　1.520 0
　　　　　　　　　　2 个月　　　　　　　　　1.510 0

从择期开始到结束有三个汇率，若该客户买进英镑外汇，则在情况一下对客户最不利的汇率是 1.550 0，在情况二下对客户最不利的汇率是 1.530 0。如果客户卖出英镑，则在情况一下对客户最不利的汇率是 1.530 0，在情况二下对客户最不利的汇率是 1.510 0。如果该客户部分择期，则对客户有利，比如该客户择期在第二个月（即择期为即期～1 个月），则会降低交易成本。如果客户买入英镑，英镑升水，那么银行给客户的报价会是 1.540 0 而不是 1.550 0；但如果客户卖出英镑，英镑贴水，那么银行给客户的报价会是 1.520 0 而不是 1.530 0。对客户来说，部分择期比完全择期更为有利；对于不知道何时能收到货款的客户而言，应该选择完全择期远期外汇交易。

银行对择期远期外汇交易的定价分为以下几个步骤：

（1）确定客户择期的第一天和最后一天。

（2）计算出这两天的远期汇率（如果最早日期为即期，则取即期汇率）。

（3）比较第一天和最后一天的远期汇率，选择一个对银行最有利的汇率来作为该期限内的择期远期汇率。

根据在择期内对银行最有利和对客户最不利的原理，银行报价的原则是：

第一，银行买入基准货币、卖出标价货币时，如果基准货币是升水，则按择期第一天的远期汇率计算；如果基准货币是贴水，则按最后一天的远期汇率计算。

第二，银行卖出基准货币、买入标价货币时，如果基准货币是升水，则按择期内最后一天的远期汇率计算；如果基准货币贴水，则按择期第一天的远期汇率计算。

择期期限越长，择期远期交易的成本越高，因此，客户应尽量缩短择期的天数，把择期确定在最小范围，以减少交易成本、获得更有利的远期汇率。择期远期外汇交易的远期汇率制定原则如表 5 – 2 所示。

表 5 – 2　择期远期外汇交易的远期汇率制定原则

操作策略	美元贴水、其他货币升水		美元升水、其他货币贴水	
	从即期开始	从将来某一天开始	从即期开始	从将来某一天开始
银行买入美元、卖出其他货币	最后一天	最后一天	即期汇价	第一天
银行卖出美元、买入其他货币	即期汇价	第一天	最后一天	最后一天
注：这里的第一天和最后一天都是指择期第一天远期汇率和择期最后一天远期汇率。				

5.3 零星远期外汇交易

有些客户出于某种特殊需要,同银行签订特殊日期或带零头日期(78 天或 227 天等)的远期外汇合同,这种交易叫零星远期外汇交易(简称零星交易),其交易中使用的汇率是根据远期外汇市场上的有关汇率推算出来的。

零星交易也叫非标准日远期交易。远期外汇交易一般是整月交易,如 1 个月、2 个月、3 个月、6 个月、9 个月、12 个月等,若银行报出的 2 个月期远期汇率实际上就是在 11 月 3 日交割的远期外汇的汇率,当客户在 9 月 1 日要购买或出售 11 月 10 日交割的远期外汇时,这种非标准日期的远期外汇交易就是零星交易。

零星交易远期汇率的推算步骤:第一步,求出不规则起息日的前后两个规则起息日之间的远期差价变化额;第二步,求出不规则起息日的前后两个规则起息日之间平均每天的远期差价变化额;第三步,求出不规则起息日与前一个规则起息日之间的远期差价额;第四步,用前一个规则起息日的远期差价加上第三步求出的远期差价额,即为不规则起息日的远期差价;第五步,在即期汇率基础上加上或减去第三步求出的不规则起息日的远期差价。

【例 5 – 3】已知某年 6 月 6 日 USD/JPY 的外汇行情如下:

Spot Rate   95.09 / 19
1M Swap Rate   80 / 70
2M Swap Rate   130 / 115

求:当年 7 月 20 日交割的远期汇率。

解:

(1) 求出不规则起息日(7 月 20 日)的前后两个规则起息日之间的远期差价变化额。

买价的远期差价变化额为: $-130 - (-80) = -50$ [①]

卖价的远期差价变化额为: $-115 - (-70) = -45$

(2) 求出不规则起息日(7 月 20 日)的前后两个规则起息日之间平均每天的远期差价变化额。7 月 20 日的前一个规则起息日是 1 个月远期的交割日 7 月 8 日,后一个规则起息日是 2 个月远期的交割日 8 月 8 日,两者之间相差 31 天,于是可计算得到平均每天的远期差价变化额。

买价平均每天的远期差价变化额: $(-50) \div 31 \approx -1.61$

卖价平均每天的远期差价变化额: $(-45) \div 31 \approx -1.45$

(3) 用平均每天的远期差价变化额乘以不规则起息日(7 月 20 日)与前一个规则起息日 7 月 8 日之间相差的天数(12 天),可求出不规则起息日与前一个规则起息日之间的远期差价额。

买价: $(-1.61) \times 12 \approx -19.32$

---

① 注意:在计算过程中,远期差价最好带符号表示,升水用正号表示,贴水用负号表示。

卖价：$(-1.45) \times 12 \approx -17.40$

（4）用前一个规则起息日的远期差价加上前一步求出的远期差价额，即可得到不规则起息日的远期差价。

买价的远期差价 $= -80 + (-19.32) = -99.32$

卖价的远期差价 $= -70 + (-17.40) = -87.40$

（5）在即期汇率基础上加上不规则起息日的远期差价，即可得到 7 月 20 日的远期汇率。

买价 $= 95.09 + (-0.9932) = 94.0968$

卖价 $= 95.19 + (-0.8740) = 94.3160$

根据上述计算结果，7 月 20 日交割的 USD／JPY 远期汇率为 94.0968／94.3160（或 94.10／32）。

5.4 远期外汇交易的操作与运用

实际上，远期外汇交易就是买卖未来收付的外汇，由于通过远期交易可以先将汇率固定下来，因而可以避免因汇率的变动而给未来的外汇资产或债务带来风险，以起到保值作用。另外，由于在远期外汇交易中，外汇的成交与交割有一个时间差，而在这两个时点上的汇率常常不一致，这就为投机者提供了获利的机会。因此，从实际经济活动来看，远期外汇交易的运用主要有两大方面：一是套期保值（Hedging）；二是投机（Speculation）。套期保值也称抵补保值、海琴，是指卖出或买入金额相等于一笔外币资产或负债的外汇，其可使这笔外币资产或负债以本币表示的价值避免遭受汇率变动的影响；投机则是指投机者根据对汇率变动的预期，有意持有外汇的多头或空头，希望利用汇率变动来从中赚取利润。

5.4.1 保值性远期外汇交易

远期外汇交易的保值性运用是指通过远期外汇交易来避免或消除汇率变动风险的行为。保值仅仅是为了消除或避免外汇风险，把由外汇风险带来的损失降低到最低限度，而不是利用外汇风险来赚取利润。

远期外汇交易是外汇市场上发展最早的、也是目前国际上应用最广泛的一种外汇保值方式。企业在进行对外贸易活动、国际投资活动过程中会涉及外汇风险问题，通过叙做远期外汇交易，企业可以事先确定未来的外汇交易汇率，进而锁定收益或成本，以避免因市场汇率变动而给未来的外汇资产或外汇债务带来风险。

1. 商业性交易的保值

1）进口付汇保值——买入远期外汇

对于将来有外汇收入的出口商，担心的是将来外汇汇率下跌而遭受损失；对于将来要用外汇来支付货款的进口商，则担心将来外汇汇率上涨。如果将来的外汇汇率出现上涨，进口商则要支付更多的本币来购买外汇，这会导致购汇成本增加。因此，为了避免外汇汇率上涨而导致未来的购汇成本增加，当预计外汇汇率会上涨时，进口商应与银行叙做一笔远期外汇交易——买入远期外汇来锁定进口的购汇成本。

【例5-4】根据贸易合同,某日本进口商将在3月10日支付300万美元的进口货款,而签订合同当日美元对日元的汇率水平为 USD 1 = JPY 113,该进口商需要通过外汇买卖,卖出日元、买进美元来支付货款。进口商担心美元升值会增加进口成本,于是与银行承做一笔远期外汇交易,按远期汇率 USD 1 = JPY 113.50 买入300万美元,交割日为3月10日。这笔远期外汇交易成交后,美元对日元的汇率便可固定下来,无论外汇市场的汇率水平如何变化,该进口商都按 USD 1 = JPY 113.50 的汇率从银行换取美元,到期该进口商向银行支付34 050万日元,银行则向进口商支付300万美元,用于进口付汇。

如果该进口商等到支付货款的日期才进行即期外汇交易,假如到期日美元对日元的即期汇率升至 USD 1 = JPY 122,那么该进口商必须按122的汇率水平买入300万美元,即需要支付36 600万元,与承做远期外汇交易相比多支付2 550万日元。由此可见,通过买入远期外汇可以锁定进口商付汇的成本,避免因外汇汇率上涨而带来的成本上升的风险。进口商防范汇率风险的另一方法就是在签约时以即期汇率购买300万美元,到期后再以这笔美元支付货款,但是与远期外汇交易相比,这种方法需要占用资金。

【例5-5】某香港进口商向美国买进价值10万美元的商品,约定3个月后付款。如果买货时的汇率为 USD 1 = HKD 7.810 0,则该批货物买价为78.1万港元。3个月后,美元升值,港元对美元的汇率为 USD 1 = HKD 7.880 0,此时该批商品的价款就上升为78.8万港元,进口商得多付0.7万港元。如果美元再猛涨,涨至 USD 1 = HKD 8.000 0 以上,香港进口商的进口成本将增至80万港元。香港进口商为避免遭受美元汇率变动的损失,在订立买卖合约时就向美国的银行买进了这3个月的美元期汇,以避免美元汇率上升所承担的成本风险。由此可见,进出口商避免或转嫁风险之时,事实上就是银行承担风险的开始。

2) 出口收汇保值——卖出远期外汇

对于将来有外汇收入的出口商来说,如果外汇汇率出现下跌,则会使出口商收到外汇货款时兑换的本币收入减少,进而导致其出口利润下降。因此,为了避免外汇汇率下跌而导致出口的本币收入减少,当预计外汇汇率会下跌时,出口商应与银行叙做一笔远期外汇交易——卖出远期外汇,以锁定出口的本币收入。出口商可利用远期外汇交易规避因将来外汇汇率可能下跌而造成的本币收入减少的风险,即出口商在外汇市场上按远期汇率卖掉远期外汇。

【例5-6】某日本出口商向美国进口商出口价值10万美元的商品,共花成本1 200万日元,约定3个月后付款。双方签订买卖合同时的汇率为 USD 1 = JPY 130。按此汇率,出口该批商品可换得1 300万日元,扣除成本,出口商可获得100万日元;3个月后,若美元汇率跌至 USD 1 = JPY 128,则出口商只能换得1 280万日元,比按原汇率计算少赚了20万日元;若美元汇率跌至 USD 1 = JPY 120 以下,则出口商会亏本。可见,美元下跌或日元升值将对日本出口商造成压力,因此日本出口商在订立买卖合同时,按 USD 1 = JPY 130 的汇率,将3个月的10万美元期汇卖出,即把双方约定远期交割的10万美元外汇售给日本的银行,届时就可以收取1 300万日元的货款,从而避免了汇率变动的风险。

2. 金融性交易的保值

1）外汇投资的保值

对于从事外汇投资的投资者来说，将来收回投资时，会有一笔外汇收入，与出口商一样，也会面临由于外汇汇率下跌而带来的损失。因此，外汇投资者也有必要利用远期外汇交易来进行保值，以降低汇率风险。

进出口商等客户利用远期外汇交易，实际上是将汇率变动的风险转嫁给外汇银行。外汇银行在对客户进行远期外汇交易时，同一种货币、同一种交割期限的买卖金额很难一致。一些货币的远期头寸则出现多头，另一些货币的远期头寸则出现空头；甚至在同一种货币中，几种交割期限的远期头寸出现多头，另几种交割期限的远期头寸出现空头。这样，汇率变动以后可能遭受损失的就是银行。银行为避免这种损失，就需要轧平各种货币、各种交割期限的远期外汇头寸，即将多头抛出、将空头补进。如某日在3月期美元期汇的交易中，一家伦敦银行从一些客户手中买进16万美元，又向另外一些客户卖出9万美元，这样这家银行就拥有7万美元的3月期美元期汇的多头。此时，为避免3个月后美元下跌，银行必须向其他银行卖出7万美元的3月期美元期汇。

【例5-7】香港某外汇银行发生超卖现象，表现为美元期汇头寸缺10万美元，为此银行要设法补进。假定即期汇率为 USD 1 = HKD 7.700 0，3个月远期汇率为 USD 1 = HKD 7.880 0，即美元3个月期汇汇率升水0.18港元。3个月后，该外汇银行要付给客户10万美元，收入78.8万港元。该银行为了平衡这笔超卖的美元期汇，必须到外汇市场上立即补进同期限（3个月）、相等金额（10万美元）的美元期汇。如果该外汇银行没有马上补进，而是延至当日收盘时才成交，就可能因汇率已发生变化而造成损失。假定当日收市时即期美元汇率已升至 USD 1 = HKD 7.900 0，美元3个月期汇仍为升水0.18港元，这样该外汇银行补进的美元期汇就按 USD 1 = HKD 8.080 0（=7.900 0 + 0.180 0）的汇率成交。10万美元合80.8万港元，结果银行因补进时间不及时而损失2万（=80.8万 - 78.8万）港元。

因此，银行在发现超卖情况时，应立即买入同额的某种即期外汇。仍依本例，即期汇率为 USD 1 = HKD 7.700 0，10万美元合77万港元。假定这一天收盘时外汇银行已补进了3个月的美元外汇，这样即期港元已为多余，因此，可把这笔即期港元按 USD 1 = HKD 7.900 0 汇率卖出，便可收入79万港元，该外汇银行可获利2万（=79万 - 77万）港元。

2）外汇融资的保值

与进口商相似，负有外汇债务的融资者也会面临由于外汇汇率上涨而带来的损失。因为当债务到期时，他们往往需要在现汇市场上买进外汇而偿还外债，如果届时外汇汇率上涨，就意味着他们需要用更多的本币去兑换所需要的外汇，这会导致债务成本增加。因此，外汇融资者也需要利用远期外汇交易来进行保值，即买进远期外汇，以锁定购汇成本。

【例5-8】某公司借入为期3年的1 000万欧元贷款，固定利息率为6%，每年于1月4日与7月6日付息，因公司今后只有美元收入，故在以后还本付息时，都需要用美元买入欧元。为避免欧元升值的汇率风险，公司可以采用购买一系列超远期欧元的方式，将以后3年中的各次还本付息所需欧元以美元形式锁定，从而避免汇率风险。

5.4.2 投机性远期外汇交易

在浮动汇率制度下,汇率的频繁剧烈波动会给外汇投机者创造有利的条件。所谓外汇投机,是指根据对汇率变动的预期,有意持有某种外汇的多头或空头,以期从汇率变动中赚取利润的行为。其特点是:投机活动并非基于对外汇的实际需求,而是想通过汇率涨落赚取差额利润;投机者与套期保值者不同,他们是通过有意识地持有外汇多头或空头来承担外汇风险,以期从汇率变动中获利。外汇投机既可以在现汇市场上进行,又可以在期汇市场上进行。二者的区别在于:在现汇市场上进行投机时,由于现汇交易要求立即进行交割,因此投机者手中必须持有足够的现金或外汇;而期汇交易只需缴纳少量保证金,无须付现汇,到期轧抵,计算盈亏,可不持有巨额资金进行交易,所以期汇投机较为容易,成交额也较大,但是风险也较高。

远期外汇投机是基于预期未来某一时点的即期汇率与目前的远期汇率不同而进行的。如果预期某种货币将升值,则在远期外汇市场上买入该货币;若到期该货币果然升值,就在外汇市场上卖出现汇来交割期汇。这种先买(期汇)后卖(现汇)的投机交易被称为买空(Buy Long 或 Bull)。反之,如果预期某种货币在未来某一时间将贬值,则在远期外汇市场上卖出该货币;若到期该货币果然贬值,就在外汇市场上买入现汇来交割期汇,以获取投机利润。这种先卖(期汇)后买(现汇)的投机交易被称为卖空(Sell Short 或 Bear)。有时,这些远期外汇投机在到期日并不需要交割本金,双方只需要交割两个汇率的差价,这就是无本金交割的远期外汇交易。

【例 5-9】5 月初,在东京外汇市场上,USD/JPY 的 3 个月远期汇率为 94.06/12。某投机者预测 3 个月后 USD/JPY 的即期汇率将会出现上涨,于是与银行签订远期合约,买进 200 万 3 个月的远期美元。若其预测准确,则待该远期合约到期时,USD/JPY 的即期汇率变为 99.52/58。试计算该投机者的投机利润(不考虑其他费用)。

解:该投机者以 94.12 买进远期美元,3 个月后以 99.52 卖出即期美元,获利为

$$(99.52 - 94.12) \times 2\,000\,000 = 10\,800\,000 \text{(日元)}$$

即在不考虑其他费用的情况下,该投机者可以获利 10 800 000 日元。

【例 5-10】6 月初,法兰克福市场上 EUR/USD 的 1 个月远期汇率为 1.334 5/48。如果投机者预测 1 个月后 EUR/USD 的即期汇率会出现下跌,于是向银行卖出 1 个月远期欧元 500 万。假设:1 个月后 EUR/USD 的即期汇率变为 1.302 0/26;1 个月后 EUR/USD 的即期汇率变为 1.342 0/26。试分析该投机者的盈亏状况。

分析:

(1) 当 1 个月后 EUR/USD 的即期汇率变为 1.302 0/26 时,意味着该投机者可以 1.302 6 的价格补进欧元,而他卖远期欧元的价格是 1.334 5,即获利为

$$(1.334\,5 - 1.302\,6) \times 5\,000\,000 = 159\,500 \text{(美元)}$$

(2) 当 1 个月后 EUR/USD 的即期汇率变为 1.342 0/26 时,意味着该投机者要以 1.342 6 的价格补进欧元,高于他卖远期欧元的价格 1.334 5,将会出现亏损,即

$$(1.334\,5 - 1.342\,6) \times 5\,000\,000 = -40\,500 \text{(美元)}$$

由此可见，当对汇率变动的预测准确时，投机者可以获利；而当市场汇率变动与预测相反时，投机会出现亏损。

利用远期外汇市场进行投机，不必持有很多资金，最多需要缴纳保证履约的保证金。而利用即期外汇市场进行投机，必须拥有本币或外币资金，交易额视资金多少而定。投机的实质就是持有外汇多头或外汇空头。由此，那些不轧平外汇头寸进行套期保值的银行、进出口商等也属于投机者之列。客户通过外汇交易将汇率变动的风险转嫁给银行后，如果银行认为未来的汇率变动对其头寸有利，便不将各种货币、各种交割期限的即期和远期外汇头寸轧平，这也是在进行外汇投机。同样，进出口商需要在一段时间后支付或收进以外币计价的货款，而不相应买进或卖出金额相同的期汇，也意味着进出口商愿意承担汇率风险，希望从汇率变动中获利。

外汇套期保值与外汇投机的区别在于：一是套期保值者是为了避免汇率风险而轧平对外债权债务的头寸；投机者则是通过有意识地持有外汇多头或空头承担汇率变动的风险。二是套期保值都有实际的商业或金融业务与之相对应，且外汇买卖时，有真实数额的资金；而投机没有实际的商业或金融业务为基础，且外汇买卖时，没有真实数额的资金，其不是为了这些商业或金融业务，而纯粹是为了赚钱。三是套期保值的成本是固定的，以避免更大损失；而投机具有不明确性，当对某种外汇汇率走势预测准确时，就可以赚取汇率变动的差价收益，但如预测失误，则要蒙受损失。另外，投机交易在远期外汇市场上还起着一种微妙的平衡作用。但无论如何，套期保值者与投机者都是外汇市场上最为典型的交易者。

核心概念

远期外汇交易

远期差价

择期远期外汇交易

零星远期外汇交易

复习思考题

1. 某英国进口商从美国进口了一批设备，需在1个月后支付200万美元。为避免1个月后美元汇率上升而增加进口成本，英国进口商决定买进1个月期的200万远期美元。假设1个月期的远期汇率为 GBP 1 = USD 1.582 0 / 40：

(1) 如果付款日市场即期汇率为 GBP 1 = USD 1.570 0 / 10，那么英国进口商不做远期外汇交易会受到什么影响（不考虑交易费用）？

(2) 如果付款日市场即期汇率为 GBP 1 = USD 1.590 0 / 10，那么英国进口商不做远期外汇交易结果会如何（不考虑交易费用）？

2. 6月初，法兰克福市场上 EUR / USD 的1个月期远期汇率为 1.334 5 /48。某投机者预测1个月后 EUR / USD 的即期汇率会出现下跌，于是向银行卖出1个月期远期欧元

500万。假设：

(1) 1个月后EUR/USD的即期汇率变为1.302 0/26；

(2) 1个月后EUR/USD的即期汇率变为1.342 0/26。

试分析两种情况下投机者的盈亏状况。

3. 某日报价银行GBP/USD的报价是：

即期汇率	GBP/USD = 1.821 0/20
2个月远期差价	145/137
3个月远期差价	189/178

客户根据自身业务对择期交易的需求为：

(1) 买入美元，择期2~3个月；

(2) 卖出美元，择期2~3个月。

在上述两种情形下，报价银行应该如何确定择期远期汇率？请思考，择期分别为即期~2个月和即期~3个月两种情形下时，报价银行应该如何确定择期远期汇率。

4. 甲顾客与银行签订了一份远期合同，卖出远期GBP、买入远期USD，交易日为4月3日，交割日为6月15日。有关市场行情如下：

即期汇率	GBP/USD = 1.570 0/10
2个月远期差价	250/300
3个月远期差价	420/450

请问交割日（6月15日）的交易汇率是多少？

第6章

外汇掉期交易

学习目标

外汇掉期交易也是国际外汇市场上一种主要的外汇交易方式,其交易量已超过即期外汇交易和远期外汇交易。通过了解外汇掉期交易的概念、类型和特点,掌握外汇掉期交易的运作原理和操作程序,理解外汇掉期交易在调整外汇交割日、防范汇率风险和进行盈利操作等方面的运用。

引导案例

交易员远离远期和掉期交易,全球外汇交易量出现下降

英国央行 2019 年 1 月 29 日(星期二)公布的数据显示,2018 年 10 月英国日均外汇交易量降至 2.6 万亿美元,从 2018 年 4 月 2.7 万亿美元的纪录高位回落 4%。纽约联储的一份报告显示,在北美地区,2018 年 10 月的日均外汇交易量同比下降 0.1% 至 9 950 亿美元。东京和澳大利亚也纷纷报告外汇交易量萎缩。

外汇交易量下降主要受远期和掉期交易下滑影响,两者在美国市场的交易量分别较去年同期下降 5.6% 和 14.3%。UBP SA 投资管理部门的外汇主管 Olivier Doleires 称,2018 年美元意外飙升可能导致这些工具失宠。对于总部设在美国境外的基金经理来说,美元升值可以提高未对冲美元计价头寸的回报率。其他资产类别下跌(主要是股票、固定收益和信贷产品),可能造成外汇掉期交易的减少,进而使大量资金在未对冲的基础上流入美元资产。

外汇交易活动分化的背后推手之一可能是欧盟修订版《金融工具市场指令》(MiFID II)的实施。Market Factory 公司执行主席兼联合创始人 James Sinclair 表示,远期市场并不像现汇那样透明。按照 MiFID II 的规定,必须采取一切必要手段为客户提供最佳结果。可以使用的工具主要都在现汇市场,而不是远期市场。James Sinclair 同时也是外汇委员会(Foreign

Exchange Committee）的成员。另一个值得注意的变化是：虽然欧元/美元仍然是伦敦市场交易最活跃的货币对，但欧元/英镑交叉汇率的交易量已经不及美元/人民币。英国央行的数据显示，美元/人民币日均交易量从4月的622亿美元升至创纪录的729亿美元，取代欧元/英镑成为交易量第七大的货币对。

（资料来源：交易员远离远期和掉期交易，全球外汇交易量出现下降［EB/OL］．外汇街，2019-01-31，https://www.fxstreet.cn/news/20190131320911.html）

6.1 外汇掉期交易概述

6.1.1 外汇掉期交易的概念

外汇掉期交易（Foreign Exchange Swap Transaction）是指交易者在买入（或卖出）一种期限、某种货币的同时，卖出（或买入）另一种期限、相同金额该种货币的外汇交易。外汇掉期交易的主要特点是买卖同时进行，货币买卖数额相等，但交割的期限结构各不相同。外汇掉期最初是在银行同业之间进行外汇交易的过程中发展起来的，后来逐渐发展成具有独立运用价值的一种交易形式。

掉期交易的特点：一是买进和卖出的货币数量相同；二是买进和卖出的交易行为同时发生；三是交易方向相反、交割的期限不同。这种交易的目的在于轧平外汇头寸，避免外汇风险。掉期交易主要有即期对远期的掉期交易和远期对远期的掉期交易。

外汇掉期交易实际上可以看作由两笔交易组成：一笔是即期外汇交易，以即期汇率买入A货币卖出B货币，并在第一个起息日进行资金清算；另一笔是远期外汇交易，在未来某个特定日期以远期汇率卖出A货币买入B货币，并在第二个起息日进行资金清算。这两笔交易的货币相同，金额相等，只是买卖的方向相反。汇率、交易金额和买卖的交割日都在交易时确定，一份外汇掉期有一前一后两个起息日和两个协定的汇率。掉期交易并没有改变交易者手中持有的外汇数额，只是改变了交易者的货币期限，这也正是掉期的含义所在。另外，在某些外汇掉期交易当中，即期交易也可以被远期交易代替，从而形成远期对远期外汇掉期。

6.1.2 外汇掉期交易的种类

根据交割日的不同，外汇掉期交易分为即期对远期的掉期交易、即期对即期的掉期交易、远期对远期的掉期交易三种类型。

1. 即期对远期的掉期交易（Spot against Forward Swap）

这是最常见的掉期交易，即期对远期的掉期交易是指在买进或卖出一笔即期外汇的同时，卖出或买进一笔远期外汇的掉期交易。

【例6-1】一家美国投资公司需要10万英镑现汇来进行投资，预期在两个月后收回资金，为了防范汇率变动风险，进行即期对远期掉期交易。该公司买进10万英镑现汇，同时卖出一笔10万英镑的2月期期汇，假定当时的市场汇率为，即期汇率为GBP／USD =

2.084 5/55，2月期远期汇率为 GBP/USD =（2.08）20/40，则该公司买进10万英镑需要付出208 550美元，而卖出2月期汇10万英镑可收回208 200美元，此笔掉期交易，交易者只需要支付即期汇率与远期汇率之间十分有限的买卖差价350美元（未考虑两种货币的利息因素）。这样，就以确定的较小代价防范了因汇率变动带来的不确定的、也可能是较大的风险损失。

【例6-2】某日泰国银行公布的即期外汇汇率为USD 1 = THB 25，1个月的远期汇率为USD 1 = THB 30，泰铢贬值20%。这时外汇投机商就可做一笔掉期交易：首先，投机商以即期汇率USD 1 = THB 25买入1亿美元、卖出25亿泰铢；其次，投机商同时以远期汇率USD 1 = THB 30卖出1亿美元、买入30亿泰铢。该交易对投机商来讲，就是进行即期对远期的掉期交易。

2. 即期对即期的掉期交易（Spot against Spot Swap）

这是指不同交割日的即期外汇交易组成的掉期交易。这种掉期交易分为：当日与隔日的掉期交易；隔日与标准日的掉期交易。这两种交易的时间跨度都是一个交易日，但其交割日结构不同。这种掉期交易一般用于银行同业的资金拆借。

3. 远期对远期的掉期交易（Forward against Forward Swap）

这是指同时买进并卖出两笔同种货币、不同交割期限的远期外汇。这种掉期交易分为：买进较短期限的远期外汇（如1个月），卖出较长期限的远期外汇（如3个月）；买进较长期限的远期外汇，而卖出较短期限的远期外汇。比如，在买进或卖出3个月后交割的某种外汇的同时，再卖出或买进6个月交割的等额外汇，其好处是可以利用有利的汇率机会获利。

【例6-3】英国某银行在6个月后应向外支付500万美元，同时在一年后又将收到另一笔500万美元的收入。此时，若市场上汇率较为有利，它就可以进行一笔远期对远期的掉期交易。假定此时市场上英镑对美元的汇率为

即期汇率：GBP 1 = USD 1.898 0/90

1月期：　　　　　　　　20/10

2月期：　　　　　　　　30/20

3月期：　　　　　　　　40/30

6月期：　　　　　　　　40/30

12月期：　　　　　　　 30/20

从上述可以看出，英镑对美元买卖的报价形式是"高/低"，因而英镑对美元是贴水。之所以如此，其原因在于英国的利率高于美国。但预计英、美两国的利率在6个月后将发生变化，届时英国的利率可能反过来低于美国，因此英镑会变为对美元升水。所以，可以做"6月期对12月期"的远期对远期掉期交易，即：按GBP 1 = USD 1.894 0的比价，卖出英镑购买500万6月期的远期美元（需支付2 639 915.5英镑）。同时，再按1.897 0美元的比价，卖出一年期的500万远期美元，由此可得到2 635 740.6英镑，整个交易贴出4 174.9英镑。可是，当到期时（即第6个月，距第一次交易180天），假定市场汇率果然因利率变化而发生了变动，此时，即期汇率：GBP 1 = USD 1.750 0/10美元；6月期（远期差价）：100/200。于是，我们按GBP 1 = USD 1.751 0比价，将第一次交易时卖出的2 639 915.5英

镑在即期市场上买回（注意，当时是将它远期 6 个月卖出，此时正好到期），为此须花费 4 622 492 美元。同时再将这笔英镑按 6 月期的远期售出（注意，当时在第一次交易时，曾买入一笔 12 月期的远期英镑，此时正好相抵）。该笔英镑售出时，汇价为 1.760 0 美元/英镑，因而可得到 4 646 251.5 美元。这样一买一卖，就可获利 27 359.3 美元，这按当时即期汇率可折合为 15 633.9 英镑。如果除去第一次掉期交易时贴出的 4 174.9 英镑，则可获利 11 459 英镑。这样一笔数目，当然是十分可观的。

6.2 外汇掉期交易的掉期汇率的计算

在外汇掉期交易中，掉期汇率与远期汇率的计算方法是不同的。由于外汇掉期交易总是包括两笔金额相同、买卖方向相反、期限不同的交易，因此交易双方对使用的掉期汇率并非很看重，更重要的是掉期差价。在即期对远期的掉期中，掉期差价就是远期汇率的升水或贴水数。

1. 即期对远期掉期汇率的计算

在掉期业务中，通过即期汇率和远期差价（掉期差价）求远期汇率时，也使用"左低右高往上加、左高右低往下减"的方法，但不同于一般远期汇率中的即期汇率和远期差价同边相加或相减的计算方法，掉期业务采用的是交叉相加或交叉相减。第一个远期差价（左边的点数）是即期卖出基准货币的汇率与远期买入基准货币汇率的差价；第二个远期差价（右边的点数）是即期买入价与远期卖出价的差价。因此，掉期业务中的远期买入价是即期卖出价加或减第一个远期差价，远期卖出价是即期买入价加或减第二个远期差价。

从表 6-1 和表 6-2 可以清楚地看出，远期的即期汇率和掉期的即期汇率一样，所用的远期差价或掉期率也一样，但远期汇率不一样。3 个月的远期汇率，银行的买入价是 1.886 0，卖出价是 1.889 0；而 3 个月的掉期汇率，银行的买入价是 1.887 0，卖出价是 1.888 0。这是因为前者是同边相加，而后者是交叉相加。

表 6-1 远期汇率计算示例

货币对	买价/卖价
即期汇率 GBP / USD	1.882 0 / 30
3 个月	40 / 60
3 个月的远期汇率 GBP / USD（远期汇率同边相加或相减）	1.886 0 / 90

表 6-2 即期对远期掉期汇率计算示例

货币对	买价/卖价
即期汇率 GBP / USD	1.882 0 / 30
3 个月	40 / 60
3 个月的掉期汇率 GBP / USD（掉期汇率交叉相加或相减）	1.887 0 / 80

2. 远期对远期掉期差价的计算

当客户"买短卖长",即买入期限较近的基准货币、卖出期限较远的基准货币时,对于银行来说,进行的就是"买长卖短",所以掉期差价是期限较远的第一个点数与期限较近的第二个点数之间的差额。如果基准货币升水,则由银行向客户支付;如果基准货币贴水,则由客户向银行支付。当客户"买长卖短"时,银行为"买短卖长",掉期差价是期限较远的第二个点数与期限较近的第一个点数之间的差额。此时,如果基准货币升水,则由客户向银行支付;如果基准货币贴水,则由银行向客户支付。

远期对远期掉期差价计算示例如表 6-3 所示。

表 6-3 远期对远期掉期差价计算示例

货币对	买价/卖价
即期汇率 USD / CHF	1.160 0 / 10
2 个月	40 / 30
6 个月	160 / 140

某公司准备卖出 2 个月的远期美元、买入 6 个月的远期美元,即"买长卖短",掉期差价的计算如下:基准货币美元贴水,因而掉期差价是 140 - 40 = 100(点),这是银行向客户支付的价格。客户每买入/卖出 1 美元,可得差价 0.010 0 瑞士法郎的收益。

如果该公司"买短卖长",并且基准货币美元贴水,那么掉期差价 160 - 30 = 130(点),这是客户向银行的支付价格。客户每买入 2 个月远期、卖出 6 个月远期 1 美元,就应向银行付出 0.013 0 瑞士法郎的掉期成本。

6.3 外汇掉期交易操作及运用

6.3.1 客户外汇掉期交易的操作及运用

1. 投资者、借贷者的掉期业务操作

投资者对国外进行直接投资、间接投资,在国外金融市场存款、放款给外国企业、政府、购买有价证券等,如果需要用外汇来支付,就必须买进即期外汇,但是为了避免在收回投资或存放款时外汇汇率下跌的风险,在买进即期外汇的同时,需要卖出与投资或存放款收回期一致的远期外汇,这就是即期对远期的掉期交易。投资者买进外币资产的风险,可以用卖出相同币种的远期外汇来对冲。

【例 6-4】香港 A 公司打算在英国进行一项价值 10 万英镑的直接投资,预计一年后可以收回这笔资本。为了避免英镑汇率下跌的风险,该公司在香港外汇市场上进行一项英镑外汇的掉期业务。假设英镑的即期汇率 GBP 1 = HKD 12.320 0,1 年期英镑贴水 200 点,1 年期的远期汇率 GBP 1 = HKD 12.300 0。A 公司在外汇市场上付出 123.2 万港元买进 10 万英镑来用于投资的同时,卖出 12 个月的远期英镑 10 万,付出掉期成本 2 000 港元。这样,该公司在 1 年后可以保证收回 123 万港元的投资本金(未计算利息)。此时,无论英镑汇率如何下跌，A 公司都不会受影响。如果不做掉期业务，假设 1 年后汇率 GBP 1 = HKD 11.300 0，那么 10 万英镑只能收回 113 万港元，会亏损 10 万港元。当然，若英镑汇率下跌不多，或不跌反升，那么 A 公司掉期业务的机会成本就会增加。

【例 6-5】 中国某公司在 5 月底筹措到一笔 50 亿日元的资金，期限 3 年。该公司预测日元会坚挺、美元会疲软，而该公司用汇和创汇都是美元，如果还款时日元升值，则该公司必将承受巨大的汇率损失，进而增加额外的成本。于是，该公司与银行叙做掉期业务：即期卖出 50 亿日元现汇换成美元，买进 50 亿的远期日元，把 50 亿日元债务换为美元债务。

2. 进出口商以及其他外汇保值者掉期操作

进出口商经常出现不同期限的外汇应收款和应付款并存的情况，他们通常利用掉期交易进行套期保值。

【例 6-6】 已知新加坡某进口商根据合同进口一批货物，1 个月后需支付货款 10 万美元，他将把这批货物转口外销，预计 3 个月后收回以美元计价结算的货款。

新加坡市场美元行市如下：

	买价	卖价
1 月期美元汇率	USD 1 = SGD 1.821 3	~ 1.824 3
3 月期美元汇率	USD 1 = SGD 1.812 3	~ 1.816 3

为了避免美元汇率波动的风险，该商人做以下掉期操作：

第一步，买进 1 月期远期美元 10 万，应支付 18.243 万新加坡元；

第二步，卖出 3 月期远期美元 10 万，收取 18.123 万新加坡元。付出掉期成本 18.243 - 18.123 = 0.12（万新加坡元）。此后，无论美元如何波动，该商人均无汇率风险，还可以根据美元的有利行情，进行具体操作，进而获利。

【例 6-7】 某公司 2 个月后将收到 100 万英镑的应收款，同时，4 个月后应向外支付 100 万英镑。该公司为了固定成本，避免外汇风险，并利用有利的汇率机会套期图利，从事掉期业务。假定市场汇率行市如下：

	买价	卖价
2 月期	GBP 1 = USD 1.650 0	~ 1.655 0
4 月期	GBP 1 = USD 1.600 0	~ 1.605 0

该公司做了以下掉期业务："买长卖短"，买入 4 月期远期英镑 100 万，付出 160.5 万美元；卖出 2 月期远期英镑 100 万，获得 165.00 万美元，盈利 4.5 万美元。通过掉期业务，该公司既盈利 4.5 万美元，又避免了英镑的汇率风险。

【例 6-8】 某公司需要临时周转资金 1 亿日元，但该公司有足够的欧元现金，于是该公司决定做一笔 3 月期的掉期业务：用欧元买入即期日元 1 亿用于资金周转，同时卖出 3 月期远期日元。该公司通过掉期业务，不仅获得了资金的流动性，还达到了保值的目的。

3. 外国资产和外国负债者保值

假如交易者从国外市场取得短期的外币借款来用于本地区的生产经营，那么他必须事先将外汇在市场上以现汇形式出售，换成本币。为了避免以后还款时外汇汇率上涨，交易者在卖出即期外汇的同时，还必须买进与还款同期限的远期外汇。因此，卖出外币资产的风险，可以用买进有关远期外汇来冲抵。

【例6-9】 中国银行从国外借入一笔加拿大元,并准备将这笔加拿大元转借给国内的一家企业,而这家企业不需要加拿大元,希望使用美元。于是,中国银行便应这家客户的要求,把这笔加拿大元在即期市场上卖出、买进美元,以满足这家企业对美元的需求。但这笔贷款到期时,这家企业又必须用加拿大元归还中国银行贷款,为保证到期如数归还加拿大元贷款以及防止加拿大元升值、美元贬值的外汇风险,该企业做了以下掉期业务:在卖出加拿大元的同时,买入远期加拿大元,以保证在加拿大元到期时可以如数用加拿大元偿还中国银行贷款。此后无论加拿大元如何上涨,该企业均没有汇率风险。

4. 投机者远期对远期的掉期

任何一种货币利率的变动,都将造成两种货币远期升/贴水的扩大或缩小,投机者可以根据对利率变化的预测,做出对未来某一时刻市场汇率的预期,并根据这种预期进行投机性的远期对远期掉期。投机者如果预期大体上正确,就能够通过这种升/贴水增减的相对价格变动,获得投机利润;如果预测不准确,就可能蒙受损失。比如,对两种货币进行掉期交易,先以现行较低的贴水(价格较高)卖出较长期限的远期外汇,再补进贴水较高(价格较低)的远期外汇,利用不同期限的远期外汇的价格变动,买低卖高,从中获利。

5. 远期外汇的展期、提前支取都需要操作掉期业务来处理

有时,进出口商为了避免汇率风险,会做一笔固定交易日的远期外汇交易。进口商的货款若提前收到或推迟收到,而远期交割日是固定的,那么进出口商可以用掉期交易来缩短远期外汇合约的到期日或延长远合约的到期日,以避免汇率风险。

【例6-10】 美国微软公司3个月后有一笔800万欧元的货款收入,为避免欧元下跌,该公司卖出3个月的远期欧元。可是3个月到期时,由于种种原因,该货款还没有收到,预计货款将推迟2个月收到。为了固定成本和避免风险,并了结原远期合约,该公司做了一笔掉期交易:买入欧元的即期外汇,了结原3个月的远期合约,同时卖出2个月的远期欧元。该公司通过掉期对原远期欧元合约进行展期,以达到保值目的。其保值的效果只受掉期差价的影响,若欧元贴水,则该公司要付出掉期成本;若欧元升水,则该公司在这笔交易中反而有利。

如果该公司提前1个月就收到货款,原签订的远期合约还有1个月才能到期,那么该公司就做一笔掉期,把原合约的到期日提前,具体操作如下:卖出即期欧元,买入1个月的远期欧元,后者用来了结原远期合约。其损益也是由掉期差价决定的。

6.3.2 银行外汇掉期交易的操作及运用

银行每天与客户交易后,会出现本币与外币以及各种外币之间的不平衡,即外汇头寸有超买、超卖、多头、空头等现象,这可能会因面临汇率变动的风险而蒙受损失;也可能发生外汇与本币资金过多或不足的情况,从而影响外汇业务的发展。为了避免出现这两个问题,银行必须利用掉期交易操作方法,对外汇头寸进行调整,这是银行调节资金的重要手段之一。银行通过同时买进或卖出即期外汇和远期外汇,变更其外汇头寸,调整资金结构,进而使外汇头寸和各种货币结构趋于平衡。为了避免汇率变动风险而做的调整称为外汇头寸调整;为了避免资金过多或不足而做的调整称为资金调整,这两种调整都是通过掉期交易来完成的。

1. 利用掉期交易调整银行外汇头寸

当银行出现外汇头寸不平衡时,通常会利用掉期交易操作达到平衡,即银行外汇头寸超买时抛出、超卖时补进。这种外汇头寸的调整必须主动、敏捷。银行每日应编制外汇头寸的报表,包括即期存款账户余额、即期外汇买卖余额、远期外汇买卖余额,这些统称为外汇综合头寸。这其中又可分为买入金额和卖出金额,还可分为客户的交易额和与同业的交易额,且必须分本币交易额和各种外币币种交易额。

选择外汇头寸来调整操作方法时,应从资金使用效率和买卖损益立场考虑,比较哪种方法较为有利。一般采用的方法有以下几种:

(1) 即期外汇头寸的不平衡通过即期交易进行调整。
(2) 即期外汇头寸的不平衡通过远期交易进行调整。
(3) 远期外汇头寸的不平衡通过即期交易进行调整。
(4) 远期外汇头寸的不平衡通过远期交易进行调整。

针对外汇头寸不平衡,如果采取单独每笔的即期或远期的交易进行调整,成本会很高;如果采用掉期交易,则操作简单,成本低,还可以保值,可以同时调整外汇头寸和外汇资金。

在很多情况下,外汇买卖的金额虽然相等了,但买卖外汇的交易日却不相同,因此仍存在汇率风险。比如,某银行一天之内买进和卖出美元各1 000万,其外汇头寸是平衡的,但是在买进的美元中即期多于远期;在卖出美元中,远期多于即期,远期头寸的交割日不同,此时,银行的外汇资金仍不能够达到平衡。在这种情况下,银行可以进行掉期操作来调整资金,以平衡头寸,即在买入即期美元的同时卖出远期美元或在卖出即期美元的同时买入远期美元。这样,银行的外汇头寸不论在数额上还是期限上都达到了平衡。

用掉期操作来调整银行的外汇头寸,不仅可以用一日掉期、即期对远期的掉期,还可以用远期对远期的掉期方法来调整。

1) 采用即期对远期掉期调整外汇头寸

【例6-11】某银行多头美元,空头欧元,在外汇市场上美元看涨,欧元看跌。该银行舍不得卖掉多头的美元,但也可以利用掉期操作来调整头寸,即卖出期美元、买入即期欧元,同时买入远期美元、卖出远期欧元,这样既调整了头寸又达到了保值的目的。

【例6-12】某银行在一天营业快结束时,外汇头寸出现了以下情况:即期美元多头300万,3个月远期美元空头300万;即期日元空头12 010万,3个月远期日元多头12 020万;即期新加坡元空头328万,3个月远期新加坡元多头329万。当时市场上的汇率如下:

	USD/JPY	USD/SGD
即期汇率	120.10/20	1.640 0/10
3个月远期汇率	30/20	10/20

如果该行对多头、空头分别进行抛补,则要进行多笔交易,成本较高。于是,该银行马上进行了两笔即期对远期的掉期交易,使外汇头寸平衡。具体的掉期操作如下:

第一笔，卖出即期美元100万（买入日元），汇率为120.10；买入远期美元100万（卖出日元），汇率为119.90（=120.10-0.20）。在这笔掉期中，该银行收益20万日元。

第二笔，卖出即期美元200万（买入新加坡元），汇率为1.6400；买入远期美元200万（卖出新加坡元），汇率为1.6420（=1.6400+0.0020）。在这笔掉期中，该银行损失0.4万新加坡元。

经过上述两笔掉期交易，美元、日元和新加坡元三种货币的头寸都得到平衡，剩下的是两笔损益的计算。

2）采用远期对远期掉期调整外汇头寸

【例6-13】某银行经过近一天的交易，在临近收盘时发现只有英镑和港元的头寸还没有平盘：3月期远期英镑空头200万，6月期远期英镑多头200万；同时，3月期的远期港元多头2400万，6月期的远期港元空头2400万。如果该银行对多头和空头分别进行抛补，就需要安排多笔交易，付出较高的成本。采用远期对远期的掉期，只须用一笔的交易和较低的成本就能调整远期外汇头寸。具体掉期操作如下：

买入3月期远期英镑200万（卖出远期港元2400万），卖出6月期远期英镑200万（买入远期港元2400万）。

通过这笔掉期交易，英镑和港元两种货币的头寸达到了平衡，只剩下损益的计算。

2. 利用掉期交易调整银行资金

银行资金可分为本币资金与外汇资金两种。资金调整是指银行应客户的要求，被动地进行外汇交易，结果会出现资金的不足或过剩的情况，从而需要对这种资金的不平衡进行有效的调整，其目的是谋求资金调度的顺畅以及资金的有效运用。

银行经常用掉期交易来调整资金，当外汇资金过剩时，用外汇换成本币资金；如果本币资金过剩外汇资金不足，则以本币资金购入外汇；如果某一币种的外汇过剩而另一币种的外汇不足，则会将过剩币种的外汇资金换成不足币种的外汇，这些外汇的买入卖出的掉期交易，均通过同业交易进行。

原则上，银行均采用掉期方式调整。但采取这种方法显然不利，可采用一般的金融交易方式，即向国际或国内的金融市场（一般是向国内央行）融资。

1）利用掉期交易改变外汇币种，调整资金结构

【例6-14】假设某银行的客户要求获取墨西哥比索贷款，但该行吸收的比索存款很少，难以直接提供该贷款。该银行用美元在外汇市场上买入即期比索，同时卖出远期比索。这样，银行通过掉期交易使自己原来的美元头寸变成了比索头寸。因为比索是软货币，在买进比索即期的同时，将其远期卖出，既改变了外汇币种，又达到了保值的目的。

【例6-15】某银行对澳大利亚元有某种需要，但由于种种原因，市场上很难借到澳大利亚元。这时，银行就可以用掉期的方法来转换货币：借入美元，然后卖出即期美元（买入澳元）。为了避免风险，银行同时买入远期美元（卖出远期澳大利亚元），这样既达到了改变外汇币种又保值的目的。

2）利用掉期交易改变外汇期限

例如，当A银行的日元头寸暂时多余时，为了应付将来的需要，它可以用即期交易卖

给 B 银行，同时又以远期交易买回同金额的远期日元，这样不仅可以确保手头资金，而且可以避免外汇的风险。所以，银行经常利用掉期来改变其所持有的币种的期限。

3) 银行利用掉期来避免与客户进行单独远期的交易所承受的外汇风险

如果银行在进行远期外汇的抛补时，很难找到承接对手，则可用即期和远期的掉期，即用掉期作为掩护。这样很容易找到交易对手，因为掉期交易对交易双方均无外汇风险。

【例 6-16】某银行在买进客户 3 月期远期美元 500 万之后，就拥有了 500 万美元的"风险敞口"，为了避免风险，该银行必须卖出同等数量、交割期相同的远期美元。但在银行同业市场，直接卖出单独的远期美元往往很难成交，因此，银行通常的做法是：首先卖出即期美元 500 万，然后做一笔相反方向的掉期，即买入 500 万远期美元的同时卖出 500 万的 3 月期远期美元。

这样，即期的 500 万美元经过"一卖一买"相互抵销，银行实际上只卖出了一笔 3 月期的远期美元 500 万，而这正好与从客户手中买进的 3 月期的远期美元 500 万相抵销，轧平了银行的美元头寸。

核心概念

外汇掉期交易
即期对远期的掉期交易
即期对即期的掉期交易
远期对远期的掉期交易

复习思考题

1. 某美国贸易公司在 1 个月后将收进 100 万欧元，但在 3 个月后才会使用这笔欧元资金。假设市场汇率为：1 个月远期汇率 EUR／USD = 1.236 8／80，3 个月远期汇率 EUR／USD = 1.222 9／42。试分析：

(1) 该美国贸易公司应该如何运用掉期交易业务来回避汇率风险？

(2) 该公司做这笔远期对远期掉期交易的损益情况（不考虑其他费用）。

2. 日本 A 公司有一项对外投资计划：投资金额为 500 万美元，预期在 6 个月后收回。A 公司预测 6 个月后美元相对于日元会贬值，为了既保证投资收回又能避免汇率波动的风险，就叙做买入即期 500 万美元对卖出 6 个月 500 万美元的掉期交易。假设当时即期汇率为 USD 1 = JPY 80.25／36，6 个月的远期汇率为 152／116，投资收益率为 8.5%，6 个月后现汇市场汇率为 USD 1 = JPY 75.78／85。试比较叙做与不做掉期交易的盈亏。

第 7 章

套汇与套利交易

学习目标

通过综合运用即期外汇交易、远期外汇交易与外汇掉期交易,掌握直接套汇与间接套汇的基本原理,理解抵补套利和非抵补套利的异同,提高运用外汇交易的综合市场操作技巧以有效规避外汇风险的实践能力。

引导案例

延长里斯本第 50 条英镑将下跌,特蕾莎梅协议获批英镑将上涨 3%~4%

英镑依然是 2019 年汇市最强者,但分析师认为未来几周英镑可能难以进一步上涨,因为延长里斯本第 50 条将延长英国经济前景面临的不确定性。

北欧联合银行市场分析师 Andreas Steno Larsen 指出,下周是英国退欧的关键时刻,因为下议院可能在短短三天内面临三次投票。尽管过去几周市场情绪明显向积极方向转变,但仍存在出现不利局面的风险。因此,我们认为短期内英镑存在下行风险。

我们认为,下周的一系列事件是一个经典的"买传闻,卖事实"情况。因此,英国首相特蕾莎梅的协议被否决且延长退欧日期可能已经反映在价格中。

若特蕾莎梅的协议如预期被否决,那么我们相信英国议会将扑灭 3 月 12 日无协议前景,相反将在 3 月 14 日决定延长退欧日期。理由是:下议院已暗示希望避免无协议退欧。

若北欧联合银行的预期实现(40~70 名国会议员中的大多数人反对协议 + 延长退欧日期),则英镑兑欧元将在未来几周下跌 0.5%~1%。

首相最终将获得议会对她的脱欧协议和更倾向于脱欧路线的支持,但这要等到即将出台的《里斯本条约》第 50 条延期之后才能实现。任何延期的时间都有很大的不确定性,可能是三个月。

这对于英镑来说远不是一个理想的结果,因为实际上没有移除无协议退欧风险。若英国议会拒绝再次支持特蕾莎梅的计划,则在延展期的末期仍存在无协议退欧的风险。不过北欧联合银行认为,这种情况发生的概率不大。

进一步的推迟只会延长政治和经济的不确定性。分析人士说,目前政治和经济的不确定性正在给经济带来压力。至少,这将意味着英国央行按兵不动的时间将更长。

一旦退欧前景明朗化,我们预计第三季度英国经济增长将立即跃升,宽松财政政策也将提振增长,不过这可能不足以阻止英国2019年GDP保持在潜在水平1.0%左右。在货币政策方面,英国央行目前处于按兵不动状态。

(资料来源:延长里斯本第50条英镑将下跌,特蕾莎梅协议获批英镑将上涨3%~4% [EB/OL]. 外汇街,2019-03-08,https://www.fxstreet.cn/news/20190308326657.html)

7.1 套汇交易

7.1.1 套汇的概念

套汇(Arbitrage)是指利用同一时刻不同市场上的货币汇率差异,通过贱买贵卖而获取无风险收益的行为。在外汇市场上,由于交易者的信息不完全,不同市场或不同银行报出的汇率会出现短暂的差异,由此产生了套汇的机会。

套汇交易长期以来被银行控制,套汇交易市场是一个即时的24小时交易市场。与其他金融市场不同的是,在套汇交易市场中,投资者可以对无论是白天还是晚上发生的经济、社会及政治事件导致的汇率波动随时做出反应。

在套汇交易中,主要交易货币是指由政局稳定的国家发行的、央行认可的、汇率较稳定的,通常用来交易的或者流通性强的货币。如今,日交易量中约85%交易的是美元、日元、欧元、英镑、瑞士法郎、加拿大元及澳大利亚元等货币。

7.1.2 套汇的种类

套汇分为地点套汇和时间套汇。地点套汇(Space Arbitrage)是指套汇者利用不同外汇市场之间的汇率差异,同时在不同的地点进行外汇买卖,以赚取汇率差额的一种套汇方式;地点套汇又分为直接套汇和间接套汇两种。

7.1.2.1 地点套汇

1. 直接套汇

直接套汇(Direct Arbitrage)又称双边套汇、两角套汇,是指利用两地同种货币的汇率差异,贱买贵卖来获取汇差的行为。

【例7-1】某交易员观察两家银行英镑对美元汇率的报价分别为

GBP 1 = USD 1.462 0/25

GBP 1 = USD 1.463 0/35

显然，前者的英镑卖出汇率低于后者的买入汇率，根据贱买贵卖原则，该交易者同时与两家银行做交易，按照 1.462 5 的价格从前者买入英镑，按照 1.463 0 的价格向后者卖出英镑，结果每英镑获得 5 点的收益，而且没有承担汇率风险。如果交易金额为 1 亿英镑，则该交易者将获得 5 万美元的无风险收益。

在本例中，套汇者都处于询价方角色。作为报价方来说，套汇的机会和空间更大。例如，某银行英镑对美元汇率的报价为：GBP 1 = USD 1.462 0/25，该银行应对手要求按照 1.462 0 的价格买入 1 亿英镑。只要该银行同时观察到其他银行的英镑买入汇率高于 1.462 0（而不是询价方的 1.462 5），就存在套汇机会。假设另一家银行的报价为：GBP 1 = USD 1.463 0/35，则该银行可要求按照 1.463 0 的价格卖出英镑。同样 1 亿英镑的交易，作为报价银行的套汇者将获得 10 万美元的无风险收益。

套汇能否进行，还要考虑套汇成本，包括电传、佣金等交易成本，如果交易成本太高或接近汇差，则无利可图或获利甚微。另外，由于套汇行为的存在，套汇机会很快就会消失。

2. 间接套汇

间接套汇（Indirect Arbitrage）又称三地套汇、三角套汇，是指利用三种或三种以上货币之间的汇率差异，贱买贵卖来获取汇差的行为。这一汇率差异是隐含的，既可能发生在同一市场间，也可能发生在不同市场间。

判断在同一市场是否存在三角套汇的机会，需要计算交叉汇率。首先要根据其中两个汇率计算交叉汇率，然后与观察到的市场汇率相比，这时判断方法和两角套汇一样。

【例 7-2】市场上美元、英镑和澳大利亚元的汇率分别是

GBP 1 = USD 1.462 0/25

AUD 1 = USD 0.560 0/03

GBP 1 = AUD 2.612 1/28

首先根据前两个汇率来套算英镑和澳大利亚元的汇率。根据前面介绍的套算汇率的计算规则，美元在两个汇率中都作计价货币，所以应该交叉相除，即

英镑的买入汇率 = 1.462 0/0.560 3 = 2.609 3

英镑的卖出汇率 = 1.462 5/0.560 0 = 2.611 6

从而可知，英镑对澳大利亚元的套算汇率为

GBP 1 = AUD 2.609 3/11 6

比较发现，银行报出的英镑对澳大利亚元的汇率与套算得出的汇率存在差异。遵循贱买贵卖原则，套汇者应该按照 2.612 1 的价格卖出 1 英镑买入澳大利亚元，按照 0.560 0 的价格卖出 2.612 1 澳大利亚元买入美元，按照 1.462 5 的价格卖出美元买入英镑。结果每英镑获利为

$$2.612\ 1 \times 0.560\ 0/1.462\ 5 - 1 = 0.000\ 2\ （英镑）$$

在外汇市场上，由于对种类繁多的各国货币的供求情况不一致，往往会存在某种程度的汇率差异，这就是套汇活动存在的原因。套汇者低价买进、高价卖出的结果，使外汇市场的

汇率差异趋于消失。目前，先进的通信设备、发达的交易手段、灵便的信息促使各地外汇市场之间的货币汇率差异日趋缩小，地点套汇的机会一般不多，至于间接套汇的机会则更为难得。在间接套汇中，三地外汇市场上货币汇率之间出现差异总是偶然的、暂时的，通过套汇交易，这种差异很快就会拉平，从而使套汇机会消失。

7.1.2.2 时间套汇

时间套汇（Time Arbitrage）是指套汇者利用不同交割期限所形成的汇率差异，在买入或卖出即期外汇的同时，卖出或买入远期外汇；或者在买入或卖出远期外汇的同时，卖出或买入即期外汇，通过时间差来盈利的套汇方式。

时间套汇实质上就是掉期交易，不同的只是时间套汇侧重于交易动机，而掉期交易侧重于交易方法。时间套汇的目的在于获取收益，只有在不同交割期的汇率差异有利可图时，才进行套汇，而掉期交易往往是为了防范汇率风险进行保值，一般不过分计较不同交割期的汇率差异的大小，且一般在同一外汇市场内进行。

【例 7-3】一家法国公司需要 100 000 英镑投资，预计 3 个月后即可收回投资，假定当时英镑对欧元的即期汇率为 GBP 1 = EUR 6.000 0，则该公司可用 600 000 欧元买进 100 000 英镑现汇。若 3 个月后英镑对欧元的汇率下降为 GBP 1 = EUR 5.500 0，则届时该法国公司收回的 100 000 英镑只相当于 550 000 欧元，比预先投资额减少了 50 000 欧元。为了避免这种损失，法国公司便在买进 100 000 英镑现汇的同时，卖出 100 000 英镑的 3 个月期汇。假定远期外汇市场上 3 个月期汇的汇率为 GBP 1 = EUR 5.999 0，那么无论 3 个月后英镑汇率下跌多少，公司都肯定可以将 100 000 英镑兑回 599 900 欧元，只承担 100 欧元的汇率差额损失，从而保证投资安全。

7.2 套利交易

套利交易（Interest Arbitrage）又称利息套汇，是指在两国货币市场短期利率出现差异的情况下，投资者将资金从低利率的国家调到高利率的国家，以赚取利息差额的行为。根据是否对套利交易所涉及的汇率风险进行抵补，套利交易可以分为非（或未）抵补套利和抵补套利。

7.2.1 非（或未）抵补套利

非（或未）抵补套利（Uncovered Interest Arbitrage）是指把资金从利率低的货币转向利率高的货币，从而谋取利率的差额收入。这种交易不必同时进行反方向交易轧平头寸，但这种交易要承担高利率货币贬值的风险。

【例 7-4】在某一时期，美国金融市场上的 3 个月定期存款利率为 12%（年率），英国金融市场上的 3 个月定期存款利率为 8%（年率）。在这种情况下，资金就会从英国流向美国，牟取暴利。英国的投资者可以年率 8% 的利率借入资金，购买美元现汇，存入美国银行，做 3 个月的短期投资。这样，他就可以获得年 4% 的利差收益。如果资金总额为 10 万英镑,那么该投资者就可以通过套利净获利润 100 000×4%×3/12 = 1 000(英镑)。

这是假定美元与英镑之间的汇率在 3 个月内保持不变的结果。3 个月以后,如果美元汇率下降,那么英国投资者不仅无利可图,甚至可能亏本而遭受亏损。假定当时美元汇率为 GBP 1 = USD 2.000 0,3 个月以后汇率下降到 GBP 1 = USD 2.100 0,那么 3 个月后,投资者可收进投资本息 100 000×2×(1+12%×3/12) = 206 000(美元),按 GBP 1 = USD 2.100 0 折算约为 98 095 英镑,扣除成本额 100 000×(1+8%×3/12) = 102 000(英镑),投资者反而亏损 3 905 英镑。当然,3 个月后,美元汇率也有可能上升,由此,英国投资者在获得利差收益的同时,还获得一笔汇率差价收益。例如,3 个月后,美元汇率上升为 GBP 1 = USD 1.950 0,那么英国投资者收进的美元投资本息 206 000 美元就可以兑换成 105 641 英镑。扣除成本 102 000 英镑后,净得收益额 3 641 英镑,其中 2 641 英镑为汇率差价收益。因此,纯粹的套利行为具有外汇投机的性质。

套利活动的前提是套利成本或高利率货币的贴水率必须低于两国货币的利率差,否则交易无利可图。在实际外汇业务中,所依据的利率是欧洲货币市场各种货币的利率,以 LIBOR 为基础。这是因为,尽管各种外汇业务和投资活动涉及各个国家,但大都集中在欧洲货币市场,欧洲货币市场是各国进行投资的主要途径和场所。

7.2.2 抵补套利

抵补套利(Covered Interest Arbitrage)是指把资金调往高利率货币国家或地区的同时,在外汇市场上卖出远期高利率货币,即在进行套利的同时做掉期交易,以避免汇率风险。实际上这就是套期保值,一般的套利保值交易多为抵补套利。

假设在上例中,3 月期的美元远期外汇贴水 50 点,也就是远期汇率为 GBP 1 = USD 2.005 0,那么,英国投资者在买入即期美元存入美国银行的同时,卖出 3 月期的远期美元,不论以后美元汇率如何变动,他都可以确保赚取一定的利差收益。3 个月后,他将投资收进的本息额 206 000 美元,按远期汇率 GBP 1 = USD 2.005 0 换回 102 743.14 英镑。扣除成本 102 000 英镑,仍可净赚 743.14 英镑。

由于掉期交易要花费一定的掉期成本,因此首先要对比利差和掉期成本。如果利差收入大于掉期成本,则套利是可行的,否则就不可行。

不断进行这种抛补套利的结果是高利率货币的即期汇率上升,远期汇率下跌,即远期差价扩大。如【例 7-4】,由于大量套利者不断买进即期美元,卖出远期美元,美元贴水就会不断扩大,套利成本也由此相应提高,套利收益逐渐减少。这种趋势继续到利差与套利成本接近时,套利活动即会停止。

【例 7-5】在澳大利亚市场上,澳大利亚元 6 个月的利率为 4.25%~4.75%;在美国市场上,美元 6 个月的利率为 2.75%~3.25%;AUD/USD 的即期汇率为 0.956 7/77,6 个月的远期差价为 22/14。现有甲、乙两个投资者,甲投资者准备用手中闲置的 100 万美元来进行澳大利亚元抵补套利,而乙投资者准备从银行借入 100 万美元以进行澳大利亚元的抵补套利。试比较这两种抵补套利方式。

【分析】

第一种方式：甲投资者抵补套利的结果。

如果将100万美元存放在美国，6个月后的本利和为

$$1\,000\,000 \times \left(1 + 2.75\% \times \frac{6}{12}\right) = 1\,013\,750 \text{（美元）}$$

现将100万美元兑换成即期澳大利亚元，再到澳大利亚投资6个月，6个月后澳大利亚元的投资本利和按照远期汇率兑换回美元为

$$\frac{1\,000\,000}{0.957\,7} \times \left(1 + 4.25\% \times \frac{6}{12}\right) \times 0.954\,5 = 1\,017\,837.66 \text{（美元）}$$

甲投资者抵补套利的净收益（不考虑其他费用情况下）为

$$1\,017\,837.66 - 1\,013\,750 = 4\,087.66 \text{（美元）}$$

第二种方式：乙投资者的抵补套利结果。

从银行借入100万美元，6个月后需偿还的本利和为

$$1\,000\,000 \times \left(1 + 3.25\% \times \frac{6}{12}\right) = 1\,016\,250 \text{（美元）}$$

将100万美元兑换为即期澳大利亚元，再到澳大利亚投资6个月，6个月后澳大利亚元的投资本利和按照远期汇率兑换回的美元为

$$\frac{1\,000\,000}{0.957\,7} \times \left(1 + 4.25\% \times \frac{6}{12}\right) \times 0.954\,5 = 1\,017\,837.66 \text{（美元）}$$

偿还银行的100万美元借款本利和之后，乙投资者的抵补套利净收益（不考虑其他费用情况下）为

$$1\,017\,837.66 - 1\,016\,250 = 1\,587.66 \text{（美元）}$$

从两个投资者的套利结果来看，显然甲投资者的套利收益（4 087.66美元）要大于乙投资者的套利收益（1 587.66美元），因为乙投资者从银行借入美元来进行套利，其投资成本要高于甲投资者。但是，从现实的市场套利活动来看，甲投资者的情况并不多见，更多的套利者会选择乙投资者的套利方式。采用借入资金来进行抵补套利的步骤一般为：第一步，先从银行借入低利率货币；第二步，将低利率货币在即期外汇市场上换成高利率货币来投资高利率货币，并将高利率货币的投资本利和以远期汇率卖出；第三步，投资到期收回高利率货币投资，并交割远期合约，换回低利率货币；第四步，偿还银行的低利率货币借款本利和，核算套利收益。

由于通信设备日益完善，目前各外汇市场已通过国际卫星通信网络紧密地联系起来，电子计算机也被应用于外汇交易，外汇市场和外汇交易日趋全球化，而以前由于地区不同和时差造成的汇率差已经几乎不存在了，因此以上的几种套汇方式早在多年以前便不再为交易员们重视和使用，逐渐被新出现的交易方式取代。例如，利率套汇已被掉期取代，时间套汇则被期权代替，两地套汇和三地套汇被现期套汇取代。这说明国际金融市场在不断发展，交易方式也在不断更新。

核心概念

套汇
直接套汇
间接套汇
抵补套利

复习思考题

1. 某日路透交易机显示下列市场行情：

纽约外汇市场　　USD 1 = CHF 0.924 4 / 47
伦敦外汇市场　　GBP 1 = USD 1.564 4 / 49
苏黎世外汇市场　GBP 1 = CHF 1.449 6 / 02

某套汇者以100万英镑进行套汇，试分析其套汇路径以及计算其套汇利润（不考虑其他费用）。

2. 假设9月期的美元利率报价为 $4.\frac{1}{2}\% \sim 4.\frac{1}{8}\%$，9月期的欧元利率报价为 $5.85\% \sim 5.75\%$，即期汇率为 EUR／USD = 1.224 0／50。试计算 EUR／USD 9月期的远期差价。

3. 假设外汇市场行情如下：

外汇市场　　即期汇率　　　USD 1 = CHF 1.200 0 / 05
　　　　　　6个月远期差价　　　　　　　　120 / 115

货币市场　6个月 USD　$5.\frac{1}{4}\% \sim 5.\frac{1}{8}\%$

　　　　　6个月 CHF　$2.\frac{7}{8}\% \sim 2.\frac{5}{8}\%$

如果从市场上借入1 200万瑞士法郎，能否套利获利？请分析盈亏情况。

4. 假设8月初美元6个月利率为4%，英镑6个月利率为6%；英镑兑美元的即期汇率 GBP／USD = 1.799 0／00，6个月的远期差价为86／82。为谋求利差收益，某投资者欲将180万美元转到英国投资半年。如果半年后英镑对美元的市场即期汇率变为 GBP／USD = 1.800 0／10。试分析：

（1）该投资者进行套利和不进行套利的收益；
（2）该投资者进行抵补套利的收益。

第 3 部分 中级实操模块

第8章

金融衍生产品概述

学习目标

金融衍生产品是20世纪70年代以来国际金融创新的产物,至今发展极为迅猛且饱受争议。通过对金融衍生产品概念、特点及分类的基本认识,逐步了解和掌握金融衍生产品的风险对冲和价格发现两个基本市场功能,从而为深入探寻金融衍生产品的运行原理和风险管理打下良好的基础。

引导案例

离岸人民币期货市场日趋活跃

2012年9月17日,香港交易所推出全球首只可交收的美元兑人民币货币期货产品,填补了离岸人民币金融产品的空白,这是离岸人民币市场建设的重大突破。2013年,芝加哥商业交易所(CME)正式开始交易可交割离岸人民币期货,并在香港实物交割人民币。2014年10月20日,新加坡交易所正式推出人民币期货合约交易。目前,全球范围内已经有多个国家或地区上市了人民币外汇期货,其中包括CME、新加坡交易所、香港交易所、台湾期货交易所、南非约翰内斯堡证券交易所、巴西商品期货交易所、莫斯科交易所、韩国证券交易所和迪拜黄金与商品交易所等。其中,新加坡交易所和香港交易所是最重要的人民币期货交易场所,2017年交易额占全球的比例超过了95%。因此,当前的离岸人民币期货市场形成了以香港和新加坡为中心的多个市场并行的局面。

2018年以来,特别是进入二季度后,全球基本面情况更趋复杂,主要经济体的货币政策分化加剧;与此同时,贸易摩擦成为全球经济面临的新挑战。在这种背景下,全球主要国家货币汇率波动频繁,人民币兑美元汇率的双向波动态势也更为显著。在汇率波动显著的情况下,企业汇兑风险的敞口有所增加。当企业持有外币资产或者负债时,汇率变动会使企业外币资产或者负债价值发生变化,加剧汇兑风险。中国金融期货交易所所做的一项调研显示,在中国实体经济面临的交叉汇率风险中,欧元兑美元的风险规模为 3 153 亿美元,澳大利亚元兑美元的风险规模为 1 097 亿美元,交叉汇率年波动约 10%,远高于美元/人民币的波动(2%)。同样,随着中国在全球贸易体系中的地位不断提升,以及人民币国际化程度的不断提高,国际投资者和贸易企业对于人民币汇率风险管理的需求也大为提升。

在这种背景下,人民币期货成为当前企业和投资者应对汇率波动的有效工具。近期离岸人民币期货成交量大增,就是一大佐证。数据显示,香港交易所美元兑人民币(香港)期货 2018 年 7 月的日均成交量创历史新高,比 2017 年全年增长了 334%;8 月 6 日单日成交量达 22 105 张合约,创单日历史新高。同日,香港交易所美元兑人民币(香港)期权未平仓合约数达 6 202 张,名义价值为 6.2 亿美元,也刷新了历史记录。新加坡交易所的市场报告则显示,2018 年 7 月新加坡交易所美元兑离岸人民币期货成交量同比增长超过 3 倍。

尽管当前离岸人民币期货市场发展势头良好,但因离岸人民币市场资金池有限,仍不足以满足贸易企业对冲汇率波动、管理汇兑风险的操作需要。鉴此,还应加快推进在岸人民币期货市场的建设。20 世纪 90 年代初期,由于外汇管制逐步放开,人民币汇率波动幅度加大,企业产生了避险需求。1992 年 6 月 1 日,我国在上海外汇调剂中心推出了外汇期货交易试点,试点的外汇品种有美元、英镑、德国马克、日元和港元等,但后来由于投机成风,1996 年被人民银行和外汇局废止。而当前,国内机构正在积极探索在岸人民币期货交易市场。2014 年,中国金融期货交易所首次启动了欧元兑美元、澳大利亚元兑美元交叉汇率期货全市场仿真交易。2018 年 8 月 15 日,中国金融期货交易所发布外汇期货仿真交易新合约上市通知,澳大利亚元兑美元期货和欧元兑美元期货仿真交易定于 8 月 16 日上市交易。仿真交易是新产品上市前检验规则、完成制度设计的最后关键步骤,意味着在岸外汇期货正式挂牌交易渐行渐近。

(资料来源:李一民. 离岸人民币期货市场日趋活跃 [J]. 中国外汇,2018(17):78-79.)

8.1 金融衍生产品的概念、特点和分类

1. 金融衍生产品的概念

金融衍生产品的英文名称是 Financial Derivatives,在多数情况下简化为 Derivatives。由于金融衍生产品正处于发展过程中,故金融衍生产品的叫法不统一,如金融衍生工具、衍生金融工具、金融派生品等。金融衍生产品是指建立在基础金融工具或基础金融变量之上,其价格取决于后者价格变动的派生产品。

对金融衍生产品概念的理解需要把握三个方面:

1) 金融衍生产品是从基础金融产品派生出来的

金融衍生产品是由基础金融产品衍生出来的各种金融合约及其各种组合形式。基础金融产品主要包括货币、外汇、利率工具(如债券、商业票据、存单等)以及股票等。在基础金融产品的基础上,借助各种衍生技术,可以设计出品种繁多、特性各异的金融衍生产品。由于是在基础产品上派生出来的新产品,因此金融衍生产品的价值主要受基础产品价值变动

的影响。例如，股票指数的变动影响股票指数期货的价格，认股权证跟随股价波动，这是金融衍生产品最为独到之处。

2）金融衍生产品是对未来的交易

金融衍生产品是在现时对基础产品未来可能产生的结果进行交易，交易结果在未来时刻才能确定盈亏。这些基础产品在未来某种条件下处置的权利和义务以契约形式存在。

3）金融衍生产品具有杠杆效应

金融衍生产品是通过预测基础金融产品的市场行情走势，以支付少量保证金签订远期合约或互换不同金融商品的衍生交易合约。市场参与者利用少量的资金就可以进行几十倍金额的金融衍生产品交易，参与交易的各方讲求信用，具有以小搏大的高杠杆效应。如果运用于套期保值，则可在一定程度上分散和转移风险；如果运用于投机，则既可能带来数十倍于保证金的收益，也可能产生巨额的亏损。

2. 金融衍生产品的特点

1）金融衍生产品的构造具有复杂性

这是因为人们对基本衍生产品（如期货、期权和互换）的理解和运用已经不易，而当今国际金融市场的"再衍生产品"是期货、期权和互换进行组合，使金融衍生产品构造更为复杂。这种复杂多变的特点，要求金融衍生产品的设计需要运用较难的数学方法、大量采用现代决策科学方法和计算机科学技术，仿真模拟金融市场运作。在开发、设计金融衍生产品时，采用人工智能和自动化技术，一方面使得金融衍生产品具有充分的弹性，更能够满足使用者的特定需要；另一方面导致大量的金融衍生产品难以为一般投资者理解，更难以掌握和驾驭。

2）金融衍生产品的交易成本较低

金融衍生产品可以用较为低廉的交易成本来达到规避风险和投机的目的，这也是金融衍生产品为保值者、投机者所喜好并迅速发展的原因之一。金融衍生产品的成本优势在投资于股票指数期货和利率期货时表现得尤为明显。例如，通过购买股票指数期货（不必逐一购买单只股票），投资者即可以少量的资本投入及低廉的交易成本来实现其分散风险或投机的目的；又如，在浮动利率市场具有借款优势的借款人可与另一个在固定利率市场具有借款优势的借款人进行利率互换交易，以达到双方均降低成本的目的。

3）金融衍生产品设计具有灵活性

金融衍生产品易于形成所需要的资产组合，可创造出大量的、特性各异的金融产品。交易者参与金融衍生产品的交易，大致有以下目的：为了保值；利用市场价格波动风险进行投机，牟取暴利；利用市场供求关系的暂时不平衡来套取无风险的额外利润。既然存在各种复杂的经营目的，就要有各种复杂的经营品种，以适应不同市场参与者的需要。所以，金融衍生产品可根据各种参与者所要求的时间、杠杆比率、风险等级、价格参数的不同进行设计、组合和拆分。可见，金融衍生产品的设计具有较大的灵活性。

4）金融衍生产品具有虚拟性

虚拟性是指在信用制度膨胀的情况下，金融活动与实体经济偏离或完全独立的那一部分经济形态。它以金融系统为主要依托，其行为主要体现在虚拟资本（包括有价证券、产权、物权、金融衍生工具、资本证券化等）的循环运动上。虚拟经济是以信息技术为工具的经济活动，是一种涉及权益的经济。虚拟经济的运作需要以大量的衍生产品为媒介，人们的交易对象正是虚拟化的产权、信用和风险，交易的目的在于谋取差价。金融衍生产品独立于现实资本运动之外，却能给持有者带来收益，是一种收益获取权的凭证；其本身没有价值，具有虚拟性。

3. 金融衍生产品的种类

随着金融创新的发展，金融衍生产品经过"衍生再衍生，组合再组合"的螺旋式发展，品种不断增加。按照基础产品的种类的不同，金融衍生产品有不同的分类。

1）按照金融衍生产品自身交易方法分类

（1）金融远期（Forwards）。其是指合约双方同意在未来日期按照协定价格交换金融资产的合约。金融远期合约规定了将来交换的资产、交换的日期、交换的价格和数量，合约条款因合约双方的需要不同而不同。金融远期合约主要有远期利率协议、远期外汇合约和远期股票合约等。

（2）金融期货（Financial Futures）。其是指买卖双方在有组织的交易所内以公开竞价的形式达成的，在将来某一特定时间交收标准数量特定金融产品的协议，主要包括货币期货、利率期货和股票指数期货三种。

（3）金融期权（Financial Options）。其是指合约双方按约定价格，在约定日期内就是否买卖某种金融产品而达成的契约，包括现货期权和期货期权两大类，每类又可分为很多种类。

（4）金融互换（Financial Swaps）。其是指两个或两个以上的当事人按共同商定的条件，在约定的时间内，交换一定支付款项的金融交易，主要有货币互换和利率互换两类。

在这四类衍生产品中，金融远期合约是其他三种衍生产品的始祖，其他衍生产品均可以认为是金融远期合约的延伸或变形。这种分类是最基本、最常见的分类。

2）按照基础产品种类的不同分类

（1）股权式衍生工具（Equity Derivatives）。它是指以股票或股票指数为基础产品的金融衍生产品，主要包括股票期货、股票期权、股票指数期货、股票指数期权以及上述合约的混合交易合约。

（2）货币衍生工具（Currency Derivatives）。它是指以各种货币作为基础产品的金融衍生产品，主要包括远期外汇合约、货币期货、货币期权、货币互换以及上述合约的混合交易合约。

（3）利率衍生工具（Interest Derivatives）。它是指以利率或利率的载体为基础产品的金融衍生产品，主要包括远期利率协议、利率期货、利率期权、利率互换以及上述合约的混合交易合约。

3）按照金融衍生产品交易性质的不同分类

（1）远期类工具（Forward–based Derivatives）。在这类交易中，交易双方均负有在将来某一日期按一定条件进行交易的权利与义务，双方的风险收益是对称的。属于这一类的金融衍生产品有远期合约（包括远期外汇合约、远期利率协议等）、期货合约（包括货币期货、利率期货、股票指数期货等）、互换合约（包括货币互换、利率互换等）。

（2）选择权类工具（Option-based Derivatives）。在这类交易中，合约的买方有权根据市场情况选择是否履行合约。换句话说，合约的买方拥有不执行合约的权利，而合约的卖方负有在买方履行合约时执行合约的义务。因此，双方的权利、义务以及风险收益是不对称的。属于这一类的金融衍生产品有期权合约（包括货币期权、利率期权、股票期权、股票指数期权等），期权的变通形式——认股权证（Warrants，包括非抵押认股权证和备兑认股权证）、可转换债券（Convertibles）、利率上限（Caps）、利率下限（Floors）、利率上下限（Collars）等。

值得一提的是，上述分类并不是一成不变的。随着金融衍生产品日新月异的发展，上述的分类界限正在模糊，由两种、三种甚至更多不同种类的衍生产品及其他金融产品，经过变化、组合以及合成这几种方式创造出来的再衍生产品和合成衍生产品正在出现，使衍生产品的传统分类模糊难辨。例如，由期货和期权合约组成的期货期权（Option on Futures）；由期权和互换合成的互换期权（Swap Option）；由远期和互换合成的远期互换（Forward Swaps）等。

8.2 金融衍生产品的功能与发展

8.2.1 金融衍生产品的功能

金融衍生产品具有风险对冲和价格发现两个基本的市场功能。

1. 风险对冲功能

风险对冲功能在很多情况下也被称为套期保值，是金融衍生产品产生和存在的基础。金融衍生产品的存在使投资者能够更便捷、更高效，以更低的成本交易风险，达到风险规避、风险分散的目的。例如，交易者可以利用远期、互换、期货和期权构筑起特性不同的风险对冲头寸，以规避标的资产的价格波动风险。金融远期和期货交易可以将标的资产的未来价格锁定在当前水平上。一些金融互换（如利率互换）也可以改变资产的不确定性现金流，例如某银行可以通过利率互换将浮动利率负债转换为固定利率。期权则可以借助多样化的交易策略来管理标的资产的价格波动风险。在一定意义上，金融衍生产品可以使投资者免于在标的资产市场上进行大规模交易时所造成的市场冲击。

随着市场的深化和策略的创新，金融衍生产品的风险管理有了更为深刻的发展——金融交易者可以通过金融衍生产品将市场风险剥离，进而使投资标的资产的特质、资产投资和配置能力得到精确的表达，提升竞争能力和投资效率。

2. 价格发现功能

价格发现功能大多与集中化的交易所交易有关，是在公开、公平、高效的市场条件下，由大量交易者在有组织的、规范化的金融衍生产品交易所集中交易而产生价格的过程。价格发现功能有两个方面：一是在集中化交易中，投机者、套利者和套期保值者基于对市场的判断、对市场价差的判断开展不同形式的交易，会推动形成具有真实性、权威性、连续性和预期性的价格；二是在标的资产和金融衍生产品、不同到期时间的金融衍生产品之间形成一个动态均衡的价格体系。需要指明的是，关于金融衍生产品所具有的价格发现功能存在不同的看法，很多业界和学术界人士认为，金融衍生产品发现的是未来价格；但也有学者认为，金融衍生产品发现的是今天的价格，并非是未来的价格。

随着市场结构的创新，场外金融衍生产品市场借助于交易平台的开发、新产品的设计和信息，也具有一定的价格发现和指引作用。很多市场参与者也在不断搜集和判断场外金融衍生产品的价格方向，并将其用于交易中。在拥有共同标的资产的金融衍生产品品种上，交易者对不同市场的信息采集和共同交易使整体的金融衍生产品市场具有了新的价格发现机制。

价格发现另一途径是场外金融衍生产品和场内金融衍生产品形成的成熟的市场联系机制。各类交易者通过跨市场的交易和信息提取，可以将场内交易市场和场外交易市场价格紧密联系在一起，形成均衡价格体系。

8.2.2 金融衍生产品的发展

1. 金融衍生产品是金融风险管理的一种有效工具

1）金融风险管理的需要与金融衍生产品的产生

金融衍生产品是20世纪70年代以来国际金融创新的产物。从它产生以来，发展异常迅猛，成交量直线上升，新品种不断问世，市场范围迅速扩展。随着金融衍生产品的交易规模日益扩大，由这种交易引发的金融风险也日益增大。自20世纪90年代以来，许多大银行、大公司皆因参与这种交易而蒙受巨大的损失，甚至因此而破产的事件也屡见不鲜。1995年2月，国内外相继发生"巴林事件"和"327事件"，再到2008年全球金融风暴，不断引起人们对金融衍生产品广泛而又热烈的讨论。在这种讨论中，人们往往强调金融衍生产品的风险性，甚至将金融衍生产品看作这些灾难性事件的祸根。

这种认识是片面的。产生这种错误认识的原因，在于曲解了金融衍生产品的基本性质。从各种金融衍生产品的产生和发展中，我们可清楚地看出，它们本身并不产生任何金融风险；相反，它们是人们有效地管理各种金融风险的工具。

自20世纪70年代以来，随着布雷顿森林体系的崩溃、石油危机的冲击、通货膨胀的加剧，以及各类金融管制的放松或取消，金融风险日益增大。金融风险的日益增大，越来越严重地威胁着各类经济主体，尤其是各种金融机构的生存和发展。因此，金融风险管理显得越来越重要，人们对金融风险管理工具的需求也越来越迫切。随着人们避险需求的日益扩大，各种新的金融风险管理工具便不断地涌现出来。在这些新的金融风险管理工具中，发展得最成功、人们运用得最普遍的就是各种金融衍生产品，如金融期货、金融期权、金融互换及远期利率协议等。

金融衍生产品之所以被如此广泛地运用于各种金融风险的管理，是因为它们在金融风险管理中具有简便、有效的优点。纵观各种金融衍生产品产生的背景和发展的历程，我们可以清楚地看出，它们的产生无一不是为了迎合人们管理各种金融风险的需要；而它们的发展，又无一不以人们避险需求的扩大为主要动力。因此，就基本性质而言，金融衍生产品实际上是一种行之有效的管理金融风险的工具。

2）金融衍生产品的投机与新金融风险的引发

从各种金融衍生产品的产生和发展来看，它们似乎都有显著而又值得注意的两重性：作为一种套期保值的工具，它们原是应人们管理各种金融风险的需要而产生和发展起来的；作为一种获利性的投资工具，它们又往往给投资者带来新的、更为严重的金融风险，即由金融衍生产品的交易引发的金融风险。从目前金融衍生产品市场比较发达的国家和地区来看，它们当时建立这类市场的初衷都是为广大的投资者和生产经营者提供一种能够有效地转移或规避各种金融风险的场所。但是，与其他任何一种金融工具的交易一样，在金融衍生产品的交易中，投机也是一种不可避免的交易行为。

如何认识投机决定着金融衍生产品市场的发展，更决定着这种市场的发展对整个经济产生的影响。投机具有两重性：合法的、适度的投机是金融衍生产品市场的发展所必需的，而且是套期保值所必需的；但非法的、过度的投机是扰乱市场秩序、引发金融危机的根源。与其他各种场合的投机相比，金融衍生产品的投机最容易滑入非法和过度的境地，这是由金融衍生产品的交易具有高度杠杆性的特点决定的。

在一个比较完善的金融衍生产品市场上，应该既有套期保值者，也有投机者。套期保值者和投机者实际上是相互依存、相互制约、相互利用的交易伙伴。如果只有套期保值者，没有投机者，则套期保值者将难以找到适当的交易对手，市场也将缺乏必要的流动性。这主要是因为，人们之所以能通过金融衍生产品的交易来管理他们所面临的各种金融风险，并不是因为这种交易能从根本上消除各种金融风险，而是通过这种交易人们可以将自己所面临的金融风险转嫁给交易的对手。显然，金融风险的转嫁必须以有人愿意承担为前提。事实上，在金融衍生产品市场上，套期保值者所转嫁的金融风险中，有相当一部分是由投机者承担的。这就说明，适当的投机不仅是可以的，甚至还是必要的。但是，如果在一个金融衍生产品市场上，只有投机者而没有套期保值者，则投机的过度也许是一种必然的结果。在20世纪90年代，我国开办国债期货交易时，之所以出现如此狂热的投机，固然有很多原因，但缺乏套期保值的需要也许是其中一个不容忽视的原因。因为套期保值的需要是各种金融衍生产品市场存在的基础。如果缺乏这一基础，则金融衍生产品的投机性交易难免会陷于非法和过度的境地，这是由金融衍生产品的特点决定的。

金融衍生产品的一个最重要的特点是具有高度的杠杆性。这一特点使投机者能以小额资本从事巨额投机，从而有可能以小额资本获取巨额利润。这一高利润的强大诱惑力往往驱使一些投机者铤而走险。为追逐这一可能取得的巨额利润，他们将置巨大风险于脑后，视交易规则为儿戏，操纵市场、兴风作浪。一旦投机失误，他们将血本无归、倾家荡产。自20世纪90年代以来，因从事金融衍生产品的投机性交易而损失惨重甚至倒闭的事件层出不穷。在这些失败者中，有哪一个不是违规操作、试图操纵市场以牟取暴利的投机者？又有哪一个不是孤注一掷、不留余地的冒险者？

由此可见，金融衍生产品的投机确实容易引发金融风险。但是，只要投机被控制在合法的、适度的范围，则由这种投机引发的金融风险是有限的，这种投机对金融衍生产品市场的发展和完善，对一国经济的增长和发展都是有利而无害的。

2. 正确看待金融衍生产品交易中的金融风险管理

各种金融衍生产品本是金融风险管理的工具，它们因金融风险管理的需要而产生，因金融风险管理的日益重要而发展。而在金融衍生产品的交易中，人们之所以承受着巨大的金融风险，或者因从事这种金融衍生产品的交易而受到巨大的损失，其根源不在于金融衍生产品本身，而在于人们对金融衍生产品不适当的运用。因此，要利用金融衍生产品来管理自己所面临的种种金融风险，并避免由金融衍生产品的交易引发的金融风险，就必须严格遵循金融衍生产品的交易规则和交易制度，切实做好风险防范工作，以使金融衍生产品真正发挥金融风险管理工具的作用。具体而言，在利用金融衍生产品管理各种金融风险时，人们应该做到以下几个方面：

首先，在套期保值时，人们必须以实现保值为目标，而不能以获得意外收益为目标。我们知道，人们之所以做套期保值，是因为他们对未来市场价格的变动方向无法做出准确无误的预测。所以，套期保值的根本目的在于，通过某种金融衍生产品的交易来消除由于市场价格的不确定变动而引起的金融风险。但为了达到这一目的，人们也必须放弃市场价格的有利变动可能带来的意外收益。实际上，这正是人们为避免可能的损失而必须付出的代价。因此，如果人们在套期保值时抱有侥幸心理，既想避免可能发生的损失，又想获得可能获得的意外收益，那么他们往往在建立套期保值头寸时留有一定的缺口，从而人为地制造出一定的风险头寸。这样，当市场价格发生不利变动时，他们将不可避免地受到重大的损失。

其次，某些金融衍生产品本身存在着较大的信用风险。例如，金融互换、远期利率协议以及各种信用衍生产品都是这样的金融衍生产品。在利用这些金融衍生产品管理自己所面临的金融风险时，人们必须做好这些金融衍生产品本身的信用风险管理工作。

再次，各种金融衍生产品都有这样那样的缺陷，因此，在金融风险管理中，人们可根据它们各自的特点进行搭配运用，从而做到取长补短。这些多种不同的金融衍生产品搭配运用的办法，可在一定程度上缩小单一性的金融衍生产品的潜在的风险。目前，在国际金融市场上之所以推出大量的复合型的金融衍生产品，其主要就是出于这方面的考虑。

最后，在金融衍生产品的交易中，之所以存在着巨大的金融风险，并不是因为套期保值，而是因为投机。合法的、适度的投机是套期保值的必要条件，而且其本身的风险也是有限的；存在着巨大风险的只是其中非法的、过度的投机。因此，为了控制金融衍生产品交易的风险性，政府管理部门必须加紧立法和加强执法，对金融衍生产品市场实施严格而有效的收管，套期保值者、套利者和投机者都必须接受这些监管，严格地遵守相关的法律、法规和交易规则。

总之，只要我们切实地做好各种风险防范工作，各种金融衍生产品在金融风险管理中必将充分地发挥它的积极作用，避免它的消极作用。

由以上分析可知，各种金融衍生产品都有着明显的两重性：作为套期保值的工具，它们可以有效地管理各种金融风险；而作为获利性的投资手段，它们又通常给投资者带来严重的金融风险。因此，我们既不能片面地否定或反对金融衍生产品的存在，又不能忽视金融衍生产品的风险性。

核心概念

金融衍生产品

复习思考题

1. 论述金融衍生产品的概念及其特点。
2. 论述金融衍生产品的市场功能。

第 9 章

金融期货交易

学习目标

通过了解金融期货的概念、特点和类型，掌握金融期货交易基本原理，理解金融期货交易的套期保值策略，全面、深入地把握金融衍生产品的特性以及风险。

引导案例

美股上演一场超级逼空大戏：净空仓已经降至十二年低位

受美联储"放鸽"影响，2019年开年以来，美股已从2018年年底的暴跌中强势反弹，标普500指数更是在2019年1月创下自1987年以来最大的月度涨幅。截至2019年1月30日，空头净额占标普500指数成分股总市值比例为1.7%，正处于自2007年以来的最低水平。此前高点为2015年时的2.5%。

2019年伊始至今，市值超过10亿美元且空头净额占比最高的50只股票平均回报率达24%。2月22日（星期五），这些股票在"超越"大盘之后，表现甚至还好于罗素2000指数。与美股市场空头氛围如此浓郁相似的是，截至2月15日，高盛Prime Services数据显示，对冲基金总敞口与净敞口均接近过去两年来的最低水平。逼空之下，是市场的盛宴。标普500指数2019年以来屡创佳绩，已经涨逾10%。摩根大通策略师Nikolaos Panigirtzoglou此前认为，这一波反弹正是2018年12月的作空情绪——为即将进入一季度的股市打开了一扇机会之窗，即预期美联储对市场压力做出反应、3月放弃加息。当时，12月中旬，机构投资者一片唱空，看跌情绪四处弥漫。美股ETF SPY的空头水平升至2016年1月的高位，CTA这样的趋势追踪模型也终于转向追空，为3年来首次。但随后，美联储主席鲍威尔很快给出了市场想要的鸽派信号，市场的悲观情绪也有所改善。于是，摩根大通警告称，如果市场过度反应、迅速复苏，那么美联储反而有再次转鹰的可能。这的确会是（2019年）二季度股市的一个主要风险。

(资料来源：曾心怡. 美股上演一场超级逼空大戏：净空仓已经降至十二年低位 [EB/OL]. 华尔街见闻，2019 - 02 - 24，转自每日经济新闻网，http://www.nbd.com.cn/articles/2019 - 02 - 24/1303167.html)

9.1 金融期货概述

9.1.1 金融期货的概念、类型及其特点

1. 金融期货的概念

早期的期货合约规定的交易对象都是大豆、高粱、大米等农副产品，之后不断扩展，包括了有色金属、石油、橡胶等工业基础的原材料，它们都属于实物期货，即商品期货。金融期货则是在实物商品期货和远期交易基础上，将交易对象进一步扩展到外汇、利率和股票指数等金融商品上。这些以金融商品为期货商品的标准化合约交易，称为金融期货，它主要是为了避开金融商品风险或进行投机获利。

2. 金融期货的类型

目前，金融期货主要包括外汇期货（Foreign Exchange Futures Transaction）、利率期货（Interest Futures Transaction）和股票指数期货（Stock Index Futures Transaction）三类。

3.（金融）期货交易的主要特点

1）合约标准化

期货交易的对象是标准化的合约。标准化合约指的是除价格外，期货合约的所有条款都是预先由期货交易所规定的，具有标准化的特点。期货合约标准化给期货交易带来很大便利，交易双方不需对交易的具体条款进行协商，便于合约的流通，节约了交易成本。某种意义上，期货交易实质上是一种"虚拟交易"，交易者对期货合约上的商品本身并不感兴趣，而是利用期货合约上商品价格的波动，通过各种期货交易方式来回避风险或赚取一定的风险投资利润。

2）交易集中化

期货交易必须在期货交易所内进行。期货交易所实行会员制，只有会员才能进场交易。那些处在场外的广大客户参与期货交易，只能委托期货经纪公司代理交易。所以，期货市场是一个高度组织化的市场，并且实行严格的管理制度，期货交易最终在期货交易所内集中完成。

3）双向交易和对冲机制

双向交易是指期货交易者既可以买入期货合约并将其作为期货交易的开端（称为买入建仓），也可以卖出期货合约并将其作为期货交易的开端（称为卖出建仓），也就是通常所说的买空卖空。对冲机制是指在期货交易中大多数交易者并不通过合约到期时进行实物交割来履行合约，而是通过进行与建仓时方向相反的交易来解除履约责任。具体地，就是买入建仓之后可以通过卖出相同合约的方式来解除履约责任，卖出建仓后可以通过买入相同合约的方式来解除

履约责任。交易者通过这种相反的交易回避风险,或赚取价差,获得风险利润。

4) 保证金交易与杠杆机制

为了能够履行合约,期货交易实行保证金制度,即期货交易的参与者必须首先在其所属的期货经纪公司开立账户,存入一定数量的初始保证金,然后按照初始保证金的数量要求开始期货交易。由于交易者在进行期货交易时只需缴纳少量的保证金(一般为成交合约价值的 5% ~ 10%),就能完成数倍乃至数十倍的合约交易,因而期货交易具有以少量资金就可以进行较大价值额的投资的特点,这一特点被形象地称为杠杆机制。期货交易的这种特点吸引了大量投机者参与期货交易。期货交易的杠杆机制使期货交易具有高收益、高风险的特点。

例如,当保证金比率为 10% 时,买入期货合约后,若期货合约价格上涨 10%,那么交易者的投资收益率将达到 100%。与高收益对应的是高风险;如果买入期货合约后,期货合约价格下降 10%,则交易者的投资损失将达到 100%。保证金比率越低,期货交易的杠杆作用就越大,高收益、高风险的特点就越明显。

5) 每日无负债结算制度

期货交易实行每日无负债结算制度,也就是在每个交易日结束后,对交易者当天的盈亏状况进行结算,在不同交易者之间根据盈亏进行资金划转,如果交易者亏损严重,保证金账户资金不足,则要求交易者必须在下一日开市前追加保证金,以做到每日无负债,否则将被强行平仓,以保证期货市场的正常运转。

【例 9 - 1】假设在 2012 年 4 月 23 日(星期一),一位投资者委托 A 经纪公司在 CME 买入两份当年 6 月份的加拿大元期货合约(合约单位为 100 000 加拿大元),初始保证金 USD 900/份;维持保证金 USD 700/份。经纪公司会要求投资者先建立一个保证金账户,缴纳两份合约的初始保证金 USD 1 800。在每一交易日结束时,经纪公司会对该投资者的保证金账户进行调整,以反映当天价格变化给投资者带来的损益。如果价格发生有利变动,则投资者可以随时提走保证金账户中超过初始保证金的部分;相反,若价格发生不利变动,则要扣减保证金。

该投资者建仓时 6 月份的加拿大元期货价格为 CAD 1 = USD 1.008 9,到 4 月 27 日,该投资者以 CAD 1 = USD 1.019 2 的价格平仓,其保证金账户余额变化情况如表 9 - 1 所示。

表 9 - 1　某投资者保证金账户　　　　　　　　单位:美元

日期	期货价格	当日损益	累计损益	保证金余额	追加保证金
4 月 23 日	1.008 9 1.006 8	-420	-420	1 800 1 380	420
4 月 24 日	1.010 2	680	260	2 480	—
4 月 25 日	1.016 1	1 180	1 440	3 660	—
4 月 26 日	1.015 7	-80	1 360	3 580	—
4 月 27 日	1.019 2	700	2 060	4 280	—

注:第一次盯市发生在期货合约的当天,即 4 月 23 日的收盘时刻。逐日盯市一直到合约平仓日,即 4 月 27 日。在表 9 - 1 第二栏(期货价格)中,除第一行(建仓价)和最后一行(平仓价)外,期货价格均为当日结算价

9.1.2 金融期货定价的基本原理

金融期货的定价主要有两种方法：一是通过远期合约的定价原理来推算金融期货合约的价格；二是根据持有成本理论来确定金融期货的理论价格。实际上，这两种看似大不相同的方法往往得出比较接近甚至完全相同的结果。所以，在本节中，我们将依次分析和比较这两种定价方法。然后，将这两种方法分别运用于各类金融期货的定价。

9.1.2.1 由远期价格推导期货价格

尽管远期交易与期货交易有许多不同点，但在金融期货的定价中，我们可根据远期合约的定价来推导出期货合约的价格。之所以如此，是因为在期货合约与远期合约的到期日相同、无风险利率一定的条件下，这两种合约的价格是比较接近的。同时，与期货交易不同，在远期交易中没有逐日结算的过程，而只是在到期日才发生现金的收付。所以，与直接对期货合约定价相比，远期合约的定价比较简单。

1. 连续复利的概念

根据定义，远期交易是指交易双方在成交时确定一个价格，并约定于未来某日期以此确定的价格交割一定数量的某种商品。很显然，这种交易方式意味着价格的确定在现在，而实际交割在未来。因此，在确定这一未来交割价格（即远期价格）时，还必须考虑货币的时间价值。而为了考虑货币的时间价值，并以此说明远期价格的决定，我们首先必须明确地了解复利、贴现等概念，尤其要准确地理解连续复利这一概念。

我们知道，利息的计算有单利与复利之分。所谓单利，是指只根据期初本金、期限及利率计算利息，加上本金，即为本息之和。例如，设本金为 A，年利率为 R，期限为 n，则根据单利计算，期末本息之和为

$$A(1+R \cdot n) \tag{9-1}$$

复利又称利滚利，是指依次将上期所得的利息加入本金后再计算利息。例如，设本金为 A，年利率为 R，投资期限为 n，每年计息次数为 m，则 n 年复利后的终值（即 n 年后的本息之和）为

$$A\left(1+\frac{R}{m}\right)^{mn} \tag{9-2}$$

在每年计息一次（即 $m=1$）的情况下，n 年复利后的终值为

$$A(1+R)^n \tag{9-3}$$

若每年计息两次（即 $m=2$），则 n 年复利后的终值为

$$A\left(1+\frac{R}{2}\right)^{2n} \tag{9-4}$$

若每年计息无数次（即 m 趋于无穷大），则 n 年复利可称为连续复利，其终值为

$$Ae^{Rn} \tag{9-5}$$

在式（9-5）中，e 为自然对数的底数的近似值，即 2.718 28。

【例 9-2】 设 $A=100$ 元，$n=5$，$R=8\%$，则在单利计息时，5 年后的本息之和为

$$100 \times (1+0.08 \times 5) = 140 \text{（元）}$$

而在连续复利计息时,5 年后的终值为

$$100e^{0.08 \times 5} = 149.18 \text{（元）}$$

可见,复利计息比单利计息更能反映货币的时间价值,而连续复利尤其如此。所以,在分析远期价格和期货价格的决定时,我们将运用连续复利的方法。

2. 远期价格的决定

在分析远期价格的决定时,必须考虑以下三种不同的情况:一是标的资产在有效期内并不支付任何收益,如不支付红利的股票及零息票债券;二是标的资产在其有效期内将支付现金收益,且这一收益为已知,如支付已知红利的股票及规定息票利率的债券;三是标的资产在其有效期内将支付已知的收益率,如货币和股价指数等。

1) 无收益资产的远期价格

这里所谓的无收益资产,并不意味着投资者投资于这些资产没有任何实际的收益,而只是在投资期间,这些资产本身并不提供任何现金收益。例如,有些不支付红利的股票,投资者在持有期间虽然没有取得任何红利收益,但是如果这些股票价格上涨,则投资者可通过低价买进、高价卖出而获得资本收益。又如,有些贴现发行的债券,投资者以低于面值的价格买进,而到期时按面值得到偿还。因此,在持有这些债券期间,投资者虽然没有利息收入,但他们实际上已取得了买入价与卖出价之间的差价收益。

在标的资产有效期内不支付任何收益的情况下,远期价格可通过如下公式求得,即

$$F = Se^{rT} \tag{9-6}$$

式中,F 为远期价格;S 为标的资产的即期价格;T 为折算为年的远期合约的期限;r 为无风险年利率。

【例 9 - 3】 有一种不支付任何收益的股票,即期价格为 20 美元,以该股票为标的资产的远期合约的期限为 3 个月,3 个月的无风险年利率为 5%。这样,根据式（9-6）,即可计算出以该资产为标的物的远期价格为

$$F = 20e^{0.05 \times 0.25} = 20.25 \text{（美元）}$$

这一价格是一个无套利机会的远期价格。如果实际的远期价格高于 20.25 美元,如为 22 美元,则套利者将以 5% 的利率借入 20 美元,买进股票,以 22 美元的价格作 3 个月期远期合约的空头。3 个月后,其可通过交割远期合约取得 22 美元,偿还借款本息 20.25 美元。于是,其通过这一套利可获利 1.75 美元。反之,如果实际的远期价格低于 20.25 美元,如为 19 美元,则套利者将以 20 美元的价格卖空股票,将所取得的资金用于投资。与此同时,他又以 19 美元的价格买进 3 个月期的远期合约。3 个月后,他卖空股票的资金,通过 5% 的连续复利,得到 20.25 美元,而他交割远期合约只支付了 19 美元。于是,他通过这一套利可获利 1.25 美元。所以,理论上,无收益资产的远期价格应等于即期价格在连续复利情况下进行无风险投资所得到的本息和。

2) 有已知现金收益的标的资产的远期价格

如果标的资产有已知的现金收益,则在无套利机会的条件下,即期价格应等于已知现金收益与远期价格的现值之和,用公式计算为

$$S = I + Fe^{-rT} \tag{9-7}$$

通过对式 (9-7) 的简单变换,即可得到在标的资产有已知现金收益条件下的远期合约的定价公式为

$$F = (S - I) e^{rT} \quad (9-8)$$

式中,I 表示标的资产已知的现金收益的现值。

为了更明确地理解这一定价公式,我们现举一个简单的例子来加以说明。

【例 9-4】假设某附息票债券的剩余期限为 10 年,面值为 1 000 美元,当前市场价格为 920 美元,息票利率为 10%,每年付息两次,每次付息 50 美元。某投资者买进一份以该债券为标的资产、期限为一年的远期合约。该远期合约意味着投资者将在一年后买进 9 年后到期的债券。在买进远期合约后,该债券将在 6 个月后支付 50 美元利息,12 个月后再支付 50 美元利息。其中,12 个月后支付利息发生于远期合约交割前一天。我们再假设 6 个月期和 12 个月期连续复利的无风险年利率分别为 8% 和 10%。

很显然,如果投资者以 920 美元的市场价格买进债券,则在今后一年中,他因持有债券而在 6 个月后和 12 个月后各收到 50 美元利息。因此,这一已知的现金收益的现值应构成即期价格的一部分。然而,在本例中,我们假设投资者买进 1 年期的远期合约,则在交割前,投资者因并不持有债券而得不到一年内所支付的两次利息。因此,这一已知的现金收益的现值必须从即期价格中扣除,再通过连续复利计算出理论上的远期价格。

由以上假设,我们可算出一年内支付的两次利息的现值为

$$I = 50e^{-0.08 \times 0.5} + 50e^{-0.1 \times 1} = 93.28 \text{(美元)}$$

根据式 (9-8),可得到上述远期合约的理论价格为

$$F = (920 - 93.28) e^{0.1 \times 1} = 913.67 \text{(美元)}$$

反之,如果已知 1 年期远期价格及一年内的现金收益,则可算出该标的债券的即期价格,即

$$S = 93.28 + 913.67 e^{-0.1 \times 1} = 920 \text{(美元)}$$

由此可见,在无套利机会的条件下,本例中的远期价格应为 913.67 美元。如果实际的远期价格高于 913.67 美元,如为 915 美元,则套利者将借入 920 美元,购买一张债券(在持有债券期间可收取利息),同时以 915 美元的价格卖出一份远期合约;反之,如果实际的远期价格低于 913.67 美元,如为 910 美元,则套利者将以 920 美元的价格卖空一张债券,并以所得资金用于投资,同时以 910 美元的价格买进一份远期合约。不难证明,这两种套利策略均可使套利者获取利润。

3) 已知收益率的标的资产的远期价格

有些远期合约的标的资产并没有已知的现金收益,但有一个已知的红利收益率。在持有标的资产期间,投资者可按资产价格和已知的红利收益率取得收益。

在实践中,红利收益并非连续支付,但在某些情况下,特别是在分析远期价格的决定时,连续支付的假设更符合实际。假设远期合约的标的资产连续提供的红利收益率为 y,则远期价格可用公式表示为

$$F = Se^{(r-y)T} \quad (9-9)$$

与上述两种情况一样,式 (9-9) 计算的乃是无套利机会的远期价格,这是一个均衡

价格。如果实际的远期价格高于或低于这一均衡的远期价格，则会产生无风险的套利机会。具体地，若 $F > Se^{(r-y)T}$，则套利者将买入股票而卖出远期合约，以获取收益；反之，若 $F < Se^{(r-y)T}$，则套利者将买入远期合约而卖出股票，同样可获取收益。

【例 9-5】 一份 3 个月期的远期合约，其标的资产是一种股票。该股票的价格为 30 美元，预期可提供年率为 5% 的连续红利收益率，无风险年利率为 8%。于是，根据式（9-9），可知其远期价格为

$$F = 30e^{(0.08-0.05)\times 0.25} = 30.23 \text{（美元）}$$

值得指出的是，如果在远期合约的有效期内，标的资产的红利收益率发生变动，则只要将 y 设定为远期合约有效期内的平均红利收益率，上述公式依然能够成立。

3. 期货价格与远期价格的关系

远期价格是否等于或近似于期货价格，应视具体情况。理论上，若无风险利率一定，且远期合约与期货合约的到期日也一定，则远期价格将等于或接近于期货价格。然而，在一般情况下，无风险利率并不一定，而且人们很难对它的变动做出准确的预测。于是，远期价格与期货价格可能有一定的差异。这是因为，期货交易实行逐日结算制度，远期交易却并不实行这一制度。在利率变动时，标的资产的价格往往随之而变动。如果利率上升，标的资产的价格也上涨，则期货的多头将获利，并可将此获利的部分用于再投资。在利率上升的情况下，这种再投资可获得较多的收益。于是，期货价格将高于远期价格。反之，如果利率上升，标的资产价格却下跌，则期货的多头将受到损失。于是，期货价格将低于远期价格。

期货价格与远期价格是否相等或相近，还要看期货合约与远期合约的期限长短。如果两种合约的期限很短（如仅有几个月），则期货价格与远期价格即使有差异，这一差异也将很小，因而可以忽略不计。于是，期货价格与远期价格将比较接近，甚至完全相等。但是，如果两种合约的期限很长（如长达 10 年之久），则期货价格与远期价格的差异将会很大。所以，只要期货合约与远期合约的期限较短，即可用远期合约的定价方法来为期货合约定价。不难看到，在实践中，大多数期货合约和远期合约的期限都较短。因此，用远期合约的定价方法对期货合约进行定价有一定的准确性。

除了以上所述因素外，在现实中，还有许多因素会影响期货价格与远期价格的关系，这些因素主要包括税收、交易成本、保证金、流动性及违约风险等。例如，期货交易实行保证金制度，而远期交易并不实行这一制度。对于交易者而言，缴纳保证金将增加其交易成本。这一因素自然也会引起期货价格与远期价格的差异。不过，这些因素及其对期货价格的影响是可以预见的。所以，如果我们在确定了一定期限的远期价格后，再将这些因素加以考虑，就可得出比较准确的、相应期限的期货价格。正是由于远期价格与期货价格有着如此密切的关系，因此在本节中，有时将 F 定义为远期价格，而有时又将它定义为期货价格。

9.1.2.2 持有成本与金融期货的理论价格

金融期货定价的另一种理论是持有成本理论。为了明确地认识持有成本与金融期货价格的关系，我们必须先从分析基差的概念入手。在期货交易中，基差是一个较常用且重要的概念。简单地说，基差（Basis）是指现货价格与期货价格之差。

对各种金融期货而言,基差由两部分构成:一是理论基差;二是价值基差。所谓理论基差(Theoretical Basis),是指金融工具的现货价格与金融期货的理论价格之间的差额;所谓价值基差(Value Basis),是指金融期货的市场价格与金融期货的理论价格之间的差额。理论基差来源于持有成本,价值基差则来源于人们对金融期货价格的高估或低估。所以,在正常情况下,理论基差在期货合约到期前必然存在,而价值基差在期货合约到期前却未必存在。相反,在市场处于均衡的条件下,价值基差必然为零。

那么,什么是持有成本呢?所谓持有成本(Cost of Carry 或 Carry),是指投资者为持有现货金融工具,至期货合约到期日所必须支付的净成本。

一般地,人们持有现货金融工具,可取得相应的收益(如持有股票可取得红利、持有债券可取得利息等)。但为了购买并持有现货金融工具,人们又必须付出相应的融资成本。因此,所谓持有成本,就是人们因持有现货金融工具而取得的收益减去因购买并持有现货金融工具而付出的融资成本后所得的差额。例如,以 C 表示持有成本,以 S 表示现货金融工具的价格,以 y 表示人们持有现货金融工具而取得的收益率(以年率表示),以 r 表示人们为买进并持有现货金融工具而支付的融资利率(也以年率表示),以 t 表示持有现货金融工具的天数(即期货合约距到期日的天数),则

$$C = S(y-r)t/360 \tag{9-10}$$

可见,在 y 高于 r 时,C 为正数;而在 y 低于 r 时,C 为负数。若 C 为正数,则说明人们在持有现货金融工具期间所得的收益多于他们所付的融资成本;若 C 为负数,则说明人们在持有现货金融工具期间所得的收益还不足以抵补其支付的融资成本。所以,从反映的内容来看,正的持有成本实际上是一种持有收益;而只有负的持有成本才是一种真正的持有成本,它反映了融资购买现货金融工具的利息支出超过这一现货金融工具所产生的收益部分。

如上所述,持有成本的大小决定着理论基差的大小,理论基差则代表金融现货价格与金融期货的理论价格的差额。所以,当我们已知持有成本和金融现货价格时,即可求得金融期货的理论价格。

设 S 为金融现货价格,F 为金融期货的理论价格,B 为基差,则

$$B = S - F \tag{9-11}$$

在市场均衡条件下,即在价值基差为零、金融现货与金融期货之间无任何套利机会的条件下,基差正好等于持有成本,即

$$B = C \tag{9-12}$$

代入得

$$S(y-r)t/360 = S - F \tag{9-13}$$

移项并整理,得

$$F = S[1 + (r-y)t/360] \tag{9-14}$$

由此可见,金融期货的理论价格应等于金融现货价格加上合约到期前持有标的资产的融资净成本(即融资成本减去现货资产的收益)。由于融资净成本恰为上述持有成本的相反数,所以当持有成本为正值时,融资净成本为负值,因而金融期货的理论价格必低于金融现

货价格；反之，当持有成本为负值时，融资净成本为正值，因而金融期货的理论价格必高于金融现货价格。

持有成本的正、负，取决于现货金融工具的收益率和融资利率的对比关系。而在现货金融工具的收益率、金融现货价格及融资利率都一定的条件下，持有成本的绝对值将取决于投资者持有现货金融工具的时间。所以，在现货金融工具的价格一定时，金融期货的理论价格将取决于现货金融工具的收益率、融资利率及持有现货金融工具的时间，如图 9-1 所示。

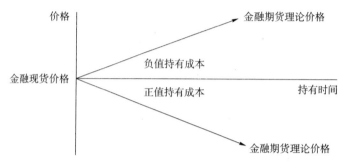

图 9-1 持有成本与金融期货的理论价格

9.1.2.3 套利与金融期货的理论价格

由以上分析可知，金融期货的理论价格是在市场均衡条件下形成的。但在现实生活中，市场并不总是均衡的。在市场不均衡时，金融期货的市场价格往往与其理论价格不一致。也就是说，实际的市场价格与理论价格有一定的偏差。但是，在一般情况下，这种偏差是有限的，且是暂时的。之所以如此，是因为在金融期货市场上，套利者总是千方百计地寻觅各种套利机会，并通过频繁的套利交易而获取无风险的利润。套利者的套利活动在主观上以获利为目的，在客观上却促使金融期货的市场价格与其理论价格趋于一致。

一般地，当金融期货的市场价格偏离其理论价格达到一定程度时，套利者将通过现货 - 持有套利或反向的现货 - 持有套利来获取其间的价差收益。

所谓现货 - 持有套利（Cash and Carry Arbitrage），是指投资者在买进现货金融工具的同时，卖出以该金融工具为标的物的期货合约。当期货合约到期时，投资者可以其持有的现货金融工具实现交割。为买进现货金融工具，投资者必须从货币市场借入资金，并因此而支付相应的融资成本。但在持有此现货金融工具期间，投资者也将获得一定的收益。所以，当借入资金所支付的融资成本小于现货金融工具所产生的收益时，也就是说，当持有成本为一正值时，理论期货价格必低于现货价格，且等于现货价格与持有成本之差。如果实际期货价格恰等于此理论期货价格，则套利机会并不存在；如果实际期货价格高于这一理论期货价格，则套利机会存在。套利者将从事现货 - 持有套利，以获取无风险的利润。之所以说这是一种无风险的利润，是因为在从事这一套利交易时，实际期货价格与理论期货价格之间的价格差是客观存在的，而投资者卖出期货合约，实际上又为其买进并持有的现货金融工具做了套期保值，从而使价格变动的风险得以避免。所以，在忽略交易成本和其他特殊情况的条件下，只要实际期货价格继续高于理论期货价格，则这种现货 - 持有套利也将继续进行下去。但这种现货-持有套利的结果是增加现货金融工具的买进,同时增加相关期货合约的卖出。于是,现货金融工具的价格将上升,而相关期货合约的价格将下跌。也就是说,基差将扩大。当实际期货价格等于现货价格与持有成本之差时,换言之,当基差等于持有成本时,无风险的套利机会即消失,现货-持有套利也就停止,而此时的实际期货价格也就等于理论期货价格。

与上述情形相反,如果借入资金所支付的融资成本小于现货金融工具所产生的收益,实际期货价格低于理论期货价格(即低于现货价格与持有成本之差),则投资者将买进期货合约,卖出现货金融工具,并将所得资金用于短期贷放。这种套利交易与上述的现货-持有套利正好相反,故被称为反向的现货-持有套利(Reverse Cash and Carry Arbitrage)。这种反向的现货-持有套利将提高期货价格,降低现货价格,从而使基差缩小。当实际期货价格等于现货价格与持有成本之差时,基差等于持有成本。此时,反向的现货-持有套利也将停止,而此时的实际期货价格就是理论期货价格。

以上所述的两种情况有一个共同的特点,即借入资金所支付的融资成本小于现货金融工具产生的收益。也就是说,持有成本为一正值。在持有成本为正值时,理论期货价格为现货价格与此正值持有成本之差。与此相反,如果借入资金所支付的融资成本大于现货金融工具产生的收益,即持有成本为一负值,则理论期货价格即为现货价格与此负值持有成本之差,或为现货价格与此负值持有成本的绝对值之和。所以,在持有成本为负值时,理论期货价格必高于现货价格。同样,如果实际期货价格高于理论期货价格,则投资者将做现货-持有套利,其结果将使现货价格上升、期货价格下降,从而使基差扩大(因此时的基差为一负值,故基差扩大即表示此负值基差的绝对值缩小,或负值基差变为正值基差);相反,如果实际期货价格低于理论期货价格,则投资者将做反向的现货-持有套利,其结果将使期货价格上升、现货价格下降,从而使基差缩小(即负值基差的绝对值扩大,或正值基差变为负值基差)。

可见,现货-持有套利和反向的现货-持有套利也可用预期基差的变动来加以说明。如果预期基差将扩大,则做现货-持有套利;如果人们预期基差将缩小,就做反向的现货-持有套利。正因如此,现货-持有套利与反向的现货-持有套利通常被合称为基差交易(Basis Trading)。基差交易既有利于理论期货价格的形成,也有利于缩小实际期货价格与理论期货价格的偏差,如表9-2所示。基差交易的这一作用在金融期货交易中,尤其是在长期利率期货交易中可得到最充分的体现。

表9-2 套利与理论期货价格的形成

项目	实际期货价格>理论期货价格	实际期货价格<理论期货价格
融资成本<现货收益	买进现货,卖出期货	买进期货,卖出现货
融资成本>现货收益	买进现货,卖出期货	买进期货,卖出现货

9.1.2.4 基差收敛与金融期货价格的决定

由以上分析可知,在均衡条件下,金融期货的理论价格取决于以下三个因素:一是标的资产的现货价格；二是持有成本及由此而决定的基差；三是期货合约的剩余期限。在期货合约到期之前，由于持有成本的存在，基差也存在，因而期货价格与现货价格不同。但是，随着期货合约到期日的临近，基差将越来越小，期货价格与现货价格将越来越接近。而在到期日，基差将趋于零，期货价格将等于现货价格。这就是基差收敛的特征。

与普通商品期货不同，金融期货的仓储费、运输费和保险费一般都很低，基本上可以忽略不计。因此，金融期货的持有成本实际上只由两个因素决定：一是为购买并持有现货金融商品而支付的融资成本；二是因持有现货金融商品而取得的收益。在金融期货到期时，这两个因素都不复存在，即持有成本不复存在。由于在均衡条件下，基差仅由持有成本决定，既然持有成本不复存在，则基差自然为零。

根据基差收敛的这一特征，人们提出了另一种有关金融期货定价的理论，认为：金融商品的远期价格或期货价格应是市场预期的、未来某日期（远期合约或期货合约的到期日）的现货价格。实际上，早在1930年，凯恩斯在《货币论》一书中就已提出了这一理论。

为了说明这一理论，我们假设 F_0 为现行的期货价格，S_T 为期货合约到期时标的物的现货价格，则上述理论可以用公式表示为

$$F_0 = E(S_T) \tag{9-15}$$

式中，$E(S_T)$ 表示市场对期间 T（期货合约到期日）标的物的现货价格的预期值。如果这一等式能够成立，则市场将处于均衡状态。在这种均衡状态下，投机者在期货市场上将既无盈利也无亏损。也就是说，他们从事期货市场的投资只能取得相当于无风险利率的收益率。这一理论的支持者认为，只要大多数投机者都具有理性，这一等式就一定能成立，其论据在于：如果大多数交易商预期在到期日的现货价格高于现行的期货价格，那么他们就会买进期货，结果导致期货价格上涨；相反，如果大多数交易商预期未来的现货价格低于现行的期货价格，那么他们就会卖出期货，结果导致期货价格下降。因此，能导致均衡的唯一价格，就是现行的期货价格等于市场预期的到期日的现货价格。

在金融期货的定价理论中，上述预期理论是一个颇有争议的理论。首先，预期理论只考虑了投机，而未考虑套利。有人认为，即使现行的期货价格等于预期的现货价格，也可能存在套利机会，而套利将对现行的期货价格产生一定的影响。其次，持有期货部位的投机者将承受一定的风险，因此，他们所要求的回报率将高于无风险利率，而不是如预期理论所述的那样，投机者只能取得等于无风险利率的回报率。最后，这一理论显然意味着现行的期货价格将完全决定于人们对未来现货价格的预期，但人们要对未来的现货价格，尤其是对较长期限的现货价格做出比较准确的预期，事实上是很困难的，甚至是完全不可能的。

由此可见，与上述的由远期价格推导期货价格的方法和持有成本理论相比，这一基于预期的定价理论将受到较多的质疑。它究竟是否正确，取决于很多比较复杂的因素，但其中主要的因素是合约的期限、市场的效率和投资者的理性程度。

在现实中，由于各种金融期货都有着自身的特殊性，因此在应用这些基本原理对某种具体的金融期货进行定价时，还需充分地考虑到各种金融期货的具体特征。

9.2 货币期货

9.2.1 货币期货的含义及其特点

从概念上说,货币期货就是在期货交易所里,交易双方通过经纪公司(或经纪人代理)和公开竞价,依据事先约定的汇率买入或卖出未来日期的标准化外汇期货合约交易。货币期货的基础资产是一定量的、可以自由兑换的外国货币,因此通常称它为外汇期货。外汇期货的价格就是外汇汇率。货币期货是首先推出的金融期货品种。早在1972年,美国芝加哥商业交易所就推出了第一份外汇期货交易。目前,外汇期货交易中的外币主要有美元、英镑、日元、欧元、加拿大元、瑞士法郎等,交易工具是标准化的外汇期货合约。货币期货合约的价格一般都是以美元等储备货币进行结算的。货币期货推出后,深受市场的欢迎,澳大利亚、加拿大、荷兰、新加坡、英国、日本等国家也纷纷效仿,货币期货连续多年保持着旺盛的增长势头。但随着2000年欧元的逐步流通,奥地利、比利时、德国、希腊、法国、芬兰、爱尔兰、意大利、卢森堡、荷兰、葡萄牙、西班牙12国的货币被欧元替代,外汇市场的交易品种减少,货币期货的交易量也有所下降。

由于不同币种的外汇期货合约的内容、数量、标准略有不同(见表9-3~表9-5),美元与其他币种的汇率都存在变化,因此不同币种、相同币种、不同期限、相同期限的外汇期货合约的价格会不同,也就是外汇市场汇率的不确定性变动可能会使投资者遭受损失(即外汇风险或汇率风险)。预期汇率的波动,要从影响汇率变化的因子进行判断分析,做好外汇风险的防范工作。例如,要及时掌握该国国际收支顺差或逆差、政府和央行的经济政策、政治因素以及突发性新闻等。只有如此,才可以较为稳妥地转移商业性、金融性汇率风险。

表9-3 CME中货币期货币种一览表[①]

以美元标价的货币期货		交叉汇率期货	
AUD/USD	BRL/USD	AUD/CAD	EUR/JPY
CAD/USD	HUF/USD	AUD/JPY	EUR/NOK
CHF/USD	ILS/USD	AUD/NZD	EUR/SEK
EUR/USD	KRW/USD	CAD/JPY	GBP/JPY
GBP/USD	MXN/USD	CHF/JPY	GBP/CHF
JPY/USD	PLZ/USD	EUR/AUD	CZK/EUR
NOK/USD	RMB/USD	EUR/GBP	HUF/EUR
NZD/USD	RUB/USD	EUR/CAD	RMB/EUR
SEK/USD	ZAR/USD	EUR/CHF	RMB/JPY
CZK/USD	—		

---

① 资料来源:http://www.cmegroup.com/trading/fx/。

表9-4　CME中主要货币期货的合约单位

合约币种	合约单位	合约币种	合约单位	合约币种	合约单位
AUD/USD	100 000	NOK/USD	2 000 000	KRW/USD	125 000 000
CAD/USD	100 000	SEK/USD	2 000 000	MXN/USD	500 000
CHF/USD	125 000	CZK/USD	4 000 000	PLZ/USD	500 000
EUR/USD	125 000	BRL/USD	100 000	RMB/USD	1 000 000
GBP/USD	62 500	HUF/USD	30 000 000	RUB/USD	2 500 000
JPY/USD	12 500 000	ILS/USD	1 000 000	ZAR/USD	500 000
NZD/USD	100 000	—	—	—	—

表9-5　CME活跃币种规格表

币种	交易单位	最小变动价位	每日价格波动限制
欧元	125 000 欧元	0.000 1 每合约12.50美元	200点 每合约2 500美元
日元	12 500 000 日元	0.000 001 每合约12.50美元	150点 每合约1 875美元
加拿大元	100 000 加拿大元	0.000 1 每合约10美元	100点 每合约1 000美元
瑞士法郎	125 000 瑞士法郎	0.000 1 每合约12.50美元	150点 每合约1 875美元
英镑	62 500 英镑	0.000 2 每合约12.50美元	400点 每合约2 500美元
墨西哥比索	500 000 比索	0.000 025 每合约12.50美元	200点 每合约1 000美元
澳元	100 000 澳元	0.000 1 每合约10美元	150点 每合约1 500美元

【例9-6】假设某年9月9日美国某公司将在3个月后获得50万加拿大元的外汇收入。当时,外汇市场即期汇率为 USD 1 = CAD 1.600 0（或 CAD 1 = USD 0.625 0）,则50万加拿大元可兑换312 500美元。该公司一致认为,3个月后加拿大元不太可能升值,贬值机会较大,到时加拿大元兑换成美元将比签约时少,存在着商业性汇率风险。

在上述情况下,该公司决定利用外汇期货交易,转移加拿大元汇率下跌风险。于是,该公司采取先卖后买的平仓对冲策略,先卖出4张3月期的加拿大元期货合约（每张加拿大元期货合约规定标准金额为125 000 加拿大元）,4张期货合约的金额正好与出口所得的外汇收入50万加拿大元相等,也就是在期货市场上以 CAD 1 = USD 0.670 0 的远期汇率成交,售出价格为335 000美元。

---

① 资料来源:http://www.cmegroup.com/trading/fx/。

到了 12 月 8 日，外汇市场加拿大元果然贬值，即期汇率为 USD 1 = CAD 1.690 0。至此，若外汇期货与现货市场价格呈一致方向变动，则 CAD 1 = USD 0.620 0。该公司如果立即在外汇期货市场上买入 4 张加拿大元期货合约，则当时期货汇率成交价格为 0.620 0 × 125 000 × 4 = 310 000（美元）。此时，在期货市场上，其由于先高卖后低买，将会盈利（335 000 - 310 000）25 000（美元）。

到 12 月 9 日，该公司已经获得 50 万加拿大元的外汇收入，此时按当日即期汇率 USD 1 = CAD 1.700 0（或 CAD 1 = USD 0.588 2）计算，50 万加拿大元可折算成 294 116 美元。这笔外汇收入比 3 个月前减少（312 500 - 294 116）18 384 美元，即在现货市场上亏损 18 384 美元。

于是，在外汇期货市场与现货市场的操作中，盈亏相抵后，仍赚（25 000 - 18 384）6 616 美元；尽管这笔盈利还要扣除交易中的手续费和佣金费，但该公司仍然达到了外汇期货交易的目的。

需要注意的是，在 12 月 8 日合约到期日前，如果外汇市场加拿大元升值，USD 1 = CAD 1.550 0（或 CAD 1 = USD 0.645 0），外汇期货与现货市场价格呈反向变动，CAD 1 = USD 0.680 0，则按此期货汇率买入 4 张加拿大元期货合约，需要（0.680 0 × 125 000 × 4）340 000 美元，则在期货市场上将亏损（340 000 - 335 000）5 000 美元。这表明，只有外汇期货价格与即期汇率的变动方向一致时，外汇期货才可用作套期保值。

外汇期货交易在预期没有失误的情形下，利用外汇期货合约的价格差额，能够转移风险，并从中获利。

9.2.2 货币期货套期保值

货币期货套期保值是交易者在期货市场上先买后卖（或先卖后买），并立即在现货市场进行与上述相反操作的外汇交易。这样，在汇率发生变动时，交易者可以用其中一个市场的盈利去抵销另一个市场的亏损，从而达到保值的目的。从交易方法看，先买后卖外汇期货合约称为多头套期保值；反之，先卖后买外汇期货合约称为空头套期保值。

1. 多头套期保值

多头套期保值（Long Hedge）也称买入套期保值，是指通过期货市场买入期货合约以防止因现货价格上涨而遭受损失的行为。用货币期货交易来进行多头套期保值，主要是为对冲将来现汇汇率上涨而给外汇债务带来的损失，多为进口商和外币融资者使用。具体做法是：预计未来将要在现汇市场购买某种货币，为防范该种货币汇率上涨的风险，则先于期货市场购买相应的货币期货合约，处于多头地位；等到在现汇市场购买现汇时，再对之前买进的货币期货合约进行对冲（即出售相应的货币期货）。通过货币期货多头交易，交易者可以降低因现汇汇率上涨而给所承担的外汇债务带来的损失。

【例 9 - 7】日本某出口公司 4 月 1 日向美国出口一批电器，价值 300 万美元，2 个月后收回货款。为避免美元贬值，该公司决定进行套期保值。4 月 10 日的即期汇率为 138.80 日元/美元。在期货市场上，该公司买入 33 份 6 月期的日元期货合约（3 000 000 美元 × 138.80 日元/美元 ÷ 12 500 000 日元 ≈ 33），价格为 0.007 204 美元/日元。2 个月后，美元果然贬值。交易过程如表 9 - 6 所示。

表9-6 多头套期保值操作过程

即期市场（现汇市场）	期货市场
4月10日 当日即期汇率为138.80日元/美元 300万美元价值4.164 0亿日元	4月10日 买入33份6月期的日元期货合约，每张金额为12 500 000日元，价格为0.007 204美元/日元，总价值为2 971 650美元
6月10日 当日即期汇率为135.50日元/美元 300万美元价值4.065 0亿日元	6月10日 卖出33张6月期的日元期货合约，价格为0.007 380美元/日元，总价值为3 044 250美元
损失9 900 000日元	获利72 600美元（价值9 837 300日元）
结果：损失9 900 000 - 9 837 300 = 62 700（日元）（价值462.73美元）	

该公司在即期市场上损失9 900 000日元，在期货市场上获利72 600美元，价值9 837 300日元。由于做了套期保值，即期市场上的大部分损失可由期货市场上的盈利来弥补。当然，若6月10日的美元升值，则即期市场上获利的好处将被期货市场的损失大致抵销。

2. 空头套期保值

空头套期保值（Short Hedge）又称卖出套期保值，是指通过期货市场卖出期货合约来防止因现货价格下跌而造成损失的行为。用货币期货交易来进行空头套期保值，主要是为对冲将来现汇汇率下跌而给外汇资产带来的损失，多为出口商和对外投资者使用。具体做法是：预计未来将要在现汇市场出售某种货币，为防范该种货币汇率下跌的风险，则先于期货市场出售相应的货币期货合约，处于空头地位；等到在现汇市场出售现汇时，再对之前售出的货币期货合约进行对冲（即买进相应的货币期货）。通过货币期货空头交易，交易者可以降低因现汇汇率下跌而给所持有的外汇债权带来的损失。

【例9-8】美国某出口商3月10日向加拿大出口一批货物，价值500 000加拿大元，以加拿大元结算，3个月后收回货款。为防止3个月后加拿大元汇率下跌，该出口商卖出5份6月期的加拿大元期货合约，面值100 000加拿大元，价格为0.845 0美元/加拿大元。3个月后加拿大元果然贬值。交易过程如表9-7所示。

表9-7 空头套期保值操作过程（加拿大元汇率下降）

即期市场	期货市场
3月10日 即期汇率为0.849 0美元/加拿大元 500 000加拿大元价值424 500美元 （500 000加拿大元×0.849 0美元/加拿大元）	卖出5份6月期的加拿大元期货合约（开仓） 价格为0.848 9美元/加拿大元 总价值为424 450美元 （100 000加拿大元×0.848 9美元/加拿大元×5份）
6月10日 即期汇率为0.846 0美元/加拿大元 500 000加拿大元价值423 000美元 （500 000加拿大元×0.846 0美元/加拿大元）	6月10日 买入5份6月期的加拿大元期货合约（开仓） 价格为0.845 0美元/加拿大元 总价值为422 500美元 （100 000加拿大元×0.845 0美元/加拿大元×5份）
结果： 损失1 500美元 （424 500美元 - 423 000美元）	结果： 盈利1 950美元 （424 450美元 - 422 500美元）

注：外币期货报价取最后4位数作为报价点数，0.845 0美元/加拿大元报为8 450点。

从表 9-7 可以看出，该出口商在现货市场上损失 1 500 美元，在期货市场上盈利 1 950 美元，净盈利 450 美元。可见，期货市场的盈利弥补了现货市场的损失，并有净盈利；实际收回货款 424 950（=423 000 + 1 950）美元。

若 3 个月后加拿大元汇率并未下降而是上升了，则交易过程如表 9-8 所示。

表 9-8 空头套期保值操作过程（加拿大元汇率上升）

即期市场	期货市场
6 月 10 日 即期汇率为 0.850 0 美元/加拿大元 500 000 加拿大元价值 425 000 美元	6 月 10 日 买入 5 份 6 月期的加拿大元期货合约（开仓） 价格为 0.849 8 美元/加拿大元 总价值为 424 900 美元
结果： 盈利 500 美元	结果： 损失 450 美元

该出口商在现货市场上盈利 500 美元，在期货市场上亏损 450 美元，净盈利 50 美元。可见，期货市场的亏损要由现货市场的盈利来弥补，净盈利只有 50 美元，实际收回货款 424 550（=425 000 - 450）美元。因此，套期保值虽然可以规避汇率波动的风险，但同时也可能抵销潜在收益。

3. 交叉套期保值

上述空头套期保值和多头套期保值的做法，要求在期货市场上交易的货币期货和现汇市场上交易的货币是同一种货币。但是在现实中，由于货币期货市场上提供的交易币种有限，因此对于没有相应期货币种的现汇交易，就不能直接采用上述方法来进行套期保值。尽管如此，在国际外汇市场上有些货币的汇率变动具有一定的正相关性，即对美元汇率共升共降，变动方向相同。为此，可以选用某种相关货币的期货来为现汇市场上的交易货币进行套期保值。这种在现汇市场和货币期货市场上以不同的货币作交易对象的套期保值就称为交叉套期保值（Cross Hedge）。货币期货市场上一般有多种外币对美元的期货合约，而很少有两种非美元货币之间的期货合约。在发生两种非美元货币收付的情况下，就要用到交叉套期保值。交叉套期保值就是利用相关的两种外汇期货合约为一种外汇保值。

【例 9-9】 例如，5 月 10 日，马来西亚某出口公司向英国出口一批货物，价值 5 000 000 英镑，4 个月后以英镑进行结算。5 月 10 日英镑对美元汇率为 1.200 0 美元/英镑，林吉特（马来西亚货币，MYR）对美元汇率为 2.500 0 林吉特/美元，则英镑对林吉特套算汇率为 3.000 0 林吉特/英镑（1.200 0 美元/英镑 × 2.500 0 林吉特/美元）。为防止英镑对林吉特汇率下跌，该公司决定对英镑进行套期保值。由于不存在英镑对林吉特的期货合约，故该公司可以通过出售 80 份英镑期货合约（=5 000 000 英镑 ÷ 62 500 英镑）和购买 120 份林吉特期货合约（=5 000 000 英镑 × 3.000 0 林吉特/英镑 ÷ 125 000 林吉特）来达到套期保值的目的，具体交易过程如表 9-9 所示。

表9-9 交叉套期保值操作过程

即期市场	期货市场
5月10日 即期汇率为3林吉特/英镑 5 000 000英镑价值15 000 000林吉特	5月10日 卖出80份9月期的英镑期货合约（开仓） 价格为1.1美元/英镑 总价值为5 500 000美元 买入120份9月期的林吉特期货合约（开仓） 价格为0.434 8美元/林吉特 总价值为6 522 000美元
9月10日 即期汇率为2.5林吉特/英镑 5 000 000英镑价值12 500 000林吉特	9月10日 买入80份9月期的英镑期货合约（开仓） 价格为1.02美元/英镑 总价值为5 100 000美元 卖出120份9月期的林吉特期货合约（开仓） 价格为0.5美元/林吉特 总价值为7 500 000美元
结果： 损失2 500 000林吉特（价值1 351 351.3美元）	结果： 英镑期货交易盈利400 000美元； 林吉特期货交易盈利978 000美元； 合计盈利1 378 000美元（价值2 549 300林吉特）

该出口公司在现货市场上损失2 500 000林吉特，在期货市场上盈利1 378 000美元，当时林吉特对美元的现汇汇率为1.850 0林吉特/美元，则期货市场上的盈利价值2 549 300林吉特，期货市场上的盈利弥补了现货市场上的亏损，并有净盈利49 300林吉特。

9.3 利率期货

9.3.1 利率期货的含义及种类

1. 利率期货的含义

利率期货是指在期货交易所里，交易双方通过经纪公司（或经纪人代理）和公开竞价，依据事先约定的利率买入或卖出未来日期标准化利率期货合约的交易，或者依据所签合约，在确定的未来日期按确定的利率借贷确定数量的某种货币的交易。1975年10月，国际货币市场（IMM）推出了以美国住宅抵押协会发行的住宅抵押证券为标的的标准化期货合约，这是第一张利率期货合约。

2. 利率期货的种类

1）短期利率期货

短期利率期货是指期货合约标的的期限在一年以内的各种利率期货，即以货币市场的各类债务凭证为标的的利率期货。其主要包括国库券（Treasury Bill）期货、欧洲美元期货、1月期 LIBOR 期货、30 天联邦基金期货等。

短期利率期货以短期利率为标的，除国库券期货外，一般采用现金结算。交易最活跃的两种短期利率期货是国库券期货和欧洲美元期货。

2）中长期利率期货

中长期利率期货是指期货合约标的的期限在一年以上的各种利率期货，即以资本市场的各类债务凭证为标的的利率期货，包括中期利率期货和长期利率期货。中期利率期货一般以偿还期限在 1~10 年的国债为标的，通常 5 年期和 10 年期较为常见；长期利率期货则以偿还期限在 10 年以上的国债为标的。中长期国债的付息方式多采用债券期满之前，每半年付息一次，最后一笔利息在期满之日与本金一起偿付。

9.3.2 利率期货交易规则

9.3.2.1 短期利率期货交易规则

1. 国库券期货的交易规则

在短期利率期货中，国库券期货是产生最早的一个品种，也是较成功的一个品种。目前，在金融期货市场较发达的国家与地区，几乎都有国库券期货的交易。其中，最有代表性的是 CME 上市的 13 周美国国库券期货。

1）国库券期货的报价方式

国库券期货通常采用指数报价法。所谓指数报价法，是指以 100 减去年收益率或年利率来作为该期货的价格报出。例如，当国库券的年贴现率为 6% 时，期货市场报出的国库券期货的价格为 94；而当国库券的年贴现率降到 5.5% 时，期货市场报出的国库券期货的价格就会上涨到 94.5。期货市场之所以用指数方式报价，主要是因为国库券的年贴现率与国库券的价格是反向变动的。实行指数报价法可直接报出国库券期货的价格，而且这种报价方式也比较符合交易者低价买入、高价卖出的报价习惯。

2）国库券期货的合约规格

CME 上市的 13 周美国国库券期货产生于 1976 年 1 月，至今已有 40 余年。在这 40 余年中，该期货的合约规格随着交易的进行而不断地做出调整。因此，现在该期货的合约规格与 40 余年前的合约规格有着较大的不同。例如，最小变动价值已由原来的 1 个基点改为 0.5 个基点，从而使刻度值由原来的每合约 25 美元减少到每合约 12.50 美元。

表 9-10 中列举的是目前在 CME 交易的 13 周美国国库券期货合约规格的主要内容。从表 9-10 中可以看出，该合约的交易单位是面值 1 000 000 美元的 3 个月期（13 周）美国国库券。但是，在实物交割时，可用于交割的却并不限于交割时新发行的 3 个月期美国国库券。除了这种新发行的 3 个月期国库券之外，原来发行的 1 年期和 6 个月期国库券，若还有 90 天剩余期限，则也可用于交割。之所以做出这样的规定，主要是为了使可用于交割的现货国库券的供给更充裕些，以确保交割的完成。

表 9-10　CME 13 周美国国库券期货合约规格（摘要）①

交易单位	面值 1 000 000 美元的 3 个月期美国国库券
报价方式	100 减去年贴现率
最小变动价位	0.000 05（1/2 个基点）每张合约 12.50 美元
每日价格波动限制	无
合约月份	3 月、6 月、9 月、12 月，四个季末循环月份加两个非季末循环月份
交易时间	芝加哥时间 7 时 20 分至 14 时，最后交易日于中午 12 时 00 收盘
最后交易日	到期合约于该月份第一交割日前的那个营业日停止交易
交割日	交割将于连续 3 个营业日内进行：第一个交割日是现货月份的第一天，而那天正是新的 13 周国库券发行，原来发行的 1 年期国库券尚有 13 周剩余期限的一天
交割等级	新发行的 3 个月期美国国库券与原来发行的、尚有 90 天剩余期限的 1 年期和 6 个月期的美国国库券
交割方式	实物交收

2. 欧洲美元期货的交易规则

在短期利率期货中，目前交易最活跃的品种当推 3 个月期的欧洲美元定期存款期货。这一期货品种产生于 1981 年 12 月，它最初由美国芝加哥商业交易所的国际货币市场分部推出。但目前，它几乎已成为世界各地所有金融期货市场普遍开办的期货品种。

3 个月期欧洲美元定期存款期货通常简称为欧洲美元期货。这是因为欧洲美元本身即是一种存款，一种被存在美国境外银行的美元存款。但这一简称常使人误解这一期货的性质，如有人将它列为货币期货的一种，显然是一大误解。货币期货的标的物是货币本身，它是管理汇率风险的工具；欧洲美元期货的标的物则是 3 个月期的欧洲美元定期存款，它是管理利率风险的工具。更重要的是，欧洲美元期货的交易规则与货币期货的交易规则大不相同。

1）欧洲美元期货的报价方式

欧洲美元期货的报价方式与上述国库券期货的报价方式基本相同，也采取指数报价法，其"指数"是由 100 减去年利率得到的。但是，欧洲美元期货的"指数"与国库券期货的"指数"的性质不同。这是因为，国库券通常采取贴现的方法发行，所以，投资者买进国库券，实际上就已取得国库券的利息。而欧洲美元却不同，投资者将资金存入银行，在到期时才可收到利息。所以，在国库券的年贴现率与欧洲美元定期存款的年利率相等时，国库券的实际收益率要高于欧洲美元定期存款的收益率。尤其值得指出的是，国库券的年贴现率与欧洲美元定期存款的年利率越高，这一差别越大。

2）欧洲美元期货的合约规格

欧洲美元期货的合约规格与上述国库券期货的合约规格有许多相似之处或相同之处。表 9-11 所示的是欧洲美元期货的合约规格的主要内容。下面我们就根据表 9-11，对其中的几个方面加以补充说明。

---

① 资料来源：芝加哥商业交易所，http://www.cme.com。

第9章 金融期货交易

表9-11 欧洲美元期货合约规格的主要内容①

交易单位	本金为1 000 000美元的3个月的欧洲美元定期存款
报价方式	100减去年利率
最小变动价位	0.01%（1个基点，每张合约25美元）
每日价格波动限制	无
合约月份	按3月、6月、9月、12月循环的4个月份（季月）及4个最近的连续月份（非季月）
交易时间	芝加哥时间7时20分至14时，最后交易日于9时30分停止交易
最后交易日	合约到期月份第3个星期三之前的第2个伦敦营业日
交割日	最后交易日
交割方式	现金结算

（1）欧洲美元期货的标的物是3个月期的欧洲美元定期存款，其每张合约的交易单位是本金1 000 000美元。需要指出的是，欧洲美元定期存款是指一切存放于美国境外银行的美元存款。所以，这种存款实际上未必存放于欧洲的银行。也就是说，这里的"欧洲"二字实际上已不再具有地理位置的含义。但是，现在作为欧洲美元期货的标的物，则特指存放于伦敦各大银行的欧洲美元定期存款。

（2）欧洲美元期货采取指数报价法，其指数是100减去年利率。

（3）欧洲美元期货的最小变动价位是1个基点，即0.01%。由于该合约的交易单位为本金1 000 000美元，期限为3个月，因而其刻度值为每张合约25美元。

（4）欧洲美元期货的最后交易日为合约月份第3个星期三之前的第2个伦敦银行营业日（一般为星期一）。为什么要将伦敦银行的营业日作为欧洲美元期货的最后交易日呢？这是由欧洲美元期货的交易规则决定的。欧洲美元期货实行现金结算，以代替实物交收，而现金结算所依据的最后结算价格是根据伦敦各大银行报价的平均数确定的。所以，欧洲美元期货的最后交易日必须是伦敦银行的营业日。同时，从表9-11可看到，在最后交易日，到期的欧洲美元期货必须在9时30分停止交易，因为这一时间正是伦敦银行收市的时间。

（5）欧洲美元期货的交割方式是现金结算。所谓现金结算，是指在最后交易日，交易所的结算单位根据最后结算价格与前一交易日结算价格，计算出所有未平仓合约的盈亏金额，然后通过增加盈利者的保证金账户余额，相应地减少亏损者的保证金账户余额，以结清交易双方期货部位的方式。如上所述，欧洲美元期货是第一个实行现金结算方式，并获得成功的期货品种。这种现金结算方式的成功，不仅为欧洲美元期货本身的开展提供了便利，而且为各种股价指数期货的推出解决了无法进行实物交割的难题。

3. 长期利率期货的交易规则

长期利率期货的交易规则要比短期利率期货复杂得多。如上所述，所谓长期利率期货，实际上主要是指各国的中、长期国债期货。而在这些中、长期国债期货中，最有代表性的是10年期的中期国债期货及美国长期国债期货。就交易规则而言，这两种国债期货其实是大

---

① 资料来源：芝加哥商业交易所，http://www.cme.com。

同小异。因此，在这里，我们以美国长期国债期货为例，对长期利率期货的一些最基本的交易规则做比较简单的说明。

1) 长期国债期货的报价方式

长期国债期货（也包括各种中期国债期货）的报价方式与上述国库券期货和欧洲美元期货的报价方式有很大的不同。它不是采取指数报价法，而是采取价格报价法。所谓价格报价法，是指以100美元面值为报价单位，报出其期货价格。在中、长期国债期货的行情表上，这种价格用一条短横线隔开，短横线左边的数字为每100美元面值的整数期货价格，通常被称为整数点；在短横线右边的数字则表示不足一个整数点的数字，该数字的含义是一个整数点的32分之几。例如，报价"98-16"，就表示每100美元面值的期货价格为98.50美元。又如，报价"97-08"就表示每100美元面值的期货价格为97.25美元。

2) 长期国债期货的合约规格

美国长期国债期货最初由CBOT推出，后来其他交易所特别是其他国家的交易所也开始交易该期货品种。但是，同一期货品种在不同的交易所上市，会在具体的交易规则上有所不同。表9-12所示的是目前CBOT上市的30年期美国长期国债期货的合约规格。

表9-12 CBOT上市的30年期美国长期国债期货的合约规格（摘要）[①]

交易单位	面值100 000美元的美国长期公债券
合约月份	3月、6月、9月、12月
最小变动价位	1点的1/32（每合约31.25美元）
每日价格波动限制	无
最后交易日	合约月份最后营业日之前第7个营业日
最后交割日	交割月份的最后营业日
交割等级	剩余期限不少于15年的美国长期公债券
交割方式	联储电汇转账系统

现根据表9-12，对其中几项规定加以补充说明。

(1) 最小变动价位。

美国长期国债期货的最小变动价位以"点"来表示。所谓1个"点"（Point），是指交易单位的1%。由于交易单位是面值100 000美元，所以1个点就代表面值1 000美元。而1 000美元的1/32就是一张合约的最小变动价位，即31.25美元。

(2) 最后交割日。

根据CBOT的规定，美国长期国债期货的交割日是交割月份的任一营业日。而在此长达一个月的交割期中，究竟在哪一个营业日交割，则由期货合约的卖方决定。

(3) 交割等级。

与其他各种期货合约一样，长期国债期货合约也有着标准化的特征。美国长期国债期货合约的标的债券是期限为30年、息票利率为6%的美国长期公债券。然而，在现货市场上，实际存在的债券往往并不能符合这一标准化的要求。换言之，这种标准化的债券在现货市场

[①] 资料来源：芝加哥期货交易所网站，http://www.cbot.com。

上很少存在，甚至根本不存在。因此，在长期国债期货合约到期时，卖方可用于交割的债券并不限于这一标准化的债券。根据CBOT的规定，美国长期国债期货合约的卖方可用于交割的债券是剩余期限不少于15年的美国长期公债券。这类债券又可分为两种：一种是可提前赎回的；另一种则是不可提前赎回的。所以，卖方可用于交割的债券在期限上只要满足如下条件：如该债券为不可提前赎回的债券，则从期货合约的第一交割日（即到期月份的第一营业日）至债券到期日，它必须有至少15年的剩余期限；而如该债券为可提前赎回的债券，则自期货合约的第一交割日至该债券的第一赎回日，它必须有至少15年的剩余期限。另外，期货合约的卖方可用于交割的债券，其息票利率也未必是6%。换言之，若在剩余期限上满足上述条件，则任何息票利率的美国长期公债券均可用于交割。

3）转换系数与发票金额

（1）转换系数的概念。

如上所述，在长期国债期货的交易中，可用于交割的是不少于15年剩余期限的任何息票利率的债券。在任何一个交割日，现货市场上往往存在着数十种同时符合这种交割等级的债券，而这些债券无疑有着不同的剩余期限和不同的息票利率，从而有着不同的市场价格。期货合约的卖方可从中选择任何一种可交割债券用于交割，这就产生了这样一个问题：期货合约的卖方是否可以选择市场价格最低的债券用于交割，从而对他最有利呢？如果这样，则对期货合约的买方显然是不公平的。事实上，期货合约的卖方虽然可从不同的可交割债券中任选其一用于交割，但是如果他所交割的债券不同，则他所收取的发票价格（Invoice Price）也将不同。

为了说明发票价格如何确定，我们需先了解转换系数的概念。所谓转换系数（Conversion Factors，又译转换因子），是指可使中、长期国债期货的价格与各种不同息票利率和不同剩余期限的可交割债券的现货价格具有可比性的折算比率，其实质是将面值1美元的可交割债券，在其剩余期限内的现金流量用6%的标准息票利率折成的现值。

转换系数是长期利率期货中一个十分重要的概念。在中、长期国债期货交易中，转换系数是确定各种可交割债券的发票价格的一个必不可少的要素。通过调整该系数，各种不同剩余期限和不同息票利率的可交割债券的价格，都可折算成期货合约所规定的标准化债券价格的一定倍数。因此确切地说，转换系数实际上是一种价格转换系数（Price Conversion Factors）。

（2）转换系数的计算。

在中、长期国债期货交易中，转换系数的计算是十分重要的。根据转换系数的性质，人们在计算某种可交割债券的转换系数时，首先需确定该债券的剩余期限，然后以标准息票利率（6%）为贴现率，将面值1美元的该种债券在其剩余期限内的现金流量折算为现值，此现值即是该债券的转换系数。

一般地说，剩余期限的确定以期货合约的第一交割日为起点，以可交割债券的到期日或第一赎回日为终点，然后将这一期间"按季取整"后的期限作为该债券的剩余期限。例如，某可交割债券的实际剩余期限为18年2.5个月，则在计算转换系数时，其剩余期限就被确定为18年（因2.5个月不足一个季度，故略去）。又如，某可交割债券的实际剩余期限为20年5个月，则在计算转换系数时，其剩余期限是20年3个月。

在确定了可交割债券的剩余期限后,我们就可通过一定的公式来计算转换系数。目前,在各种有关中、长期国债期货的著述中,计算转换系数的公式不尽一致,计算方法也不尽相同。但是,万变不离其宗,这些形式各异的计算公式有着完全相同的理论实质。在这里,我们选择其中较简单且能较直观地反映转换系数性质的两个公式。

设 CF 为转换系数,i 为以年率表示的息票利率,s 为该债券在剩余期限内的付息次数(每半年一次)。当 s 为偶数时,则

$$CF = \sum_{t=1}^{s} \frac{\frac{i}{2}}{1.03^t} + \frac{1}{1.03^s} \qquad (9-16)$$

当 s 为奇数时,则

$$CF = \frac{1}{(1.03)^{1/2}} \left(\sum_{t=1}^{s} \frac{\frac{i}{2}}{1.03^t} + \frac{1}{1.03^s} + \frac{i}{2} \right) - \frac{1}{2} \cdot \frac{i}{2} \qquad (9-17)$$

当剩余期限为若干年加一个季度或 3 个季度时,计算转换系数就复杂些。

下面我们举一简例来说明转换系数的计算。

假定某可交割债券的剩余期限为 18 年 2 个月,息票利率为 10%。在计算转换系数时,其剩余期限将被确定为 18 年(因为 2 个月不足一季,故略去)。假定该债券在到期前每 6 个月支付一次利息,则在 18 年内共付息 36 次。于是,该债券的转换系数为

$$CF = \sum_{t=1}^{36} \frac{\frac{10\%}{2}}{1.03^t} + \frac{1}{1.03^{36}} = 1.4366$$

(3)发票金额的确定。

所谓发票金额(Invoice Amount),是指在中、长期国债期货的交割日由期货合约的买方向卖方支付的实际金额。这一金额系由交易所的结算单位根据卖方所交付的债券、实际交割日及交割结算价格算得。其计算公式为

$$A_i = N(P_s \times \$1\,000 \times CF + I_a) \qquad (9-18)$$

式中,A_i 为发票金额;N 为交割的期货合约数;P_s 为交割结算价格;CF 为转换系数;I_a 为每一合约的应计利息。

交割结算价格是指交割日前两个营业日(即交割通知日)的结算价格。因该价格是指每 100 美元面值的标的债券的价格,故式(9-18)中的 \$1 000 是由 \$100 000 除以 100 得到的(\$100 000 为一张美国长期国债期货合约的交易单位)。所以,若在交割时卖方以合约规定的标准化的债券交割,则一张合约的总值即为 P_s 与 \$1 000 的乘积。但如上所述,在实际交割时,卖方选择的债券未必是标准化的债券。因此,实际交割的合约总值必须通过转换系数加以调整。这一经由转换系数调整的合约总值,被称为本金发票金额(Principal Invoice Amount)。在通常情况下,即使是这一经过调整的本金发票金额也仍然不是实际的交割金额。这是因为,如果实际的交割日不在债券的付息日,则实际的交割金额还需在本金发票金额的基础上再加上应计利息。

所谓应计利息(Accrued Interest),是指实际用于交割的现货债券从上次付息日至合约

交割日这一期间产生的利息。在美国，中、长期国债期货都是每半年付息一次，其付息日与期货合约的交割日往往不在同一日。于是，从上次付息日至合约交割日这一期间的债券利息理应由原来的债券持有者（即期货合约的卖方）所得。所以，期货合约的买方为取得这一债券，就必须在付出本金发票金额的同时，再付出这一期间的应计利息。

每一合约的应计利息，可用公式计算为

$$I_a = F \times \frac{i}{2} \times \frac{t}{H} \tag{9-19}$$

式中，I_a 为应计利息；F 为债券的面值（视中、长期国债期货合约规定的交易单位而定）；i 为实际用于交割的现货债券的息票利率；t 为上次付息日至期货合约交割日的天数；H 为半年的天数[①]。

为了比较直观地理解长期国债期货交割中发票金额的计算，我们可举一简例加以说明。

假设某投资者于 2007 年 6 月 25 日向 CBOT 的结算单位发出交割通知，准备以 2027 年 8 月 15 日到期、息票利率为 11.25% 的美国长期公债券交割其 2007 年 6 月份到期的美国长期国债期货合约 5 张，已知结算价格为 97-24。

为计算发票金额，我们首先必须分别计算出该可交割债券的转换系数和应计利息。根据上述假设，从 2007 年 6 月 1 日（第一交割日）到 2027 年 8 月 15 日（债券到期日）尚有 20 年 2.5 个月，故计算转换系数的期限应取 20 年，在此 20 年中共付息 40 次。于是，其转换系数为

$$CF = \sum_{t=1}^{40} \frac{\frac{11.25\%}{2}}{1.03^t} + \frac{1}{1.03^{40}} = 1.6068$$

由于该可交割债券的到期日为 2027 年 8 月 15 日，故上次付息日应是 2007 年 2 月 15 日，而从 2 月 15 日至 6 月 27 日（交割日）共有 132 天。同时，由于 2007 年为平年，故从 2 月 15 日（上次付息日）到 8 月 15 日（下次付息日）这半年的天数应是 181 天。于是，应计利息为

$$I_a = 100\,000 \times \frac{11.25\%}{2} \times \frac{132}{181} = 4\,102.21 \text{（美元）}$$

这样，我们可算得发票金额为

$$A_i = 5 \times (97.75 \times \$1\,000 \times 1.6068 + 4\,102.21) = 805\,834.55 \text{（美元）}$$

4）最便宜可交割债券

在中、长期国债期货交易中，最便宜可交割债券也是一个很重要的概念。所谓最便宜可交割债券（Cheapest-to-deliver Bond），一般是指发票金额高于现货价格最大或低于现货价格最小的可交割债券。期货合约的卖方选用这种债券交割，可获得最大的利润或受到最小的损失。因此，对期货合约的卖方而言，准确地判断最便宜可交割债券，是一个很重要的环节。

在中、长期国债期货交易中，确定最便宜可交割债券的基本方法是分别计算各种可交割债券的基差。其中，基差最小的那种债券便是最便宜可交割债券。所谓基差，是指现货价格

[①] 半年的天数按如下规则确定：2月至8月或11月至次年5月，平年为181天，闰年为182天；5月至11月或8月至次年2月都为184天。

与期货价格之差。但是,在中、长期国债期货交易中,计算基差的方法有其特殊性。其特殊性就在于,其中的期货价格必须根据各种可交割债券的转换系数加以调整。这是因为,在中、长期国债期货交易中,现货市场上将同时存在数种甚至数十种可用来交割同一种合约的现货债券。不同的现货债券自然有不同的息票利率和不同的剩余期限。而在期货市场上,同一合约却只有一个期货价格。所以,在计算基差时,各种可交割债券都将通过转换系数的调整,将期货价格换算为现货约当价格(Cash Equilvalent Price),再以此现货约当价格与现货价格相比,以得出各种可交割债券的基差。其中,基差最小的那种债券就是最便宜可交割债券。

假设某投资者决定交割其出售的美国长期国债期货合约。当时,期货市场的报价为94-08;而现货市场有5种可交割债券可供选择,各种可交割债券的报价与转换系数如表9-13所示。

表9-13 可交割债券的报价与转换系数

债券	现货市场价格	转换系数
1	98.30	1.025 6
2	86.50	0.902 8
3	145.75	1.537 6
4	106.55	1.102 3
5	124.60	1.293 7

上述5种可交割债券的基差可分别计算如下:
债券1:98.30 - (94.25 × 1.025 6) = 1.637 2
债券2:86.50 - (94.25 × 0.902 8) = 1.411 1
债券3:145.75 - (94.25 × 1.537 6) = 0.831 2
债券4:106.55 - (94.25 × 1.102 3) = 2.658 23
债券5:124.60 - (94.25 × 1.293 7) = 2.668 78

由此可见,在这5种可交割债券中,债券3是最便宜可交割债券。但在现货市场上,这种债券的价格是最高的。这就说明,最便宜可交割债券是一个相对的概念,而不是一个绝对的概念。也就是说,判断一种可交割债券是否为最便宜可交割债券,不是简单地看它的现货价格的高低,而是看它的现货价格相对于期货价格的高低。在上述5种债券中,债券3的现货价格虽然最高,但是该种债券的转换系数最大。所以,期货合约的卖方在现货市场购买该种债券时虽然支付了较高的价格,但他在期货合约的交割中也可取得较高的发票金额。由于该种债券的现货价格相对于以转换系数调整后的期货价格是最低的(因为其基差最小),因此它是最便宜可交割债券。

9.3.2.2 中国金融期货交易所的国债期货合约

1. 2年期国债期货合约

1)合约规格

2年期国债期货合约规格如表9-14所示。

表 9-14 2 年期国债期货合约规格①

合约标的	面值为 200 万元、票面利率为 3% 的名义中短期国债
可交割国债	发行期限不高于 5 年,且合约到期月份首日剩余期限为 1.5~2.25 年的记账式附息国债
报价方式	百元净价报价
最小变动价位	0.005 元
合约月份	最近的 3 个季月(3 月、6 月、9 月、12 月中的最近 3 个月循环)
交易时间	9 时 15 分~11 时 30 分;13 时~15 时 15 分
最后交易日交易时间	9 时 15 分~11 时 30 分
每日价格最大波动限制	上一交易日结算价的 ±0.5%
最低交易保证金	合约价值的 0.5%
最后交易日	合约到期月份的第 2 个星期五
最后交割日	最后交易日后的第 3 个交易日
交割方式	实物交割
交易代码	TS
上市交易所	中国金融期货交易所

2) 2 年期国债转换系数和应计利息计算公式

(1) 转换系数计算公式。

$$CF = \frac{1}{\left(1+\frac{r}{f}\right)^{\frac{xf}{12}}} \times \left[\frac{c}{f} + \frac{c}{r} + \left(1-\frac{c}{r}\right) \times \frac{1}{\left(1+\frac{r}{f}\right)^{n-1}}\right] - \frac{c}{f} \times \left(1-\frac{xf}{12}\right)$$

式中,r 为 2 年期国债合约票面利率(在此为 3%);x 为交割月到下一付息月的月份数;n 为剩余付息次数;c 为可交割国债的票面利率;f 为可交割国债每年的付息次数。计算结果四舍五入至小数点后 4 位。

(2) 应计利息的计算公式。

应计利息的日计数基准为"实际天数/实际天数",每 100 元可交割国债的应计利息计算公式为

$$应计利息 = \frac{可交割国债票面利率 \times 100}{每年付息次数} \times \frac{第二交割日 - 上一付息日}{当前付息周期实际天数}$$

计算结果四舍五入至小数点后 7 位。

2. 5 年期国债期货合约

5 年期国债期货合约规格如表 9-15 所示。

---
① 资料来源:中国金融期货交易所,http://www.cffex.com.cn/2nqgzqh/。

表 9-15 5 年期国债期货合约规格①

合约标的	面值为 100 万元、票面利率为 3% 的名义中期国债
可交割国债	发行期限不高于 7 年、合约到期月份首日剩余期限为 4~5.25 年的记账式附息国债
报价方式	百元净价报价
最小变动价位	0.005 元
合约月份	最近的 3 个季月（3 月、6 月、9 月、12 月中的最近 3 个月循环）
交易时间	9 时 15 分~11 时 30 分，13 时~15 时 15 分
最后交易日交易时间	9 时 15 分~11 时 30 分
每日价格最大波动限制	上一交易日结算价的 ±1.2%
最低交易保证金	合约价值的 1%
最后交易日	合约到期月份的第 2 个星期五
最后交割日	最后交易日后的第 3 个交易日
交割方式	实物交割
交易代码	TF
上市交易所	中国金融期货交易所

3. 10 年期国债期货合约

10 年期国债期货合约规格如表 9-16 所示。

表 9-16 10 年期国债期货合约规格②

合约标的	面值为 100 万元、票面利率为 3% 的名义长期国债
可交割国债	发行期限不高于 10 年、合约到期月份首日剩余期限不低于 6.5 年的记账式附息国债
报价方式	百元净价报价
最小变动价位	0.005 元
合约月份	最近的 3 个季月（3 月、6 月、9 月、12 月中的最近 3 个月循环）
交易时间	9 时 15 分~11 时 30 分；13 时~15 时 15 分
最后交易日交易时间	9 时 15 分~11 时 30 分
每日价格最大波动限制	上一交易日结算价的 ±2%
最低交易保证金	合约价值的 2%
最后交易日	合约到期月份的第 2 个星期五
最后交割日	最后交易日后的第 3 个交易日
交割方式	实物交割
交易代码	T
上市交易所	中国金融期货交易所

---

① 资料来源：中国金融期货交易所，http://www.cffex.com.cn/5tf/。
② 资料来源：中国金融期货交易所，http://www.cffex.com.cn/10tf/。

9.3.3 利率期货(债券类期货)套期保值

利率期货套期保值是伴随利率期货形成的,分为卖出套期保值和买入套期保值,在功能上转移利率风险。卖出套期保值是预期价格下跌损失而进行的高卖低买交易;买入套期保值是预期价格上涨损失而进行的低买高卖交易。由于套期保值者大多拥有实货,故其通常在现货市场和期货市场上进行。利率期货套期保值的使用一定要谨慎,否则会带来更大的风险。

9.3.3.1 短期利率期货的套期保值

短期利率期货的品种很多,它们在套期保值中的具体应用和操作方法大同小异。在短期利率期货的套期保值中,欧洲美元期货是最常用的一种工具。虽然在许多场合,欧洲美元期货的套期保值与国库券期货的套期保值具有一定的替代性,且它们的操作方法也基本一致。但是,由于欧洲美元期货系以伦敦银行同业拆放利率(LIBOR)为报价基础,因此,它更适合于对那些以浮动利率计息的资产、负债或投资组合的套期保值。同时,由于欧洲美元期货几乎是世界上所有发达的金融期货市场都开设的品种,因此它在套期保值中的应用比较广泛。所以,在本节中,我们对欧洲美元期货的套期保值做一简单介绍。

1. 欧洲美元期货的多头套期保值

欧洲美元期货的多头套期保值主要适用于投资者规避市场利率下降,以减少利息收入的风险。在预期市场利率将下降时,投资者可买进一定数量的欧洲美元期货合约,并于到期前卖出,从而对其持有的现货部位实施套期保值。如果预期准确,则投资者可从期货市场获利,以弥补现货市场的损失,进而达到套期保值的目的。当然,如果预期错误,即市场利率不是下降而是上升,那么投资者在现货市场的获利将被期货市场的损失抵销。

【例9-10】某年3月15日,英国某出口商与美国一进口商签订了一份合同。该合同规定,美国进口商必须在当年6月10日向英国出口商支付1 000万美元的款项。出口商计划在收到此款项后将它投资于3个月期欧洲美元定期存款。当时存款利率为7.65%,出口商预期欧洲美元定期存款利率将在近期内有较大幅度的下降。于是,他决定买进6月份到期的欧洲美元期货合约,以锁定未来的收益率。其具体操作过程如表9-17所示。

表9-17 欧洲美元期货的多头套期保值

日期	现货市场	期货市场
3月15日	预期6月10日收到1 000万美元,并准备投资于3个月欧洲美元定期存款,当时的利率为7.65%,出口商担心利率下降	以92.40的价格买进10张6月份到期的欧洲美元期货合约
6月10日	收到1 000万美元,并以5.75%的利率存入3个月期欧洲美元定期存款账户	以94.29的价格卖出10张6月份到期的欧洲美元期货合约
损益	10 000 000 × (5.75% - 7.65%) × 90 ÷ 360 = -47 500(美元)	(94.29 - 92.40) ÷ 0.01 × 25 × 10 = 47 250(美元)
净结果	-250美元	

从表 9-17 中可看出，由于存款利率从 7.65% 降至 5.75%，该出口商减少了利息收入 47 500 美元。但由于事先做了套期保值，故他可在期货市场获利 47 250 美元。这一利润可基本抵补现货市场减少的利息收入。如从收益率来看，则该出口商实际所得的利息收入为

$$10\ 000\ 000 \times 5.75\% \times 90 \div 360 = 143\ 750\ （美元）$$

加上期货市场所得的利润，其总收益为

$$143\ 750 + 47\ 250 = 191\ 000\ （美元）$$

设实际收益率为 X，则有

$$10\ 000\ 000 \times X \times 90 \div 360 = 191\ 000$$

从而可得，$X = 191\ 000 \div (10\ 000\ 000 \times 90 \div 360) = 0.076\ 4$（即 7.64%）。可见，通过套期保值，该出口商获得的实际收益率与 3 月 15 日的存款利率相当接近。

2. 欧洲美元期货的空头套期保值

欧洲美元期货的空头套期保值主要适用于投资者规避市场利率上升，从而加重利息负担的风险。通过卖出一定数量的欧洲美元期货合约，借款者可在市场利率上升时从期货市场获取利润，以弥补现货市场增加利息支出的损失。

【例 9-11】在某年 4 月 1 日，某公司预计在第四季度借入 1 亿美元资金，期限为 3 个月。该公司的融资利率一般为 LIBOR+0.5%。现在该公司所面临的问题不是届时能否借到这笔资金，而是届时以什么利率借入这笔资金。为避免利率上升而加重利息负担，该公司决定以欧洲美元期货作空头套期保值。

假定在 4 月 1 日时，IMM 欧洲美元期货的行情如表 9-18 所示。

表 9-18 IMM 欧洲美元期货的行情

合约月份	期货价格	收益率
当年 6 月	94.55	5.45%
当年 9 月	94.50	5.50%
当年 12 月	94.45	5.55%
次年 3 月	94.40	5.60%
次年 6 月	94.35	5.65%

从表 9-18 可以看到，当年 9 月到期的欧洲美元期货价格为 94.50，相应的期货收益率为 5.50%。如果该公司认为 6% 的借款利率是可以接受的，那么它只要卖出当年 9 月到期的欧洲美元期货合约 100 张，即可将此利率锁定。

在利率为 6% 时，该公司借入本金为 1 亿美元、期限为 3 个月（为简化分析，以 90 天计算）的资金，需支付利息 1 500 000 美元（=100 000 000 美元 × 6% × 90 ÷ 360）。现在，我们来看一下，当该公司以 94.50 的价格卖出 100 张当年 9 月到期的欧洲美元期货合约后，能否有效地将实际利率锁定在 6% 的水平，具体情况如表 9-19 所示。

表 9-19 欧洲美元期货的空头套期保值

情况	A	B	C
建仓时的期货价格		94.50	
期货部位（9月份到期）		卖出 100 张合约	
平仓时的期货价格	95.00	94.50	93.50
现货市场利率	5.50%	6.00%	7.00%
利息总支出/美元	1 375 000	1 500 000	1 750 000
期货损益/美元	-125 000	0	250 000
利息净支出/美元	1 500 000	1 500 000	1 500 000

在表 9-19 中，我们分别列出 A、B、C 三种可能的情况。可以清楚地看出，当该公司用欧洲美元期货做了空头套期保值后，无论市场利率是上升还是下降，其利息净支出将稳定于 1 500 000 美元这一水平，而这一水平正是该公司愿意接受的 6% 的利率水平。之所以如此，是因为当市场利率下降时（如情况 A），实际利息支出的减少将被期货市场的损失抵销；而当市场利率上升时（如情况 C），实际利息支出的增加将由期货市场的利润弥补。

3. 欧洲美元期货的条式套期保值与滚动套期保值

以上是欧洲美元期货的多头套期保值与空头套期保值。这两种套期保值策略都较为简单，但现实的套期保值并非如此简单。很显然，在上述两种套期保值策略中，实际上已暗含这样两个假设：首先，投资者需要套期保值的期限较短，因为其现货部位存在风险暴露的期限较短（如仅为 3 个月）；其次，要对如此短期的风险暴露部位实施套期保值，投资者总是能在市场上以适当的价格买入或卖出所需要的欧洲美元期货合约。也就是说，投资者需要买入或卖出的期货合约有着高度的流动性。

在现实的风险管理中，投资者需要套期保值的期限可能较短，也可能较长。而要对较长期限内存在的风险暴露部位实施套期保值，恐怕难以在期货市场上找到较适合的期货合约，以实现较有效的套期保值。首先，有些投资者的套期保值期限可能超过市场上所有期货合约的期限。也就是说，投资者实际上找不到与其套期保值对象的期限相匹配的期货合约，用以对其长期存在风险暴露的现货部位实施套期保值。其次，即使在期货市场上有着较远期的期货合约，但这些远期合约的流动性往往很低，因为越是远期的期货合约，其流动性越低。

在这两种情况下，上述两种简单的套期保值策略显然无效，甚至根本无法实行。要解决这一问题，投资者必须实行较为复杂的套期保值策略。在这些较为复杂的套期保值策略中，较重要且较有效的策略有两种：一种是条式套期保值；另一种是滚动套期保值。

1) 条式套期保值

所谓条式套期保值（Strip Hedge），是指投资者在套期保值开始时买入或卖出一连串期限不同的期货合约，然后随着风险暴露部位的减少而陆续平仓，从而将未来较长期限内的价格（包括利率、汇率等）锁定在套期保值开始时的水平，或另一个可接受的水平。

【例 9-12】在 2005 年 1 月 3 日，某公司预计在 2005 年内分 4 次向银行借入 3 个月期的款项，其借款日期和金额如表 9-20 所示。

表9-20 某公司借款日期和借款金额

日期	金额/美元	日期	金额/美元
3月1日	2 000万	9月1日	4 000万
6月1日	2 500万	12月1日	1 000万

由此可见，该公司需要对这一年内的4次借款都实施套期保值。假定当时在期货市场上有3月份、6月份、9月份和12月份的欧洲美元期货合约，且这些合约的流动性都较高，则该公司的财务经理可用欧洲美元期货合约进行条式套期保值。其具体的操作过程如表9-21所示。

表9-21 欧洲美元期货的条式套期保值

日期	3月份合约	6月份合约	9月份合约	12月份合约
1月3日	卖出20张	卖出25张	卖出40张	卖出10张
3月1日	买进20张	—	—	—
6月1日	—	买进25张	—	—
9月1日	—	—	买进40张	—
12月1日	—	—	—	买进10张

可见，所谓条式套期保值，实际上是一次卖出，分期买回；或者一次买入，分期卖出。这种策略的操作也较简单，套期保值的效率取决于合约平仓时的基差。基差越小，套期保值的效率就越高。

2）滚动套期保值

所谓滚动套期保值（Rolling Hedge），是指投资者在期货市场建立某种部位后，在整个套期保值期间内，随着时间的推移，以新合约替换旧合约，逐次向前滚动以实现套期保值的形式。滚动套期保值大致适用于以下两种场合：一是在借入贷款后分期偿还时，通过滚动套期保值来随着未清偿余额的减少而减少，用于套期保值的期货合约；二是在套期保值对象的期限较长时，通过滚动套期保值，将套期保值的时间延长，并解决远期合约流动性低的问题。下面，我们依次举例说明。

（1）分期偿还贷款时的滚动套期保值。

在分期偿还所借贷款的情况下，如果投资者根据贷款总额卖出一定数量的期货合约后，到贷款全部偿还后再平仓，则在第一次偿还贷款至还清全部贷款这一期间，未平仓的期货合约数将多于实际所需的期货合约数，从而形成期货市场的风险暴露部位。所以，只有通过滚动套期保值，才能使期货部位与现货部位在数额上相匹配，从而达到预期的套期保值目标。

【例9-13】某投资者于2005年2月15日计划从欧洲美元市场借入一笔分期偿还的贷款。贷款总额为1亿美元，期限为一年，从2005年5月16日起，到2006年5月15日止。贷款分4次偿还，每3个月偿还本金的1/4（即2 500万美元），利息以LIBOR+0.5%计算，每3个月重订一次。为防范市场利率上升而加重利息负担的风险，该投资者决定用欧洲美元期货合约来作滚动套期保值，其具体操作过程如表9-22所示。

表9-22 欧洲美元期货的滚动套期保值（Ⅰ）

需保值的未清偿的贷款本金	日期	2005年6月份合约	2005年9月份合约	2005年12月份合约	2006年3月份合约
100 000 000	2005年2月15日	卖出100张	—	—	—
75 000 000	2005年5月15日	买进100张	卖出75张	—	—
50 000 000	2005年8月15日	—	买进75张	卖出50张	—
25 000 000	2005年11月15日	—	—	买进50张	卖出25张
0	2006年2月15日	—	—	—	买进25张

（2）期货合约缺乏流动性时的滚动套期保值。

在分析条式套期保值时，我们曾经假定，市场上有各个月份的期货合约可供利用，且这些合约都有较高的流动性。但是，在现实的套期保值中，那些较远期的期货合约的流动性可能较低，尤其是当套期保值的期限长达一年或一年以上时。在这种情况下，套期保值者就不宜实行条式套期保值，而应实行滚动套期保值。如将上述条式套期保值的例子改为滚动套期保值，则其操作过程就如表9-23所示。

表9-23 欧洲美元期货的滚动套期保值（Ⅱ）

日期	3月份合约	6月份合约	9月份合约	12月份合约
1月3日	卖出20张	—	—	—
3月1日	买进20张	卖出25张	—	—
6月1日	—	买进25张	卖出40张	—
9月1日	—	—	买进40张	卖出10张
12月1日	—	—	—	买进10张

从欧洲美元期货的条式套期保值表和欧洲美元期货的滚动套期保值（Ⅱ）表我们可清楚地看出，在实行条式套期保值时，套期保值者持有空头部位的时间分别是：3月份合约2个月、6月份合约5个月、9月份合约8个月、12月份合约11个月。而在实行滚动套期保值时，套期保值者持有空头部位的时间是：3月份合约2个月，其余各月份的合约都是3个月。由此可见，与条式套期保值相比，在滚动套期保值中，套期保值者持有期货部位的时间较短，所选择的期货合约离到期日也较近。一般地，这些期货合约有着较高的流动性。同时，利用这些离到期日较近的期货合约进行套期保值，其基差风险也较小。所以，套期保值者利用流动性较高、基差较小的期货合约来操作滚动套期保值，可以提高套期保值的效率。

（3）向前延展的滚动套期保值。

若套期保值的期限较长，超过了市场上所有短期利率期货合约的交割期，且没有适当的长期利率期货合约作为套期保值的工具，则套期保值者也可利用短期利率期货合约来实行滚动套期保值，即用较近期的期货合约逐期滚动，以达到较长期的套期保值目标。这种套期保值通常被称为向前延展的滚动套期保值（Rolling the Hedge Forward）。

【例9-14】2005年2月1日，某公司预计可在2006年6月从其子公司收到1 000万美元的利润,并准备将这一利润投资于 3 个月期欧洲美元。为防范市场利率下降而减少利息收入的风险,该公司决定用欧洲美元期货合约进行套期保值。但是,如果在 2005 年 2 月 1 日时,市场上只有 2005 年 3 月、6 月、9 月和 12 月 4 个月份的欧洲美元期货合约,而 2006 年的合约目前尚未上市,或者虽已上市,但流动性极低,则该公司必须通过滚动套期保值,以便将 2006 年 6 月 1 日的利率锁定,其具体操作方法如表 9-24 所示。

表 9-24 欧洲美元期货向前延展的滚动套期保值

日期	操作	市场利率/%	期货价格	现货市场损益/美元	期货市场损益/美元
2005 年 2 月 1 日	买进 2005 年 3 月合约 10 张	6.00	93.80		
2005 年 3 月 1 日	卖出 2005 年 3 月合约 10 张	6.20	93.65	+5 000	-3 750
	买进 2005 年 6 月合约 10 张		93.90		
2005 年 6 月 1 日	卖出 2005 年 6 月合约 10 张	6.05	94.10	-3 750	+5 000
	买进 2005 年 9 月合约 10 张		94.20		
2005 年 9 月 1 日	卖出 2005 年 9 月合约 10 张	5.75	94.50	-7 500	+7 500
	买进 2005 年 12 月合约 10 张		94.60		
2005 年 12 月 1 日	卖出 2005 年 12 月合约 10 张	5.40	94.85	-8 750	+6 250
	买进 2006 年 3 月合约 10 张		94.95		
2006 年 3 月 1 日	卖出 2006 年 3 月合约 10 张	5.25	95.10	-3 750	+3 750
	买进 2006 年 6 月合约 10 张		95.15		
2006 年 6 月 1 日	卖出 2006 年 6 月合约 10 张	5.00	95.35	-6 250	+5 000
总盈亏	—	—	—	-25 000	+23 750

由表 9-24 可看出,向前延展的滚动套期保值不仅可使套期保值者始终利用流动性较高的期货合约来操作,还可延长套期保值的期限。

4. 欧洲美元期货的交叉套期保值

如前所述,交叉套期保值是指套期保值者用一种金融工具的期货合约对另一种金融工具的现货部位实施套期保值。在金融风险管理中,尤其是在利率风险管理中,交叉套期保值运用得非常广泛。这是因为,在现货市场上存在着不少与利率相关的金融工具。这些金融工具同样面临着严重的利率风险,但在期货市场上并不存在以这些金融工具为标的物的期货合约。为解决这一问题,投资者就必须借用其他金融工具的期货合约,以对其持有的现货部位实施交叉套期保值。

与直接套期保值相比,交叉套期保值比较复杂。在进行交叉套期保值时,首先要解决以下两个问题:一是要选择适当的期货合约;二是要决定需买入或卖出的期货合约数。

所谓选择适当的期货合约,是指在交叉套期保值中,套期保值者要尽量选择一种可使套期保值效率最高的期货合约。这种期货合约主要有三个基本条件:一是期货合约的标的物与套期保值对象具有高度的价格相关性。只有选择价格相关性较高的期货合约,才能使交叉套期保值较为有效。一般地,期限越相近的金融工具之间,价格相关程度越高。也就是说,期限相同或相近的金融工具在价格变动的方向和幅度上具有高度的一致性。所以,在进行交叉套期保值时,套期保值者必须根据自己持有的现货金融工具的期限,选择期限最相近的金融工具的期货合约。例如,要对 10 年期的欧洲债券进行交叉套期保值,就应选择 10 年期的美国中期国债期货合约;而要对一年或不到一年的短期金融工具进行交叉套期保值,就应选择 3 个月期的国库券期货合约或 3 个月期的欧洲美元期货合约。二是所选择的期货合约必须具有较高的流动性。流动性的高低,决定了套期保值者能否随时以适当的价格买入或卖出所需要的期货合约。只有选择流动性较高的期货合约,套期保值者才能取得预期的套期保值目标。因此,如果某种金融期货合约缺乏必要的流动性,则即使作为其标的物的金融工具与作为套期保值对象的现货金融工具具有较高的价格相关性,它仍然不能保证套期保值目标的实现,即它仍然不是适当的、可用于交叉套期保值之工具的期货合约。三是在确定套期保值的期限后,套期保值者应尽量选择离到期日最近的期货合约。因为离到期日越近,基差越小,故用这种期货合约进行套期保值,套期保值者所承受的基差风险也将越小。

在选定了用于交叉套期保值的期货合约后,套期保值者还必须确定所要买入或卖出的期货合约的数量。解决这一问题的基本方法是:根据一定的公式或模型计算出套期保值比率,然后根据套期保值比率算出套期保值所需要的期货合约的数量。

下面,我们用两个简例来说明欧洲美元期货的交叉套期保值。

1) 用欧洲美元期货对 90 天期商业票据进行套期保值

在金融市场上,尤其是在国际金融市场上,商业票据(Commercial Paper)是筹集短期周转资金的重要工具。但是,如果期货市场上不存在以商业票据为标的物的期货合约①,则投资者就可用欧洲美元期货合约进行交叉套期保值。

【例 9 – 15】某公司于 4 月 7 日做出决定,准备在一个月后通过发行面值为 1 000 万美元的 90 天期商业票据来筹措资金,以用于短期周转。当时商业票据的贴现率为 6%。为防范一个月后市场利率突然上升的风险,该公司决定用欧洲美元期货合约来作套期保值。根据回归分析,3 个月期欧洲美元与 3 个月期商业票据的利率相关系数为 0.9。于是,该公司只要卖出 9 张欧洲美元期货合约,即可防范市场利率上升的风险。其具体操作如表 9 – 25 所示。

表 9 – 25 欧洲美元期货的交叉套期保值(Ⅰ)

日期	现货市场	期货市场
4 月 7 日	准备发行面值为 1 000 万美元的 90 天期商业票据,当时贴现率为 6%。如按当时贴现率发行商业票据,则可筹得资金 985 万美元	卖出 9 张 6 月份到期的欧洲美元期货合约,期货价格为 93.90
5 月 7 日	贴现率上升为 8%。发行面值为 1 000 万美元的商业票据,筹得资金 980 万美元	买进 9 张 6 月份到期的欧洲美元期货合约,期货价格为 91.70
损益	损失:50 000 美元	盈利:49 500 美元
结果	净损失:500 美元(占现货市场损失的 1%)	

---

① 芝加哥期货交易所(CBOT)曾于 1977 年 9 月推出 90 天期商业票据期货合约,1979 年 5 月又推出 30 天期商业票据期货合约,但是后来因这两种期货发展得并不成功而被停止交易。

2）用欧洲美元期货对 1 个月期借款进行套期保值

如上所述，在交叉套期保值中，套期保值者应尽量选择期限与套期保值对象的期限相同或相近的期货合约。因为这种期货合约的标的物与套期保值对象具有高度的价格相关性，从而能使交叉套期保值取得较好的效果。但是，从实际来看，流动性较高的短期利率期货主要是 3 个月期的美国国库券期货与 3 个月期的欧洲美元期货，而短期金融工具的期限却未必都是 3 个月期的。这就产生了这样一个问题，即如何用 3 个月期的短期利率期货合约对期限不是 3 个月期的短期金融工具实施交叉套期保值？解决这一问题的办法是用到期日调整系数①（Maturity Adjustment 或 Maturity Mismatch Adjustment）来作套期保值比率，并以此计算出套期保值所需要的期货合约的数量。

【例 9 – 16】某年 7 月 1 日，某公司计划在两个月后（即 9 月 1 日）借入一笔本金为 3 000 万美元、期限为一个月、以 LIBOR + 0.25% 计息的资金。为防范在未来两个月内市场利率上升而增加利息支出的风险，该公司决定用欧洲美元期货合约进行套期保值。然而，由于欧洲美元期货合约的标的物是面值为 100 万美元、期限为 3 个月的欧洲美元定期存款，而作为套期保值对象的是期限为一个月的短期借款。若用到期日调整系数来计算，则套期保值比率为 1/3。所以，当利率变动一定单位时，一张欧洲美元期货合约（交易单位为 100 万美元）的价值变动幅度是 100 万美元、1 个月期借款价值变动幅度的 3 倍。我们知道，当利率变动 1 个基点时，一张欧洲美元期货合约的价值将变动 25 美元，而 100 万美元的 1 个月期借款的价值却只变动 8.33 美元，即为一张期货合约价值变动幅度的 1/3。这就说明，该公司要对 3 000 万美元、9 月 1 日起息的 1 个月期借款进行套期保值，只要卖出 10 张（而不是 30 张）9 月份到期的欧洲美元期货合约即可，如表 9 – 26 所示。

表 9 – 26　欧洲美元期货的交叉套期保值（Ⅱ）

日期	现货市场	期货市场
7 月 1 日	计划于 9 月 1 日借入本金为 30 000 000 美元、期限为一个月、以 LIBOR + 0.25% 计算的资金；当时 LIBOR 为 5.60%；预计付息 146 250 美元	卖出 10 张 9 月份到期的欧洲美元期货合约，期货价格为 94.50
9 月 1 日	借入 30 000 000 美元，LIBOR 升至 7.55%，实际付息 195 000 美元	买进 10 张 9 月份到期的欧洲美元期货合约，期货价格为 92.54
损益	因利率上升而多付利息 48 750 美元	盈利：49 000 美元
结果	净盈利：250 美元	

9.3.3.2　长期利率期货的套期保值

长期利率期货的套期保值与短期利率期货的套期保值在基本原理上是比较一致的，但在具体操作上有较大的不同。这种不同主要是由长期利率风险管理的特点和长期利率期

---

① 到期日调整系数 = 套期保值对象的到期日（天数）/期货合约之标的物的到期日（天数）。

货的特定交易规则决定的。在长期利率期货的套期保值中，人们使用得最多的套期保值工具是各种中、长期国债期货。而在中、长期国债期货的套期保值中，最重要而又最复杂的一个环节就是套期保值比率的确定。在本节中，我们将以美国长期国债期货为例，通过对几种常用的确定套期保值比率的模型的介绍，来说明长期利率期货套期保值的模型一些基本策略。

在利率期货的套期保值中，确定套期保值比率的模型很多。其中，适用于长期利率期货套期保值的模型主要有转换系数模型、回归模型和持续期模型。

1. 转换系数模型

在中、长期国债期货的套期保值中，转换系数模型（Conversion Factor Model）是一个最常用的模型。该模型以最便宜可交割债券的转换系数为套期保值比率，以此来计算套期保值所需的期货合约数，其计算公式为

$$套期保值所需合约数 = \frac{现货部位的面值总额}{一张期货合约的交易单位} \times 转换系数$$

【例9-17】 2004年6月10日，某投资者买进面值总额为600万美元的美国长期国债期货，准备持有1年。为避免在此1年内因利率上升而使债券价格下跌的风险，该投资者决定用2005年6月份到期的美国长期国债期货合约来套期保值。假定该投资者所持有的现货债券对2005年6月份交割的合约而言，恰为最便宜可交割债券，其转换系数为1.25，则在套期保值时，该投资者必须卖出75（=6 000 000÷100 000×1.25）张合约。

在对最便宜可交割债券的套期保值中，转换系数模型是确定套期保值比率的一个比较理想的模型。但是，当收益率发生变动时，该模型假设现货部位的市场价值与加权后的期货部位的市场价值会受到相同的影响。故事实上，这一假设只适用于最便宜可交割债券，而并不适用于其他债券。当收益率发生变动时，因各种债券有不同的剩余期限和不同的息票利率，故其市场价值受到的影响程度也将是不同的。而对不是最便宜可交割债券的其他现货债券而言，即使通过转换系数进行调整也是如此。这是因为在转换系数模型中，人们使用的转换系数是最便宜可交割债券的转换系数，而期货市场价格的变动一般与最便宜可交割债券的市场价格的变动一致。因此，在对不是最便宜可交割债券的其他可交割债券的套期保值中，尤其是对不可交割的债券（剩余期限不足15年）的套期保值中，转换系数模型就存在着明显的局限性。

2. 回归模型

回归模型（Regression Model）由资本资产定价模型（Capital Asset Pricing Model, CAPM）发展而来。由该模型得出的套期保值比率，类似于资本资产定价模型中的β系数（Beta Coefficient）。根据此模型，套期保值对象的收益率与套期保值工具的收益率并非完全一致地变动。因此，当收益率发生变动时，现货部位的价值变动与期货部位的价值变动并非完全相同。但是，该模型假设，在套期保值期间，此两部位的价值变动关系是不变的。这种不变的价值变动关系，可用β系数表示。在套期保值中，投资者可根据历史资料，利用回归方法求得β系数，并以此作为套期保值比率。

在长期利率期货的套期保值中,回归模型是一个不常用的确定套期保值比率的模型。但是,它通常被套期保值者用作其他模型的补充,以修正其套期保值比率,从而提高其套期保值的效率。

3. 持续期模型

在对不是最便宜可交割债券的其他现货债券的套期保值中,持续期模型(Duration Model)是一个比较常用的、确定套期保值比率的模型。

持续期(Duration)一般以年表示,是指债券的到期收益率变动一定幅度时,债券价格因此而变动的比例。例如,根据计算,某债券的到期收益率若变动1个基点(0.01%),则该债券的价格将变动0.95%,这样,该债券的持续期即为9.5年,其用公式表示为

$$\frac{\Delta P}{P} = -D \cdot \Delta r$$

或

$$D = \frac{-\frac{\Delta P}{P}}{\Delta r}$$

式中,D 为持续期[①];P 为债券价格;r 为债券的到期收益率。在这里,负号通常被省略。

可见,债券的持续期与债券的期限(Maturity)不同,它反映了债券价格的利率敏感性。我们知道,一种有效的套期保值应使现货部位的价格变动恰被期货部位的价格变动抵销。如果我们以 ΔP_c 表示每一美元面值的现货部位的价格变动额,以 ΔP_f 表示每一美元面值的期货合约的价格变动额,以 HR 表示套期保值比率(它是计算套期保值所需期货合约数的一个乘数),则

$$\Delta P_c = \Delta P_f \times \text{HR}$$

根据 $\frac{\Delta P}{P} = -D \cdot \Delta r$,可以得到现货部位的价格变动额为

$$\Delta P_c = +D_c \times P_c \times \Delta r$$

式中,D_c 为现货债券(即套期保值对象)的持续期;P_c 为现货债券的价格。

同样,也可得期货合约的价格变动额为

$$\Delta P_f = +D_f \times P_f \times \Delta r$$

式中,D_f 为期货合约的持续期;P_f 为期货价格。值得指出的是,这里的期货合约的持续期实际是指最便宜可交割债券从交割日至到期日的持续期。

将 $\Delta P_c = +D_c \times P_c \times \Delta r$ 和 $\Delta P_f = +D_f \times P_f \times \Delta r$ 代入 $\Delta P_c = \Delta P_f \times \text{HR}$,可得

$$D_c \times P_c \times \Delta r = D_f \times P_f \times \Delta r \times \text{HR}$$

[①] 持续期的概念最初由弗雷德里克·麦考利(Frederic Macaulay)提出。他提出的持续期被称为麦考利持续期,在此论述的持续期则是一种"修正的持续期"(Modified Duration)。

假设现货利率与期货利率同时、同向、同幅度变动，则在上式两边同除以 Δr，得

$$D_c \times P_c = D_f \times P_f \times \text{HR}$$

因此，得

$$\text{HR} = \frac{D_c \times P_c}{D_f \times P_f}$$

现在，我们用一个简单的例子来说明持续期模型在长期利率期货套期保值中的应用。

【例 9-18】假设某机构投资者持有面值总额为 20 000 000 美元、2025 年到期、息票利率为 9% 的美国长期公债券，准备用美国长期国债期货合约来套期保值。根据计算，该机构投资者所持有的现货债券有 9.50 年的持续期，其价格为 118。与此同时，期货合约的持续期为 10.50 年，期货价格为 91-08。根据式 $\text{HR} = \frac{D_c \times P_c}{D_f \times P_f}$，可得套期保值比率为

$$\text{HR} = \frac{9.50 \times 118}{10.50 \times 91.25} \approx 1.17$$

套期保值比率为 1.17，说明套期保值工具（期货合约）的面值总额应为套期保值对象的面值总额的 1.17 倍。在本例中，因现货债券的面值总额为 20 000 000 美元，而美国长期国债期货合约的交易单位为面值 100 000 美元，因此，该机构投资者必须卖出 234 张美国长期国债期货合约，方可对其持有的现货债券实施比较有效的套期保值。

通过以上分析，我们不难看出，与转换系数模型相比，持续期模型的适用范围比较广泛。它既适用于最便宜可交割债券的套期保值，也适用于非最便宜可交割债券的套期保值，甚至还适用于那些不可交割的债券（如不可交割等级的中、长期公债券或欧洲债券、公司债券等）的套期保值。但是，我们也必须看到，持续期模型存在着一个严重的弱点，即它假设各种债务凭证在收益率的变动上，不仅有着相同的方向，而且有着相同的幅度。这样，套期保值对象的收益率与套期保值工具的收益率是按照完全平行的形式变动的。很显然，除直接套期保值以外，这种假设通常与现实不符。于是，在运用持续期模型确定套期保值比率时，就必须注意套期保值对象的收益率与套期保值工具的收益率在变动方向和变动幅度上是否一致或基本一致。如果两者的变动有较大的差异，则持续期模型的运用会受到一定的限制。

例如，我们假设在同一时期内，10 年期美国中期公债券（T-note）的收益率将变动 10 个基点，而某公司发行的 10 年期公司债券的收益率将变动 20 个基点。那么，持有 10 年期公司债券的投资者在利用 10 年期 T-note 期货作套期保值时，就不宜用持续期模型来计算套期保值比率，并据以计算套期保值所需的期货合约数。

为克服这一弊端，有些投资者在用持续期模型算出套期保值比率以后，会再用回归模型算出套期保值对象与套期保值工具之间的收益率 β 系数，以对套期保值比率做出修正。

9.4 股票指数期货

9.4.1 股票指数期货的含义及其特点

1. 股票指数期货的含义

股票指数期货就是在期货交易所内,以某股票市场的股票价格指数①为金融商品的标准化期货合约交易。交易双方通过经纪公司(或经纪人代理),选择一些股票价格指数进行期货交易。股票价格指数不同时期的高点或低点数,形成了期货合约的涨跌价格。股票价格指数期货交易最后平仓结算或交割均为现金,并非实际股票,而是以实际股票价格指数与期货合约商定的指数差额进行的。例如,投资者 A 买进,而投资者 B 卖出了 6 月份到期的指数为 200 点的标准普尔 500 种股票(简称 S&P500)指数期货合同;到期满时,若(S&P500)股票指数上升到 202 点,则投资者 B(做空头者)应向投资者 A(做多头者)交付(S&P500)股票指数差额为 2 点所代替的金额。

股票指数期货诞生于 20 世纪 80 年代的美国,和其他金融期货产品一样,股票指数期货是出于规避股票市场价格波动风险的目的出现的。20 世纪 70 年代石油危机之后,西方各国的经济出现了剧烈的动荡和严重的滞胀。1981 年之后,里根政府把治理通货膨胀作为美国经济的首要任务,控制货币供应,导致利率大幅度上升。利率的大幅波动,加剧了股票价格

---

① 股票价格指数是用以表示多种股票平均价格水平及其变动并衡量股市行情的指标。在股票市场中,成百上千种股票同时进行交易,各种股票价格各异,价格种类多种多样,因此,需要一个总的尺度标准来衡量股票价格的涨落,以便于观察股票市场的变化。用股票价格平均数指标来衡量整个股票市场总的价格变化,能够比较正确地反映股票行情的变化和发展趋势。股票价格指数一般是由一些有影响力的金融机构或金融研究组织编制的,定期、及时地公布。世界各大金融市场都编制或参考股票价格指数,将一定时点上成千上万种此起彼落的股票价格表现为一个综合指标,代表该股票市场的一定价格水平和变动情况。

世界上较为重要的股票价格指数共有 6 种:(1)道琼斯股票价格指数。道琼斯股票价格指数是国际上最有影响、使用最广泛的股票价格指数。它有 100 多年的历史,从开始编制至今从未间断。道琼斯股票价格指数是道琼斯公司的创始人查尔斯·道于 1884 年 6 月 3 日开始编制并刊登在《每日通讯》上。现今的道琼斯股票价格指数发表在《华尔街日报》上,共分 4 组:工业股票价格指数、运输业股票价格指数、公用事业股票价格指数、综合股票价格指数。其中,使用最多的是工业股票价格指数。道琼斯股票价格指数的计算方法采用修正的简单股票价格算术平均法。道琼斯股票价格指数是以 1928 年 10 月 1 日为基期的,基期平均数为 100,以后各期的股票价格同基期相比计算出的百分数即为各期的股票价格指数。道琼斯股票价格指数在纽约证券交易所营业时,每隔半小时公布一次。道琼斯股票价格指数被《华尔街日报》及多种报纸登载。(2)标准普尔股票价格综合指数。标准普尔公司是美国最大的一家证券研究机构。它于 1923 年开始编制股票价格指数,到 1957 年,选择 500 种股票,采用高速计算机,将这些普通股票加权平均编制成一种股票价格综合指数,每小时计算和公布一次。标准普尔股票价格综合指数的特点是信息资料全,能反映股市的长期变化。(3)纽约证券交易所的股票价格综合指数。纽约证券交易所从 1960 年开始编制和发表自己的股票价格综合指数。这个综合指数包括 4 组:工业股票价格指数、金融业股票价格指数、运输业股票价格指数、公用事业股票价格指数。该股票价格综合指数采用加权平均法计算,以 1965 年 12 月 31 日为基期,每半小时计算和公布一次。(4)伦敦金融时报股票价格指数。该指数由英国金融界著名报纸《金融时报》编制。它包括 3 个股票指数,即 30 种股票的指数、100 种股票的指数、500 种股票的指数。它以 1935 年为基期,每小时计算一次,下午 5 时计算一次收盘指数。(5)日本经济新闻道式股票指数(简称日经指数)。第二次世界大战后不久,日本东京证券交易所开始模仿美国道琼斯股票价格指数来编制自己的股票价格指数。1975 年,日本经济新闻社正式向道琼斯公司买进商标,将它编制的股票价格指数定名为日本经济新闻道式股票指数。(6)香港恒生指数。它是香港恒生银行于 1969 年开始发表的。该指数以选定的 33 种有代表性的股票为计算对象,以 1964 年 7 月 31 日为基期。该指数每天计算 3 次。它是人们观察香港股市变化的尺度。

的波动，美国股票市场受到沉重打击。为减轻股票价格大幅波动给投资者带来的风险，恢复市场信心，确保美国股票市场的稳定和持续发展，开发新的能够分散投资风险的金融工具势在必行。股票指数期货就是在这样的背景下产生并快速发展起来的。

早在1977年，堪萨斯期货交易所（Kansas City Board of Trade，KCBOT）就曾向美国商品期货交易委员会（Commodity Futures Trading Commission，CFTC）上交开展股票指数期货交易的报告。此时期货仍然采取实物交割，还没有实行现金交割，股票指数期货一直未获批准。1981年芝加哥商业交易所（CME）的欧洲美元期货合约采用了现金交割的方式。同年，美国证券交易委员会（Securities and Exchange Commission，SEC）和美国商品期货交易委员会（CFTC）达成了"夏德－约翰逊协议"，明确了股票指数期货的监管机构，规定股票指数期货由CFTC监管。

1982年，CFTC批准了KCBOT的报告，KCBOT推出了第一份股票指数期货合约——价值线综合指数（The Value Line Index）期货。至此，金融期货的三个主要品种——外汇期货、利率期货和股票指数期货已全部诞生。两个月后，芝加哥商业交易所推出了S&P500指数期货。股票指数期货一经诞生就受到了市场的广泛关注，价值线指数期货推出的当年就成交35万手，S&P500指数期货的成交量更是达到了150万手。1984年，股票指数期货合约的交易量已占美国所有期货合约交易量的20%以上。

股票指数期货的成功不仅迅速扩大了美国国内期货市场的规模，而且引发了世界性的股票指数期货交易热潮。例如，1984年伦敦推出金融时报100指数期货合约；1986年香港推出恒生指数期货，1990年德国推出DAX指数期货。自20世纪90年代以来，随着信息技术的飞速发展，受全球化趋势的影响，股票指数期货的运用更为广泛，部分发展中国家也相继推出股票指数期货交易，全球股票指数期货的交易量成倍上升。全球股市在2017年表现普遍向好。截至2017年12月28日，美股纳斯达克指数、道琼斯工业指数、标准普尔500指数、英国富时100指数和日经指数年内分别上升28.9%、25.4%、20%、7%和19.2%。香港恒生指数期货2017年全年涨36.06%，为全球主要股票指数期货涨幅冠军。全球范围内在交易所挂牌上市的股票指数期货合约已达400余种，这一庞大的股票衍生品家族为股票市场提供了多样化的投资标的与避险工具，成为全球金融衍生品市场的重要组成部分。

2. 股票指数期货的特点

1）标的物为特定的股票指数

股票指数期货以股票价格指数为标的物，在交易过程中没有股票的转手，而只是股票指数期货合约的买卖。

2）合约价值用合约乘数与股票指数报价的乘积表示

在货币期货和利率期货中，每份合约单位都是由交易所事先定好、标准化的，股票指数期货每份合约的价值则取决于股票指数期货报价与合约乘数（即每个指数点的价值）的乘积。交易确定的是合约乘数（例如，恒指期货合约乘数为50港元，S&P500指数期货的合约乘数是250美元），股票指数期货报价则由交易双方竞价形成。

3）采用现金交割方式

货币期货和部分利率期货可以采用实物交割，而股票指数期货只能采用现金交割，不能实际交割股票。因为股票价格指数反映的是一个股票组合的价值，要做实物交割，就意味着必须要拿出一组股票来，这不太现实。

9.4.2 股票指数期货的交易规则

总体而言，股票指数期货的交易规则与其他各种金融期货的交易规则并无多少区别。但是，由于股票指数期货有特殊的标的物，因而在某些具体的细节上，股票指数期货有一定的特殊性。这些特殊性比较集中地体现在合约规格上，尤其是在交易单位、报价方式等方面。在股票指数期货中，有些产品从最初推出到现在，其合约规格已做了很多修改。

1. 日经 225 股票指数期货

日经 225 股票指数期货最初是由新加坡国际金融交易所推出（1986 年）的，当时日本政府尚未允许在国内开展股票指数期货交易。1988 年 9 月，日本大阪证券交易所开始了该种期货的交易。表 9-27 所示的就是在大阪证券交易所（OSE）日经 225 股票指数期货合约规格（摘要）。

表 9-27 大阪交易所（OSE）日经 225 股票指数期货合约规格（摘要）①

交易标的	日经平均股票价格（日经 225）
合约月份	3 月、6 月、9 月、12 月循环
交易单位	1 000 日元 × 日经平均股票价格
最小变动价位	10 日元（每合约 10 000 日元）
涨跌幅限制	在指定期间内，以日经 225 期货中心交割月份的每个交易日的涨跌幅基准价格算出的涨跌幅限制价格为基准，乘以下比率而算出的涨跌幅（每个季度更新）：通常涨跌幅为 8%；第一次扩大涨跌幅为 12%；第二次扩大涨跌幅为 16%； 涨跌幅以熔断机制（Circuit Breaker Rule）的实施情况，最多扩大到第二阶段（仅单向扩大）； 会以市场情况，临时更新涨跌幅限制价格
市场熔断机制	如果在涨跌幅限制价格的上限（下限）价格已有合约或买（卖）单，且 1 分钟之内没有超过涨跌幅 10% 的其他合约，则中断交易 10 分钟
最后交易日	合约月份的第二个星期五（如果是非营业日，则依次提前）之前的那个营业日
结算方式	现金结算
最后结算价格	特别报价（以最后交易日之后的营业日构成日经 225 股票价格平均数的所有股票的开盘价计算）
交易时间	日间交易：开盘（集合竞价）8 时 45 分；盘中交易（连续竞价）8 时 45 分~15 时 10 分；收盘（集合竞价）15 时 15 分 晚间交易：开盘（集合竞价）16 时 30 分；盘中交易（连续竞价）16 时 30 分~次日 5 时 25 分；收盘（集合竞价）5 时 30 分

注：大阪证券交易所和东京证券交易所于 2013 年 1 月 1 日合并，合并后的日本交易所集团成为世界第二大规模的交易所集团，超过美国纳斯达克 OMX 集团，仅次于经营纽约证券交易所的纽约泛欧交易所集团。

2. 小型恒生指数期货

股票指数期货首先产生于美国，后来其他国家和地区也纷纷开展这类期货的交易。然

---

① 资料来源：日本交易所集团，https://www.jpx.co.jp/chinese/markets/derivatives/01.html。

而，无论是美国还是其他国家和地区，当时股票指数期货的合约价值都很大。于是，那些中、小投资者便无法进行这种交易。为解决这一问题，不少交易所在原有股价指数期货合约的基础上，设计并推出了一些小型股价指数期货合约。这类小型股价指数期货合约的价值一般为原有合约价值的1/5。

1986年5月，香港交易所开办恒生指数期货交易，而于2000年10月9日推出小型（或"迷你"）恒生指数期货交易。开办小型恒生指数期货交易的主要目的是满足那些资金不多但对股价指数期货也有着一定需求的中、小投资者的需要。香港交易所小型恒生指数期货合约规格（摘要）如表9-28所示。

表9-28 香港交易所小型恒生指数期货合约规格（摘要）[①]

合约乘数	每个指数点港元 HK $ 10
最低波幅	1 个指数点
立约价值	立约成价 × 合约乘数
合约月份	现月、下月或之后最近的两个季月
交易方式	以电子自动交易系统买卖（HKATS）
交易前时段	8时45分~9时15分（第一节买卖）；12时30分~1时（第二节买卖）
交易时间	上午9时15分~12时（第一节买卖）；13时~16时30分（第二节买卖）；17时15分至次日凌晨1时（第三节买卖）
每天结算价	恒生指数期货合约的当天结算价
最后交易日/合约到期日	该月倒数第二个营业日
最后结算日	最后交易日（合约到期日）之后的第一个营业日
结算方式	以现金结算立约成价和最后结算价之差
最后结算价	最后交易日恒生指数持续交易时段开始后的5分钟起，到持续交易时段完结前的5分钟止，其间每隔5分钟所报价格的平均值

在表9-28中，立约成价指的是期货合约的成交价格。而这一成交价格显然是可变的。所以，在股价指数期货交易中，交易单位的标准化，实际上主要体现在合约乘数的标准化之上。也就是说，在股价指数期货合约中，真正被固定的只是期货合约赋予每一指数点的价值。因此，这一随着成交价格的变动而变动的合约价值被称为立约价值。而在股价指数期货交易中，这一立约价值通常也被称为交易单位或合约规模。然而，由于金融期货本身是管理价格风险的工具，市场价格的变动是必然的，因此立约价值的变动也是必然的。可见，在股价指数期货的合约规格中，最有特色的就是其中的交易单位的表示方法。这种特殊的交易单位的表示方法源自股价指数期货的特殊标的物，即某一股票市场的价格指数。与其他各种金融期货或普通商品期货的标的物不同，股价指数并没有实物的存在形式。因此，以它为标的物的期货合约无法像其他金融期货或普通商品期货那样，能以它固定的自然单位来表示其合约规模。

---

① 资料来源：香港交易所，http://www.hkex.com。

3. 中国金融期货交易所的股票指数期货

1）沪深 300 股票指数期货合约

沪深 300 股票指数是由上海和深圳证券市场中市值大、流动性好的 300 只 A 股为样本编制而成的成分股票指数，具有良好的市场代表性。沪深 300 股票指数是沪深证券交易所第一次联合发布的反映 A 股市场整体走势的指数。它的推出，丰富了市场现有的指数体系，增加了一项用于观察市场走势的指标，有利于投资者全面把握市场运行状况，也进一步为指数投资产品的创新和发展提供了基础条件。沪深 300 股票指数期货是以沪深 300 指数为标的物的期货品种，在 2010 年 4 月 16 日由中国金融期货交易所推出。沪深 300 股票指数期货合约规格（摘要）如表 9-29 所示。

表 9-29 沪深 300 股票指数期货合约规格（摘要）①

合约标的	沪深 300 股票指数
合约乘数	每点 300 元
报价单位	指数点
最小变动价位	0.2 点
合约月份	当月、下月及随后两个季月
交易时间	9 时 30 分~11 时 30 分；13 时~15 时
每日价格最大波动限制	上一个交易日结算价的 ±10%
最低交易保证金	合约价值的 8%
最后交易日	合约到期月份的第三个星期五（遇国家法定假日顺延）
交割日期	同最后交易日
交割方式	现金交割
交易代码	IF
上市交易所	中国金融期货交易所

2）中证 500 股票指数期货

中证 500 股票指数是根据科学、客观的方法，挑选沪深证券市场内具有代表性的中小市值公司来组成样本股，以便综合反映沪深证券市场内中小市值公司的整体状况。其样本空间内股票扣除沪深 300 股票指数样本股及最近一年日均总市值排名前 300 名的股票，剩余股票按照最近一年（新股为上市以来）的日均成交金额由高到低排名，剔除排名后 20% 的股票，然后将剩余股票按照日均总市值由高到低进行排名，选取排名在前 500 名的股票作为中证 500 股票指数样本股。中证 500 股票指数期货旨在描述 A 股市场中小盘股的整体状况，其包含 500 只股票，占 A 股流通市值比重仅为 15.5%。目前中证 500 的组成：沪市 246 只、创业板 11 只、中小板 133 只、深证主板 110 只。中证 500 股票指数期货指的是中小盘股的股票指数期货。合约于 2015 年 4 月 16 日正式挂牌。中证 500 股票指数期货合约规格（摘要）如表 9-30 所示。

---

① 资料来源：中国金融期货交易所，http://www.cffex.com.cn/hs300/。

表 9-30 中证 500 股票指数期货合约规格（摘要）①

合约标的	中证 500 股票指数
合约乘数	每点 200 元
报价单位	指数点
最小变动价位	0.2 点
合约月份	当月、下月及随后两个季月
交易时间	9 时 30 分 ~ 11 时 30 分；13 时 ~ 15 时
每日价格最大波动限制	上一个交易日结算价的 ±10%
最低交易保证金	合约价值的 8%
最后交易日	合约到期月份的第三个星期五（遇国家法定假日顺延）
交割日期	同最后交易日
交割方式	现金交割
交易代码	IC
上市交易所	中国金融期货交易所

3）上证 50 股票指数期货合约

上证 50 股票指数是根据科学客观的方法，挑选上海证券市场规模大、流动性好的、最具代表性的 50 只股票组成样本股，以便综合反映上海证券市场最具市场影响力的一批龙头企业的整体状况。上证 50 股票指数自 2004 年 1 月 2 日起正式发布。其目标是建立一个成交活跃、规模较大、主要作为衍生金融工具基础的投资指数。上证 50 股票指数期货合约仿真交易自 2014 年 3 月 21 日开始，在 2015 年 4 月 16 日由中国金融期货交易所正式推出。上证 50 股票指数期货合约规格（摘要）如表 9-31 所示。

表 9-31 上证 50 股票指数期货合约规格（摘要）②

合约标的	上证 50 股票指数
合约乘数	每点 300 元
报价单位	指数点
最小变动价位	0.2 点
合约月份	当月、下月及随后两个季月
交易时间	9 时 30 分 ~ 11 时 30 分；13 时 ~ 15 时
每日价格最大波动限制	上一个交易日结算价的 ±10%
最低交易保证金	合约价值的 8%
最后交易日	合约到期月份的第三个星期五（遇国家法定假日顺延）
交割日期	同最后交易日
交割方式	现金交割
交易代码	IH
上市交易所	中国金融期货交易所

---

① 资料来源：中国金融期货交易所，http://www.cffex.com.cn/zz500/。
② 资料来源：中国金融期货交易所，http://www.cffex.com.cn/sz50/。

9.4.3 股票指数期货套期保值

股票指数期货套期保值是伴随股票指数期货形成的,分为多头套期保值和空头套期保值,以规避未来股市走势不稳(即股票指数波动的非确定性)造成的风险。

股票指数期货最初推出的动因是为了减少和化解股票市场风险,其套期保值原则是:股票持有者若要避免或减少股价下跌造成的损失,则应在期货市场上卖出指数期货,即做空头。若股价如预期那样下跌,则空头所获利润可用于弥补持有的股票资产因行市下跌引起的损失。反之,若投资者想购买某种股票,则应在期货市场买入指数期货,即做多头。若股票指数上涨,则多头所获利润可用于弥补未来购买股票所发生的损失。

由于股票指数期货套期保值缴纳的保证金数少,相当于合同大部分比例的资金可用于无风险的国债投资,因此股票指数期货合同具有的内在价值称为股票指数期货合同的合理价值。股票指数期货合同到期时的合理价值(Fair Value)应该为

$$合理价值 = 股票指数 \times \left[1 + (无风险利率 - 股票年息率) \times \frac{到期满的天数}{365}\right]$$

式中,方括号内的量代表的是收益率。若无风险利率(利息)高于股票年息率(股息),则股票指数期货合约到期时的合理价值高于股价指数所含的股票价值。此外,股票指数期货合约的市场价格高于合理价值的情形叫升水(Premium),反之叫贴水(Discount)。

若国库券年利率为 9.25%,股票年息率为 4.35%,纽约证券交易所综合指数为 95.18,则某投资者购买 3 个月后到期的该证券交易所综合指数期货合同的合理价值为

$$合理价值 = 95.18 \times \left[1 + (9.25\% - 4.35\%) \times \frac{90}{365}\right] \approx 96.35$$

1. 空头套期保值

已经拥有股票的投资者,如证券投资基金或股票仓位较重的机构等,在对未来的股市走势没有把握或预测股价将会下跌时,为避免股价下跌带来的损失,会卖出股票指数期货合约进行保值。这样一旦股市真的下跌,投资者可以从股票指数期货的空头交易中获利,以弥补股票现货市场上的损失,达到保值的目的。

【例 9-19】若某证券自营商持有 1 000 万美元的股票组合,为了防止价格下跌的风险,他做空头套期保值,于某年 12 月 15 日以 467.50 点 S&P500 指数卖出 43 份标准普尔 500 股票指数次年 3 月份的期货合约,到次年 1 月 10 日,S&P500 指数下跌到 437.76 点,其持有的股票组合价值只剩下 952 万美元。期货市场 3 月份的 S&P500 指数也下跌到 438.50 点,该自营商当日以这个价格买进 43 份合约平仓了结。在期货市场,该自营商获利为

$$500 \times (467.50 - 438.50) \times 43 = 623\ 500(美元)$$

而在股票现货市场的亏损为

$$1\ 000 - 952 = 48(万美元)$$

这样经过抵销,该自营商没有因股票价格下跌而亏损,如果不计交易费用,则盈利(623 500 - 480 000)143 500 美元,实现了股价指数的套期保值,具体操作过程如表 9-32 所示。但由于市场未来的变化并不确定,因此利用股票指数期货套期保值并不能够保证这一行为会带来利润。

表 9-32　股票指数期货空头套期保值过程

股票现货市场	股票期货市场
12 月 15 日，持有 1 000 万美元股票	12 月 15 日，以 467.50 点 S&P500 指数卖出 43 份标准普尔 500 股票指数次年 3 月份的期货合约
次年 1 月 10 日股票组合价值 952 万美元	股票指数下跌为 437.76 点；以 438.50 点买进 43 份 3 月份的股票指数期货，平仓了结
亏损 48 万美元	由先卖后买获利 500 × (467.50 - 438.50) × 43 = 623 500（美元）

股票指数期货套期保值还可在同一期货市场上，同时买卖两种不同交割月份的股票指数期货合约，以从中获得差价收益（即跨期套利）等。

2. 多头套期保值

当投资者准备在未来的某个时间将资金投入股市时，担心股市会出现上涨，便可以先在股票指数期货市场买入股票指数期货合约，等到资金到位进入股市时，如果股价真的出现上涨，便可通过对冲股票指数期货合约获利，以股票指数期货上的盈利来抵销因股票价格上涨带来的股票现货投资的损失。

【例 9-20】如表 9-33 所示，某金融机构在 6 月 1 日抛出了一项市值 3 000 万美元的投资组合，该公司计划年底收购另一家公司。为了避免 12 月份股市升值造成成本上升，6 月 1 日，该公司在芝加哥交易所买入了 100 份单价 30 000 美元的 12 月到期的主要市场指数期货。12 月 1 日，股市上扬，6 月 1 日在股票现货市场出售的投资组合升值至 3 500 万美元，亏损 500 万美元。然而，由于事前买进了股票指数期货合约，当主要市场股票指数期货合约单价也上涨至 34 500 美元时，卖出这 100 份期货合约可在期货市场得利 450 万美元，这样大大对冲了预期的损失。股票指数期货多头套期保值（买入套期保值）如表 9-33 所示。

表 9-33　股票指数期货多头套期保值（买入套期保值）

现货市场	期货市场
6 月 1 日 拥有某投资组合，价值 3 000 万美元 12 月 1 日 股票价值上升至 3 500 万美元	6 月 1 日 　买进 100 份 12 月到期的主要市场指数期货合约，总价值为 3 000 万美元（30 000 美元/份 × 100 份） 12 月 1 日 　卖出 100 份主要市场指数期货合约，总价值为 3 450 万美元（34 500 美元/份 × 100 份）
损失 500 万美元	盈利 450 万美元

9.5　股票期货

9.5.1　股票期货的含义

股票期货与股票指数期货大不相同。股票指数期货的标的物是某一股票市场的价格指数,而股票期货的标的物是某种具体的股票。股票期货合约是一个买卖协定,注明于将来既定日期以既定价格(立约成价)买入或卖出等于某一既定股票数量(合约成数)的金融价值。所有股票期货合约都以现金结算,合约到期时不会有股票交收。合约到期时,其金融价值相等于立约成价和最后结算价之差乘以合约乘数的赚蚀金额,会在合约持有人的按金户口中扣存。最后结算价是相关股票于最后交易日当天的联交所报的正式收市价。如果股票期货的投资者希望在合约到期前平仓,那么原先沽空的投资者只须买回一张期货合约,买入合约的投资者则应卖出一张期货合约。在进行期货交易时,买卖双方均需要先缴付一笔基本按金,作为履行合约的保证。结算所在每日收市后会将所有未平仓的合约按市价计算盈亏,作为在投资者按金户口中扣存的依据。如果市况不利使投资者蒙受亏损,令按金下降到低于所规定的水平,则期交所会要求投资者在指定时限内补款,使按金维持在原来的基本按金水平(即补仓)。

从风险管理的作用来看,股票指数期货用于整个股票市场的系统性风险管理,股票期货则用于某种具体股票的风险管理。从产生的时间先后来看,股票指数期货早在1982年就已产生,股票期货则直到1995年才产生。20世纪80年代初,美国监管当局允许股票指数期货的交易,但不允许个股期货的交易。

1987年6月,大阪证券交易所推出一种被称为大证50的股票指数期货合约。这种期货合约与当时国际上已经广为流行的其他股票指数期货合约不同,它不是采取现金结算的方式,而是以这50种股票作为一篮子股票,实行实物交割。因此,虽然该种合约也被称为股票指数期货,并且以股票指数报价,但是从其交割方式而言,它较类似于股票期货。当然,作为一种独立的金融期货品种,股票期货首先产生于中国香港。1995年3月,香港交易所推出股票期货合约,同年9月又开始了这些股票的期权交易。目前,在香港交易所交易的股票期货已有44种,如表9-34和表9-35所示。

1)股票期货的合约买卖单位多于一手正股股数(生效日为2019年1月2日)

表9-34 香港交易所(HKEX)股票期货名单Ⅰ[①]

号数	股票编号	正股名称	HKATS代号	合约买卖/股数	正股买卖/倍数	类别	市场庄家流通量提供者
1	16	新鸿基地产发展有限公司	SHK	1 000	2	1	无
2	175	吉利汽车控股有限公司	GAH	5 000	5	1	无
3	656	复星国际有限公司	FOS	10 000	20	1	无
4	788	中国铁塔股份有限公司	TWR	10 000	5	2	有
5	823	领展房地产投资信托基金	LNK	1 000	2	1	无
6	981	中芯国际集成电路制造有限公司	SMC	5 000	10	1	无
7	998	中信银行股份有限公司	CTB	20 000	20	1	有

① 数据来源:香港交易所,https://sc.hkex.com.hk/TuniS/www.hkex.com.hk/Products/Listed-Derivatives/Single-Stock/Stock-Futures?sc_lang=zh-CN。

续表

号数	股票编号	正股名称	HKATS代号	合约买卖/股数	正股买卖/倍数	类别	市场庄家流通量提供者
8	1055	中国南方航空股份有限公司	SOA	10 000	5	1	无
9	1288	中国农业银行股份有限公司	ABC	10 000	10	1	有
10	1299	友邦保险控股有限公司	AIA	1 000	5	1	无
11	1336	新华人寿保险股份有限公司	NCL	1 000	10	1	无
12	1359	中国信达资产管理股份有限公司	CDA	5 000	5	2	无
13	1766	中国中车股份有限公司	CRR	10 000	10	1	无
14	1810	小米集团	MIU	1 000	5	2	有
15	1816	中国广核电力股份有限公司	CGN	10 000	10	2	无
16	1918	融创中国控股有限公司	SUN	2 000	2	1	无
17	1988	中国民生银行股份有限公司	MSB	10 000	20	1	有
18	2007	碧桂园控股有限公司	COG	5 000	5	1	无
19	2018	瑞声科技控股有限公司	AAC	1 000	2	1	无
20	2238	广州汽车集团股份有限公司	GAC	4 000	2	1	无
21	2333	长城汽车股份有限公司	GWM	10 000	20	1	有
22	2382	舜宇光学科技（集团）有限公司	SNO	1 000	10	1	无
23	2601	中国太平洋保险（集团）股份有限公司	CPI	1 000	5	1	无
24	2800	盈富基金	TRF	50 000	100	1	无
25	2822	CSOP 富时中国 A50 ETF	CSA	5 000	25	1	有
26	2823	iShares 安硕富时 A50 中国指数 ETF	A50	5 000	50	1	有
27	2828	恒生中国企业指数上市基金	HCF	5 000	25	1	无
28	2883	中海油田服务股份有限公司	CHO	10 000	5	1	无
29	3188	华夏沪深 300 指数 ETF	AMC	2 000	10	1	有
30	3333	中国恒大集团	EVG	2 000	2	1	无
31	3690	美团点评*	MET	500	5	1	有
32	6030	中信证券股份有限公司	CTS	1 000	2	2	有
33	6837	海通证券股份有限公司	HAI	10 000	25	1	有
34	6886	华泰证券股份有限公司	HTS	10 000	50	1	无

注：*将于 2018 年 9 月 20 日起进行买卖

2) 股票期货合约买卖单位等于一手正股股数（生效日为 2019 年 1 月 2 日）

表 9-35 香港交易所（HKEX）股票期货名单 II[①]

号数	股票编号	正股名称	HKATS 代号	合约乘数/股数	类别	市场庄家
1	1	长江和记实业有限公司	CKH	500	1	无
2	2	中电控股有限公司	CLP	500	1	无
3	3	香港中华煤气有限公司	HKG	1 000	2	有
4	4	九龙仓集团有限公司	WHL	1 000	2	无
5	5	汇丰控股有限公司	HKB	400	1	有
6	6	电能实业有限公司	HEH	500	1	无
7	11	恒生银行有限公司	HSB	100	2	无
8	12	恒基兆业地产有限公司	HLD	1 000	1	无
9	17	新世界发展有限公司	NWD	1 000	2	无
10	19	太古股份有限公司'A'	SWA	500	1	无
11	23	东亚银行有限公司	BEA	200	3	无
12	27	银河娱乐集团有限公司	GLX	1 000	1	无
13	66	香港铁路有限公司	MTR	500	2	有
14	267	中国中信股份有限公司	CIT	1 000	2	有
15	293	国泰航空有限公司	CPA	1 000	2	无
16	386	中国石油化工股份有限公司	CPC	2 000	2	有
17	388	香港交易及结算所有限公司	HEX	100	2	有
18	494	利丰有限公司	LIF	2 000	3	无
19	688	中国海外发展有限公司	COL	2 000	1	无
20	700	腾讯控股有限公司	TCH	100	1	有
21	728	中国电信股份有限公司	CTC	2 000	3	有
22	762	中国联合网络通信（香港）股份有限公司	CHU	2 000	2	有
23	857	中国石油天然气股份有限公司	PEC	2 000	2	有
24	883	中国海洋石油有限公司	CNC	1 000	2	有
25	902	华能国际电力股份有限公司	HNP	2 000	2	有
26	914	安徽海螺水泥股份有限公司	ACC	500	2	无
27	939	中国建设银行股份有限公司	CCB	1 000	3	有
28	941	中国移动有限公司	CHT	500	1	有
29	1088	中国神华能源股份有限公司	CSE	500	3	无
30	1171	兖州煤业股份有限公司	YZC	2 000	2	无
31	1398	中国工商银行股份有限公司	ICB	1 000	3	有
32	1800	中国交通建设股份有限公司	CCC	1 000	3	有

① 数据来源：香港交易所，https://sc.hkex.com.hk/TuniS/www.hkex.com.hk/Products/Listed-Derivatives/Single-Stock/Stock-Futures?sc_lang=zh-CN。

续表

号数	股票编号	正股名称	HKATS 代号	合约乘数/股数	类别	市场庄家
33	1898	中国中煤能源股份有限公司	CCE	1 000	3	无
34	1928	金沙中国有限公司	SAN	400	2	无
35	2318	中国平安保险（集团）股份有限公司	PAI	500	1	有
36	2328	中国人民财产保险股份有限公司	PIC	2 000	2	有
37	2388	中银香港（控股）有限公司	BOC	500	2	有
38	2600	中国铝业股份有限公司	ALC	2 000	3	无
39	2628	中国人寿保险股份有限公司	CLI	1 000	2	有
40	2899	紫金矿业集团股份有限公司	ZJM	2 000	3	无
41	3328	交通银行股份有限公司	BCM	1 000	3	有
42	3888	金山软件有限公司	KSO	1 000	3	无
43	3968	招商银行股份有限公司	CMB	500	2	有
44	3988	中国银行股份有限公司	BCL	1 000	3	有

香港交易所（HKEX）股票期货合约交易概要如表 9-36 所示。

表 9-36 香港交易所（HKEX）股票期货合约交易概要[①]

项目	合约细则
相关股票及 HKATS 代码	请参考股票期货名单
合约乘数	一手正股*
合约价值	立约成价乘以合约乘数
最低价格波幅	港元 HK＄0.01
合约月份	现月、下两个月，及之后的两个季月
交易时间	9 时 30 分至中午 12 时及 13 时至 16 时
最后交易日	该月最后第二个营业日
最后结算日	最后交易日之后的第一个营业日
最后结算价**	相关股票于最后交易日当天的联交所所报的正式收市价
结算方法	以现金结算
交易费用***及征费	交易所费用：类别一为港元 HK＄3.0；类别二为港元 HK＄1.0；类别三为港元 HK＄0.5。 证监会征费：港元 HK＄0.10。 佣金：商议。 （除盈富基金及恒生中国企业指数上市基金期货外，由 2018 年 3 月 1 日至 2018 年 12 月 31 日〈包括首尾两天〉豁免所有其他股票期货交易费用）

注：*有关个别股票期货的合约乘数，可参考股票期货名单；
　　**于 2018 年 7 月 3 日开始，最后结算价的厘定方法将修改为相关股票于最后交易日当天的联交所所报的正式收市价；
　　***于 2018 年 7 月 3 日开始，将推出新三级收费类别。有关收费类别请参阅通告 MKD/EQD/16/18

[①] 资料来源：香港交易所，https://sc.hkex.com.hk/TuniS/www.hkex.com.hk/Products/Listed-Derivatives/Single-Stock/Stock-Futures? sc_lang=zh-CN。

9.5.2 股票期货的特点

股票期货的优点：

（1）交易费用低廉。每张股票期货合约相等于数千股股票的价值，买卖合约的佣金则视其张数而定，所以交易成本相对合约价值而言极低。

（2）沽空股票更便捷。由于投资者可以便捷地沽空股票期货，因此在跌市时，投资者可凭借沽空股票期货而获利。

（3）杠杆效应。投资者买卖股票期货合约只需缴付占合约面值一小部分的按金，即可令对冲及交易更合乎成本效益。

（4）减低海外投资者的外汇风险。股票期货合约为海外投资者提供投资本地优质股票的途径，因为买卖股票期货只需要缴付按金，而非全部的合约价值，故大大减低了海外投资者所要承受的外汇风险。

（5）透过电子交易系统进行买卖。股票期货合约采用期交所的电子交易系统进行买卖。所有买卖盘会按价格及时间的先后次序执行对盘，并能即时显示买入价、卖出价及成交价，令市场透明度达到最高水平。

（6）结算公司提供履约保证。股票期货合约由期交所全资拥有的香港期货结算有限公司（结算公司）登记、结算及提供履约保证。由于结算公司为所有未平仓合约的对手，因此结算所参与者之间无须承受对手风险。但是，保证的范围并不包括结算所参与者对其客户的财务责任；而投资者选用经纪人进行买卖时必须小心、慎重。

股票期货交易实行庄家制度。市场参与者或于个别股票期货注册成为市场庄家，并在指定的最大差价范围内同时提供买入价和卖出价。交易所参与者及其客户须注意个别股票期货可能没有市场庄家登记提供买卖差价，而其买卖将以市场买卖单位为基础。投资者应留意买卖没有市场庄家登记的股票期货可能涉及流通性风险，入市前应谨慎考虑。

股票期货涉及高风险，买卖股票期货所招致的损失有可能超过开仓时缴付的按金，令交易者或须在短时间内缴付额外按金。若未能缴付，则交易者须持仓或平仓，任何亏损都由交易者自行承担。因此，交易者务必要清楚买卖股票期货的风险，并衡量是否适合自己。交易者进行股票期货交易前，应根据本身财务状况及投资目标，向经纪人或财务顾问查询是否适合买卖期货及期权合约。

核心概念

金融期货

初始保证金

维持保证金

多头套期保值

空头套期保值

交叉套期保值

货币期货（外汇期货）

利率期货

股票指数期货

复习思考题

1. 简述金融期货交易的特点。

2. 简述金融期货交易的保证金制度和逐日盯市制度。

3. 3月中旬，3个月欧洲美元LIBOR是4.25%，6月份欧洲美元期货报价95.75。某公司计划在6月份借入3个月的1 000万美元，但预计到6月份3个月LIBOR可能会上升，因此公司决定采用欧洲美元期货进行套期保值。假设到6月初，3个月LIBOR上升到5%。试分析该公司的套期保值结果。

4. 由于日本银行坚持无限宽松的货币政策，因此市场普遍看跌日元。5月初某投机者预测1个月后日元对美元的汇率将出现大幅度下跌，于是卖出10份6月份日元期货，支付保证金54 000美元，期货成交价格为1.024 5，1个月后日元对美元汇率出现下跌，该投机者以0.992 8的价格对冲了10份6月份日元期货。试分别计算该投机者的投机利润和利润率。

5. 2012年10月25日IMM中的JPY期货行情为

    12月12日   1.237 0

    3月13日   1.238 4

某套利者预测1个月内两种交割月份的日元期货价差将会缩小，于是入市进行套利操作。到11月24日，JPY期货行情变为

    12月12日   1.195 9

    3月13日   1.196 2

试问：(1) 该套利者应如何套利？

(2) 若套利者在两种不同交割月份的日元期货上各操作10份合约，并在11月24日进行平仓，则其套利结果如何？

6. 6月中旬，某投机者预测3个月后市场长期利率将会上升，进而导致长期国债期货价格下跌，现在入市进行卖空投机是个比较好的时机。当前CBOT 9月份长期国债期货报价为144-190，该投机者以此价格卖出了20份9月份长期国债期货。如果3个月后9月份长期国债期货价格跌至135-050或涨至148-300，那么试计算该投机者在两种情形下投机交易的损益。

第 10 章

金融期权交易

学习目标

通过了解金融期权的概念、特点和类型，掌握金融期权交易的基本原理，理解金融期权交易的套期保值策略，全面深入地把握金融衍生产品的特性以及风险。

引导案例

中国石油化工股份有限公司原油期货巨亏

2018 年 12 月 27 日中国国有石油巨头中国石油化工股份有限公司（简称中石化）因巨额交易亏损，已暂停两名高管的交易业务（两人为中国国际石油化工联合有限责任公司（简称联合石化）董事长兼总经理陈波和党委书记詹麒，该公司负责为中石化对冲风险。）。总市值超过 6 300 亿元的中石化 A 股 27 日的股价闪崩，最后跌幅达到了 6.75%，一天跌去了 460 亿元。中石化的原材料是原油，绝大部分原油靠的是进口，因此原油期货的价格变动对公司的成本影响非常大。这是中石化从事原油期货业务的必要性所在。从某种意义上讲，期货就是公司的账外库存，可以在价格变动较大的情况下和实物库存对冲风险。也就是说，套期保值的主要意义是保障成本变动的风险，而不一定是为了获利。回归本次 Zero Hedge 的交易。从方向上看，中石化买入了看涨期权，卖出了看跌期权，本质都是做多，没问题；从数量上看，据说做了 7 000 万~8 000 万桶期权，跟中石化每个月 1.3 亿桶的进口量相比，也不多，挺正常。那中石化做套期保值，为何不直接买期货，而是做 Zero Hedge 期权呢？业内人士认为，其主要原因是外汇。在央企套期保值中，为了节省外汇，往往做一些期权交易。Zero Hedge 的本质就是期权交易，买入看涨期权，只用付权利金，不用付保证金；卖出看跌期权，收到权利金，且虚值期权只收一半的期货保证金，两者同时操作，相当于只付半手的期货保证金，就可以做两手看多套期保值（这可以节省用于期货保证金的外汇）。据说，联合石化的这次操盘失误源于在原油价格为 70 美元/桶时听信了高盛的建议看涨原油，从而做出了错误的投资决定。2018 年 9 月底，陈波在年度亚太石油会议（APPEC）上称，鉴于全球市场当前的供需态势，原油价格为 60~80 美元/桶是正常的，能效提高和技术变革意味着未来数年全球石油需求增长将减慢，之后会在 2035 年触及顶峰，这反过来也会拖累全球炼油产能增长放缓，预期到 2035 年将达到 56 亿吨/年。作为业内专家，他的预测是有一定道理的，而且很显然，这些言论并不仅仅代表他个人，同时也可能代表着中石化这家企业的官方观点。传闻联合石化交易的原油数量是 3 000 万~7 000 万桶，预计损失为 50 亿~150 亿元。中石化在 9 月份原油价格为 70 美元/桶时进行套期保值，按照目前（2018 年 12 月份）的市场价格，期权存在较大亏损，但进口原油现货只需要 40 美元/桶（进口价格更便宜了）。期权、现货相加，中石化在生产经营上可能并未出现过多损失。反过来，如果现在原油现货涨到 100 美元/桶，那么中石化虽然会在原油期权上大赚一笔，但是会在原油现货进口中增加进口成本，因此在生产经营上可能并未体现出过多盈利。返回到 2018 年 9 月，回顾当时原油市场，外部环境错综复杂，甚至出现了沙特记者被杀等事件，很难判断后续原油价格走势。连特朗普都无法预测原油涨跌、无法引导股市走势，更别说中石化的交易员们了，中石化在当时进行的原油期权套期保值交易，只是锁定经营成本，并不是为了投机赚钱，直观上并无过错。

如果中石化直接在原油价格为 70 美元/桶时购买原油期货，那么现在（2018 年 12 月份）来看，其损失为 25 美元/桶，如表 10-1 所示。但如果按照卖出虚值看跌期权，则其损失远小于直接购买期货多单。总之，中石化的交易的确可能存在过错，但错不在做套期保值、卖出看跌期权这两方面，而可能错在开仓时间、交易数量、止损设置，甚至是行政命令是否执行、是否汇报等方面。

表 10-1　中石化进行卖出看跌期权的价格

9 月份原油价格 70 美元	12 月份原油价格 45 美元
买入一手原油期货多单	亏损 25 美元（70 美元－45 美元）
卖出一手原油看跌虚值期权（假设卖出 1901 合约原油 60 美元看跌期权，收入 3~5 美元权利金）	亏损 10~12 美元（期权执行后持有 60 美元期货多单，同时收入 3~5 美元权利金，相当于持有 55~57 美元多单）

10.1　金融期权概述

期权交易是外汇风险管理、证券风险管理的一种创新，是一种很受投资者欢迎的套期保值工具。现在，金融期权交易已经成为金融市场上一种活跃的金融产品，应用比较广泛。金融期权是在 20 世纪 70 年代的金融创新中发展起来的一种新的金融交易形式[1]。与金融期货

---

[1]　严格地讲，作为一种交易形式，期权交易实际上早已存在。据有关专家考证，早在古希腊、古罗马时期，一些地方已出现期权交易的雏形。在 18 世纪，美国和欧洲的农产品期权交易已经相当流行。然而，与各种普通商品期权相比，金融期权交易是后来发展起来的。世界上首先产生的金融期权是股票期权。这种期权虽然在 19 世纪末也已在美国产生，但在 20 世纪 70 年代之前，股票期权交易都只是在场外进行，交易的品种十分单一，交易量也十分有限，不足以引起人们的重视。直到 1973 年 4 月 26 日，美国成立芝加哥期权交易所（Chicago Board Options Exchange，CBOE），开始了股票期权的场内交易。之后，股票期权的交易规模迅速发展，而且在很短时间内推出了货币期权、利率期权、股票指数期权以及其他各种类型的金融期权，从而使金融期权成为当时最引人注目的金融创新产品之一。

一样,自从产生以来,金融期权的发展就异常迅猛,应用也十分广泛,尤其是在各种金融风险管理中。

期权又称选择权(Option),它是指买卖双方签订合约,合约的买方在向卖方支付一定的期权费(Premium)后,具有在到期日(Expiration Date)或到期以前,按合约的约定价格(Exercise Price 或 Strike Price)买进或卖出约定数量的某种商品或金融资产(如股票、外汇等)的权利。在合约期内,期权买方有选择是否履约的权利,而期权卖方必须无条件执行。

按不同标的物,期权大致可分为两大类:商品期权(Commodity Options)和金融期权(Financial Options)。

商品期权指的是为防止各种商品的价格变动而交易的期权,如黄金、白银、铜、铅、铝等金属、非金属矿物质或各种大宗物品的期权以及期货期权。

金融期权指的是以金融合约为交易对象的期权交易。金融期权包括:外汇期权,指为防止汇率变动而交易的期权,如各种外汇期权、各种外汇期货期权等;利率期权,指为防止利率变动而交易的期权,如各国债券期权、债券期货期权、利率期货期权以及债券指数期货期权等;股票期权,指为防止股票价格变动而交易的期权,如各种股票期权、股票指数期权以及股票指数期货期权。

10.1.1 金融期权的概念和分类

1. 金融期权的基本概念

如同金融期货是期货的一个类别一样,金融期权也是期权的一个类别。金融期权(Financial Options),是以各种金融商品或金融衍生产品为标的物的期权交易形式。

为了更好地理解金融期权的基本含义和基本特征,我们首先必须对金融期权的几个基本要素做比较具体的说明。在以后内容中,将更具体地对金融期权的主要种类、交易制度及基本的交易策略等问题加以说明。

1)期权购买者与期权出售者

期权购买者与期权出售者是期权交易的主体。期权购买者(Buyer)也称期权持有者(Holder),是指支付期权费以获得期权合约所赋予的权利的一方;而期权出售者(Seller)也称期权签发者(Writer),是指收取期权费而履行期权合约规定的义务的一方。在期权交易中,期权购买者在向期权出售者支付一定的期权费后,就获得了期权合约所赋予的权利。在金融期权交易中,期权购买者可在期权合约规定的某一特定时间,以事先确定的价格(协定价格)向期权出售者买进或卖出一定数量的某种金融产品或金融衍生产品。在期权合约规定的时间内(即期权有效期内),或期权合约规定的某一特定的履约日,期权购买者既可行使他所拥有的这一权利,也可放弃这一权利。这就说明,对期权购买者而言,期权合约只赋予他可以行使的权利,而未规定他必须履行的义务。不过,期权购买者无论是行使权利,还是放弃权利,他所支付的期权费均不予退还。

期权出售者在收取期权购买者所支付的期权费后,就必须在规定时间内履行该期权合约规定的义务。也就是说,在期权合约规定的时间内或期权合约规定的某一特定的履约日,只要期权购买者要求执行期权,则期权出售者就必须无条件地履行期权合约所规定的义务。这就说明,对期权出售者而言,除了在成交时向期权购买者收取一定的期权费之外,期权合约只规定他必须履行的义务，而未赋予他任何权利。

由此可见，与期货交易不同，在期权交易中，期权购买者与期权出售者在权利与义务上存在着明显的不对称性。这种不对称性决定了期权交易不同于期货交易的许多特点，对于这些特点，我们将在以后有关内容中做比较具体的分析。

2）期权费

根据定义可知，期权交易实际上是一种权利的交易，而期权费就是这一权利的价格。期权费（Premium，又译保险费或权利金），是指期权购买者为获得期权合约所赋予的权利而向期权出售者支付的费用。这一费用一经支付，不管期权购买者是否执行该期权，该期权费均不予退还。

与金融期货一样，金融期权也首先是作为一种套期保值的工具而产生和发展起来的。一般地，期权交易中的套期保值者主要是期权购买者。他们之所以买进期权，是因为他们担心市场价格将发生不利于他们的变动。买进期权后，他们便获得了在期权有效期内以已知的协定价格买进或卖出一定数量的某种金融商品的权利，从而将自己面临的价格风险转移给交易的对方。与此同时，期权出售者因为卖出期权而承担了市场价格不确定变动的风险。由此可见，期权购买者向期权出售者支付的期权费，与投保人向保险公司支付的保险费在本质上是一致的，即都是为回避风险、达到保值目的而必须付出的代价。正是出于这一原因，人们通常把期权费称为保险费。

在金融期权交易中，期权费的决定与变动是一个既十分重要又十分复杂的问题。在这里，首先必须明确的是，期权费通常也称期权价格，这一价格与下文所述的协定价格是两种完全不同的价格。期权费或期权价格只是期权合约的价格，更确切地说，它是期权合约所赋予的权利的价格；而协定价格是在期权被执行时，买卖期权合约之标的物的价格。

3）协定价格

协定价格（Strike Price，又译敲定价格）也称履约价格或执行价格（Exercise Price），是指期权合约规定的期权购买者在执行期权时买进或卖出标的物的价格。在金融期权交易中，协定价格是指期权购买者向期权出售者买进或卖出一定数量的某种金融商品或金融衍生产品的价格。这一价格一经确定，在期权合约的有效期内，无论期权合约的标的物价格涨到什么水平还是跌到什么水平，只要期权购买者要求执行期权，期权出售者就必须以此价格履行其必须履行的义务。因此，如果期权购买者买进了看涨期权，那么在期权合约规定的时间内，即使该期权合约之标的物的市场价格已涨到远高于该期权合约规定的协定价格的水平，期权购买者也可以此较低的协定价格向期权出售者买进一定数量的标的物，而期权出售者必须无条件地以此较低的协定价格卖出该期权合约规定的标的物。同样，如果期权购买者买进了看跌期权，则在期权合约所规定的时间内，即使标的物的市场价格跌到远低于该期权合约所规定的协定价格的水平，期权购买者也可以此较高的协定价格向期权出售者卖出期权合约所规定的他所持有的一定数量的标的物，而期权出售者必须无条件地以此较高的协定价格买进这一数量的标的物。

2. 金融期权的种类

金融期权的种类可根据不同的标准和不同的需要进行不同的划分。在现实的金融期权交易中，出于分析和管理的需要，可将金融期权划分为五种。

1）看涨期权与看跌期权

根据期权合约赋予期权购买者的不同权利，金融期权可分为看涨期权与看跌期权。看涨期权（Call Options）是指期权购买者可在约定的未来某日期或该日期之前，以协定价格向期权出售者买进一定数量的某种金融商品或金融衍生产品的权利；看跌期权（Put Options）则是指期权购买者可在约定的未来某日期或该日期之前，以协定价格向期权出售者卖出一定数量的某种金融商品或金融衍生产品的权利。

在各种有关期权交易的著述中，这两种期权的名称各不相同。例如，有的将它们分别称为认购期权与认沽期权，也有的将它们分别称为买进期权与卖出期权。然而，由于期权交易本身就有买进期权与卖出期权两种选择，因此如果再将期权分别称为买进期权与卖出期权，则容易引起歧义。为此，本书将选择一种较易接受且不致引起歧义的名称，即将这两种期权分别称为看涨期权与看跌期权。

需要指出的是，这里所谓的"看涨"与"看跌"，都是就期权购买者而言的。也就是说，期权购买者之所以买进看涨期权，是因为他们对市场行情看涨；买进看涨期权后，他们可在市场价格上涨且涨至协定价格以上时，以较低的协定价格买进标的物，从而避免因市场价格上涨而造成的损失。期权购买者之所以买进看跌期权，是因为他们对市场行情看跌；买进看跌期权后，他们可在市场价格下跌且跌至协定价格以下时，以较高的协定价格卖出他们所持有的标的物，从而避免因市场价格下跌而造成的损失。

2）欧式期权与美式期权

期权购买者向期权出售者支付一定的期权费之后，就获得了以协定价格买卖金融商品或金融衍生产品的权利。但是，期权购买者只能在期权合约规定的到期日或到期日之前行使这一权利。如果超过这一到期日，就被视为期权购买者自动放弃这一权利。

在金融期权交易中，根据期权合约对履约时间的不同规定，金融期权可分为欧式期权与美式期权两种类型。欧式期权（European Options）是指期权购买者只能在期权到期日履约的期权；美式期权（American Options）是指期权购买者既可在期权到期日履约，又可在期权到期日之前的任一营业日履约的期权。很显然，对期权购买者而言，美式期权比欧式期权更有选择余地。也就是说，他们可在期权有效期内选择一个比较理想的日期执行期权，从而获取较多的利润或避免较大的损失。对于期权出售者而言，美式期权将使他承担比欧式期权更大的风险。所以，在实际的期权交易中，尤其是在期权定价中，区分欧式期权与美式期权是非常重要的。

由此可见，欧式期权与美式期权实际上并无任何地理位置上的含义，而只是对期权购买者履约时间的不同规定。因此，目前无论在欧洲国家的金融期权市场上，还是在美国的金融期权市场上，都同时有欧式期权和美式期权的交易。当然，由于美式期权赋予期权购买者履约时间的选择权，因此目前在世界各主要的金融期权市场上，美式期权的交易量远大于欧式期权的交易量。不过，在我们分析金融期权的基本性质及其运行的基本原理时，欧式期权或许比美式期权更为简便。

3）场内期权与场外期权

与金融期货不同，金融期权未必是集中性的场内交易形式，也未必是标准化的金融期权合约的交易形式。因此，根据交易场所是否集中，以及期权合约是否标准化，金融期权可分为场内期权与场外期权两种。场内期权（Exchange - traded Options 或 Exchange - list Options，有时简称为 Traded Options，一般译为交易所交易期权或交易所上市期权）是指在集中性的金融期权市场交易的标准化的金融期权合约；场外期权（Over - the - counter Options，OTC Options，也可译作店头市场期权或柜台式期权）是指在非集中性的交易场所交易的非标准化的期权合约。

场内期权与场外期权的区别类似于我们前述的期货交易与远期交易的区别。这种区别还表现在很多方面，但其中最主要的区别是期权合约是否标准化。场内期权是一种标准化的金融期权合约。所以，其交易数量、协定价格、到期日及履约时间等均由交易所统一规定；场外期权则是一种非标准化的金融期权合约。所以，其交易数量、协定价格、到期日及履约时间等均可由交易双方自由议定。

场内期权与场外期权各有利弊。场内期权的优点是交易便利、流动性高，且可随时通过反向交易实现平仓。但是，场内期权的标准化限制了人们选择的余地。而相比之下，场外期权却可根据人们的不同需要，提供量身定做的特殊服务。所以，自 20 世纪 80 年代中期以来，场外期权也取得了较大的发展。

4) 现货期权与期货期权

期权交易被引入金融市场，是从场外交易的股票期权开始的。自从 1973 年建成集中性的金融期权市场——芝加哥期权交易所以来，其他各种金融商品或金融工具也被纷纷作为期权合约的标的物，以实行期权交易。随着金融期权交易的迅速发展，金融期权的品种越来越多。现在，不但各种现货金融商品或金融工具可作为期权合约的标的物，而且各种金融期货合约、金融期权合约及互换协议等金融衍生产品都被普遍地作为期权合约的标的物。因此，根据标的物的不同性质，金融期权还可分为现货期权、期货期权、复合期权，以及互换期权等多种类型。其中，现货期权与期货期权是金融期权的主体。

现货期权（Options on Physicals，也称 Options on Actual 或 Spot Options）是指以各种现货金融商品或金融工具为标的物的期权，如股票期权、股价指数期权、货币期权、债券期权等；期货期权（Options on Futures）则是指以各种金融期货合约作为标的物的期权，如各种货币期货期权、利率期货期权及股价指数期货期权等。自 1987 年以来，期货期权越来越受到投资者的欢迎，交易也越来越普遍。例如，在芝加哥商业交易所的国际货币市场分部，有数十种不同类型的货币期货合约，而所有这些货币期货合约都有相对应的期权合约。也就是说，所有货币期货合约都成为期权合约的标的物。所谓复合期权（Compound Options），是指以期权合约作为标的物的期权，它实际是一种期权的期权（Options on Options）；互换期权（Swaptions）是指以互换协议作为标的物的期权。

现货期权与期货期权在具体的交易规则、交易策略及定价原理等方面都有很大的不同。在以后有关章节中，我们将对这些不同做比较具体的分析和说明。

5) 有担保期权与无担保期权

在出售看涨期权时，如果期权出售者实际拥有该期权合约所规定的标的物，并将它作为履约的保证而存放于经纪人处，则他所出售的看涨期权就被称为有担保的看涨期权（Covered Call）；反之，如果期权出售者并不拥有该期权合约所规定的标的物，则他所出售的看涨期权就被称为无担保的看涨期权（Naked Call）。

对期权出售者而言，如果他出售的是有担保的看涨期权，则其潜在的损失是有限的，且是已知的。因为这种损失只限于他购进标的资产的价格与期权合约之协定价格的差额。但如果他出售的是无担保的看涨期权，则其潜在的损失将是无限的。因为在期权购买者要求履约时，期权出售者必须以任何可能的市场价格来购进标的资产，并以较低的协定价格出售给期权购买者。因此，为了确保履约，在出售无担保的看涨期权时，期权出售者必须向经纪人缴纳保证金；而在出售有担保的看涨期权时，期权出售者可免缴保证金。

10.1.2 金融期权市场的交易制度

金融期权市场既包括场内市场，也包括场外市场。场内市场显然比场外市场有着高得多的效率。之所以如此，主要是因为场内市场有着一整套严格、规范的交易制度。在本节中，我们将根据金融期权的特点，对其中一些比较重要的交易制度做简要的说明。

1. 期权合约的标准化

1）交易单位

与金融期货一样，金融期权的交易单位（也称合约规模）也是由各交易所分别加以规定的。因此，即使是标的物相同的金融期权合约，如在不同交易所上市，其交易单位也不一定相同。一般地，金融期货期权的交易单位是一张相关的金融期货合约；股票期权的交易单位通常是100股标的股票；股价指数期权的交易单位是标的指数与某一固定金额（如100美元）的乘积。而至于货币现货期权（也称现汇期权）的交易单位，各交易所的规定也不尽相同。有的交易所规定，现汇期权的交易单位与对应的货币期货的交易单位相同；有的交易所则规定，现汇期权的交易单位是对应的货币期货之交易单位的一半。

2）协定价格

在合约的标准化条款中，协定价格是金融期权合约特有的。如前所述，协定价格是指期权合约被执行时，交易双方实际买卖标的物的价格。一般地，当交易所准备上市某金融期权合约时，将首先根据该合约之标的物的最近收盘价，依某一特定的形式确定一个中心协定价格，再根据既定的幅度设定该中心协定价格的上、下各若干个间距的协定价格。因此，在金融期权的合约规格中，交易所通常只规定协定价格的间距（Intervals）。例如，某股价指数期货合约的市场价格为450点，以该期货合约为标的物的期权合约规定，协定价格的间距为5点，则在中心协定价格为450点时，其他可能的协定价格（以点数表示）分别为430、435、440、445、455、460、465、470等。

3）最后交易日与履约日

最后交易日是指某种即将到期的金融期权合约在交易所交易的最后截止日。如果期权购买者在最后交易日再不做对冲交易，则他要么放弃期权，要么在规定时间内执行期权。履约日是指期权合约所规定的、期权购买者可执行该期权的日期。由于金融期权有欧式期权与美式期权之分，故不同期权的履约日也不尽相同，而且履约日也未必在最后交易日之后。

在金融期权交易中，由于期权购买者既可执行期权，也可放弃期权，故最后交易日和履约日是两个必须明确的日期。就履约日而言，交易者首先必须明确自己所买进或卖出的期权究竟是欧式期权，还是美式期权。如为欧式期权，则履约日是该期权的到期日；如为美式期权，则履约日是该期权之有效期内的任一营业日。就最后交易日而言，不同期权也有不同的规定。例如，在 CME 交易的货币期货期权的最后交易日为合约月份第三个星期三往回数的第二个星期五。之所以如此规定，是因为合约月份的第三个星期三作为期权的标的物的货币期货的交割日，而在这一天之前第二个营业日是标的货币期货的最后交易日。又如，在 CBOT 交易的美国长期国债期货期权的最后交易日为相关期货的第一通知日之前至少五个营业日之前的第一个星期五。交易所之所以做这样的规定，也是由标的期货的交易规则决定的。如前所述，CBOT 长期国债期货的交割日为合约月份的任一营业日，而在实际交割前，合约的卖方必须提前两个营业日向交易所的结算单位发出交割通知。因此，以长期国债期货合约为标的物的期权合约应在标的期货之第一通知日之前停止交易，而这一最后交易日实际上是在合约月份之前的那个月份的某一营业日。

2. 保证金制度

金融期权中的保证金制度与金融期货中的保证金制度有着相同的性质和功能。但是，在具体操作中，这两种保证金制度又是大不一样的。其中，最为显著的不同是在金融期权交易中，只有期权出售者才必须缴纳保证金，而期权购买者却无须缴纳保证金。之所以如此，是因为保证金的作用是确保履约，而期权购买者没有必须履约的义务。另外，即使是期权出售者，也并不是非以现金缴纳保证金不可。如果期权出售者所出售的乃是有担保的看涨期权，即在他出售某种看涨期权时，实际拥有该期权的标的物，并预先存放于经纪人处以作为履约的保证，则他也可免缴保证金。

3. 对冲与履约

在场内期权交易中，如果交易者不想继续持有未到期的期权部位，那么在最后交易日或在最后交易日之前，他可随时通过反向交易来结清交易。这与金融期货交易中的对冲是完全一样的。而在金融期权的履约中，不同的期权有不同的履约方式。一般在履约时，除指数期权及欧洲美元期权以外的其他各种现货金融期权，交易双方将以协定价格进行实物交割；各种指数期权及欧洲美元期权，则根据协定价格与市场价格之差实行现金结算；期货期权则依协定价格将期权部位转化为相应的期货部位。

4. 部位限制

部位限制（Position Limit）是指交易所对每一账户所持有的期权部位的最高限额。交易所之所以做这样的规定，主要是为了防止个别投资者承受过大的风险，或者对市场有过大的操纵能力。

不同的交易所有不同的部位限制的规定，有的以合约的数量为限制的标准，有的则以合约的总值为限制的标准。在金融期货期权中，有的将期权部位与对应的期货部位合并计算，有的则将期权部位与对应的期货部位分开计算。另外，在对部位限制所做的规定中，一般要分别对每一单方和整个账户的总部位做出规定。所谓单方（Side of the Market），是指看涨期权的净买方（或净卖方），或者看跌期权的净买方（或净卖方）。

10.1.3　金融期权交易的单一部位策略

自从 CBOE 成立以来，金融期权的交易规模越来越大，合约品种越来越多，交易策略更是不断翻新。在现实的金融期权交易中，无论是套期保值者，还是套利者和投机者，都有无数种交易策略可供他们选择。这些不同的交易策略各有其不同的适用场合和适用时机，且有不同的交易结果。

金融期权套期保值策略可分为静态套期保值策略、动态套期保值策略、合成期货策略和合成期权策略;金融期权套利交易策略则可分为价差交易策略和对敲策略。这些交易策略都是比较复杂的。但是,所有这些比较复杂的交易策略,实际上都是期权交易中各种基本交易策略的某种组合,或是一种期权交易策略与一种期货交易策略的某种组合。所以,为了说明这些比较复杂的交易策略,我们有必要先对最基本的期权交易策略——单一部位策略分别做简要分析。

如上所述,金融期权有看涨期权和看跌期权两种类型,而期权交易又有买进期权和卖出期权两种策略。所以,金融期权交易的单一部位策略就有以下四种:即买进看涨期权、卖出看涨期权、买进看跌期权和卖出看跌期权。各种策略的适用场合如表10-2所示。

表10-2 金融期权交易的单一部位策略

市场前景	期权类别	看涨期权	看跌期权
看涨		买进	卖出
看跌		卖出	买进

下面,我们就根据表10-2对这四种单一部位的交易策略及其盈亏特征分别加以简要的说明。在期权交易中,投资者的盈利与亏损具有明显的不对称性。而这种不对称性,是由期权购买者和期权出售者在权利与义务上的不对称性决定的。

1. 买进看涨期权

看涨期权是指期权购买者可在约定的未来某时间以协定价格买进一定数量的某种商品或某种金融资产的权利。当投资者预期某资产的市场价格将上涨时,他可买进以该资产为标的物的看涨期权。日后(或在期权到期),若市场价格果然上涨,且涨至协定价格以上,则该投资者可执行其持有的期权,从而获利,获利的多少将视市场价格上涨的幅度而定。理论上,市场价格上涨的幅度无限,故期权购买者的获利程度也是无限的。反之,若市场价格不变或反而下跌,且跌至协定价格以下,则该投资者可放弃他所持有的期权。此时,他将受到一定的损失,但这种损失是有限的,且是已知的。因为当期权购买者放弃期权时,其最大的损失是他购买该期权时所支付的期权费。因此,对买进看涨期权(Buy Call Option)的投资者而言,其潜在的利润是无限的,而其潜在的损失却是有限的,如图10-1所示。

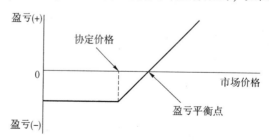

图10-1 买进看涨期权盈亏示意

2. 卖出看涨期权

当投资者预期某资产的市场价格将下跌时，他可卖出以该资产为标的物的看涨期权。日后或在期权到期日，若市场价格果然下跌，且跌至协定价格或协定价格以下，则期权购买者必将放弃期权。这样，期权出售者即可获取最大利润，这一最大利润就是他卖出看涨期权（Sell/Write Call Option）时收取的期权费。但是，若市场价格不跌反涨，且涨至协定价格以上，则期权购买者要求执行期权，期权出售者必须无条件履约。这样，他将受到一定的损失，其损失的程度将决定于市场价格上涨的幅度。理论上，由于市场价格上涨的幅度是无限的，因此期权出售者可能发生的损失也将是无限的，如图10-2所示。

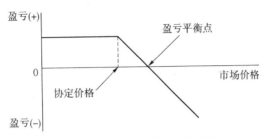

图10-2 卖出看涨期权盈亏示意

3. 买进看跌期权

根据定义，看跌期权是期权购买者所拥有的，可在未来某时间以协定价格向期权出售者卖出一定数量的某种商品的权利。在金融期权交易中，投资者之所以买进这种期权，是因为他预期标的资产的市场价格将下跌。买进看跌期权（Buy Put Option）后，若标的资产的市场价格果然下跌，且跌至协定价格以下，则该投资者即可行使其权利，以较高的协定价格卖出其持有的标的资产，从而避免因市场价格下跌而造成的损失。同时，如果期权购买者并不持有标的资产，则在标的资产的市场价格下跌时，他可以较低的市场价格买进标的资产，然后以较高的协定价格卖出标的资产，从而获利，获利的程度将决定于标的资产的市场价格下跌的幅度。反之，在买进看跌期权后，若标的资产的市场价格没有下跌，或者反而上涨，则投资者可放弃期权，这样仅损失了其支付的期权费，如图10-3所示。

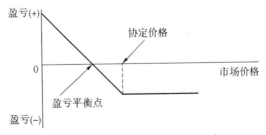

图10-3 买进看跌期权盈亏示意

4. 卖出看跌期权

如上所述，如果投资者预期某资产的市场价格将上涨，则他可买进以该资产为标的物的看涨期权，并在市场价格上涨时通过执行其持有的看涨期权而获利。实际上，当投资者对市场价格看涨时，他还有另一种策略可以选择，即卖出看跌期权。通过卖出看跌期权，投资者可收取期权费。日后，若市场价格上涨，且涨至协定价格以上，则期权购买者可放弃期权。这样，看跌期权的出售者即可获得最大利润——卖出看跌期权时所收取的期权费。若市场价格下跌，且跌至协定价格之下，则因期权购买者要求执行该看跌期权，期权出售者将受到损失，其损失的程度决定于市场价格下跌的幅度，如图10-4所示。

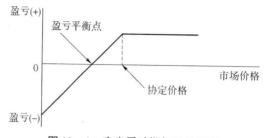

图10-4 卖出看跌期权盈亏示意

通过以上分析可以清楚地看出，金融期权交易的四种基本策略具有以下几个特点：

首先，交易双方的盈利和亏损具有显著的不对称性。对于期权购买者而言，无论他们买进的是看涨期权，还是看跌期权，其潜在的利润都是无限的，而其潜在的损失却是有限的，且是已知的；反之，对期权出售者而言，其潜在的利润是有限的，且是已知的，而其潜在的损失却是无限的。①

其次，与金融期货交易一样，金融期权交易也只是一种"零和游戏"。也就是说，在金融期权交易中，一方的盈利正好是另一方的亏损。因此，对于同一种期权而言，期权购买者的盈亏图形与期权出售者的盈亏图形必然是对称的。以看涨期权为例，其交易双方的盈亏示意如图10-5所示。

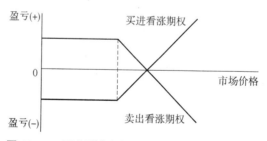

图10-5 买进看涨期权和卖出看涨期权盈亏示意

最后，在上述金融期权交易的各种基本策略中，所谓期权出售者的潜在损失无限，实际上也只是一种理论上的可能性。在现实中，期权出售者一般都是一些专业性较强的投资者或金融机构，他们对市场行情的预测比较准确。所以，他们损失的概率一般较小。同时，即使期权出售者对市场行情的预测失误，他们也可通过及时的反向交易来避免或限制其可能的损失。

---

① 实际上，在看跌期权的交易中，由于标的资产的市场价格不可能跌到零以下，因此期权购买者潜在的利润不可能是无限的，而期权出售者的潜在损失也不可能是无限的。然而，对于看跌期权的购买者，其潜在的利润将远大于其潜在的损失；对于看跌期权的出售者，其潜在的损失将远大于其潜在的利润。因此，我们将期权购买者的潜在利润和期权出售者的潜在损失都看作是无限的。

为了更清楚地反映金融期权交易的单一部位策略的特点，我们可通过列表来归纳以上分析，如表 10-3 所示。在表 10-3 中，C 表示看涨期权的期权费；P 表示看跌期权的期权费；X 表示协定价格。

表 10-3　金融期权交易的单一部位策略

交易策略	买进看涨期权	卖出看涨期权	买进看跌期权	卖出看跌期权
市场预期	看涨	看跌	看跌	看涨
潜在利润	∞	C	∞	P
潜在损失	C	∞	P	∞
盈亏平衡点价格	$X+C$	$X+C$	$X-P$	$X-P$

10.1.4　金融期权的风险管理

10.1.4.1　期权价格的决定

在金融期权交易中，期权价格的决定是一个最重要的问题。期权交易主要有以下几个关系与要素，它们相互联系、互相作用。

1. 执行价格、市场价格和内在价值之间的关系

执行价格（Exercise Price）与市场价格（Market Price）是影响期权价格的两个重要因素，即执行价格不同的期权合约，按照与当时市场价格的差别而有不同的期权价格。

期权合约本身所具有的内在价值（Intrinsic Value）也是金融期权交易中的一个非常重要的问题。内在价值一般是指美式期权购买者在有效期内任一时点上或欧式期权购买者在到期日当天立即执行该期权所能获得的全部收益（即买方盈利），它反映了期权本身所具有的内在价值。期权的内在价值 P_K、执行价格 P_E 与市场价格 P_M 三者有着一定的联系。

若忽略交易成本，则对看涨期权、看跌期权的买方有以下情形，即

$$\text{看涨期权：} P_K = P_M - P_E$$
$$\text{看跌期权：} P_K = P_E - P_M$$

由此，执行价格（P_E）越高，在一定的市场价格（P_M）下看涨期权的内在价值（P_K）越低，看跌期权的内在价值（P_K）越大。事实上，对看涨期权而言，P_E 越高，在有效期内（$P_M - P_E$）增大的可能性越小；而对看跌期权而言，P_E 越高，在有效期内（$P_E - P_M$）增大的可能性越大。于是，在看涨期权时，有

若 $P_M - P_E > 0$，则 $P_K > 0$，表明内在价值为实值；
若 $P_M - P_E < 0$，则 $P_K < 0$，表明内在价值为虚值；
若 $P_M - P_E = 0$，则 $P_K = 0$，表明内在价值为零（即两平）。

例如，英镑与美元市场汇率（P_M）为 GBP 1 = USD 1.525 6，某投资者持有执行价格（P_E）为 GBP 1 = USD 1.456 5 的英镑看涨期权，则该投资者只要执行该期权，每英镑就可得到 0.07 美元的收益，即英镑看涨期权的内在价值为 0.07 美元；假如此英镑市场汇率为 GBP 1 = USD 1.435 6，比执行汇率低 0.02 美元，则该看涨期权的内在价值为虚值，即没有

内在价值;两平的情形就是此英镑市场汇率恰好为 GBP 1 = USD 1.456 5。同样,在多头看跌期权时,所有情况正好相反。

现将上述分析结果列表(见表10-4)并做图(见图10-6)。

表10-4 期权内在价值

项目	看涨期权	看跌期权
实值	$P_M > P_E$	$P_M < P_E$
虚值	$P_M < P_E$	$P_M > P_E$
两平	$P_M = P_E$	$P_M = P_E$
内在价值	$\max\{(P_M - P_E), 0\}$	$\max\{(P_E - P_M), 0\}$

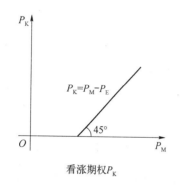 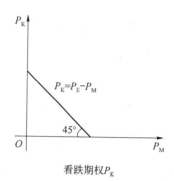

图10-6 期权内在价值示意图

2. 时间价值

期权除具有内在价值外,还具有时间价值(Time Value)。期权的时间价值是指期权买方在希望随时间延长使市场价格的变动有可能让期权增值时愿意支付的期权费(Option Premium)。

一般地,期权的时间价值是期权价格超过其内在价值的部分,即

$$时间价值 = 期权价格 - 内在价值$$

上式意味着,对于一个还没有到到期日的美式期权来说,它在某日所具有的总价值(即期权价格上限)等于它具有的内在价值与时间价值之和,这表明了期权价格上限既高于期权的内在价值,也高于期权的时间价值。

3. 期权费

期权费是影响期权的最重要因素。它的多少既取决于执行价格的高低,也取决于期权时间价值的大小。

对看涨期权来说,期权费是随着执行价格的增加而减少的;而对看跌期权来说,期权费则是随着执行价格的增加而增加。期权费的多少还取决于金融市场行情。当期权交易的金融商品市场价格上涨时,购买看涨期权的期权费就增加,而购买看跌期权的期权费会下降;反之,当期权交易的金融商品市场价格下跌时,购买看涨期权的期权费就下降,而购买看跌期权的期权费会增加。

对时间价值而言，无论是看涨期权还是看跌期权，时间价值越大，期权费越高；当时间价值为零时，便得到了期权费的下限；当两平时，由于内在价值等于零，故时间价值达到了最大值。

4. 利率

影响期权交易的另一个要素是利率（Interest），特别是短期市场无风险利率。利率的变动对期权交易的影响较为复杂。例如，在买进股票看涨期权时，由于不需要支付股票的全部价款，只需支付远低于股票实际价格的期权费，而在到期时按照期权执行价格购买股票，这样期权费与实际购买股票的费用之间便存在一个差额，在未到期日之前，期权买方可以从这一差额的投资中得到利息收益，市场利率越高，利息收益越大，这个延期支付也就越有价值。因此，市场无风险利率越高，期权价格越高；但另一方面，在利率提高时，股票价格一般会下跌，这样可能会使以股票为标的的看涨期权的内在价值减小。这同时在一定程度上影响了金融期权市场的交易。因此，利率对期权价格的影响，应做具体的深入分析。

5. 市场价格波动

在期权交易中，市场价格波动（也称市场易变性）是影响期权价格的重要因素，但它不具有方向性，即它没有反映市场价格上升（牛市）或下跌（熊市）的趋势。从概率统计来看，市场价格波动是一个方差（或标准差），是前两个观察值价格之比的对数的标准差，一般用正态分布来反映市场价格的分布情况，其公式为

$$\sigma = \sqrt{\sum_{t=1}^{T}(R_1 - \bar{R})^2/(T-1)}$$

式中，R 为市场上所观察的原始价格 P 转换而成的对数收益率，即 $R_1 = \ln(P_t/P_{t-1})$。

由于实际观察到的数据序列有时不够完整，因此可用 R_t 的修正值 R_t^* 代入公式来计算 σ。其中，$R_t^* = \ln(P_t/P_{t-1})/\sqrt{m}$（$m$ 为两个观察价格 P_t 与 P_{t-1} 间隔的天数）。

一般来说，市场价格波动范围越大，期权持有者转向实值或者实值增大而使盈利的机会越多，卖方承担的风险就越大，因而期权价格将升高。这里要注意，期权价格的确定与预期收益无直接关系，它取决于价格本身的波动性大小。例如，对股票期权来说，两种股票的预期收益率不同，但可能具有相同的期权价格。当然，股票的预期收益率会影响股票市场价格变化，从而间接影响到股票期权的内在价值。

6. 剩余时间

剩余时间是指期权买卖日至期权到期日的时间。一般来说，距到期时间越长，使用期权的机会越多，期权买方获利的可能性越高，卖方承担的风险也越大。此外，买方在未来要支付的执行价格的现值与距到期日的时间成反比，因而期权价格越高，附着于期权上的潜在性货币价值就越大，即超出的价值就越大，这一超出的价值也就是时间价值。

伴随期权合约剩余时间缩短，期权的时间价值也随之衰减，直至为零。这是因为，转向实值或者实值增大的机会也伴随期权合约剩余时间的缩短而减少，即买方获利的机会也在减少，期权价格作为对期权卖方所承担风险的补偿也在逐步降低，于是时间价值也将逐步减小，如图 10-7 所示。

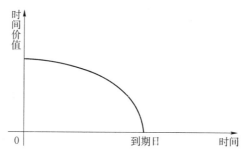

图 10-7 剩余时间长短与时间价值的关系

7. 时间价值与市场价格、执行价格之间的关系

时间价值除了与剩余时间有关以外,还与标的的市场价格有关。对看涨期权或看跌期权而言,只要期权为深度虚值,则标的资产的足够改变使期权成为实值的可能性非常小,投资者一般不愿为时间价值付出很多;但是当期权为深度实值时,内在价值会相当大,投资者将不愿意为期权付出超过内在价值过多的部分。这样,在所有其他条件相同的情况下,可以预料当期权是两平(即 $P_M = P_E$)时,其时间价值最大。

时间价值与标的市场价格的关系如图 10-8 所示。

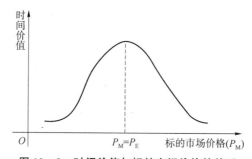

图 10-8 时间价值与标的市场价格的关系

事实上,由于时间价值等于期权价格减去内在价值,因此当期权是两平(即 $P_M = P_E$)时,内在价值达到最小值零,此时时间价值取得了最大值并等于期权价格。

总之,影响期权交易的要素很多且很复杂。每个要素在不同的时间和条件下对期权价格的影响不同,它们之间既紧密联系又相互抵销。例如,期权价格是随着执行价格而变化,与时间价值也密切相关,同时利率涨跌的变化对期权价格产生不同方向的影响,而期权价格又与利率有关的市场价格波动有关等。因此,期权价格是一个多元函数,自变量包括执行价格、市场价格、利率、剩余时间与市场价格波动等因素。

10.1.4.2 Black–Scholes 期权定价模型

1. Black–Scholes 微分方程

设 f 是股票期权价格,并考虑卖出一份买入期权和买入数量为 $\dfrac{\partial f}{\partial P_M}$ 股票的证券组合 π,其组合价值为

$$\pi = -f + \frac{\partial f}{\partial P_M} \cdot P_M \tag{10-1}$$

式中，$-f$ 为卖出一份衍生证券；$+\dfrac{\partial f}{\partial P_M}$ 为买入 $\dfrac{\partial f}{\partial P_M}$ 份股票。

Δt 时间以后，π 的变化为

$$\Delta \pi = -\Delta f + \dfrac{\partial f}{\partial P_M} \cdot \Delta P_M \tag{10-2}$$

将 Black-Scholes 数学表达式的离散形式代入上式，并注意股价遵循布朗运动，则有

$$\Delta P_M = \mu P_M \Delta t + \sigma P_M \Delta z$$

化简后，可以得到

$$\Delta \pi = \left(-\dfrac{\partial f}{\partial t} - \dfrac{1}{2}\dfrac{\partial^2 f}{\partial P_M^2}\sigma^2 P_M^2\right)\Delta t \tag{10-3}$$

由于上式不再含有 Δz，经 Δt 后证券组合 π 必定没有风险，因此证券组合的瞬时收益率一定与其短期无风险证券收益率相等，即

$$\Delta \pi = r\pi \Delta t \quad (r \text{ 为无风险利率})$$

将 $\pi = -f + \dfrac{\partial f}{\partial P_M} \cdot P_M$ 和 $\Delta \pi = \left(-\dfrac{\partial f}{\partial t} - \dfrac{1}{2}\dfrac{\partial^2 f}{\partial P_M^2}\sigma^2 P_M^2\right)\Delta t$ 代入上式，可得

$$\dfrac{\partial f}{\partial t} + rP_M\dfrac{\partial f}{\partial P_M} + \dfrac{1}{2}\sigma^2 P_M^2 \dfrac{\partial^2 f}{\partial P_M^2} = rf \tag{10-4}$$

这就是 Black-Scholes 微分方程，式（10-4）在推导的过程中是基于以下假设的：

（1）股票价格遵循 $dx = adt + bdz$ 描述的 ITO 过程。

（2）允许使用全部所得卖空衍生证券。

（3）市场没有摩擦（即没有交易费或税收），证券高度可分（即可将证券分割为可以计价的单位供每位投资者交易）。

（4）衍生证券有效期内没有红利支付。

（5）不存在无风险套利机会，即市场越有效，套利机会越少。

（6）证券交易在价格和时间上是连续的。

（7）无风险利率 r 为常数，且对所有到期日都相同。

2. 风险中性定价

上面的几条假设属于风险中性性质，是为求解 Black-Scholes 微分方程方便而做的人为假设，大大简化了风险中性定价。并且无论有无风险，此微分方程的解均有效。

在风险中性时，欧式看涨期权到期日与看跌期权到期日的期望值分别为

$$E[\max(P_T - P_E), 0] \tag{10-5}$$

$$E[\max(P_E - P_T), 0] \tag{10-6}$$

欧式看涨期权的价值为

$$C = e^{-r(T-t)} E[\max(P_T - P_E), 0] \tag{10-7}$$

欧式看跌期权的价值为

$$C = e^{-r(T-t)} E[\max(P_E - P_T), 0] \tag{10-8}$$

式中，P_T 为到期日 T 期权商品的市场价格；P_E 为期权商品的执行价格；r 为无风险利率；t 为现在时刻，$T-t$ 表示距到期日的时间（即剩余到期日），其也可以用一年的一定比例表示。

在式（10-7）和式（10-8）中，如果 $T=t$，则表示看涨期权与看跌期权到期日时的期权价值，即为式（10-5）与式（10-6）的情形。

3. 无红利的 Black-Scholes 资产期权定价公式

对看涨期权的价格来说，在风险中性时，因对数收益率 $R_T = \ln P_T - \ln P_M$ 服从于 $N\left[\dfrac{r-\sigma_0^2}{2}(T-t), \sigma_0^2(T-t)\right]$，故

$$\ln P_T \sim N\left[\ln P_M + \left(r - \dfrac{\sigma_0^2}{2}\right)(T-t), \sigma_0^2(T-t)\right]$$

即 $\ln P_T$ 服从均值为 $\left[\ln P_M + \left(r - \dfrac{\sigma_0^2}{2}\right)(T-t)\right]$、方差为 $\sigma_0^2(T-t)$ 的正态分布，这表明 P_T 具有对数正态分布。

令 $y = \begin{cases} P_T - P_E & \text{当 } P_T > P_E \\ 0 & \text{当 } P_T \leq P_E \end{cases}$，则有

$$C = e^{-r(T-t)} E[\max(P_T - P_E), 0] = e^{-r(T-t)} \cdot \int_{-\infty}^{+\infty} y f(P_T) dP_T$$
$$= \left[\int_{-\infty}^{P_E} 0 \, dP_T + \int_{P_E}^{+\infty} (P_T - P_E) f(P_T) dP_T\right] e^{-r(T-t)}$$

式中，$f(P_T)$ 是 P_T 的密度函数。

因为 $\ln P_T \sim N(m, \sigma^2)$（期权商品市价变化具有对数正态分布特征），这里，$m = \ln P_M + \left(r - \dfrac{\sigma^2}{2}\right)(T-t)$，$\sigma^2 = \sigma_0^2(T-t)$，故有

$$C = \left[\int_{P_E}^{+\infty} (P_T - P_E) \dfrac{1}{\sqrt{2\pi}\sigma} e^{-\frac{(\ln P_T - m)^2}{2\sigma^2}} d\ln P_T\right] e^{-r(T-t)}$$

$$\xlongequal{\begin{subarray}{l} \diamondsuit \, e^w = P_T \\ w = \ln P_T \end{subarray}} \left[\int_{\ln P_E}^{+\infty} e^w \dfrac{1}{\sqrt{2\pi}\sigma} e^{-\frac{(w-m)^2}{2\sigma^2}} dw - \int_{\ln P_E}^{+\infty} P_E \dfrac{1}{\sqrt{2\pi}\sigma} e^{-\frac{(w-m)^2}{2\sigma^2}} dw\right] e^{-r(T-t)}$$

由于 $\int_{\ln P_E}^{+\infty} e^w \dfrac{1}{\sqrt{2\pi}\sigma} e^{-\frac{(w-m)^2}{2\sigma^2}} dw = P_M e^{r(T-t)} N(d_1)$；$\int_{\ln P_E}^{+\infty} e^w \dfrac{1}{\sqrt{2\pi}\sigma} e^{-\frac{(w-m)^2}{2\sigma^2}} dw = P_E N(d_2)$

因此，有

$$C = P_M N(d_1) - P_E e^{-r(T-t)} N(d_2) \tag{10-9}$$

若有红利 K 支付，则式（10-9）可以调整为

$$C = (P_M - K) N(d_1) - P_E e^{-r(T-t)} N(d_2) \tag{10-10}$$

该式为有红利的 Black-Scholes 资产期权定价公式，其中

$$d_1 = \dfrac{\ln(P_M / P_E) + \left(r + \dfrac{1}{2}\sigma^2\right)(T-t)}{\sigma\sqrt{T-t}}$$

$$d_2 = d_1 - \sigma\sqrt{T-t} = \dfrac{\ln(P_M / P_E) + \left(r - \dfrac{1}{2}\sigma^2\right)(T-t)}{\sigma\sqrt{T-t}}$$

式中，P_M 为期权商品现价；$N(d_1)$ 与 $N(d_2)$ 均是标准正态分布函数值；σ 是期权商品价

格波动性（即标准差）；$P_E e^{-r(T-t)}$ 是 P_E 的现值，但它是使用连续型贴现率，若采用离散型贴现率，则变为 $P_E/(1+r)^{(T-t)}$；r 与 P_E 含义同前。

用类似方法可以求出看跌期权定价公式，即

$$P = P_E e^{-r(T-t)} N(-d_2) - P_M N(-d_1) \tag{10-11}$$

式中，r、P_E、P_M、d_1、d_2、$T-t$ 同前面看涨期权定价公式中的含义相同。

另外，由于看跌期权与看涨期权的平价关系（即在无套利机会时看跌与看涨期权的均衡水平价格关系）为

$$P_M = P_E + C - P$$

移项后，得

$$P = P_E + C - P_M$$

考虑货币的时间价值，上式变为

$$P = C - P_M + P_E e^{-r(T-t)}$$

将上式代入看涨期权定价公式中，也可以得到

$$P = P_M N(d_1) - P_E e^{-r(T-t)} N(d_2) - P_M + P_E e^{-r(T-t)}$$
$$= P_M [N(d_1) - 1] + P_E e^{-r(T-t)} [1 - N(d_2)] \tag{10-12}$$

由 $N(-d) = 1 - N(d)$ 进一步可以得到 $P = P_E e^{-r(T-t)} N(-d_2) - P_M N(-d_1)$，这与前面推导的结论完全一致。

Black-Scholes 期权定价公式精确地给出了期权价格，在理论与实践中具有广泛的应用价值。它精确描述了期权价格是期权商品市场价格（P_M）、执行价格（P_E）、价格波动性（σ）、无风险利率（r）以及距到期日时间长度（$T-t$）的五元函数。

在两个期权价格公式中，只有一个价格波动性参数 σ 需要通过最近 6 个月至 1 年内的历史股价数据进行经验估计，其余四个变量值均较容易获取。

从看涨期权定价公式可以看到：

（1）由于无风险利率可作为购买期权的机会成本，因此在看涨期权中，无风险利率越高，机会成本越大，要求期权的收益率越高，进而期权价格也越高。

（2）距到期日时间越长，期权价格越高。

（3）期权执行价格越高，期权价格越低。

（4）市场价格越高，期权价格越高。

（5）市场价格波动越大，期权价格越大。

同样，可以得出看跌期权中的这些变量与看涨期权价格的关系，有些与看涨期权中的关系相同（如第（2）条等），但有些与看涨期权中关系不同（如第（1）条等）。

10.1.4.3 金融期权的风险管理策略

金融期权作为一种衍生工具，在期权交易中存在着一定风险，然而它正是通过其自身带有的风险同现货市场中的风险相对冲来实现金融期权的风险管理功能。

1. 单种期权的风险指标及其指标间关系

1）Delta 与 Delta 管理

期权的 Delta（Δ）是指当期货等基础资产价格发生微小变化时，期权价格的变化程度，

是期权价格曲线的斜率，即

$$\Delta = 期权价格变化/期货等基础资产价格变化$$

计算 Delta（Δ）时，期权价格仅受期货等基础资产价格影响，而将其他影响期权价格的因子视为常数。由 Black – Scholes 期权定价公式，可得

$$\Delta_{call} = \frac{\partial C}{\partial P_M} = N(d_1) > 0$$

式中，C 是看涨期权的期权费。

或

$$\Delta_{put} = \frac{\partial P}{\partial P_M} = N(d_1) - 1 > 0$$

式中，P 是看跌期权的期权费。

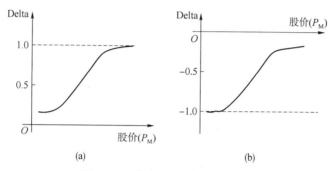

图 10 – 9　期权 Delta 与股价关系
（a）看涨期权 Delta；（b）看跌期权 Delta

图 10 – 9(a) 和图 10 – 9(b) 分别描述了看涨期权与看跌期权中 Delta 与股价的关系。在图 10 – 9 中，$-1.0 < \Delta < 1.0$，描述对于看涨期权，当基础资产价格超过执行价格很多（即严重溢价），Delta 值接近 1 时，表示的是一个极度增值的看涨期权价格上涨，其将完全由基础资产价格上涨反映出来；当基础资产价格低于执行价格很多（即严重损价），Delta 值接近 0 时，表示的是一个极度减值的看涨期权，此时随着基础资产价格的降低，期权价格降低幅度将很小。同样可以描述看跌期权的严重溢价与严重损价情形，此时 Delta 值分别接近于 –1 与 0。

当基础资产价格接近执行价格时，看涨期权 Delta 值约等于 0.5，看跌期权 Delta 值大约为 –0.5，即平价时看涨期权的 Delta 值为 0.5，看跌期权的 Delta 值为 –0.5。由于 $-1.0 < \Delta < 1.0$，故表明期权价格变化小于基础资产价格变化。例如，一份看涨期权的 Delta 值为 0.8，这表示基础资产价格每上涨 1 美元，其期权费相应增加 0.8 美元。若一份看跌期权的 Delta 值为 –0.8，则表示基础资产价格每上涨 1 美元，其期权费相应减少 0.8 美元。

Delta 运用于风险管理时便构成 Delta 管理，可直接分析各类资产 Delta 的加总来衡量特定资产组合头寸牛市或熊市的强弱程度。

从 Delta 概念可引出 Delta 保值概念并以此降低或转移风险。Delta 保值是企图构造投资组合，使组合的各组成部分的 Delta 相互冲销，进而使整个组合的 Delta 值为 0（称为中性），

以达到对冲保值目的。构成资产组合的各类资产 Delta 加总就是所谓的头寸 Delta。若交易者持有 100 份 Delta 值为 0.64 的买入期权合同,则他需卖出 64 份期货合同,使 100 份这种期权合同的价值变动与 64 份同种期货合同的价值变动相等,即所谓的 Delta 避险。同样,若交易者持有 100 份 Delta 值为 0.16 的卖出期权合同,则他需买进 16 份期货合同。

Delta 保值策略的实际效果取决于期货价格等基础资产价格变动的途径及频率。随着变动频率增加,Delta 保值的效果也会随着增加。如果这种变动可以连续地进行,则交易者可利用 Delta 量化期权头寸中的内在风险的各个侧面,在认定这种风险可以接受时,交易者就会停止这种变动,使 Delta 值的波动控制在一定范围之内。

【例 10-1】某股票现价为 40 美元,股价波动性为每年 55%,利率为 6%。某投资者卖出了一个关于股票的 3 个月后到期的看涨期权,执行价格为 30 美元。该投资者决定对此头寸进行保值,买进一个执行价格为 40 美元的同期限的看涨期权。试利用 Delta 进行期权头寸的对冲分析。

解:由已知条件与 Delta 公式,可以分别算出:

(1) 卖出执行价格为 30 美元的看涨期权的 Delta 值为 -0.892 2;

(2) 买进执行价格为 40 美元的看涨期权的 Delta 值为 0.576 1。

于是,Delta 总头寸为 (-0.892 2) + 0.576 1 = -0.316 1,它意味着这个头寸在股价不变或上升情况下,依然有遭受损失的风险。为改善这个保值头寸效果,可以再买进执行价格为 40 美元的看涨期权,让 Delta 值接近 0 以达到组合 Delta 为中性的效果,即股价每上涨 1 美元时,整个组合后的期权费几乎不变。

对于一个执行价格为 30 美元的看涨期权空头来说,应该买进执行价格为 40 美元的看涨期权数量为 $0.892\,2 \div 0.576\,1 \approx 1.548$。在这样的保值策略下,如果股价大幅度上升,所面临的风险就会大大低于以股票建立保值头寸的情况。

一般运用 Delta 管理来降低或转移风险的做法有:出售持有股票(即兑现);买入股票看跌期权;卖出股票看涨期权以及买入股票看跌期权、卖出股票看涨期权进行某种程度的综合等。一般地,利用 Delta 套期保值的期权交易者,须持有与其期权合同头寸相反的期货合同等头寸,期货合同等数量由 Delta 值确定。

【例 10-2】假定在 1 月 26 日,某资产组合管理者持有 10 000 股 IBM 公司股票,现行股价为每股 33 美元。市场条件的变化使该资产管理者决定将手中持有的股票风险降低至原先风险水平的 90%。

IBM 股票头寸 Delta 值是 10 000,每一股股票代表一个 Delta 点。现在的目标是将头寸 Delta 值降低到 90%,即 9 000,此时可供选择的方法有以下三种:

(1) 出售 1 000 股 IBM 股票(即兑现);

(2) 买入看跌期权;

(3) 卖出看涨期权。

出售股票是一种可以采用的手段,但交易所收取佣金较高,且资产管理者需要再买入股票时,又需要一笔较高的佣金。买入看跌期权不利之处在于需要支付一笔期权费。因此,资产管理者常常采用第三种方法。

如果 IBM 股票的 3 月期看涨期权执行价格为 35 美元,每股期权费 2 美元,Delta 值为

0.441，资产管理者就会决定出售 N 份（每份100股）看涨期权合约，以让头寸Delta值减少1 000，具体列式为

$$1 \times 10\,000 - (0.441 \times N \times 100) = 9\,000$$

因为1 000 = 44.1N，故N = 22.68 ≈ 23（份），即卖售23份看涨期权合约后获得期权收入为2 × 23 × 100 = 4 600（美元）。现在头寸Delta值为10 000 - 0.441 × 2 300 = 8 986，这与初始头寸Delta值10 000相比减少了1 014，现在资产组合具有89.86%的牛市倾向。

一周以后，IBM股票市场价格为32.5美元，执行价格为35美元的3月期看涨期权的Delta值为0.404，头寸Delta值也从8 986变为9 071，即

$$1 \times 10\,000 - (0.404 \times 2\,300) = 9\,071$$

若资产管理者打算进一步降低持有IBM股票的风险，使其降低到原先风险水平的50%，要达到这种目标，仍然有以下三种办法可以选择，即

（1）出售9 071 - 5 000 = 4 071（股）IBM股票；

（2）买入看跌期权；

（3）卖出更多的看涨期权。

该资产管理者决定采用卖出更多的看涨期权这种办法。如果执行价格为35美元的3月期看涨期权现在的出售价格为每股1.625美元，则出售77份（9 071 - 0.404 × 77 × 100 = 5 960）这种看涨期权合约，可获得1.625 × 7 700 ≈ 12 513（美元）的收入，现在的头寸Delta为

$$(1 \times 10\,000) - (0.404 \times 10\,000) = 5\,960$$

与初始状态相比，现在的资产头寸具有59.60%牛市倾向。持有IBM股票仍呈现牛市倾向，但是如果继续出售看涨期权，则风险可能更大。因为这些看涨期权属于无抵补看涨期权。在这种情况下，资产管理者不再会出售看涨期权，而改为买入看跌期权方法来降低风险。

如果执行价格为30美元的4月份到期的看跌期权，期权费为每股1.95美元，Delta值为 -0.310。这样，需要买入31份看跌期权合约，才可以使头寸Delta值变为

$$(10\,000 - 4\,040) - 0.310 \times 100 \times 31 = 4\,999 \text{（即达到投资者所要求的水平）}$$

从表10-5可以看出，与初始状态相比，现在牛市倾向为49.99%，已达预期目标。

表10-5 IBM股票头寸Delta列表

股票	1.0 × 10 000 = 10 000
出售看涨期权	(-0.404) × [100 × (23 + 77)] = -4 040
买入看跌期权	(-0.310) × 100 × 31 = -961
Delta结果	10 000 - 4 040 - 961 = 4 999

在3月份期权到期日，IBM股票价格为33美元。持有IBM股票的资产管理者出于种种考虑，决定使资产头寸恢复到原来的100%牛市倾向，即头寸Delta值为10 000。执行价格为35美元的3月期看涨期权到期时无价值。执行价格为30美元的4月期看跌期权可以出售，则根据Black-Scholes期权定价公式，可以得到这种看跌期权价值为0.96美元。将案例分析中的有关收支列表，参见表10-6。

表 10-6 期权交易收支情况

1月26日出售23份看涨期权	4 600 美元
1周以后出售77份看涨期权	12 513 美元
买入31份看跌期权（1.95美元）	-6 045 美元
出售31份看涨期权（0.96美元）	2 976 美元
期权交易净收入	14 044 美元

从本案例可以看出，由于空头看涨期权与多头看跌期权具有负数 Delta 值，因此出售空头看涨期权或买入看跌期权可以降低资产组合所面临的风险。但是，如果资产组合的头寸 Delta 值已经小于 0，那么继续出售看涨期权或买入看跌期权将会增加市场风险。此时，可采用出售看涨期权办法来略微降低市场风险，同时获取一定数量的期权费收入。但如果要大幅度降低市场风险，则应该采用买入看跌期权办法，同时要支出一定数量的期权费。

鉴于上述分析，富有经验的投资者一般先会卖出足够多的看涨期权，然后将获取的期权费收入用于购买看跌期权的支出，这样既达到了投资者对头寸 Delta 的目标，也可以少支出期权费。总之，须通过改变持有的期权头寸来维持一个适当的 Delta 目标值。

2）Gamma（Γ）与风险管理

Gamma 是相应 Delta 值的变化速率，即 Delta 值相对于股价变动的敏感程度，用公式表示为

$$\Gamma = \frac{\partial \Delta}{\partial P_M} = \frac{\partial^2 C}{\partial P_M^2} \quad (10-13)$$

第一个等式表明，Γ 是 Delta 对股价的一阶偏导数；第二个等式表明，Γ 也是期权价格对股价的二阶偏导数。如果一个期权有一个比较小的 Gamma 值，则 Delta 值会相对稳定，因而其 Delta 保值效果也会好一些；反之，若 Gamma 值较大，则反映了 Delta 值对股价变动的敏感程度较大，即 Delta 值相对不够稳定。

对于欧式期权来说，Gamma 值为

$$\Gamma = \frac{e^{-0.5d_1^2}}{P_M \sigma \sqrt{2\pi t}} = \frac{N^*(d_1)}{P_M \sqrt{t}} > 0 \quad (10-14)$$

式中，$d_1 = \dfrac{\ln(P_M/P_E) + \left(r + \dfrac{1}{2}\sigma^2\right)t}{\sigma \sqrt{t}}$；$N^*(d_1) = \dfrac{1}{\sqrt{2\pi}} e^{-0.5d_1^2}$；$P_M$、$P_E$、$r$、$\sigma$ 和 t 的含义与 Black-Scholes 期权定价公式的含义相同。

【例 10-3】某股票现价为 50 美元，股价波动性为 30%，无风险利率为 5%（年率、连续复利），关于此股票的一个 3 月后到期的平价欧式看涨期权价格为 3.27 美元，试求 Delta 值与 Gamma 值。

解：由题意可知，$P_M = 50$，$P_E = 3.27$，$r = 5\%$，$\sigma = 0.30$，$t = 0.25$ 年，得

$$\Delta_{call} = 0.5625, \Gamma = 0.0529$$

即股价上涨 1 美元时，期权价格相应上涨 0.562 5 美元；而当股价上涨 1 美元时，Delta 值将

增加 0.052 9，所以新的 Delta 值为

$$0.562\ 5 + 0.052\ 9 = 0.615\ 4$$

从欧式看涨期权的 Γ 计算公式可以看出，Γ 值与到期日时间、d_1、股价及股价波动性成反比。

一般来说，运用对 Gamma 值进行经常性的调控构成 Gamma 管理。Gamma 值大于 0 来源于多头期权头寸，它表明当基础资产价格上涨时，Delta 值随之增加，期权资产变得更有牛市倾向；反之，当价格下降时，Delta 值随之减少，期权资产将会趋于熊市。空头期权头寸的 Gamma 值一般小于 0。

这样，当股价发生变动或随着时间的推移时，Gamma 可用来对期权资产组合调整的幅度进行估计。如果某种期权的 Gamma 值接近于 0，那么这种期权的 Delta 值对股价的变动不会很敏感。

构成资产组合的各类资产 Gamma 值加总起来就是头寸 Gamma。当一个资产组合的 Gamma 为 0 时，称作 Gamma 中性。

与期权头寸 Delta 的对冲一样，交易者也往往利用 Gamma 风险指标来量化其期权头寸中内在风险的各个侧面，以寻求建立最理想的保值头寸。但在实际中，交易费用的存在和信息的不充分，经常使修正保值头寸成本很高，效果也未必理想。

【例 10-4】 某股票现价为 40 美元，股价波动性为每年 55%，利率为 6%。某投资者卖出了一个关于股票的 3 个月后到期的看涨期权，执行价格为 30 美元。该投资者决定对此头寸进行保值，买进一个执行价格为 40 美元的同期限的看涨期权。试利用 Gamma 进行期权头寸的对冲分析。

解：由已给条件，可计算出

（1）卖出执行价格为 30 美元的看涨期权 Gamma 值为 -0.016 9；

（2）买进执行价格为 40 美元的看涨期权 Gamma 值为 0.035 6。

因此，总头寸值为（-0.016 9）+ 0.035 6 = 0.018 7，比较接近 0，进而反映出这种期权的 Delta 值对股价变动的敏感性较低，即 Delta 值会相对稳定。

3）Theta（θ）与风险管理

Theta 是指期权价格随时间变化的敏感程度，可表达为

$$\theta = -\frac{\partial C}{\partial t} \text{ 或 } \theta = -\frac{\partial P}{\partial t}$$

它表明期权距离到期日会越来越短，而越是临近到期日期权的时间价值就越小。也就是说，随时间的推移，对多头期权头寸的持有者将日益不利，期权时间价值在逐日下降，所以对多头看涨期权或多头看跌期权的 Theta 值为负数；相反，随时间的推移，期权出售者将越来越有利，因此空头看涨期权和空头看跌期权的 Theta 值为正数。

具体计算 Theta 值则可采用下面两个公式，即

（1）看涨期权：

$$\theta = -\frac{P_M \sigma e^{d_1^2}}{2\sqrt{2\pi t}} + P_E r^{-t}(\ln r) N(d_2) \tag{10-15}$$

(2)看跌期权:

$$\theta = -\frac{P_M \sigma e^{d_1^2}}{2\sqrt{2\pi t}} + P_E r^{-t}(\ln r)N(-d_2) \tag{10-16}$$

式中,所有变量含义均与 Black – Scholes 期权定价模型中变量的含义相同。

如果对 Theta 计算公式进行变形如下,即

$$\theta = -\frac{\partial C}{\partial t} = -\frac{\partial C}{\partial P_M}\frac{P_M}{\partial t} = -\Delta \frac{\partial P_M}{\partial t}$$

这样便可得到 Theta 与 Delta 之间的一个关系,即

$$\theta + \Delta \frac{\partial P_M}{\partial t} = 0$$

构成资产组合的各类资产的 Theta 值加总起来就是头寸 Theta。当一个资产组合的 Theta 值为 0 时,称作 Theta 中性。与前面的期权头寸 Delta、头寸 Gamma 的对冲一样,也用于期权保值,关键仍是它们之间的构成比例。

4) Delta、Gamma 和 Theta 之间关系

对于一个特定组合头寸,由前面给出的 Black – Scholes 微分方程,Delta、Gamma 和 Theta 之间关系满足下面关系式,即

$$\theta + rP_M\Delta + 0.5\sigma^2 P_M^2 \Gamma - rf = 0$$

式中,θ、r、P_M、Δ、σ、Γ 含义同前;f 为该头寸的价值。

如果此头寸为 Delta 中性,则有

$$\theta + 0.5\sigma^2 P_M^2 \Gamma - rf = 0$$

它表明,当投资组合的 Theta 值为较大的正数时,则相应地其 Gamma 值为绝对值较大的负数。如果 Delta 与 Gamma 均为中性投资组合,则投资组合的 Theta 也将接近于 rf。

以上讨论了单种期权的几个主要风险指标,还有一些风险指标如用来衡量期权价格相对于执行价格波动性敏感程度的 Vega(Λ)指标、用来衡量期权价格相对于无风险利率敏感程度的 ρ 指标等。计算这些风险指标的变化值,以便于当损失值超过可以接受的临界值时,对投资组合加以调整。

2. 资产组合的风险指标

在单种期权风险指标基础上,从资产组合的整体去考虑各风险指标,有利于消除由于分别控制单种期权风险指标而带来的负面影响。例如,看涨期权的 Delta 是正值,看跌期权的 Delta 是负值。如果考虑这两种不同期权的投资组合,则它们之间可以部分地相互抵销些。因此,投资者利用 n 种期权合约构造投资组合以达到特定的效果远好于通过单种期权达到的效果。

下面介绍同一基础交易物不同期权的投资组合,这里将不同资产的期权当成一个组合来考虑。

假设某投资者以 n_1 份某种看涨期权、n_2 份另一种看涨期权、m_1 份某种看跌期权、m_2 份另一种看跌期权构造组合头寸,则对应此头寸的价值为

$$V = n_1 c_1 + n_2 c_2 + m_1 p_1 + m_2 p_2 \tag{10-17}$$

式中,c_1、c_2 为看涨期权合约价格;p_1、p_2 为看跌期权合约价格。对应于这个头寸,其五个

风险指标 Δ、Γ、θ、Λ、ρ 分别为

$$\Delta = n_1\Delta_{c1} + n_2\Delta_{c2} + m_1\Delta_{p1} + m_2\Delta_{p2}$$
$$\Gamma = n_1\Gamma_{c1} + n_2\Gamma_{c2} + m_1\Gamma_{p1} + m_2\Gamma_{p2}$$
$$\theta = n_1\theta_{c1} + n_2\theta_{c2} + m_1\theta_{p1} + m_2\theta_{p2}$$
$$\Lambda = n_1\Lambda_{c1} + n_2\Lambda_{c2} + m_1\Lambda_{p1} + m_2\Lambda_{p2}$$
$$\rho = n_1\rho_{c1} + n_2\rho_{c2} + m_1\rho_{p1} + m_2\rho_{p2}$$

投资者在构造组合头寸时，以自己的收益及风险偏好来建立风险指标为特定值的组合。例如，如果投资者想完全抵销价格波动风险，则可以选择一个 Delta 中性与 Gamma 中性的投资组合；如果投资者认为股价会上涨，则可以选择一个高 Delta 值的头寸；反之，如果投资者认为股价会下跌，则可以选择一个低 Delta 值的头寸等。总之，只要投资者对以上风险指标有清楚的了解，就可根据其掌握信息充分的程度，选择一个最适合自己的投资组合。

3. 期权弹性与期权杠杆效应

看涨期权的弹性 E 定义为期权价值变化相对于股价变化的敏感程度，其计算公式为

$$E = \frac{dc/c}{dP_M/P_M} = P_M \frac{c'}{c} \tag{10-18}$$

显然，E 值越大，期权价值变化速率就越高于股价变化速率；反之，E 值越小，期权价值变化速率越低于股价变化速率。当 $E = 1$ 时，表明两者变化的速率完全相同。

由 $\Delta = \dfrac{\partial c}{\partial P_M}$，将其代入式（10-18），可得

$$E = \Delta \cdot \frac{P_M}{c} \quad \text{即} \quad \Delta = E \cdot c/P_M \tag{10-19}$$

该式描述了看涨期权弹性 E 与 Delta 值的关系，当 P_M 与 c 固定时，E 与 Delta 成正比例。由 Black-Scholes 期权定价公式可知，在一时点上一个看涨期权头寸相当于一个包含一部分以借款买进该股票的投资组合，通过动态调整，这个投资组合损益情况与该看涨期权损益情况相同，因而可以称这个投资组合为该期权的复制头寸。于是，通过分析该复制头寸的损益能够掌握看涨期权的风险收益情况。

如果复制头寸是部分由借入款构造的，则称此为期权杠杆效应。下面，简要探讨一下期权弹性与杠杆效应之间的内在关系。

假设以 W 表示投资者自有资金量，Q 表示借入的资金量，λ 表示杠杆率，则

$$\lambda = 1 + \frac{W}{Q}$$

可以看出，杠杆率 $\lambda > 1$。λ 越大，意味着在自有资金量一定时借入资金量越小；反之，λ 越小，则借入资金量越多。如果某投资者自有资金为 W，以无风险利率 r 借入资金 Q，且全部投入收益率为 R_P 的有风险组合中，由 APT① 模型可知，其收益率 R_Q 为

$$R_Q = \lambda R_P + (1-\lambda)r$$

此组合的预期收益率及其方差分别为

$$E(R_Q) = \lambda E(R_P) + (1-\lambda)r$$

---

① 即 Arbitrage Pricing Theory，套利定价模型。

$$\sigma^2(R_Q) = \sigma^2[\lambda R_P + (1-\lambda)r]$$
$$= \lambda^2 \sigma^2(R_P)$$

相应地，有

$$\Delta = \beta_Q = \lambda \beta_P$$

这里，β_Q 与 β_P 分别是借入资金与组合的 β 系数。

由于看涨期权损益与复制头寸损益一样，因此一个看涨期权杠杆率为

$$\lambda = \frac{N(d_1)s}{c} = \Delta \frac{P_M}{c} \qquad (参见式 (10-19))$$

有 $\lambda = E$，即复制头寸杠杆率等于期权弹性。杠杆率越大，期权弹性越高，期权杠杆价值变化率（即期权风险）也就越大。反之，杠杆率越小，期权弹性越低，期权价值变化率也就越小。

这样，期权弹性除可用 $E = \Delta \frac{P_M}{c}$ 表示外，还可用 $E = \lambda$ 来表示，这两者均在期权风险管理中发挥一定的作用。它们的取值大小依赖于每个投资者合适的选择。

由上面得出的 $\Delta = \lambda \beta_P$，知道期权的 Delta 值是期权弹性与有风险组合 P 的 β 系数之积。

4. 改变市场风险的期货期权方法

期货和期权两者如果能以某种恰当的比例组合起来，便可以控制所面临的市场风险。一般来说，期货看涨期权持有者有权以事先确定的价格买入预定数额的期货合约，期货看跌期权持有者则有权以事先确定的价格卖出预定数额的期货合约。

【例 10-5】 假定某资产管理者的一笔股票资产价值为 1.15 亿美元，β 系数为 0.98，S&P 500 期货合约指数值为 365.00，试用期货和期权方法求出最优组合。

解：S&P 500 以 500 美元为约定乘数来计算期货合约价格，所以，一份期货合约的价值为 $500 \times 365.00 = 182\,500$（美元），1.15 亿美元的股票资产等值于 $115\,000\,000 \div 182\,500 = 630$（份）期货合约。如果波动性 σ 为 15%，无风险利率为 8%，现行期货价格为 365，则可以选择 355 份 S&P 500 看跌期权和 275 份 S&P 500 看涨期权，组合成 630 份距到期日还有 100 天的期权合约。这样，由 Black-Scholes 期权定价公式，分别估算出看涨期权费是 7.11 美元，其 Delta 值是 0.372；看跌期权费是 6.83 美元，其 Delta 值是 -0.340。则保值总头寸 Delta 为 0.032，期权交易净收入为 46 940 美元。

需要注意的是，如果 1.15 亿美元股票的市场风险发生变化，那么用以保值的 S&P 500 期货看跌期权、期货看涨期权的最优组合构成也会相应变动。

10.2 货币期权

金融期权可分为现货期权和期货期权两大类别，货币期权也不例外。也就是说，货币期权也可分为两种：一种是以某种货币本身为标的物的期权，这种期权可称为货币现货期权；另一种是以某种货币的期货合约作为标的物的期权，这种期权可称为货币期货期权。目前，在美国，货币现货期权主要在费城证券交易所（Philadelphia Stock Exchange，PHLX）及芝

加哥期权交易所（CBOE）上市，货币期货期权则主要在芝加哥商业交易所（CME）的分部——国际货币市场（IMM）上市。

1. 货币现货期权

如上所述，货币现货期权是以某种货币本身作为标的物的期权。在履约时，期权购买者将以协定价格向期权出售者买进或卖出一定数量的某种货币。如果作为标的物的货币对市场所在国而言是外汇或外币，则这种期权可称为外汇现货期权（通常被简称为现汇期权）。表10-7所示为费城证券交易所现汇期权合约规格（摘要）的主要内容。

表10-7 费城证券交易所现汇期权合约规格（摘要）①

币种	澳大利亚元	英镑	加拿大元	欧元	日元	瑞士法郎
合约规模	50 000	31 250	50 000	62 500	6 250 000	62 500
部位与履约限制	200 000	200 000	200 000	200 000	200 000	200 000
协定价格间距： 三个最近月份（6个月、9个月、12个月）	1 美分 1 美分	1 美分 2 美分	0.5 美分 0.5 美分	1 美分 1 美分	0.005 美分 0.01 美分	0.5 美分 1 美分
刻度与刻度值	0.(00)01. 每合约5.00美元	0.(00)01. 每合约3.125美元	0.(00)01. 每合约5.00美元	0.(00)01. 每合约6.25美元	0.(0000)01. 每合约6.25美元	0.(00)01. 每合约6.25美元
报价方式	美分/澳大利亚元	美分/英镑	美分/加拿大元	美分/欧元	百分之一美分/日元	美分/瑞士法郎
基准货币	USD	USD	USD	USD	USD	USD
标的货币	AUD	GBP	CAD	EUR	JPY	CHF
合约月份	3月、6月、9月、12月及两个近期月份					
交易时间	2时30分至14时30分（费城时间），星期一至星期五					
最后交易日	到期月份第三个星期三之前的星期五					
履约结算日	到期月份的第三个星期四，但3月、6月、9月和12月到期的为第三个星期三					

1）合约规模

由表10-7可知，目前在费城证券交易所上市的货币期权主要有澳大利亚元期权、英镑期权、加拿大元期权、欧元期权、日元期权和瑞士法郎期权。在芝加哥商业交易所，这几种货币都有相应的期货交易。从合约规模来看，费城证券交易所各种货币期权的交易单位都是芝加哥商业交易所相应货币期货之交易单位的一半。

2）协定价格间距

协定价格是标准化期权合约的重要条款之一。各种货币期权不仅有着不同的到期月份，还有着不同的协定价格。但在表10-7中并没有规定各种货币期权的具体的协定价格，而只

---

① 资料来源于费城证券交易所网站（http://www.phlx.com）。费城证券交易所是美国最古老的股票交易所之一，成立于1790年。2005年，花旗、瑞士信贷第一波士顿、摩根士丹利以及瑞士银行共同收购了费城证券交易所25%的股份。2007年，其期权交易量占美国14%的市场份额。2007年11月7日被纳斯达克收购，2008年起作为纳斯达克的一部分继续运营。

是规定了各种货币期权之协定价格的间距。同时，离到期日较近的月份，其协定价格的间距较小；而离到期日较远的月份，其协定价格的间距较大。实际上，交易所之所以做如此规定，是因为近期月份的期权一般交易量较大，流动性较高；而远期月份的期权一般交易量较小，且流动性较低。

2. 货币期货期权

货币期货期权是以某种货币期货合约作为标的物的期权。这种期权实际上是一种复合型衍生产品。在履约时，期权购买者将以协定价格向期权出售者买进或卖出一定数量的某种货币期货合约。目前，芝加哥商业交易所是最大的货币期货期权市场。在该交易所上市的货币期货合约有数十种，所有的货币期货合约都被作为期权合约的标的物，以实行期权交易。如表10-8所示，是该交易所上市的货币期货期权中最主要的六个品种。这六种货币期货期权均以美元为计价和结算的货币。

表10-8 芝加哥商业交易所主要货币期货期权合约规格（摘要）①

币种	澳大利亚元	英镑	加拿大元	欧元	日元	瑞士法郎
交易单位	一张对应的货币期货合约					
点的含义	1点=每澳大利亚元0.0001美元=每合约10美元	1点=每英镑0.0001美元=每合约6.25美元	1点=每加拿大元0.0001美元=每合约10美元	1点=每欧元0.0001美元=每合约12.50美元	1点=每日元0.000001美元=每合约12.50美元	1点=每瑞士法郎0.0001美元=每合约12.50美元
协定价格间距	$0.005	$0.010	$0.005	$0.005	$0.00005	$0.005
最小变动价位	0.0001（每合约10美元）	0.0002（每合约12.50美元）	0.0001（每合约10美元）	0.0001（每合约12.50美元）	0.000001（每合约12.50美元）	0.0001（每合约12.50美元）
合约月份	四个按3月、6月、9月、12月循环的月份，两个系列月份（不按季末月份循环的月份），再加上四个每周到期的月份					
交易时间	7时20分至14时；最后一个交易日于14时停止交易（芝加哥时间）					
交割方式	实物交割					

由表10-8可以看出，在芝加哥商业交易所上市的货币期货期权是以该交易所上市的货币期货合约为标的物，其交易单位是一张对应的货币期货合约。如以货币单位表示，则各种货币期货期权的交易单位就是对应的货币期货的交易单位。具体而言，澳大利亚元期货期权和加拿大元期货期权的交易单位分别是100 000澳大利亚元和100 000加拿大元，英镑期货期权的交易单位是62 500英镑，欧元期货期权和瑞士法郎期货期权的交易单位分别是125 000欧元和125 000瑞士法郎，日元期货期权的交易单位是12 500 000日元。所以，在上述合约规格中，点的含义及最小变动价位，实际上都是以各种货币期货期权的这种以货币表示的交易单位来计算出每合约的货币价值的。

【例10-6】2016年1月25日，英镑的即期汇率为GBP/USD=1.2310/1.2325，执行

---

① 资料来源：芝加哥商业交易所网站（http://www.cme.com）。

价格为 1.228 0 美元的 9 月英镑欧式看涨期权，合约规模为 10 000 英镑，行权日为 9 月 16 日（星期五），期权价格为 4.70 美分。

美国某进口商需在 6 个月后支付 30 万英镑，进口商预计 6 个月后英镑会升值，为避免换取 30 万英镑时支付更多的美元，该进口商决定在费城证券交易所买入英镑期权套期保值。

假设 2016 年 7 月 25 日，英镑兑美元的即期汇率变为 GBP/USD = 1.350 3 / 1.353 8，外汇期权市场上同到期日、同执行价格的英镑期权合约的期权价格为 17.41 美分。请分析该进口商如何操作进行套期保值？

解：如果现在付款，只需 300 000 × 1.232 5 = 36.975（万美元）。但是由于英镑升值，因此 6 个月后进口商要比现在多支付 40.6140 - 3.8130 = 36.801（万美元）。为避免外汇汇兑损失，该进口商买入英镑看涨期权，因为 1 份合约规模是 10 000 英镑，故该投资者需要买入 30 份英镑期权合约，即需要支付的权利金是 30 × 10 000 × 0.047 0 = 14 100（美元），如表 10-9 所示。

7 月 25 日，英镑果然如该进口商预测的那样升值，则该进口商可以选择平仓卖出 30 份英镑看涨期权合约，此时作为看涨期权的卖方，获得的权利金收入 30 × 10 000 × 0.1741 = 52 230（美元），扣除 1 月 25 日支付的权利金，在期权市场上该进口商盈利 52 230 - 14 100 = 38 130（美元），即实际支付了 36.801 万美元，这与 36.975 万美元（期初）相差无几，达到了套期保值的目的。

表 10-9 买入看涨期权合约套期保值操作过程

日期	即期外汇市场	外汇期权市场
1 月 25 日	—	买入 30 份 9 月英镑期权合约，有 权利金：1 英镑 = 4.70 美分 权利金总计：30 × 10 000 × 0.047 0 = 14 100（美元）
7 月 25 日	即期汇率 GBP 1 = USD 1.3538 30 万英镑需要支付 40.6140（万美元）	平仓卖出 30 份 9 月英镑期权合约，有 权利金：1 英镑 = 17.41 美分 权利金总计：30 × 10 000 × 0.174 1 = 52 230（美元）
盈亏	—	盈利 52 230 - 14 100 = 38 130（美元）
实际支付	40.614 0 - 3.813 0 = 36.801（万美元）	

10.3 利率期权

在金融衍生产品中，利率衍生产品不仅品种繁多，而且相对复杂。但是，在现实中，利率衍生产品的交易是最为活跃的。尤其值得注意的是，在利率衍生产品的发展过程中，新产品被不断地推出，交易规则也被不断地修改。

在利率衍生产品中，利率期权是最典型、最重要的。利率期权（Interest Options）是指以各种利率相关商品、利率期货合约或利率本身为标的物的期权交易形式。由于利率期权的应用非常广泛，而人们对利率期权又有着形形色色的需求，因此利率期权的种类非常多。从大类来看，在利率期权中，既有场内期权，又有场外期权；既有现货期权，又有期货期权；

既有实物交割的期权,又有现金结算的期权。自 20 世纪 80 年代后期以来,随着欧洲和亚太地区金融期权市场的建立,利率期权的新品种更是层出不穷。

传统的利率期权以利率相关商品(即各种债务凭证)为标的物。在履约时,除了欧洲美元期权外,这类利率期权一般采取实物交割的方法。也就是说,在期权被执行时,期权购买者以协定价格向期权出售者买进或卖出一定数量的某种利率相关商品。这类利率期权,被称为以债务凭证为标的物的利率期权。另一类利率期权则不同,它是以某种利率或某种债券的到期收益率为标的物。在履约时,这类利率期权通常采取现金结算的方法。目前,芝加哥期权交易所交易的利率期权就是这种类型的利率期权。对于这类利率期权,我们称之为以利率或收益率为标的物的利率期权。下面就依次对这两类利率期权加以简要的介绍。

1. 以债务凭证为标的物的利率期权

利率期权首先产生于美国芝加哥期货交易所(CBOT)。目前,该交易所仍是世界上最大的利率期权市场之一。随着 CBOT 利率期权的发展,美国其他各交易所及其他国家和地区的交易所也纷纷效仿,推出了各种利率期权,具体如表 10-10 所示。其中,欧洲美元期权及欧洲美元期货期权不仅在美国的交易所交易,而且在其他许多国家的交易所交易。

表 10-10 美国主要场内利率期权①

期权类型	标的物	交易所	交易单位/美元	最小变动价位
现货期权	欧洲美元	CBOT	1 000 000	0.01 点(25 美元)
	美国 90 天期国库券	AMEX	1 000 000	0.01 点(25 美元)
	美国 30 年期长期债券	CBOE	100 000	1/32 点(31.25 美元)
	美国 10 年期中期债券	AMEX	100 000	1/32 点(31.25 美元)
	美国 5 年期中期债券	CBOE	100 000	1/32 点(31.25 美元)
期货期权	欧洲美元期货合约	CME	1 000 000	0.01 点(25 美元)
	美国 90 天期国库券期货合约	CME	1 000 000	0.01 点(25 美元)
	美国 30 年期长期国债期货合约	CBOT	100 000	1/64 点(15.625 美元)
	美国 10 年期中期国债期货合约	CBOT	100 000	1/64 点(15.625 美元)
	美国 5 年期中期国债期货合约	CBOT	100 000	1/64 点(15.625 美元)
	美国 2 年期中期国债期货合约	CBOT	200 000	1/128 点(15.625 美元)

由表 10-10 可以看出,CBOT 主要上市美国中、长期国债期货期权。所以,期权的标的物并不是各种中、长期国债本身,而是在该交易所上市的各种中、长期国债期货合约。这类期货期权的交易单位均为一张对应的中、长期国债期货合约。

除了各种中、长期国债期货期权外,CBOT 目前还上市 10 年期和 5 年期的利率互换期权,以及 30 天联邦基金期权。表 10-11 中所列的期权是目前 CBOT 交易的主要利率期权,包括交易代码和交易时间。我们可以看到,所有这些利率期权都有两种交易方式:一是在交

---

① 资料来源:各交易所网站。

易所内通过公开喊价交易;二是电子交易。其交易时间均为芝加哥时间。

表10-11 CBOT 主要利率期权合约

期货的标的物	公开喊价代码（看涨/看跌）	公开喊价交易时间	电子交易代码（看涨/看跌）	电子交易时间
30年期美国国债	CG/PG	7时20分~14时	OZBC/OZBP	5时30分~16时
10年期美国国债	TC/TP	7时20分~14时	OZNC/OZNP	5时30分~16时
5年期美国国债	FL/FP	7时20分~14时	OZFC/OZFP	5时30分~16时
2年期美国国债	TUC/TUP	7时20分~14时	OZTC/OZTP	5时30分~16时
10年期利率互换	NIC/NIP	7时20分~14时	OSRC/OSRP	5时30分~16时
5年期利率互换	NGC/NGP	7时20分~14时	OSAC/OSAP	5时30分~16时
30天联邦基金	FFC/FFP	7时20分~14时	OZQC/OZQP	5时30分~16时

2. 以利率或收益率为标的物的利率期权

芝加哥期权交易所（CBOE）是世界上第一个专门化的期权市场，利率期权也是该交易所的主要产品之一。目前，在 CBOE 交易的利率期权主要以美国政府债券的利率或到期收益率为标的物。表10-12 所列的是 CBOE 交易的主要利率期权。与前述的传统利率期权相比，这类利率期权的基本性质及交易规则等方面都有自己的特色。

表10-12 CBOE 交易的主要利率期权[①]

期权品种	期权代码	基础债券	标的利率
短期利率期权	IRX	13周美国国库券（T-bill）	新发行13周 T-bill 的年贴现率
5年期利率期权	FVX	5年期美国中期债券（T-note）	新发行5年期 T-note 的到期收益率
10年期利率期权	TNX	10年期美国中期债券（T-note）	新发行10年期 T-note 的到期收益率
30年期利率期权	TYX	30年期美国长期债券（T-bond）	新发行30年期 T-bond 的到期收益率

1）CBOE 利率期权的品种

由表10-12 可以看出，CBOE 提供的利率期权可分为短期利率期权、中期利率期权和长期利率期权，各种利率期权均以美国政府债券的即期收益率（Spot Yield）为标的物。其中，短期利率期权的标的物是最近发行的13周美国国库券（T-bill）的年贴现率。中期利率期权又可根据基础债券的不同期限分为两种：一种是以最近发行的5年期美国中期债券（T-note）的到期收益率为标的物的利率期权；另一种是以最近发行的10年期美国中期债券的到期收益率为标的物的利率期权。长期利率期权则是以最近发行的30年期美国长期债券的到期收益率为标的物的利率期权。在美国，13周国库券每周发行一次；5年期中期债券每月发行一次；10年期中期债券一般每3个月发行一次，发行月份为2月、5月、8月和11月；30年期长期债券每6个月发行一次，发行月份一般为2月和8月。各种债券均以拍卖

---

① 资料来源：芝加哥期权交易所网站（http://www.cboe.com）。

方式发行。

2）看涨期权与看跌期权

与传统的利率期权一样，CBOE 交易的利率期权也分为看涨期权与看跌期权两大类别。然而，当投资者对未来的利率变动方向做出某种预期时，他们究竟应该买进看涨期权，还是应该买进看跌期权？在这一问题上，这两类利率期权的购买者将做出截然相反的决策。

如上所述，传统的利率期权是以某种债务凭证，尤其是由政府发行的各种债券为标的物。在履约时，这些利率期权一般实行实物交割。因此，当人们预期利率将下降，债券价格将上升时，就买进看涨期权；反之，当人们预期利率将上升，债券价格将下跌时，就买进看跌期权。与这类利率期权不同，CBOE 交易的利率期权是以某种利率或某种债券的到期收益率为标的物。在履约时，这些利率期权实行现金结算。因此，当人们预期利率将上升时，将买进看涨期权；而当人们预期利率将下降时，就买进看跌期权。之所以有此不同，是因为债券价格的变动方向往往与市场利率的变动方向相反。

3）CBOE 利率期权的特征

（1）现金结算。

在上述的传统利率期权中，只有欧洲美元期权实行现金结算，而其他利率期权都在执行时实行实物交割。但是，CBOE 交易的上述四种利率期权（见表 10-12）在履约时，都采取现金结算的方式。也就是说，在执行期权时，期权出售者必须以现金形式向期权购买者支付协定价格与结算价格之间的差额。显然，对看涨期权而言，只有当结算价格高于协定价格时，期权购买者才会执行其持有的看涨期权；对看跌期权而言，只有当结算价格低于协定价格时，期权购买者才会执行其持有的看跌期权。

（2）合约规模。

与股票期权或股价指数期权一样，CBOE 利率期权的合约规模也规定一个固定的金额，即合约乘数。各种利率期权采用相同的合约乘数，即 100 美元。同时，作为标的物的利率或到期收益率一般为一百分数。但在期权交易中，这一利率或到期收益率将去掉百分号，再将它扩大 10 倍，所得的数目即为标的物价值。这一标的物价值与合约乘数（100 美元）的积是利率期权的合约规模。例如，当最近发行的 30 年期美国长期债券的到期收益率为 7.5% 时，期权的合约规模即为 7 500 美元（=7.5×10×100 美元）。如果到期收益率由 7.5% 上升到 8%，则看涨期权的持有者将要求执行其持有的看涨期权，通过执行该看涨期权，他可获利 500 美元［=(8-7.5)×10×100 美元］；而与此同时，该看涨期权的出售者将损失 500 美元。

（3）欧式期权。

CBOE 交易的四种利率期权均为欧式期权。也就是说，期权持有者只有在到期日才能执行其持有的期权，而不能提前执行。据 CBOE 称，其做出这一规定的目的在于消除提前执行的风险，并可简化投资决策。当然，对期权购买者而言，尽管其持有的期权不能提前执行，但他可以在到期日之前出售其持有的期权，以提前结清期权部位。在这种情况下，他既可能获利，也可能亏损。其获利或亏损将取决于他买进期权时所支付的期权费与出售期权时所收取的期权费之间的差额。

10.4 股票期权和股票指数期权

与其他各种金融衍生产品一样,金融期权也主要是为了迎合人们规避各种金融风险的需要而产生和发展起来的。股票市场是金融风险最集中的市场。因此,这一市场的投资者对金融衍生产品的需求最为强烈。由于金融期权在金融风险管理中有着独特的优势,因而更受到投资者的欢迎。在股票市场上,可用于规避金融风险的金融期权主要有两类:一类是股票期权;另一类是股价指数期权。前一类期权系以股票市场的某种具体股票为标的物,这类期权可用来管理标的股票本身的风险,即非系统性风险;后一类期权则是以某一股票市场的价格指数为标的物,这类期权可用来管理整个股票市场的风险,即系统性风险。

1. 股票期权

在金融期权产品中,股票期权是最早出现的一个品种。早在19世纪末,美国就已存在场外交易的股票期权。目前,在各种有关金融期权的著述中,人们通常以股票期权为分析的出发点。这是因为,股票期权不仅产生得最早,而且最能反映金融期权的基本性质。所谓股票期权(Stock Option),是指以现货市场的某种具体的股票作为标的物的期权。利用这种期权,投资者既可规避个别股票的风险,又可增加投资这些股票的收益。

股票期权虽然早在19世纪即已在美国产生,但是在1973年前,这种交易都分散在各店头市场进行,交易的品种十分单一,交易的规模也相当有限。且在1973年之前所交易的股票期权只有看涨期权,而没有看跌期权。因此,直到1968年,在美国成交的股票期权合约所代表的股票的数量还只是纽约证券交易所成交股票数量的1%。可见,在没有集中性的市场作为期权交易的专门场所的条件下,股票期权交易的效率相当低下。鉴于此,为了迎合人们对股票期权交易日益增长的需求,1973年4月26日,全球第一个集中性的期权市场——CBOE正式成立。从此开始了集中性的场内期权交易,股票期权交易得到迅速发展,其他各种金融期权品种也被陆续推出。目前,在美国共有500多种股票的期权交易。交易股票期权的市场主要有CBOE、费城证券交易所(PHLX)、美国证券交易所(AMEX)及太平洋证券交易所(PXS)等。而在中国,香港交易所也已于1995年9月开始股票期权交易。目前,该交易所已有30余种本地股票被作为期权合约的标的物,以开展期权交易。

【例10-7】在某年3月,某投资者预期在两个月后可取得一笔资金,总额为500 000元,他对A公司股票看好。所以,他计划在收到该笔资金后即全部投资于A公司股票。假定当时A公司股票的市场价格为每股25元,则该投资者预期收到的500 000元资金可购买A公司股票20 000股。但是,他担心A公司股票在未来的两个月内将有较大幅度的上涨,从而使他失去由股价上涨而产生的收益。为此,他决定以A公司股票的看涨期权作套期保值。其具体的操作是:购买以A公司股票为标的物的看涨期权200个(按照惯例,每个股票期权可买进标的股票100股)。这种期权的协定价格为每股25元(即平价期权);期权费为每股1元,所以200个期权的期权费总额为20 000元;期限为两个月;期权样式为欧式。

在两个月后,A公司股票的市场价格可能有以下三种情况:

(1)市场价格不变,即仍然为每股25元。在这种情况下,投资者一般放弃期权。因为在市场价格不变时,他执行期权与直接到市场上购买股票是一样的。于是,他损失了支付的期权费 20 000 元。

（2）市场价格果真大幅度上涨，如涨至每股 35 元。在这种情况下，该投资者将执行其持有的期权以每股 25 元的协定价格向期权出售者买进 20 000 股 A 公司股票，然后以每股 35 元的市场价格将这批股票出售，扣除 20 000 元的期权费，并忽略交易成本和税收等因素，他将获利 180 000 元。其计算式为

$$35 \times 20\,000 - 25 \times 20\,000 - 20\,000 = 180\,000（元）$$

（3）市场价格下跌，如跌至每股 20 元。在这种情况下，投资者必然放弃期权。这样，他在期权市场上也损失 20 000 元的期权费，但他在现货市场上却可获得股价下跌所带来的好处。例如，在本例中，该投资者可在现货市场上以每股 20 元的价格买入股票。在同样买入 20 000 股 A 公司股票的情况下，他只需支付 400 000 元，比他在两个月前预计的要少付 100 000 元。这就说明，与金融期货的套期保值不同，人们利用股票期权进行套期保值，可在市场价格发生不利变动（如本例中的股价上升）时避免损失，而在市场价格发生有利变动（如本例中的股价下跌）时，又可在一定程度上保住意外收益。

值得指出的是，如果该投资者在两个月后未能如期收到该笔资金，而 A 公司股票价格已经上涨，他所持有的期权又将到期，则他可直接出售其持有的期权。因为在股票价格上涨后，看涨期权的价格也将上涨。于是，他通过出售期权也同样可获利。例如，当 A 公司股票的市场价格由每股 25 元涨至每股 35 元时，以 A 公司股票为标的物的看涨期权的期权费则由每股 1 元涨至每股 8 元，该投资者卖出 200 个期权，即可获利 140 000〔= (8 − 1) × 20 000〕元。由此可见，从绝对数来看，该投资者出售期权的收益少于执行期权的收益；但如从收益率来看，则直接出售期权的收益率将远高于执行期权的收益率。

2. 股价指数期权

股价指数期权不同于股票期权。股票期权的标的物是某种股票本身，而股价指数期权的标的物是某一股票市场的价格指数。所以，股票期权通常用于管理某一股票本身的风险（即非系统性风险），股价指数期权则通常用于管理整个股票市场的系统性风险。

股价指数期权（又称股票指数期权）是指以某一股票市场的价格指数或某种股价指数期货合约为标的物的期权交易形式。可见，股价指数期权也可分为现货期权与期货期权。股价指数现货期权是以某种股价指数本身为标的物的期权。在履约时，它根据当时的市场价格和协定价格之差来实行现金结算。而股价指数期货期权是以某种股价指数期货合约为标的物的期权。在履约时，交易双方将根据协定价格把期权部位转化为相应的期货部位，并在期货合约到期前根据当时的市场价格实行逐日结算，并于期货合约到期时再根据最后结算价格实行现金结算，以最后了结交易。

1983 年 3 月 11 日，CBOE 推出了世界上第一个股票指数期权合约——CBOE – 100 指数期权，后改名为 S&P 100 指数期权（OEX），紧接着在美国股票交易所产生了以该所编制的指数为标的物的主要市场指数（MMI）期权合约。与此同时，全球各大证券、期货期权交易所也陆续推出了以各种指数为标的的股票指数期权。虽然股票指数期权发展的时间较短，但目前世界上的股票指数期权交易量已超过了个股期权、股票指数期货、个股期货等其他金融衍生产品，在当今金融衍生品市场占有重要地位。

在美国股票指数期权市场中，交易所的分布相对分散，在其成交量居于前 5 位的股票指

数期权产品中,有 4 个产品在全国多个小型的期权交易所中同时交易,仅有 S&P500 期权在 CBOE 中挂牌交易。如此分散的交易结构反映了美国金融市场逐步发展、自我成型的悠久历史,但同时也给合约标准化、增强流动性乃至加强市场监管带来了很大的困难。CBOE 股票指数期权的成交量占到了整个美国市场的 80% 以上。CBOE 股票指数期权的规模一直在不断发展壮大,合约品种也在不断增加与完善,目前的品种主要包括标准普尔指数期权、道琼斯指数期权、Nasdaq 指数期权、罗素指数期权、CBOE 指数期权、高盛科技指数期权以及摩根士丹利指数期权等共计 60 余种的指数类期权。这些指数期权涵盖了市场的各行各业,可满足不同投资者的多种需要。

目前,股票指数期权几乎在世界各个金融衍生品市场都有交易。尽管各个市场交易的品种各不相同,具体的交易规则也各有特色,但是股票指数期权的大多数基本原理还是一致的。所以,我们只要选择其中的一种股票指数期权作为典型,即可说明股票指数期权的基本原理。

如上所述,CBOE 是全世界最大的金融期权市场,在该市场交易的股票指数期权也有很多具体的品种。但是,标准普尔 100 种股票指数期权(即 S&P100 指数期权)无疑是其中最重要、最活跃的一个品种,其合约规格如表 10-13 所示。

表 10-13 S&P100 指数期权合约规格①

合约代码	OEX 与 XEO
LEAPS 代码	通过访问 www.cboe.com 或呼叫 1-877-THE-CBOE 来获取最新代码
指数含义	从各大行业中选取的 100 种股票的资本加权平均指数
标的指数水平	近期期权取 S&P100 指数的全值;OEX LEAPS 取减值,即为 OEX 的 1/5;XEO LEAPS 取全值
合约乘数	100 美元
期权样式	美式(OEX),欧式(XEO)
到期月份	4 个近期月份加上一个季度循环的月份。LEAPS 的到期月份最长可长达 3 年
到期日	到期月份紧接着的第三个星期五的(那个)星期六
最后交易日	OEX 与 XEO 于到期日前一个营业日(通常为星期五)停止交易
协定价格间距	5 点;远期月份为 10 点;减值的 LEAPS 为 2.5 点
结算	于履约日后的营业日实行现金结算。履约结算值根据一级市场各成分股票于到期日前的最后营业日,或者如要求提交履约通知的在履约通知日所报出的最后(收盘)卖出价计算。履约结算金额等于履约结算值与期权之履约价之差乘以 100 美元
交易时间	8 时 30 分~15 时 15 分(芝加哥时间)

为了较明确地理解 S&P100 指数期权的合约规格,我们有必要做如下补充说明。

1)S&P100 指数期权的标的指数

S&P100 指数期权的标的指数是从美国各行业中选取的 100 种蓝筹股票的资本加权平均指数。发行这 100 种股票的都是所在行业中占主导地位的大公司,而且这 100 种股票都是被最广泛地持有,并且是在美国各交易所上市股票中交易最活跃的。

---

① 资料来源:芝加哥期权交易所网站(http://www.cboe.com)。

如同股票期权的价格随着标的股票价格变动一样,股票指数期权的价格也随着标的指数而变动。在每个交易日,S&P100 指数每 15 秒计算一次。由于合约乘数为 100 美元,因此 S&P100 指数每变动一个点,就使一张股票指数期权合约的价值变动 100 美元。

2) LEAPS 的含义

在 CBOE 交易的 S&P100 指数期权中,除了欧式期权(XEO)和美式期权(OEX)外,还有一种被称为 LEAPS 的特殊期权。它是 "Long–term Equity Anticipation Securities" 的缩写,是一种长期期权,其期限长达 3 年。所以,相对传统的股票指数期权而言,对于那些从事长期投资的投资者来说,LEAPS 显然是更适合的。

根据 CBOE 规定,LEAPS 的标的指数和协定价格都与一般的欧式期权和美式期权有所不同。在标的指数方面,美式 LEAPS 属于减值期权,其标的指数只是一般美式期权的 1/5。所以,5 张美式 LEAPS 的价值相当于 1 张短期美式期权的价值。然而,欧式 LEAPS 却属于全值期权,而且它还可转换为短期合约。同时,与标的指数相对应,美式 LEAPS 的协定价格也只有短期美式期权的 1/5,但欧式 LEAPS 的协定价格是 S&P100 指数。由于美式 LEAPS 的标的指数较小,因此其协定价格间距也较小。

核心概念

金融期权
期权费(权利金)
协议价格
实值期权(溢价期权)
虚值期权(损价期权)
平值期权(平价期权)
美式期权
欧式期权
看涨期权(买权)
看跌期权(卖权)
场内期权
场外期权
货币期权
利率期权
股票期权
股票指数期权

复习思考题

1. 论述期权的特点及主要分类。
2. 论述期权价格的组成、特点以及决定因素。
3. 简述外汇期权与外汇期货的区别与联系。

4. 假设一种 S&P 500 指数欧式看涨期权还有两个月到期，指数的现值为 310 点，执行价格为 300 点，无风险利率为每年 8%，指数波动率为每年 20%，在第 1 个月和第 2 个月中期望得到的红利收益率分别为 0.2% 和 0.3%，试求 d_1 和 d_2。

5. 某投资者决定在 3 个月后买入美国长期政府债券，为了对冲其利率下跌的风险，他买入了 10 份 9 月份 CBOT 的长期政府债券期货期权，期权协定价格为 120，期权费为 3-18。当前债券期货价格为 121-18。3 个月后由于利率下降，美国长期政府债券价格出现了上涨，该投资者通过行权进行平仓时，债券期货价格上涨至 124-16，试计算该投资者的仓盘盈亏状况。

6. 5 月初某中国贸易企业向美国出口了一批价值 600 万美元的机电产品，货款要到 3 个月后才能收到。为了避免美元/人民币汇率下跌的风险，该企业决定通过向银行购买期限为 3 个月、协定价格为 USD/CNY=6.204 0 的欧式美元看跌期权来进行保值。当日的即期汇率为 USD/CNY=6.201 2/30，协定价格为 6.204 0 的欧式美元看跌期权报价为 0.005 4-0.006 2。试分析：

(1) 该出口商应支付的期权费总额；

(2) 该期权的盈亏平衡点；

(3) 若 3 个月到期时 USD/CNY 的即期汇率为 6.182 8/36，则该出口商会执行期权还是放弃期权？其出售 600 万美元的实际人民币收入是多少？

7. 3 月初美国某公司预计 3 个月后要支付 50 万瑞士法郎的进口货款，为防范瑞士法郎汇率大幅度上升的风险，于是买进 4 份 6 月份瑞士法郎欧式看涨期权。已知 6 月份瑞士法郎欧式看涨期权协定价格为 USD 0.805 0/CHF，期权费为 USD 0.02/CHF。假设 3 个月后市场汇率可能出现：USD/CHF=1.202 0 和 USD/CHF=1.275 0 两种情形，试分析在这两种情形下该公司需支付的美元总额。

8. 某公司 6 月上旬向英国出口了一批价值 12.5 万英镑的商品，货款要 3 个月以后才能收到。因担心 3 个月后英镑兑美元的汇率出现下跌而减少美元收入，公司便在 IMM 买进 2 份 9 月份英镑看跌期权。已知 6 月上旬市场即期汇率为 GBP/USD=1.882 5，9 月份英镑看跌期权协定价格为 GBP/USD=1.883 0，期权费为 GBP/USD=0.02。假设 3 个月后市场汇率为 GBP/USD=1.864 0 和 GBP/USD=1.898 0 两种情形，则请比较分析该公司的美元收入。

第4部分 高级实操模块

第 11 章

金融互换交易

学习目标

通过了解金融互换的产生、特点、功能以及发展,掌握金融互换交易的特点和理论基础,熟悉利率互换和货币互换的基本原理和交易流程,增强运用金融创新产品来解决实际问题的能力和风险管控能力。

引导案例

利率互换市场稳步迈入 20 万亿元新时代

1. 2018 年利率互换市场回顾

2018 年的利率互换市场整体呈现牛市行情,不但利率单边趋势性下行,交易量更是大幅度跃升,期限利差和曲线基差交易均有亮点。越来越多的投资者参与到这个市场中来,越来越多的利率互换产品被市场接受、认可。

1) 成交量再创历史新高,产品品种更加多元化

2018 年全市场利率互换名义本金成交量达 21.5 万亿元,首次突破 20 万亿元。而 2016 年成交量才接近 10 万亿元,短短两年时间,利率互换市场成交量就收获了第二个 10 万亿元,发展速度惊人。这种高速发展与 2018 年市场参与者继续扩容、电子化交易平台兴起、牛市行情交易热情活跃等原因密不可分。

在成交品种上,传统的 FR007 和 Shibor3M(基准的利率互换产品)依旧是市场中坚力量。其他品种的利率互换产品也逐步得到市场认可,以国债利率互换、国开债利率互换、信用利差互换为代表的债券利率互换成交量达 2 550 亿元,成交占比达 1.3%。虽然大部分机构交易这类产品依旧有清算等方面的障碍,但交易热情不断升温反映出这类新产品确实存在需求。

另外,在传统的期限利差(Spread)和曲线基差(Basis)等复杂交易的基础上,诸如现券利率互换基差(Bond-Swap)、国债期货利率互换基差(T-Swap)的新交易品种也在

市场中自发催生。利率互换市场进一步多元化。

2) 全年利率趋势性下行

2018年主要利率互换产品利率整体呈现单边下行趋势,与现券利率走势基本一致。

从2018年全年来看,5年Repo利率互换利率下行90 BP,1年Repo利率互换利率下行91 BP,5年Shibor利率互换利率下行111 BP,1年Shibor利率互换利率下行139 BP,呈现较大的牛市行情。这样的市场走势反映出2018年全年资金利率水平和未来资金预期日益宽松的趋势。

2018年全年为数不多的大幅度调整发生在8月份的Shibor3M互换市场,充裕的资金环境叠加货币基金庞大的投资需求,使得3M同业存单利率一度被压得很低。随后央行的货币政策从偏流动性宽松转向以疏通货币传导机制为主,市场宽松预期短时间转向,Shibor3M定盘利率快速上行,Shibor互换调整约50 BP。

2018年全年利率互换呈现趋势性走牛的主要原因有:一是央行每季度降准一次,释放了长期稳定的流动性,市场整体流动性水平比2017年去杠杆时期大幅度改观,对未来流动性预期也持续乐观,定盘利率水平不断下行,带动了利率互换下行。二是全年宏观经济偏弱,增长放缓。对政府债务的清理使得投资增长预期下降,3月份以来的贸易战加重了市场对进出口的担忧,前两年集中释放的购房需求使居民杠杆上升,进而抑制了消费。从整体上看,经济的"三驾马车"都有偏悲观的预期。三是全年通胀水平较稳定。食品、工业品等商品价格在不同时期压制了通胀水平的上涨,仅在三季度短期出现了通胀增长预期,市场也因此迎来本年度最大调整。全年通胀预期不强,利率反弹压力较小。

3) 同业存单利率波动带动了主要的期限利差和基差交易行情

(1) Shibor – Repo基差收窄。

2018年上半年,Shibor – Repo利率互换基差大部分时间维持在110 BP以上的历史高位水平,二季度初同业存单利率下行一度带动基差收窄到80 BP左右,但伴随同业存单利率反弹,基差重回100 BP。三季度降准之后,存单利率趋势性下行近200 BP,带动基差回归至历史平均水平。

(2) 期限利差上Shibor走阔、Repo震荡。

2018年上半年市场并不看好Shibor长时间位于高位,Shibor期限利差始终维持在10 BP以内的低位,反映出过紧的短期拆借利率和偏矛盾的长期资金宽松预期。三季度央行再次降准之后,同业存单利率陡降,短期拆借成本下行,5年和1年Shibor3M利率互换期限利差开始回归走阔。

Repo期限利差全年呈现震荡走势,没有出现类似Shibor的单边趋势。其原因在于FR007定盘利率从年初以来始终处于相对稳定的供需环境中,央行对短期回购利率呵护有加,期限利差整体围绕中枢波动。

2. 利率互换市场主要新特点

2018年利率互换市场呈现出两个重要的新特点:一是交易工具越来越便利;二是市场自发形成了新的互换产品。这对市场未来发展有着重要的启示作用。

1) X – swap交易比例越来越高

2018年利率互换市场上最容易达成交易的平台已从货币中介大规模转移到X – swap系

统。目前主要活跃品种的 X-swap 报价宽度和报价量都等同或优于货币中介报价，实际成交量也大幅度超越中介机构。据统计，2018 年约 2/3 的利率互换交易是通过 X-swap 系统完成的。

X-swap 在自动搭桥方面有天然优势，电子化的交易平台能使市场门槛更低、交易更便利、价格更透明。全国银行间同业拆借中心也在不断完善 X-swap 平台的功能，推出了包括冰山订单、快捷键等新功能，使电子交易平台更贴合交易需求、符合交易员习惯，用起来更加便捷方便。

2）Bond-swap 交易活跃

Bond-swap 交易始于 2017 年。由于利率衍生品走势快于现券收益率，2016 年四季度利率互换率先完成了利率上行调整，10 年期国开债和 5 年期 FR007 利率互换利差出现倒挂。随即 2017 年债券开启了一整年的上行，而利率互换上行幅度很小。这得益于债券借贷的做空功能，部分机构先行先试开始做阔 Bond-swap 基差。该策略在 2017 年很成功，基差成单边趋势一路走高近 100 BP。

伴随这个策略逐渐被市场熟知，2018 年开始，市场自发开展了 Bond-swap 报价和交易。在 2018 年的牛市行情中，Bond-swap 基差开始收窄，且做窄的策略相对便利（买债券买互换，不需要借券做空），因此这个交易日渐活跃，成为货币中介日常报价的品种之一，也是连接现券和衍生品市场的最重要品种之一。

（资料来源：黄逾轩，宋佳仪. 利率互换市场稳步迈入 20 万亿元新时代 [J]. 中国货币市场，2019（1）：28-31.）

11.1 金融互换概述

11.1.1 金融互换的概念

金融互换也称金融掉期，是交易双方依据预先约定的协议，在未来的确定期限内，互相交换一系列现金流量或支付（如本金、利息、价差等）的交易，"互换"便由此得名。互换交易双方通过签订互换协议来保障双方的权利，约束双方的义务。因此，互换交易一般属于场外交易。根据定义，互换其实可以看作一系列远期合约的组合。目前，互换市场已成为规模以万亿美元计的全球市场，它的影响几乎涉及了大部分金融市场。

金融互换的出现就是交易者在追求利润最大化目标中利用比较优势理论来换取满足自己需求的最低成本的资金，以实现价值增值。互换产生的条件可以归纳为两方面：一是交易者在不同地域或不同资金上的筹资成本存在差异。由于筹资者信用等级不同、所处地理位置不同，对于不同金融工具使用的熟练程度不同、取得资金的难易程度不同等，因此在筹资成本上往往存在比较优势。二是交易者对不同资金的需求也存在差异。

11.1.2 金融互换的产生

尽管人们对互换交易的发展历史看法不一，但有一点是共同的，即互换交易起源于 20 世纪 70 年代英国企业与美国企业之间安排的英镑与美元的平行贷款。

1. 平行贷款

20世纪70年代初,由于国际收支恶化,英国实行了外汇管制,并采取了向对外投资征税的办法,以惩罚资金外流。一些企业为了逃避外汇管制便采取了平行贷款(Parallel Loan)的对策。平行贷款涉及两个国家的母公司,其各自在国内向对方在境内的子公司提供与本币等值的贷款。例如,美国母公司向在美国境内的英国子公司贷款,而英国的母公司向在英国境内的美国子公司贷款,用于相互投资,如图11-1所示。

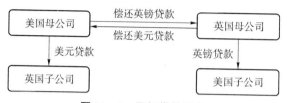

图11-1 平行贷款示意

平行贷款涉及两个单独的贷款合同,分别由两个不同的母公司各自贷款给对方设在本国境内的子公司。贷款由银行作中介来完成,两个子公司的两笔贷款分别由其母公司提供担保。平行贷款的期限一般为5~10年,大多采用固定利率方式计息,按期每半年或一年相互向对方支付利息,到期各自将借款金额偿还给对方。两个子公司分别为当地注册的法人。由于平行贷款涉及两个单独的贷款合同,并分别具有法律效力,因此若一方违约,另一方仍要执行合同,就不得自行抵销。于是,为了降低违约风险,背对背贷款应运而生。

2. 背对背贷款

背对背贷款(Back-to-back Loan)是指两个国家的公司相互直接提供贷款,贷款的币种不同但币值相等,并且贷款的到期日相同,双方按期支付利息,到期各自向对方偿还借款金额,如图11-2所示。

图11-2 背对背贷款示意

背对背贷款与平行贷款在贷款结构上是不同的,而效果却是相同的。结构不同之处在于:它是两个公司之间直接提供贷款,双方只签订一个贷款合同。合同中规定,若一方违约导致另一方遭受损失,那么另一方有权不偿还对它的贷款债务以抵销该损失,从而使双方的贷款风险降低。虽然两贷款的结构和文件不同,但都涉及同样的现金流,因此,其效果是相同的。

背对背贷款已非常接近现代货币互换。但就本质而言,背对背贷款毕竟是借贷行为,它在法律上产生了新的资产与负债,双方互为对方的债权人和债务人;货币互换则是不同货币间负债或资产的交换,是表外业务,不产生新的资产与负债,因而也就不会改变一个公司原有的资产与负债状况。

11.1.3 金融互换的功能

作为一种金融衍生工具，金融互换之所以在短时间内获得迅猛发展，除了得益于客观经济环境的需要外，也是由它自身所特有的功能决定的。具体来说，衍生金融工具具有以下主要功能：

1. 规避风险功能

风险是客观普遍存在的，不同的投资者对风险的承受能力不同，有的投资者愿意冒一定的风险去获取较高的收益，有的投资者则只希望赚取确定的收益，不愿过多承担风险，这样就产生了分离风险的客观需要。

金融衍生工具的出现，提供了新的风险管理手段。它能将市场经济中分散在社会每个角落的市场风险、信用风险、操作风险等，集中在期货、期权、互换、远期等衍生金融市场上，将风险集中、冲销或者重新分配，从而能更好地满足不同投资者的不同需求，使其能根据各种风险的大小和自己的偏好更有效地配置资金。例如，在利率频繁变动的市场环境中，只要利率敏感性资产和利率敏感性负债之间出现差额，就存在利率风险。如果预期利率上涨，则使用者可将固定利率的债务利用利率互换换成浮动利率，以规避利率风险；如果预期利率下跌，就可利用利率互换将浮动利率换成固定利率，以规避利率风险。同理，在货币互换交易中，使用者也可利用期初不交换本金的货币互换来规避汇率及利率风险。因此，互换交易成为规避风险的一种良好的选择工具。

理论上，有针对性地调整资产负债结构，消除二者之间的差额便可以消除利率风险，但在实际操作中受金融监管、交易成本过高等条件的限制，不可能真正实现。而如果运用远期利率协议、利率期货、利率互换等衍生工具，就可以在不调整资产负债结构的前提下，控制利率风险，同时满足流动性和营利性的要求。这已经成为当今世界上主要的管理利率风险的方式之一。

2. 价格发现功能

由于金融衍生工具交易，特别是场内交易，集中了四面八方的交易者，所有的参与者集中到交易所，从而使寻找交易对象和决定价格的信息成本大大降低。交易者在信息收集和价格动向分析的基础上，通过公开竞价的方式达成买卖协议，协议价格能够充分反映出交易者对市场价格的预期，也能在相当程度上体现出未来的价格走势，这就是价格发现。同时，金融衍生工具的出现增加了不同金融工具市场和不同国家之间的联系，促进了各种形式的套利行为，从而有利于减弱市场的不完善性，加强市场的竞争，缩小金融工具的买卖差价，消除或修正某些市场或金融工具的不正确定价。

被衍生市场发现的价格随时随地通过各种传播方式向各地发布，为相应的经济领域提供了信息的生产和传递功能，为广大的生产者和投资者提供了正确的价格信号，从而使生产者和投资者可以相应地制定和调整其生产与经营计划，使经济社会每一个成员都能更快更好地从未来价格预测中获益，促进资源的合理配置。

3. 赢利功能

金融衍生工具的赢利包括交易本身的收入（投机收入、套利收入）和提供经纪人服务的收入。一方面，创立金融衍生工具的本意是为规避风险者提供一种避险的金融工具，但是金融衍生工具交易也为投机者创造了条件。金融衍生工具交易的杠杆作用可使投机者以较小的资金获得较大的利润（当然也可能是较大的亏损）。套取无风险利润是另一种投资类型。无风险利润就是不需要承担风险的利润。不同的市场之间有时会由于市场缺陷而出现一些暂时性的失衡，交易者利用这些失衡状态，在精确计算的基础上通过构造一系列交易，就可获得这种无风险的利润。例如，利用不同地点外汇市场上的汇差进行"套汇"交易、在外汇市场和货币市场间进行"套利"交易等。

另一方面，由于金融衍生工具的技术性极强，一般投资者很难把握，因此商业银行、投资银行等凭借其高素质的专业人才、先进的技术设备，为投资者提供咨询、经纪服务，从中赚取手续费、佣金收入。由于金融衍生工具的交易不列入财务报表，故潜亏潜盈都不影响财务指标，从而也避免了对交易者资信状况的影响。投资者可以不用增加资产总额就增加收益，这种独特的盈利功能是吸引众多投资者的一大原因。对于被严格约束了资本充足率的银行来说，这无疑是极为重要的。

4. 筹资与投资管理手段

金融衍生工具的出现使企业的筹资更为容易。各种针对具体客户实际情况设计的衍生金融工具可以帮助其更为便捷地筹措资金。某些公司由于本身信用等因素，无法取得某种资金。例如，信用不够好的公司可能无法取得长期固定资金，但可以从货币市场取得短期资金，则可通过互换交易，顺利取得长期资金。此外，有些国家设有外汇管制措施，这样的资金筹措障碍同样可以通过互换交易克服。因此，互换交易让资金筹措者在传统融资方式外，增加了另一种资金筹措的方式。

11.1.4 金融互换的特点

（1）互换交易是表外交易。表外业务是指那些不会引起资产负债表内业务发生变化，却可为商业银行带来业务收入或减少风险的中间业务。互换交易就是一种衍生金融工具的表外业务。

（2）互换交易可进行长期（2~20年）安排，期货、期权等交易则不可能，故在资产负债长期管理中，互换交易更为适用。

（3）互换交易是场外交易，按非标准形式进行（目前有标准化趋势），具有灵活性，适应于各种交易者的需要。但正是由于互换交易的非标准化方式，它的交易成本较高，谈判比较复杂，同时，违约风险也较大。

（4）互换交易最主要的特点是可以暂时改变给定资产或负债的风险与收益的特征，而不必出售原始资产或负债。这对于流动性相对较差的资产负债表来说很重要。

假设某中国银行希望通过发行债券在欧洲市场上筹集1亿美元，但是这个银行在欧洲知名度不高，在这种情况下发行债券成本必定很高。此时，银行可以在日本市场发行武士债券（以日元计价的外国债券），随后通过日元与美元的货币互换来取得所需的欧洲美元。以这种间接手法，企业很灵活地在尚未涉足的资金市场上获得了成本优惠的资金。企业可以大幅度降低筹资成本，多是源于金融互换的使用，而金融互换可大幅度降低筹资成本这一点也是其他衍生金融工具所不具备的优势，互换市场因此被称为最佳的筹资市场。

【例11-1】1981年，世界银行拟采用瑞士法郎（CHF）来与联邦德国（西德）马克

(DEM)等低利率货币进行负债管理。由于世界银行每年都在瑞士、联邦德国（西德）等资本市场上筹措资金，投资者对世界银行再次筹措资金反应越来越不积极，而世界银行在美国以美元债券筹资却十分有利，发行时也没有溢价要求。但世界银行必须筹措的是瑞士法郎和联邦德国（西德）马克，而不是美元。与此同时，美国国际商用机器公司（IBM）的绝大部分资产由美元构成，为避免汇率风险，其准备将自己在联邦德国（西德）和瑞士资本市场上分别筹集的联邦德国（西德）马克和瑞士法郎，通过与美元债券的转换来实现其资本收益。

由于当时美元兑联邦德国（西德）马克和瑞士法郎急剧升值，这几种货币之间出现了一定的汇兑差额。所罗门兄弟投资公司利用外汇市场中的汇差以及世界银行与美国国际商用机器公司（IBM）的不同需求，通过协商，同它们达成了互换协议，即世界银行用美元支付IBM公司发行的联邦德国（西德）马克和瑞士法郎债券到期时的全部本金和利息；相应地，IBM则用联邦德国（西德）马克和瑞士法郎来抵付世界银行所发行的美元债券的本金和利息。

其交易步骤和流程如图11-3~图11-5所示。

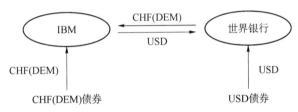

图11-3 期初本金互换过程示意图

第一步：期初本金的互换。IBM借入瑞士法郎与联邦德国（西德）马克，世界银行借入美元。世界银行将美元借款提供给IBM，IBM将瑞士法郎与联邦德国马克提供给世界银行，如图11-3所示。

第二步：期中利息的互换。确定交换货币的汇率和交换利息率，如图11-4所示。

图11-4 期中利息支付流向示意图

第三步：期末本金的再次互换。互换到期时，交易双方分别以最初的汇率再一次交换本金，如图11-5所示。

通过美元与联邦德国（西德）马克、瑞士法郎的互换，世界银行与IBM都得到了好处：世界银行成功地发行了美元债券，以比较低的成本筹集到了2.9亿美元的联邦德国（西德）马克和瑞士法郎（美元债券利率低于在当地发行马克债券和瑞士法郎债券的利率）；IBM公司则不仅因美元的坚挺而得到汇兑收益，还因确定了较低的发债成本而获益。据《欧洲货币》杂志（1983年4月）测算，通过这次互换，IBM公司将10%利率的联邦德国（西德）

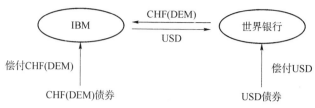

图 11-5 期末本金互换过程示意图

马克债务转换成了 8.15% 利率（两年为基础）的美元债务，世界银行将 16% 利率的美元债务转换成了 10.13% 利率的联邦德国（西德）马克债务。

世界银行需要以瑞士法郎和联邦德国（西德）马克进行负债管理，但是其用美元债券进行筹资具有比较优势；此时 IBM 恰好需要将自己的联邦德国（西德）马克和瑞士法郎资金与美元债券进行转换，其成本低于世界银行筹措联邦德国（西德）马克和瑞士法郎的成本。因此，世界银行与 IBM 分别利用自身的比较优势，通过中介公司（所罗门兄弟投资公司）进行货币互换。这使双方不仅筹集到了各自所需要的货币，还降低了各自的筹资成本，规避了汇率变动的风险。

11.1.5 金融互换交易的经济学基础

互换市场的发展史充分地说明了互换交易经受住了市场的检验，这种结果取决于互换交易所立足的几个重要的经济学原则。其中，最为重要的便是比较优势原则和对冲风险原则。

1. 比较优势原则

互换交易依赖的第一个原则是比较优势原则。交易参与方利用各自在不同的资金市场上所具有的比较优势进行互换交易而获益，可以实现降低资金筹措成本或减轻负债承担。

2. 对冲风险原则

互换交易依赖的第二个原则是对冲风险原则。互换通常被用于规避利率风险和汇率风险。利率风险是利率偏离其预期值的风险；汇率风险则是汇率偏离其预期值的风险。通常用两个头寸交易进行组合来降低风险，这种方式是通过做一个与初始头寸具有相反方向的风险的头寸来得到预期结果的。这种结果就是两种风险被对冲，故规避风险包含对冲风险原则。

以上两个原则构成了互换参与者广泛使用互换交易技术的最主要、最原始的动力。随着环境的变化、技术的进步，在出现中介后，其参与互换交易的动机更为广泛了。

企业如果直接进行互换，多数会因金融互换的高度专业化以及其难以寻到互换的对手而使其交易成本太高，因此大多会通过金融机构（即中介）进行。金融机构包括提供金融服务的机构，即商业银行、投资银行、证券投资公司、信托投资公司、票券金融公司、保险公司、经纪商等。金融机构使用互换可以获得以下经济利益：

（1）获取中介费收入。受金融证券化的影响，银行传统的资金中介地位的功能被减弱。传统银行面临和非银行机构之间更大的竞争，不得不改变银行经营的策略，越来越多的银行，尤其是国际金融中心的银行，开始把经营重心转至证券业上。证券业的竞争非常激烈，如何降低资金需要者的成本负担，及如何增加资金供给者的收益，是业务竞争的获胜关键，而金融互换是最有效的工具。金融机构可因安排互换而获得证券发行、经纪、承销等业务，或由于证券包销业务而获得安排金融互换的机会，这些金融业务带给金融机构相当可观的手续费收入。

(2) 本身财务或风险管理的需要。金融机构在互换市场上是重要的参与者，他们或者居于中介地位，以获取手续费收入，或者本身也是互换者。当金融机构本身成为互换者时，互换的原因和目的与一般公司企业相同，主要也是财务的处理或风险的管理。

(3) 规避政府管制。金融证券化的影响与银行体系的激烈竞争使银行资产品种有恶化趋势，使金融当局逐渐以较严格的标准来规定金融机构的资本适足比率（Capital Adequacy Ratio），促使金融机构增加承做一些表外（Off-Balance-Sheet，简称OBS）业务。所有传统的（证券承销或包销）或创新的（如金融互换）OBS业务，除了为金融机构带来可观的手续费收入外，还逃避了有关当局的管制。

除企业、团体组织、金融机构等参与互换市场外，央行也会参与互换交易，只是央行参与的目的与上述各参与者的以财务处理或风险管理为主要目的大不相同。实务上，央行进行互换都经由外汇市场，也就是在外汇市场上进行掉期交易。其对象或为其他国家的央行，或为本国内的其他银行。掉期的目的成为管理其国内的货币供给额，如德国央行的短期交易是其控制市场流动力的政策工具；或为特定对象提供资金，如韩国央行，其与韩国境内的外商银行间的掉期交易，目的是提供韩国境内的外商银行所欠缺的韩元；美联储与14家外国央行及国际清算银行间的掉期交易的目的是互相提供所得的外国货币，用以干预外汇市场。

亚洲金融危机爆发之后，亚洲国家迫切希望加强地区金融合作，以共同抵御金融危机，维护地区金融稳定。1998年，在中国的倡议下，东盟10国和中、日、韩（简称"10+3"）建立了金融合作机制，2000年5月，在"10+3"财长会议上通过了《清迈倡议》，其主要内容是增加东盟原有货币互换机制的资金规模，并在"10+3"范围内建立双边货币互换网，以帮助成员国解决短期国际收支问题及稳定金融市场。在此基础上，中国人民银行与泰国银行于2001年12月6日签署了双边货币互换协议。根据此项协议，中国人民银行可在必要时向泰国银行提供多达20亿美元的信贷资金，作为对国际金融机构援助资金的补充。日本银行签署了人民币与日元之间的双边货币互换协议。根据协议，中国人民银行和日本银行在必要时可向对方提供总额相当于30亿美元的货币互换安排。2002年10月13日，中国人民银行与马来西亚国家银行签署了美元/马来西亚林吉特互换协议。根据此项协议，中国人民银行可在必要时向马来西亚国家银行提供15亿美元的信贷资金，作为对国际金融机构援助资金的补充。2003年12月，中国人民银行与印度尼西亚银行签署了总规模为10亿美元的货币互换协议，2005年10月17日，两银行又签署了总规模不超过20亿美元的货币互换协议，将货币互换规模扩大了1倍。2005年，中国人民银行分别与日本央行、韩国央行完成了双边货币互换协议的续签手续。

2008年国际金融危机以来，中国不断推动对外货币合作，已经与韩国、马来西亚、欧洲央行、瑞士、俄罗斯等37个国家或地区的央行或货币当局签署了双边本币互换协议，总金额超过3.3万亿元（见表11-1）。央行间本币互换协议的使用具体如下[①]：通过协议，任

---

① http://www.pbc.gov.cn/huobizhengceersi/214481/214511/214541/2813814/index.html。

何一方发起交易，以一定量的本币交换等值对方货币；互换的发起和收回都为本币，并不承担汇率风险。互换发起后，协议双方还将定期根据最新双边汇率调整互换金额，减少因某一方汇率波动而引起的质押物减值风险。以对方央行发起动用我方人民币为例，本币互换发起动用流程如图 11-6 所示。

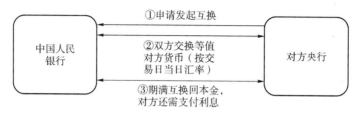

图 11-6　中国人民银行与对方央行之间的本币互换流程

表 11-1　中国人民银行和其他央行或货币当局双边本币互换一览表①

序号	国家或地区	协议签署时间	互换规模	期限
1	韩国	2009 年 4 月 20 日 2011 年 10 月 26 日（续签） 2014 年 10 月 11 日（续签）	1 800 亿元/38 万亿韩元 3 600 亿元/64 万亿韩元（续签） 3 600 亿元/64 万亿韩元（续签）	3 年
2	中国香港	2009 年 1 月 20 日 2011 年 11 月 22 日（续签） 2014 年 11 月 22 日（续签）	2 000 亿元/2 270 亿港元 4 000 亿元/4 900 亿港元（续签） 4 000 亿元/5 050 亿港元（续签）	3 年
3	马来西亚	2009 年 2 月 8 日 2012 年 2 月 8 日（续签） 2015 年 4 月 17 日（续签） 2018 年 8 月 20 日（续签）	800 亿元/400 亿马来西亚林吉特 1 800 亿元/900 亿马来西亚林吉特（续签） 1 800 亿元/900 亿马来西亚林吉特（续签） 1 800 亿元/1 100 亿马来西亚林吉特（续签）	3 年
4	白俄罗斯	2009 年 3 月 11 日 2015 年 5 月 10 日（续签）	200 亿元/8 万亿白俄罗斯卢布 70 亿元/16 万亿白俄罗斯卢布（续签）	3 年
5	印度尼西亚	2009 年 3 月 23 日 2013 年 10 月 1 日（续签） 2018 年 11 月 19 日（续签）	1 000 亿元/175 万亿印尼卢比 1 000 亿元/175 万亿印尼卢比（续签） 2 000 亿元/440 万亿印尼卢比（展期）	3 年
6	阿根廷	2009 年 4 月 2 日 2014 年 7 月 18 日（续签） 2017 年 7 月 18 日（续签）	700 亿元/380 亿阿根廷比索 700 亿元/900 亿阿根廷比索（续签） 700 亿元/1 550 亿阿根廷比索（续签）	3 年
7	冰岛	2010 年 6 月 9 日 2013 年 9 月 11 日（续签） 2016 年 12 月 21 日（续签）	35 亿元/660 亿冰岛克朗 35 亿元/660 亿冰岛克朗（续签） 35 亿元/660 亿冰岛克朗（续签）	3 年
8	新加坡	2010 年 7 月 23 日 2013 年 3 月 7 日（续签） 2016 年 3 月 7 日（续签）	1 500 亿元/300 亿新加坡元 3 000 亿元/600 亿新加坡元（续签） 3 000 亿元/640 亿新加坡元（续签）	3 年

① 资料来源：根据中国人民银行官方网站公开信息整理，http://www.pbc.gov.cn/huobizhengceersi/214481/214511/214541/index.html。

第 11 章 金融互换交易

续表

序号	国家或地区	协议签署时间	互换规模	期限
9	新西兰	2011年4月18日 2014年4月25日（续签） 2017年5月19日（续签）	250亿元/50亿新西兰元 250亿元/50亿新西兰元（续签） 250亿元/50亿新西兰元（续签）	3年
10	乌兹别克斯坦	2011年4月19日（已失效）	7亿元/1 670亿乌兹别克苏姆	3年
11	蒙古	2011年5月6日 2012年3月20日（扩大） 2014年8月21日（续签） 2017年7月6日（续签）	50亿元/1万亿蒙古图格里克 100亿元/2万亿蒙古图格里克（扩大） 150亿元/4.5万亿蒙古图格里克（续签） 150亿元/5.4万亿蒙古图格里克（续签）	3年
12	哈萨克斯坦	2011年6月13日 2014年12月14日（续签）	70亿元/1 500亿哈萨克斯坦坚戈 70亿元/2 000亿哈萨克斯坦坚戈（续签）	3年
13	泰国	2011年12月22日 2014年12月22日（续签）	700亿元/3 200亿泰铢 700亿元/3 700亿泰铢（续签）	3年
14	巴基斯坦	2011年12月23日 2014年12月23日（续签）	100亿元/1 400亿巴基斯坦卢比 100亿元/1 650亿巴基斯坦卢比（续签）	3年
15	阿联酋	2012年1月17日 2015年12月14日（续签）	350亿元/200亿阿联酋迪拉姆 350亿元/200亿阿联酋迪拉姆（续签）	3年
16	土耳其	2012年2月21日 2015年9月26日（续签）	100亿元/30亿土耳其里拉 120亿元/50亿土耳其里拉（续签）	3年
17	澳大利亚	2012年3月22日 2015年3月30日（续签） 2018年3月30日（续签）	2 000亿元/300亿澳大利亚元 2 000亿元/400亿澳大利亚元（续签） 2 000亿元/400亿澳大利亚元（续签）	3年
18	乌克兰	2012年6月26日 2015年5月15日（续签）	150亿元/190亿乌克兰格里夫纳 150亿元/540亿乌克兰格里夫纳（续签）	3年
19	巴西	2013年3月26日（已失效）	1 900亿元/600亿巴西雷亚尔	3年
20	英国	2013年6月22日 2015年10月20日（续签） 2018年11月12日	2 000亿元/200亿英镑 3 500亿元/350亿英镑（续签） 3 500亿元/400亿英镑（展期）	3年
21	匈牙利	2013年9月9日 2016年9月12日（续签）	100亿元/3 750亿匈牙利福林 100亿元/4 160亿匈牙利福林（续签）	3年
22	阿尔巴尼亚	2013年9月12日（已失效） 2018年4月3日	20亿元/358亿阿尔巴尼亚列克 20亿元/342亿阿尔巴尼亚列克	3年
23	欧洲央行	2013年10月8日 2016年9月27日（续签）	3 500亿元/450亿欧元 3 500亿元/450亿欧元（续签）	3年
24	瑞士	2014年7月21日 2017年7月21日（续签）	1 500亿元/210亿瑞士法郎 1 500亿元/210亿瑞士法郎（续签）	3年

续表

序号	国家或地区	协议签署时间	互换规模	期限
25	斯里兰卡	2014年9月16日	100亿元/2 250亿斯里兰卡卢比	3年
26	俄罗斯	2014年10月13日	1 500亿元/8 150亿俄罗斯卢布	3年
27	卡塔尔	2014年11有3日	350亿元/208亿里亚尔	3年
28	加拿大	2014年11月8日	2 000亿元/300亿加拿大元	3年
29	苏里南	2015年3月18日	10亿元/5.2亿苏里南元	3年
30	亚美尼亚	2015年3月25日	10亿元/770亿德拉姆	3年
31	南非	2015年4月10日	300亿元/540亿南非兰特	3年
32	智利	2015年5月25日	220亿元/22 000亿智利比索	3年
33	塔吉克斯坦	2015年9月3日	30亿元/30亿索莫尼	3年
34	摩洛哥	2016年5月11日	100亿元/150亿摩洛哥迪拉姆	3年
35	塞尔维亚	2016年6月17日	15亿元/270亿塞尔维亚第纳尔	3年
36	埃及	2016年12月6日	180亿元/470亿埃及镑	3年
37	尼日利亚	2018年4月27日	150亿元/7 200亿尼日利亚奈拉	3年

11.2 货币互换

11.2.1 货币互换的含义和种类

1. 货币互换的含义

某出口商的产品销往德国，可以获得一笔欧元收入，平均每年收入1 000万欧元；但原材料是从美国进口的，每年需要支出500万美元。假设汇率刚好为2欧元兑1美元，所以该公司恰好用销售收入1 000万欧元兑换成500万美元来用于进口原材料。但是，美元兑欧元的汇率不断波动。此时，该公司能保证1 000万欧元的收入不受汇率波动的影响、每年可以确保兑换到500万美元的操作方法有：

（1）采用远期外汇交易来规避未来汇率风险；

（2）进行货币互换，还能从比较优势中获利。

货币互换又称货币掉期，是交易双方签订的一种合约，彼此同意在合约规定的期间内互相交换一定的现金流，以不同货币计算和支付，计算利息的方式可能相同也可能不同。既可以用固定利率换固定利率、固定利率换浮动利率，也可以用浮动利率换浮动利率，依各自需要与具体情况而定。简言之，它的交易机制就是：在开始时，交易双方按协定的汇率交换两种货币的本金，交换相应利息，并在到期日换回本金。

原则上，货币互换是一种一定数量的货币与另一种相当数量的货币进行交换。它需要在货币品种、数量、期限上都有共同需求的两个平等的伙伴，在其利益相同而货币持有意向上需求相反的情况下进行交换而形成的。具体地，交易双方按固定汇率在期初交换不同货币的本金,然后按照预定的日期,进行利息和本金的分期交换。在某些情况下,也可以不交换本金或者到期日不交换本金。简言之,就是交易不同币别、相同期限、等值资金债务或资产的货币及利率。货币互换是双方抱着不同的交易目的和各自对市场行情趋势的分析基础上达成的交易。

将互换中双方交换的资产数量称为名义本金(Notionals),以便与现金市场上实际本金(Actuals)的交换区别开来。在货币互换中,交易对手按照当时的即期汇率交换不同币种货币的本金,在以后的反向交换中仍以同样的汇率将本金换回。通常,这类本金的交换是实际发生的,在个别情况下,它也可以是名义上的。

2. 货币互换的种类

1)不同货币之间的固定利率/固定利率互换

这是最常见的一种货币互换方式。它是指两种币别之间的固定利率对固定利率(Fixed – against – fixed)的互换交易。其主要过程如图11 – 7所示。

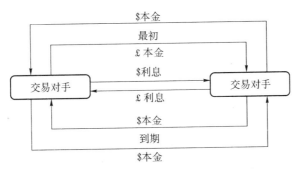

图 11 – 7 固定利率/固定利率的货币互换

2)不同货币之间的固定利率/浮动利率互换

该种互换也称交叉货币息票(Coupon)互换,是指两种币别之间的固定利率对浮动利率(Fixed – against – floating)的互换交易。其主要过程如图11 – 8所示。

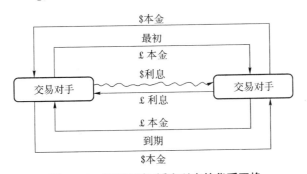

图 11 – 8 固定利率/浮定利率的货币互换

3)不同货币之间的浮动利率/浮动利率互换

该种互换也称交叉货币基差互换,是指两种币别之间的浮动利率对浮动利率(Floating – against – floating)的互换交易。其主要过程如图11 – 9所示。

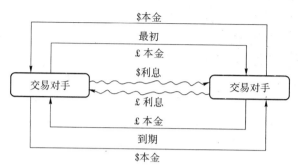

图 11-9 浮动利率/浮动利率的货币互换

4)"鸡尾酒"互换

在实务中,某些货币之间(尤其是交易之中涉及非美元的浮动利率)直接交换会有困难。在这种情况下,目标互换交易将间接通过一系列中间货币的互换来完成,这种结构称为"鸡尾酒"互换交易(Cocktail Swap)(见图 11-10)。这犹如外汇市场中流动性不佳的货币间的交叉汇率(两种非美元货币之间的汇率):以美元买进一种货币,并以美元卖出另一种货币,其中美元扮演连接的角色而相互抵销。货币互换交易通常以 6 个月的美元 LIBOR 为连接的浮动利率,因为欧洲存款市场是浮动利率的最终融通者,欧洲美元的市场流动性极佳,其他币别的流动性则较差。"鸡尾酒"互换中既可能包含多笔互换交易,也可能包含货币互换和利率互换。

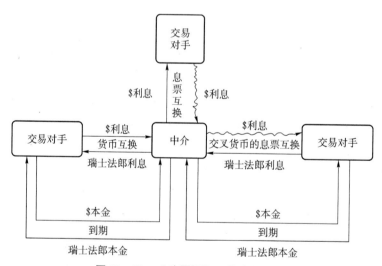

图 11-10 "鸡尾酒"互换交易示例

"鸡尾酒"互换经常被运用于非美元浮动利率的互换交易,互换交易中介也经常利用它们来规避流动性较差的货币互换的风险。两种非美元货币之间的交叉货币基差互换(Cross-currency Basis Swap)经常是"鸡尾酒"互换,其构成的交易为:一笔是美元固定利率与某币别浮动利率之间的交叉货币息票互换(Cross-currency Coupon Swap);另一笔是美元固定利率与第三种货币浮动利率之间的息票互换。

5）异质互换

异质互换（Differential Swap）又称变量互换（Quanto Swap）（见图 11-11）。这是一种形态非常特殊的交叉货币基差互换，完全未涉及本金的交换，甚至在到期时也不涉及本金的交换。异质互换是根据相同币别的等额本金来计算所交换的两种利息流量，而两种利息流量实际上也可以相同的币别来支付。

以典型的美元/欧元异质互换交易为例，所交换的利率一个是 6 个月期的欧元 LIBOR，另一个则是 6 个月期的美元 LIBOR。两种 LIBOR 指数都适用于其中以某种币别计值的名义本金，且利息流量也以该币别支付。例如，两种 LIBOR 适用于以欧元计值的名义本金，且利息流量也以欧元支付。换句话说，该互换交易所交换的是以欧元计值的 6 个月期美元 LIBOR 与以欧元计值的 6 个月期欧元 LIBOR。假定 6 个月期美元 LIBOR 为 5%，6 个月期欧元 LIBOR 为 10%，异质交换交易的名义本金为 1.5 亿欧元，则 182 天期间的美元利息款项为

$$\frac{5}{100} \times \frac{182}{360} \times 150\,000\,000 = 3\,791\,667 \text{（欧元）}$$

欧元利息款项为

$$\frac{10}{100} \times \frac{182}{360} \times 150\,000\,000 = 7\,583\,333 \text{（欧元）}$$

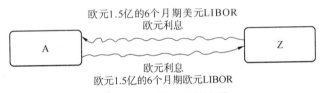

图 11-11 异质互换交易

利息款项以一种币别来支付，交易对手若以该币别计值的资产或负债来进行异质互换交易，就可以避免外汇风险。例如，假设 Z 方以欧元的负债进行交换，A 方以欧元的资产来交换，则双方将交换欧元的利息流量，并避免外汇风险（由于没有外汇风险，因此不必交换本金）。双方都暴露在利率风险之下：欧元 LIBOR 与美元 LIBOR 之间的利率差的不利走势。然而，交易的一方也可能必须接受外汇风险，通常是提供异质互换交易的银行。因此，异质互换交易对于一方可能是一种利率互换交易，对于另一方则可能是一种交叉货币的基差互换交易。

6）圆形互换交易

圆形互换交易是一种形态单纯的"鸡尾酒"互换交易，由交叉货币息票（固定利率对浮动利率）互换交易与单一货币息票互换交易构成，两者的浮动利息流量都根据相同的 LIBOR 计算。这些互换交易被结合以取代：货币互换交易（固定利率对固定利率）；交叉货币基差互换交易（浮动利率对浮动利率）。

例如，圆形互换交易可以由下列两笔交易构成：一笔是瑞士法郎固定利率与 6 个月期美元 LIBOR 之间的交叉货币互换交易；另一笔是美元固定利率与 6 个月期美元 LIBOR 之间的息票互换交易，参见图 11-12。

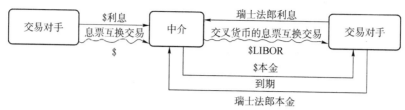

图 11-12　圆形互换交易（取代货币互换交易）

11.2.2　货币互换的运用

1. 没有引入中介的货币互换运用

与利率互换一样，货币互换寻求的也是比较优势下的套利机会。但作为一种比较复杂的交易，货币互换往往需要银行或中介的精心安排才能发挥出最大的功能。

【例 11-2】 A 公司总部在德国，其子公司 a 在美国。现在子公司 a 需要一笔 7 年期美元贷款，以浮动利率支付利息。而 A 公司面临的实际情况是：能以 9.0% 的固定利率借 7 年期的欧元，或者以 LIBOR+0.2% 的浮动利率借 7 年期美元。另一家 B 公司的总部在美国，其子公司 b 在德国。现在子公司 b 需要一笔 7 年期欧元贷款，以固定利率支付利息。B 公司面临的情况是：能以 10.1% 的固定利率借 7 年期欧元，或者以 LIBOR 的浮动利率借 7 年期美元。试分析双方公司应如何利用自身的比较优势来满足自己的融资需求？

交易策略：A 公司以固定利率借欧元，成本比 B 公司节省 1.1%，若以浮动利率借美元则会比 B 公司多支付 0.2%。但是现在 A 公司需要的是美元，而 B 公司需要欧元，所以双方可以利用自己的比较优势进行货币互换。A 公司的比较优势在固定利率，B 公司的比较优势在浮动利率，双方可以进行的一种操作如图 11-13 所示。

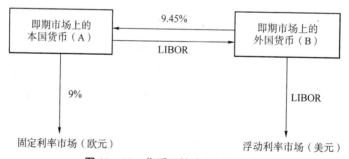

图 11-13　货币互换交易过程示意

对于 A 公司来说，总融资成本为：$9.0\% + \text{LIBOR} - 9.45\% = \text{LIBOR} - 0.45\%$，这比直接用浮动利率（LIBOR+0.2%）借美元节省 0.65%。而 B 公司总融资成本为：$\text{LIBOR} + 9.45\% - \text{LIBOR} = 9.45\%$，这比直接用固定利率 10.1% 融资同样节省了 0.65%。因此，双方受益平均。事实上，A、B 公司之间相互支付的利率是双方谈判的结果。如果实力相当，则往往受益平均。如本例中，如果 A 公司付给 B 公司的浮动利率由 LIBOR 改为 LIBOR+0.1%，假设双方受益对称，那么 B 公司应付给 A 公司的固定利率为多少呢？

此时，可以先将该固定利率设定为 x。A 公司采用货币互换后，比直接用浮动利率（LIBOR+0.2%）借美元节省：$(\text{LIBOR}+0.2\%) - [9.0\% + (\text{LIBOR}+0.1\%) - x] = x - 8.9\%$。

B公司采用货币互换后,可以比直接用固定利率10.1%借欧元节省:10.1% - [LIBOR + x - (LIBOR + 0.1%)] = 10.2% - x。

根据之前的假设,双方获益相等,所以令x - 8.9% = 10.2% - x,可以计算出x = 9.55%。将其代入上面两式,易知两家公司节省额度仍为0.65%。由于两家公司采取货币互换后,从外部市场借款的固定利率和浮动利率分别为9.0%和LIBOR,比各自分别以10.1%和(LIBOR + 0.2%)借款一共节省了1.3%。这一部分如何分摊,双方各自从中受益多少,便取决于公司的期望和谈判实力了。当然,如果双方实力都差不多,则这部分受益平摊是被双方接受的。

2. 引入中介的货币互换运用

如果交易者根据自身需要进行货币互换,则除了可以自己去找互换方外,更便捷的方式是寻找货币互换中介。与利率互换类似,货币互换中介赚取服务费用或差价,还可以自己担任另一方的互换者,承担利率风险头寸,等找到合适的互换对手后将头寸轧平。

如在【例11-2】中引入互换中介,则此时A、B公司均降低成本0.5%。三方交易(即引入中介之后的货币互换交易过程示意)如图11-14所示。

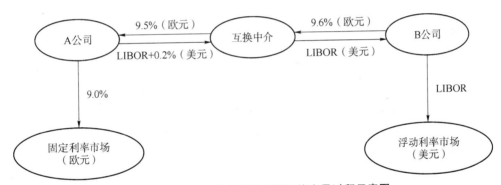

图11-14 引入中介之后的货币互换交易过程示意图

【例11-3】1999年,招商银行成功运用货币互换为国内一家客户公司安排了一组避险交易。该企业以租赁形式从国外进口了一套大型的机器设备,租赁贷款的计价金额为日元,贷款期限为5年,从第一年开始每半年偿还一次利息,利率固定;本金从第一年开始等额偿还,每年还款一次。但是,该企业的绝大部分收入来源于美元及和美元汇率挂钩的人民币及港元,若日元兑美元汇率大幅度上升,则企业将背上沉重的债务负担。

招商银行的交易部门与客户服务部得知该公司处境后,立即组织了一个联合工作小组,对企业的现金流进行了分析,并详细调查了市场,认为可以也应当使用货币互换对冲整个系列现金流的风险敞口。但同时他们也注意到这种互换交易存在的特殊性:首先,企业没有日元现金,进口的设备本身物权也没有最后转移,不能用于抵押,所以需要银行提供某种特别安排以便达成交易;其次,租赁形式的贷款的本金每年递减,需要执行"分期"货币互换①才能使交易的现金流与租赁贷款的现金流对应,这使得定价和寻找交易对手方面有一定难度。

为此,工作小组一方面研究特别安排的可行性,另一方面利用招商银行的国际市场联系

---

① "分期"货币互换指本金按在交易时预定的某一安排而逐渐减少的特殊货币互换。

找到了多个有意向参与交易且价格条件合适的对手,最后设计出一套可行的方案:

(1) 招商银行帮企业暂时垫付美元,企业将美元出售后即期买入日元,金额相当于租赁贷款的本金。

(2) 企业委托招商银行叙做一笔日元兑美元的、以固定利率交换固定利率的分期货币互换,换出买入的日元,换入美元,用于归还招商银行的代垫款。即期买卖和互换交易的交割日定为同一天,这样银行并没有实际垫款,避免了信用风险。

(3) 到每半年的付息日时,企业用自有资金通过银行向交易对手支付美元利息,同时收到交易对手支付的日元利息,用于偿还租赁贷款的利息。

(4) 到每年的还本日时,企业用自有资金通过招商银行向交易对手支付应偿还的那部分美元本金,同时收到交易对手付来的应偿还的那部分日元本金,用于偿还租赁贷款中规定偿还的那部分日元本金。这样,交易和贷款剩余的本金都逐渐减少,直到全部还清。

上述方案使企业把日元贷款置换为美元贷款,有效规避了汇率风险。由于货币互换交易的价值随市场变化而变动,因此存在一定风险。对于招商银行来说,这种风险表现为企业和交易对手违约的风险,属于信用风险范畴。为了严格控制风险,招商银行进行了大量的工作,评定企业和交易对手的信用等级,评价交易真实价值风险,设计安全保障措施,用保证金、资产抵押等方法提高保障程度。最终,方案既较好地满足了客户的需求,也体现了货币互换能够规避风险的特点。

3. 货币互换的支付过程

与利率互换不同,货币互换合同双方在每一阶段的到期日都需要支付不同货币的现金给对方,因为双方在计价时使用的是不同的货币,但本金的互换一般只是在初始阶段和最后阶段根据协议规定进行。利率互换也可以看作支付货币相同但计算方式不同的货币互换。一般流程为:期初时,双方互相交换指定货币的本金(也可选择不交换),通常以即期汇价进行;期中互相交换指定货币的利息,双方都需要支付不同货币现金,可以是固定利率与固定利率间的交换、固定利率与浮动利率间的交换,也可以是浮动利率与浮动利率间的交换;期末互相交换指定货币的本金,以期初合约签订的汇价进行,方向与期初相反。

4. 货币互换的意义

交易者通过合理利用货币互换,可以有效控制中、长期汇率风险,把以一种货币计价的债务/资产转为以另一种货币计价的债务/资产,以达到规避汇率风险、降低成本的目的。远期外汇交易等传统市场工具虽然能够规避汇率风险,但基本上属于短期的金融工具,不能一次性地规避较长期限内整个现金流的风险。而在实际的对外经济活动中,企业常常要遭遇长期汇率风险问题,例如长期外汇贷款、设备租赁、对外直接投资等,且这些长期的资产和负债往往存在一系列的现金流。这时货币互换就可以派上用场了,因为货币互换交易是一种长期的金融工具,期限可以达 20 年或以上,加上其也具有一系列现金流,所以可以用于对冲现金流的风险。而且作为一种有效的避险措施,货币互换把企业的实际经营、发展和生存从市场的剧烈波动中分离出来,靠其本身实力来实现避险的目标。

【例 11-4】一美国公司 A 想借入 2 年期 2 000 万英镑,一英国公司 B 想借入 2 年期 2 600 万美元。由于在美国,A 公司比 B 公司更有名,因此 A 公司的美元借款利率比 B 公司低;同样,在英国 B 公司的英镑借款利率比 A 公司低。所以,如果 A 公司在美国借入美元，B公司在英国借入英镑，且两公司开展货币互换，则两公司都可以比直接借款较低的成本获得所需货币。A公司和B公司的借款成本如表11-2所示。

表11-2 A公司和B公司的借款成本

项目	美国市场	英国市场
A公司	9%	12%
B公司	10%	11%
贷款成本差额	1%	1%

从表11-2可以看出，A公司在美国借款利率上有绝对比较优势，B公司在英国借款利率上有绝对比较优势，若安排货币互换，则A、B公司共可获益2%（=1%+1%）。

此货币互换的三个步骤为：

（1）初始本金交换：A公司在美国国内市场借入2 600万美元，B公司在英国国内市场借入2 000万英镑；然后按即期汇率，A公司支付2 600万美元给B公司，B公司支付2 000万英镑给A公司，如图11-15所示。

图11-15 货币互换初始本金交换

（2）利息的定期支付：第一年末及第二年末，A公司向B公司支付利息2 000×11% = 220（万英镑）；B公司向A公司支付利息2 600×9%=234（万美元）；然后，A、B两公司将利息支付给各自国内的贷款者，如图11-16所示。

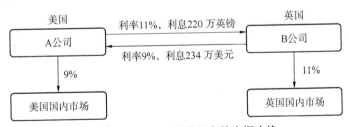

图11-16 货币互换的利息的定期交换

（3）到期本金的再次交换：第二年末，A公司支付B公司2 000万英镑，B公司支付A公司2 600万美元；然后，A、B两公司将款项还给各自国内的贷款者，如图11-17所示。

此货币互换的结果是：A公司以11%的利率成本借得所需英镑，比直接筹资节省成本1%（=12%-11%）；B公司以9%的利率成本借得所需美元，比直接筹资节省成本1%（=10%-9%）。

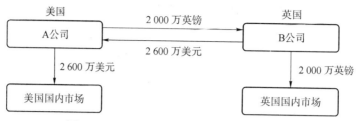

图 11-17 货币互换的到期本金的再次交换

11.3 利率互换

11.3.1 利率互换的含义和分类

1. 利率互换的含义

某进口商需要一笔 3 年期的银行美元贷款来支付货款,这笔贷款以浮动利率计息,每半年付息一次。该进口商预测利率未来有走高趋势,所以希望将支付给银行的浮动利息固定,即转换成支付固定利率利息。这时,最理想的就是进行一笔利率互换交易。

利率互换(Interest Rate Swap)又称利率掉期,是交易双方签订的一种合约,彼此同意在合约规定的期限内互相交换一定的现金流。该现金流以同一种货币计算,但利息的计算方式不同,一方以固定利率计息,而另一方以浮动利率计息(浮动利率的计息基础一般选用LIBOR)。简言之,利率互换就是交易双方在约定的期限内将相同外汇币种、不同利率形式的资产或债务相互交换。

利率互换产生于 1981 年,是 20 世纪 80 年代以来国际借贷市场上高利率和利率多变环境下的产物。通过利率互换,企业可将原有利率状态转换为对自身比较有利的计息方式,从而达到规避利率风险、降低筹资成本的目的。如在上例中,该公司可以找一家从事利率互换的银行进行互换交易,由该公司支付给银行固定利率利息,银行则支付其浮动利率利息,使该公司刚好能够向贷款银行支付浮动利率利息。

交易者一般在以下几种情况中进行利率互换交易:交易者所需的采用特定利率计算和支付方式的资产和负债很难得到;交易者在市场上筹措某类资金比其他交易者具有比较利益优势,同时他人在筹措自己所需的某类资金方面也具有比较优势(简言之,交易者在市场上筹措某类资金具有比较利益优势);交易者根据对利率走势的预测和判断,希望得到浮动利率或固定利率贷款。

2. 利率互换的分类

利率可以有多种形式,任何两种不同的形式都可以通过利率互换进行相互转换。利率互换有息票互换、基础互换和交叉货币利率互换三种主要类型。

1)息票互换

息票互换(Coupon Swap)是同种货币的固定利率和浮动利率之间的互换,即交易的一方向另一方支付一系列固定利率的利息款项以换取对方支付的一系列浮动利率的利息款项。对于交易的对方,则是支付一系列浮动利率的利息款项以换取一系列固定利率的利息款项。

这是利率互换中最基本也是最常见的交易方式,且双方不交换本金的现金流量。大多数息票互换都以美元计值,小额息票互换也有以英镑、瑞士法郎、日元等货币计值的,但这种情况为数甚少。

2)基础互换

基础互换(Basis Swap)就是同种货币基于不同参考利率的浮动利率对浮动利率的利息互换,即一种参考利率的浮动利率交换另一种参考利率的浮动利率。在基础利率互换交易中,交易双方分别支付和收取两种不同浮动利率的利息款项。两种浮动利率的利息额都是以同等数额名义本金为基础计算的。例如,3月期的美元伦敦银行同业拆放利率对美国商业票据混合利率进行核算。基础互换占互换市场份额的1/10以上,且目前仍有增长。绝大多数基础互换由已经介入两种息票交换之中的交易者使用。

因构成浮动利率不同,基础互换(或基差利率互换)交易通常有三种类型:

(1)利率指数相同,但计息期间不同。例如,3个月的LIBOR对6个月的LIBOR。

(2)利率指数不同,但计息期间既可相同也可不同。例如,3个月的美元LIBOR对3个月的美国国库券内部收益率,或6个月的美元LIBOR对美国基本利率。

(3)利率指数相同,且计息期间相同,但某个指数有加码(Margin)。例如,3个月LIBOR对9个月LIBOR+50 BP(BP代表Basic Point基本点,每一个基本点代表0.01%)。

图11-18所示为基础互换交易的基本形式,图11-19则表示了基础互换交易的现金流量。下标A和B表示双方采用不同参考利率,如一方将6个月LIBOR作为浮动利率的参考利率,则另一方以同期美国商业票据混合利率为浮动利率。因此,双方在每一利息支付期都支付随不同利率市场波动的不同的利息额。

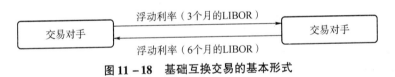

图11-18 基础互换交易的基本形式

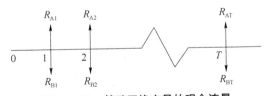

图11-19 基础互换交易的现金流量

有一点需要注意:实际互换一般是按照利息的净额支付的,即在每个支付日,把互换双方支付与收入的金额轧差,由一方把轧差后的净额支付给另一方。轧差的支付方也是不固定的,由与互换相关的市场利率决定谁是支付方。

3)交叉货币利率互换

交叉货币利率互换(Cross-currency Interest Rate Swap)是不同货币的不同利率的互换,即一种货币的固定利率与另一种货币的浮动利率的交换,换言之,就是在一笔互换交易中,既有不同种货币(如日元对美元)又有不同利率(如固定利率对浮动利率)的交换。这种互换最典型的是美元浮动利率对非美元固定利率的交换,如浮动利率的3个月美元与固定利率日元的互换。一些交易者把这种安排当作单一的交易来进行,另一些交易者则把交叉货币与利率的组成区分开来。这种互换于1984年开始于欧洲货币市场,也被称为"逆破腹"互换交易。

11.3.2 利率互换的运用

1. 利率互换的理论基础

在利率互换中,交易双方利用的是各自在不同的利率借贷市场上所具有的比较优势。假设有甲、乙两家公司,甲公司的信用等级较高,乙公司的信用等级较低,由于信用等级不同,因此在资金市场上的筹资成本也不同。信用等级高的甲公司无论是在固定利率市场还是在浮动利率市场,都可以较低的成本筹措到资金;信用等级较低的乙公司则无论是在固定利率市场还是在浮动利率市场,其筹资成本都高于甲公司。但是,相对而言,乙公司在浮动利率市场上具有比较优势,即它在浮动利率市场上比甲公司多付出的利率要比它在固定利率市场比甲公司多付出的利率要少;甲公司在固定利率市场上具有比较优势,即它在固定利率市场上比乙公司少付出的利率要比它在浮动利率市场上比乙公司少付出的利率要多。于是,乙公司可先在浮动利率市场上筹资,然后将其与甲公司在固定利率市场上筹集的资金互换。

公司总是希望在自己具有比较优势的市场上筹资,但有时在比较优势市场上筹资的条件与资产的性质并不匹配。如甲公司在固定利率市场上具有比较优势,但它持有的资产的收益是随市场波动的,如短期投资,它在固定利率市场上借取的利率固定的长期负债与它所持有的资产并不匹配,这有悖于该公司的资产负债管理原则。同理,乙公司在浮动利率市场上具有比较优势,但它所持有资产是固定收益的长期投资,如抵押贷款,它在浮动利率市场上的借款利率是随市场浮动的,其资产与负债也不相匹配。在这种情况下,当市场利率发生变化时,就会使公司的资产或负债发生变化,进而暴露出利率风险。因此,即使在具有比较优势的市场上筹措到资金,也必须进行交换,只有将其调换成另一种形式的利息支付,才能够解决利率风险暴露问题。

值得注意的是,利率互换的交易对手的信用等级必须是不同的。也就是说,只有在不同市场上具有比较优势的双方之间才能进行利率互换。

【例11-5】甲、乙两公司的信用状况如表11-3所示,甲公司因信用评级为最高级(AAA级),因此不论是以固定利率举债还是以浮动利率举债的成本都较信用评级为BBB级的乙公司低。但以利率差距来看,两个公司以固定利率方式举债的成本差距为2%,以浮动利率方式举债的成本差距则只有1%。

表11-3 甲乙两公司的比较利益

公司	信用评级	以固定利率举债成本	以浮动利率举债成本	相对的比较优势
甲	AAA	12%	LIBOR	固定利率方式
乙	BBB	14%	LIBOR+1%	浮动利率方式

以甲公司的立场来看，以固定利率方式举债较乙公司可降低2%的成本，而以浮动利率方式举债只降低1%的成本。因此，对甲公司而言，以固定利率方式筹集资金具有相对（相对于乙公司）比较优势。再以乙公司的立场来看，乙公司以固定利率方式举债较甲公司多负担2%的成本，而以浮动利率方式举债只需多负担1%的成本，故对乙公司而言，以浮动利率方式筹集资金较具有相对（相对于甲公司）比较优势（见表11-4）。但固定利率方式是否为甲公司需要的资金计息方式呢？同理，浮动利率方式是否为乙公司需要的资金计息方式呢？假设甲公司因风险管理需要，希望以浮动利率方式付息，乙公司因财务需要，希望以固定利率方式付息，则甲公司与乙公司是否必须放弃自己的相对比较优势呢？

表11-4 筹集资金的直接与间接途径

公司	直接途径	间接途径
甲	以LIBOR计息发行浮动利率票据	以12%的成本发行欧洲债券再交换成浮动利率
乙	以14%的固定利率发行欧洲债券	以LIBOR+1%的成本发行浮动利率票据再交换成固定利率

若甲公司以发行浮动利率票据的方式直接取得所需浮动利率资金，成本为LIBOR；乙公司以发行欧洲债券的方式直接取得固定利率资金，成本为14%，那么，两种资金的总成本为

LIBOR（甲公司）+ 14%（乙公司）

在采取直接途径的方式下，甲、乙两公司都放弃了自己的相对比较优势。

假如甲、乙公司不想放弃自己的相对比较优势，那么甲公司可以12%的固定利率发行欧洲债券，而乙公司可以LIBOR+1%的浮动利率发行浮动利率票据，两种资金成本总计为

12%（甲公司）+ LIBOR+1%（乙公司）= LIBOR+13%

这比以直接途径筹集资金的成本减少了1%。

虽然甲公司以固定利率方式来筹集资金比乙公司以浮动利率方式来筹集资金的总成本低，但是甲公司需要的是浮动利率的资金，而乙公司又需要固定利率的资金。请问此时如何操作才能既节省成本又获得所需的资金呢？互换就是解决的最佳办法。

如何互换呢？基本上，互换的结果不应比以直接途径取得资金的成本更高，而通常互换结果应对互换双方都更为有利。因此，本例中的甲公司不会直接以12%的固定利率与乙公司的LIBOR+1%的浮动利率资金互换，因为如此互换固然对乙公司极为有利（节省了2%的成本），但是甲公司遭受了损失（多负担1%的成本）。在本例中，甲、乙两公司可能的互换方式有多种，如表11-5所示。

表11-5 互换方式一

公司	互换前的成本	互换方式	互换后的成本
甲	12%的固定利率成本	付乙公司LIBOR （得乙公司12.5%）	LIBOR-0.5%的浮动利率成本
乙	LIBOR+1%的浮动利率成本	付甲公司12.5% （得乙公司LIBOR）	13.5%的固定利率成本

第一种方式是，甲公司付予乙公司以 LIBOR 计算的利息而自己公司得到 12.5% 固定利率的利息，乙公司自甲公司得到以 LIBOR 计算的利息而向甲公司付出 12.5% 固定利率利息。如此互换的结果如图 11-20 所示。互换后，甲公司的净成本为：12%（给债券投资人）+ LIBOR（给乙公司）- 12.5%（自己公司所得）= LIBOR - 0.5%。互换后，乙公司的净成本为 = LIBOR + 1%（给债券投资人）+ 12.5%（给甲公司）- LIBOR（自己公司所得）= 13.5%。

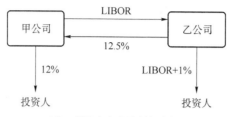

（注：箭头方向表示利息流程）

图 11-20 甲、乙两公司利率互换（互换方式一）

表 11-6 将甲、乙两公司以互换方式间接取得资金的成本和直接取得资金所需的成本加以比较，可以清楚地看出互换所得的利益。以上甲、乙两公司以直接途径取得资金的总成本为 LIBOR + 14%，以互换方式取得资金的成本降低到 LIBOR + 13%，总成本减少了 1%，因为固定利率市场与浮动利率市场之间有信用差距（Credit Gap 或 Credit Differential）。

表 11-6 互换利益

公司	直接途径成本	间接途径成本	互换利益
甲	LIBOR	LIBOR - 0.5%	0.5%
乙	14%	13.5%	0.5%

再用甲、乙两公司举债时固定利率间的差距与浮动利率间的差距来说明，固定利率差距为 2%，浮动利率差距则仅为 1%，两种利率差距的差距即是信用差距。固定利率市场上因资金的供给较少，所以对于资金需求者的信用要求极为严格。在固定利率市场上，信用评级不同的借款人之间所付出的利息差距很大。但在浮动利率市场上则不然，浮动利率市场上因供需较为平衡，所以对于借款人的信用要求不如固定利率市场上严格，信用评级不同的借款人所受待遇差别较小。固定利率市场与浮动利率市场存在的这种信用差距就是固定利率与浮动利率互换的主因，也可以说，此种信用差距使固定利率与浮动利率市场之间出现套利的机会，而互换即是套利的方式。

上例的互换方式一是将 1% 的信用差距予以平分的互换，当然互换双方也可以有其他的互换方式。例如，互换方式二（见图 11-21）是将 1% 的信用差距完全归于甲公司所得。

2. 利率互换运用的具体操作

利率互换运用的基本原理是比较优势，它寻求的是比较优势下的套利机会。利率互换在 20 世纪 80 年代发展起来，起因就是一方具有浮动利率比较优势，而另一方具有固定利率比较优势，因此双方进行利率互换，双方互利。市场上各个企业面临的融资成本受信用评级、企业规模等因素的影响而各有差别。但即使中小企业融资成本较高，也可能在短期融资上有

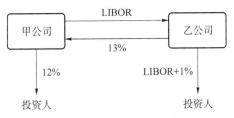

(注：箭头方向表示利息流程)

图 11-21　甲、乙两公司利率互换（互换方式二）

比较优势。所以，利用大型企业和中小企业双方分别在长期和短期融资上的比较优势进行利率互换，可以使双方受益。

【例 11-6】甲公司是 AAA 级的大公司，长期固定利率融资成本为年息 7%，短期浮动利率融资成本为 LIBOR + 0.4%；乙公司是 BBB 级的中小型公司，固定利率融资成本为 8.5%，浮动利率融资成本为 LIBOR + 0.7%。现假设两公司为配合其各自资产负债管理，甲公司需以浮动利率付息，乙公司需以固定利率付息，现将二者的具体情况列示于表 11-7 中。

表 11-7　甲公司和乙公司融资的比较优势

项目	甲公司	乙公司	甲公司与乙公司的利差
信用等级	AAA	BBB	—
固定利率筹资成本	7%	8.5%	1.5%
浮动利率筹资成本	LIBOR + 0.4%	LIBOR + 0.7%	0.3%
比较优势	固定利率	浮动利率	—

甲公司以固定利率融资，成本比乙公司节省 1.5%，但以浮动利率融资只比乙公司节省 0.3%，所以甲公司的比较优势是以长期固定利率融资，乙公司的比较优势是以浮动利率融资。但目前双方都不能以自己的比较优势融资，所以可以考虑利率互换。首先两公司都按自己的比较优势融资，甲公司以 7% 的固定利率融资、乙公司以 LIBOR + 0.7% 的浮动利率融资；然后，甲公司以浮动利率与乙公司的固定利率进行互换，即甲公司以浮动利率向乙公司借款、乙公司以固定利率向甲公司借款（见图 11-22）。

对于甲公司来说，从外部市场（国际金融市场）的固定利率投资者那里融资要付息 7%，付给乙公司的浮动利率为（LIBOR - 0.2%）；另外，收到乙公司支付的固定利率 7%。所以，甲公司的总融资成本为：7% + （LIBOR - 0.2%） - 7% = LIBOR - 0.2%。可见，这比直接用浮动利率（LIBOR + 0.4%）节省 0.6%。对乙公司来说，从外部市场的浮动利率投资者那里融资付息（LIBOR + 0.7%），然后付给甲公司固定利率 7%；另外，收到甲公司支付的浮动利率为（LIBOR - 0.2%）。所以，乙公司的总融资成本为：LIBOR + 0.7% + 7% - （LIBOR - 0.2%） = 7.9%，这比直接用固定利率 8.5% 融资同样节省了 0.6%。从本例可以看出，利率互换的过程实际上是互换双方寻求比较优势下的套利过程。

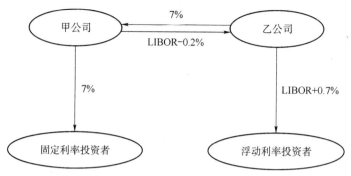

图 11-22　利率互换交易过程示意图

3. 利率互换的利息支付过程

由于利率互换只是交易双方在一笔象征性本金数额的基础上，互相交换用不同计息方式得出的利息款项，所以无论在交易的初期、中期还是末期，双方都不交换本金，交换的只是利息结算款项的差额。我们仍通过例子来说明具体的利息支付方式和过程。

【例11-7】仍引用【例11-6】的具体条件。设甲、乙两公司在2011年5月10日签订3年期互换协议，名义本金额为1 000 000美元，利息每年支付一次。协议规定，甲公司是浮动利率支付方，利率为（LIBOR-0.2%）；乙公司为固定利率支付方，利率为7%。

签订利率互换合约后，双方要在每一阶段结束时，计算各自要支付的利息，而后确定差额，由一方向另一方支付这部分差额即可。在本例中，一年一付，3年共支付差额3次。

下面介绍利率互换涉及的几个关键问题：

（1）支付利息日的确定。其一般在交易日后2天。在本例中，为每年的5月12日或其后的一个营业日，即2011年5月12日、2012年5月13日、2013年5月13日。

（2）利率水平的确定，主要是浮动利率的水平的确定。互换中的利率水平一般都是在每一个阶段开始前确定，然后在每阶段结束时计算差额进行支付。通常，第一个浮动利率确定日就是交易日那一天，本例为2011年5月10日；而后两个阶段的利率确定日为一阶段开始前的两个营业日，本例为2012年5月8日和2013年5月8日。

（3）利息起始日期（即计息日期）的确定。开始计算利息的日期也称生效日，一般在交易日后两日。

（4）利息额的确定。

$$利息额 = 本金额 \times 利率 \times 计息日期$$

这里的计息日期一般用实际天数/360表示。现将一些关键日期简略表示于图11-23中。

如设第一阶段LIBOR为4.85%，则在第一阶段结束时的利息支付情况为：

甲公司：浮动利息额 = 本金额 × 利率 × 计息日期 = 1 000 000 × (4.85% - 0.2%) × 365/360 = 47 145.8（美元）；

乙公司：固定利息额 = 本金额 × 利率 × 计息日期 = 1 000 000 × 7% × 365/360 = 70 972.2（美元）。

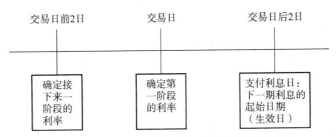

图 11-23 利率互换的利息支付关键时点示意

所以，乙公司在到期日（2011年5月12日）要付给甲公司利息净额为：70 972.2 - 47 145.8 = 23 826.4（美元）。

核心概念

金融互换
利率互换
货币互换
平行贷款
背靠背贷款

复习思考题

1. 简述利率互换交易的特征。
2. 简述货币互换的一般程序。
3. 甲、乙两家公司对于近期的市场走势有着不同的看法，甲公司认为央行可能继续采用量化宽松货币政策来刺激经济增长，而乙公司认为针对当前已出现的CPI连续两月环比增长的状况，央行可能会适当收缩货币政策。因此，甲、乙两家公司根据各自的预测，在各自的资产、负债结构基本对应的情况下，达成了一项利率互换协议。其主要条件如下：合同金额1亿美元；为期3年，每年交换一次利息；固定利率：4.9%，浮动利率：LIBOR。假设三个确定日的LIBOR分别为5.0%、4.8%、4.6%，试分析甲、乙两家公司的投机结果。

第 12 章

远期利率协议与票据发行便利

学习目标

通过深入学习典型金融创新产品，了解远期利率协议的产生、功能以及发展，掌握远期利率协议的基本原理和交易流程，了解票据发行便利的含义以及特点，增强运用多样化金融创新工具来解决实际问题的能力和合理规避金融风险的能力。

引导案例

场外衍生品市场风险监管的国际发展趋势

美国次贷危机是 2008 年国际金融危机的导火索，而场外交易信用违约互换成了美国次贷危机的一大诱因。旨在管理信用风险的信用违约互换因其过度发展最终背道而驰，反而带来了新的系统性风险。在雷曼破产事件中，完全采取双边清算的场外交易信用违约互换与已引入中央对手清算机制的场外交易利率互换，在风险处置效果上形成鲜明对比。伦敦清算所仅动用了雷曼 1/3 的保证金就弥补了 9 万亿美元的场外交易利率互换未平仓头寸损失；而由于雷曼 720 亿美元信用违约互换未平仓头寸实行的是双边清算制度，加之市场恐慌情绪影响，最终给其他交易对手方造成了 52 亿美元的损失。自此以后，将中央对手清算机制引入信用违约互换市场已成为改革共识。

2009 年 9 月，为反思全球金融危机，应对全球性金融风险，二十国集团（G20）峰会提出系统的监管改革计划，特别是针对场外衍生品交易，监管者希望通过一系列改革措施来提高市场交易的透明度，以降低场外衍生工具可能造成的系统性风险，严防市场滥用行为。改革计划最初包括下列各项：所有标准化场外衍生工具应在交易所或电子交易平台（视情况适合）买卖；所有标准化场外衍生工具应通过 CCP 结算；场外衍生工具合约应向交易资料储存库汇报；非中央清算的衍生工具合约应符合较高的资本要求。

2011 年 11 月，G20 峰会同意在监管改革计划中进一步加入对非中央清算衍生工具的保证金要求。市场预期G20峰会的保证金要求将在全球范围内执行，否则，保证金要求较低的区域的金融机构会因有一定的竞争优势而造成监管套利现象。根据美国、中国香港及欧盟监管机构的规定，变动保证金的规定于2017年3月普遍被监管机构和市场采用。

《巴塞尔协议Ⅲ》的框架旨在增强对资本及流动资金和风险识别和管理等方面的要求，并提高个别银行以至整个银行业的稳定性及风险修复能力。银行的资本对风险加权资产比率必须维持在一个更高水平的最低要求以上。场外衍生工具一般被视为风险资产，其风险权重会因交易对手的类型而有所不同。通过符合资格的中央清算对手（QCCP）结算的场外交易，其风险权重可低至2%~4%；而按双边基准计算，风险权重可高达20%或以上，因此需要消耗的资本也就更高。

近年来，全球主要监管机构均开始着手履行匹兹堡峰会承诺，在政策制定中推行场外衍生品的标准化发展趋势，实现以利率、信用类为代表的场外金融衍生品中央对手方建设和强制清算制度，并对非中央对手清算的场外衍生品要求交易双方互相缴纳保证金。

1. 建立交易报告库

金融稳定理事局（FSB）发布的TR运行情况评估报告显示，目前已有19个成员经济体开始建立交易报告库，实行交易报告制度，该库包含了金融市场90%以上的衍生品交易信息。其中，美国商品期货交易委员会（CFTC）在2012年1月根据《多德－弗兰克法案》确定了最终监管规则，要求对掉期交易报送数据；并根据交易对手以及资产类别的不同，分阶段逐步实施报送要求。欧盟委员会也自2014年2月开始对商品、信用、权益、外汇和利率五大类型中的六种衍生品实行了交易报告制度。香港金融管理局在建立场外衍生工具监管机制的过程中，也设立了场外衍生工具交易资料储存库，并于2013年7月启动其报告功能。其他未完全执行交易报告制度的成员经济体也承诺在2018年6月前予以落实。

2. 实行中央对手清算制度

在集中清算方面，大部分成员经济体对90%以上的交易实行了中央对手清算制度。美国商品期货交易委员会自2012年12月按交易实体的分类，分阶段对场外衍生工具交易实施强制性中央清算，对多个类别的IRS及CDS实施，至2013年9月9日完成。欧盟委员会于2015年8月强制要求多个场外利率衍生工具交易通过CCP结算，其后于2016年3月对多个场外信贷衍生工具交易执行了中央对手清算制度。2013年11月，香港交易所成立了香港场外结算有限公司（香港交易所场外结算公司），并且于2016年9月启动了场外衍生工具交易强制中央清算，其中涉及主要交易商之间订立的标准化IRS工具。

3. 征收双边保证金

根据金融稳定理事局报告，目前美联储等审慎监管机构（PR）和CFTC已制定完成各自的强制保证金制度，美国证券交易委员会（SEC）的强制保证金制度仍在制定过程中。根据实施进度报告，美国强制保证金制度已于2016年9月1日部分生效，并将于2020年9月1日全面生效。欧盟在《欧盟市场基础设施规则》（EMIR）的框架下，由欧洲监管局（ESAs）制定了《非集中清算场外衍生品风险缓释技术规则》，并将其作为欧盟层面的强制保证金制度由欧盟各国监管主体实施。

为避免强制保证金制度对市场形成较大的负面影响，欧盟方面的初始保证金规定于2017年2月4日起按交易对手类型分步生效实施，而变动保证金要求于2017年3月1日起实施。印度、澳大利亚等 G20 主要国家监管当局也已就非中央对手清算的衍生品征收双边保证金起草了相关法案。根据巴塞尔银行监管委员会于 2017 年 4 月发布的巴塞尔监管框架实施进度报告，香港的保证金规定也已于 2017 年 3 月 1 日起生效，以期持续推动场外衍生品的有效监管和健康发展。

（资料来源：巴曙松，杨春波，陈金鑫. 场外衍生品市场的风险如何监管：国际趋势与中国路径 [EB/OL]. 搜狐财经，http://www.sohu.com/a/233162620_313170,2018-05-28。）

12.1 远期利率协议

12.1.1 远期利率协议的含义及基本条款

1. 远期利率协议的含义

远期利率协议（Forward Rate Agreement，FRA）属于金融衍生产品，是指交易双方约定在未来某一日期，交换协议期间内在一定名义本金基础上分别以合同利率和参考利率计算的利息的金融合约。

它是由伦敦的银行于 1983 年最先引入的一种远期合约，即由买卖双方商定在将来某一日期开始的某一期限的协议利率，并规定以何种市场利率为参考利率（如 LIBOR、美国优惠利率等）以及协议的名义金额。到了协议利率生效之日，交易双方进行现金清算，即一方支付、另一方接受两个利率之差乘以名义金额，再根据协议利率的期限以及市场参考利率加以贴现后的金额。

远期利率协议业务很大程度上在银行同业市场上开展。该市场的做市商在接到询价后通常报出买入价和卖出价两个价格，所以这类交易不另外收取佣金。

远期利率协议作为表外交易项目，不记录在银行或企业的资产负债表中。远期利率协议以场外柜台交易（OTC）的形式出现，其利率、金额、币种、适用期限及合约生效日期均由双方协商而定。一般地，作为做市商的商业银行或其他金融机构会充分满足客户的特别需要。但是，这种交易无二级市场，所以客户要想对原来的头寸对冲平仓就必须与原来的交易商再进行一项反向交易。

远期利率协议市场的报价习惯有些与众不同。在期限上，它确认的是（存款）交易开始和结束的时点。例如，"3×9" 或 "3 个月对 9 个月" 的 LIBOR 就意味着一项在 3 个月后开始并在 9 个月后结束的 6 月期 LIBOR 存款。价格上，它是以收益率报价的，这与利率期货交易以面值平价的百分比价格的形式来报价的习惯正好相反。由于价格和收益率呈相反的关系，因此远期利率协议的多头与利率期货合约的空头类似；反之，远期利率协议的空头则与利率期货合约的多头相对应。例如，若借款人担心市场利率上升会加大融资成本，则其可通过购买远期利率协议来对冲；假如其想换一种交易来达到同样的套期保值的目的，则可在期货市场上出售适当数量的利率期货合约，在市场利率上升加大了融资成本的同时，期货价格下跌使得期货的"空头头寸"出现盈利。又如，若投资者担心市场利率下降而影响存款或有价证券收益，则可通过出售远期利率协议来抵补风险；当然也可买进适当数量的利率期货合约，假如市场利率下降，则期货价格上涨导致的期货"多头头寸"盈利正好抵销投资收益的损失。

尽管远期利率协议和利率期货合约都能用于套期保值，但二者有个重大差异，那就是期货交易逐日盯市的市场惯例使得每个营业日末都会有现金流动，而远期交易不需要遵循这种逐日进行现金结算的交易制度。

远期利率协议交易还有一个特点，即协议所商定的名义本金无须交换。所以，购买远期利率协议的一方并不在协议生效日实际收到存款；同样，出售远期利率协议的一方在协议生效日也不需要提供贷款。另外，它也不像期货交易那样有保证金制度。在个别情况下，当利率发生变化时，一方交易当事人的信用出现了问题，预期可收到的利息支付可能会落空。所以说，远期利率协议的信用风险要比期货交易大，由于不涉及本金交换，因此这种风险本身是非常有限的。鉴于远期利率协议所涉及的违约现象主要取决于交易对方的信誉和利率变动的方向，因此避免风险的关键在于选择信用可靠的交易对象。

2. 远期利率协议的基本条款

远期利率协议实际上是由交易双方所订立的一种远期合约。但是，在习惯上，远期利率协议的交易双方分别被称为买方与卖方。买方是指通过远期利率协议来回避利率上升的风险的交易者；卖方则是指通过远期利率协议来回避利率下降的风险的交易者。所以，在一般情况下，远期利率协议的买方，通常是那些准备于未来某日期借入资金的经济主体，即未来的债务人。他们买进远期利率协议是为了在现在就确定未来某日期借入资金的利率，以便在未来市场利率上升的情况下，不受到加重利息负担的损失。相反，远期利率协议的卖方，则通常是那些准备在未来某日期贷出资金的经济主体，即未来的债权人。他们卖出远期利率协议，是为了在现在就锁定将来某日期贷出资金的利率，以便在将来市场利率下降的情况下，不受到减少利息收入的损失。可见，远期利率协议的买方与卖方，乃是根据交易者对未来利率变动方向的不同预测，对利率风险管理的不同需要来区分的。因此，在远期利率协议的买卖中，买方实际上并不向卖方支付任何费用（甚至连保证金都无须支付）。只有在远期利率协议的结算日，交易双方才会发生一定差额的收付行为。但这种收付行为将根据参照利率与协议利率的偏差方向来决定。也就是说，若参照利率高于协议利率，卖方就必须向买方支付这一差额；若参照利率低于协议利率，买方就必须向卖方支付这一差额（见图12-1）。总之，在远期利率协议签订时，买方未必付款，而卖方也未必收款，他们只是对未来依约收付一定的利差做出了承诺。他们之所以被称为买方和卖方，只是因为未来的借款人将于远期利率协议的到期日（即借款的起息日）在形式上收取交易的本金，而未来的贷款人将于远期利率协议的到期日（即贷款的起息日）在形式上支出交易的本金。之所以说只是形式上的收取和支出，是因为本金的收取与支出实际上都与远期利率协议的交易对手无关。

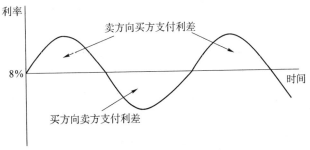

图12-1 远期利率协议示意图

远期利率协议是交易双方就未来某日期将要支付或收取的利率所签订的一种远期合约。根据这一合约，在到期日，若市场利率与协议利率不同，就由其中的一方对另一方支付其间的差额。因此，远期利率协议的基本条款应包括以下几个方面：一是交易双方约定的协议利率；二是交易双方选定的市场利率（这一被选定的市场利率叫作参照利率）；三是交易双方协议的本金（即名义本金）；四是这一远期利率协议的期限。

1）协议利率

协议利率（Agreed Forward Rate）也称合约利率（Contract Rate），是指由交易双方确定的、合约期间的远期利率。这一利率正是交易双方希望通过远期利率协议的买卖锁定的利率。例如，某公司计划在3个月后筹集总额为10 000 000美元、期限为6个月的资金。据预测，3个月内利率将有较大幅度的上升。因此，该公司决定买进一份协议利率为8%的、适当期限的远期利率协议，以便将3个月后起息的借款利率锁定于8%这一可接受的水平。与此同时，某银行准备在3个月后贷出一笔总额为10 000 000美元、期限为6个月的资金，但它担心3个月内利率会下跌，进而减少其贷款的利息收入。因此，银行就卖出一份协议利率为8%的、适当期限的远期利率协议，以便将3个月后起息的贷款利率锁定于8%这一可接受的水平。如果上述公司与银行达成交易，那么无论在未来3个月内利率上升，还是下跌，公司实际支付的利率与银行实际收取的利率都将被固定于8%这一水平。这是因为，若市场利率高于8%，银行将对公司支付高于8%的利差；反之，若市场利率低于8%，公司将对银行支付低于8%的利差。可见，通过这一远期利率协议，公司与银行都可有效地避免利率风险可能造成的损失。当然，它们也将因此而放弃本来可能获得的意外收益。从这一点而言，远期利率协议与利率期货是基本一致的。

2）参照利率

参照利率（Reference Rate）实际是由远期利率协议的买卖双方在远期利率协议中确定的一种市场利率。因为它是一种市场利率，所以它在远期利率协议的有效期内向哪一方向变动是不确定的。在远期利率协议中，一般都以伦敦银行同业拆放利率为参照利率。所谓伦敦银行同业拆放利率（London Inter-bank Offered Rate，通常被缩写为LIBOR），是指欧洲货币市场上一流的大银行之间拆放欧洲货币（主要有英镑、美元、日元等）时所采用的利率。该利率现已广泛地被用作国际金融市场上大多数浮动利率的基准利率。但是，在任一时刻、任一期限的LIBOR并不是只有一个，而是有多个。所以，在远期利率协议中，被作为参照利率的通常是一个平均利率。这个平均利率由被选定的一系列参考银行在某一特定时间报出后，经算术平均而得到。

远期利率协议已被广泛地应用于利率风险管理，其存在的地域已扩展到所有发达国家及一些新兴市场经济国家与地区。所以，除了伦敦银行同业拆放利率以外，在远期利率协议中被作为参照利率的还有其他各种基准利率，如新加坡银行同业拆放利率（SIBOR）、香港银行同业拆放利率（HIBOR）、纽约银行同业拆放利率（NIBOR）及科威特银行同业拆放利率（KIBOR）等。实际上，这些基准利率都只不过是LIBOR在其他某一特定地区的变种而已。

3）名义本金

远期利率协议是一种有关利率的远期合约。在这种合约到期时，交易双方将根据参照利率与协议利率的偏差，由其中的一方向另一方支付一定的差额。在支付差额时，计算应付差额的依据主要有三个要素：一是利差；二是期限；三是本金。在利差和期限一定时，本金越大，则应付的差额也越大；本金越小，则应付的差额也越小。在远期利率协议的买卖中，买卖双方只是对未来依约支付利差做出承诺，而并不发生本金的收付行为。因此，这里本金实际上也只是一种观念上的本金。但这种观念上的本金必须在远期利率协议中予以确定，以作为计算未来支付利差的基础。由于远期利率协议没有标准化的特征，因此其本金的额度可由交易双方自由议定。在远期利率协议产生的初期，协议的本金一般为 500 万 ~ 2 000 万美元。但目前，在国际金融市场上交易的远期利率协议的名义本金可达 5 000 万美元，甚至更大。

4) 协议期限

既然远期利率协议是一种关于利率的远期合约，那么期限的长短显然是一个很重要的条款。在利差和本金一定时，期限越长，支付的差额越大；期限越短，支付的差额越小。目前，在国际金融市场上，远期利率协议的期限以 3 个月和 6 个月最为常见，但也有 1 个月 ~ 1 年的其他各种期限。在计算应付利差时，远期利率协议的期限一般以实际的天数表示。

远期利率协议的作用是将未来的利率（一般称为远期利率）加以锁定。因此，除了参照利率和名义本金之外，它的主要条款还应包括以下三个方面：一是协议利率；二是协议有效期；三是起息日。所以，在远期利率协议的报价中，必须比较明确地包括这些条款。

【例 12-1】 在某年 3 月 1 日，一家银行报出的美元远期利率协议的价格为

$$3 \times 6 \quad 8.05 \sim 8.10$$

该报价中的"3×6"一般称为"3 对 6"（Three Against Six），它表示远期利率协议的期限。因远期利率协议的实质是买卖双方对未来支付利差做出的承诺，故它实际上有两个期限：一是从买卖远期利率协议开始（签约日）到债务的起息日（一般称为远期利率协议的到期日，利差的支付就发生于这一日）；二是从买卖远期利率协议到债务的到期日。所以，本例中的"3×6"就表示从 3 月 1 日开始的、3 个月后起息的 3 个月期美元债务的远期利率协议。因为从 3 月 1 日到债务起息日（6 月 1 日）有 3 个月，而从 3 月 1 日到债务到期日（9 月 1 日）有 6 个月，所以于 3 月 1 日达成的该远期利率协议将在 3 个月后进行利差的支付。在计算支付金额时所依据的债务期限（即协议期限）也是 3 个月，如图 12-2 所示。

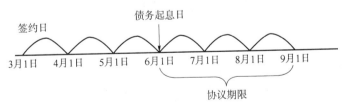

图 12-2 远期利率协议的期限：3 对 6

在上面这一例子中，"3×6"表示期限，"8.05 ~ 8.10"表示该远期利率协议的买入价为 8.05%，卖出价为 8.10%。这里的买入价和卖出价都是相对该报价银行而言的。这就说明，在某年 3 月 1 日，如果一家公司或另一家银行要从该银行买进 3 个月后（6 月 1 日）起息的 3 个月期（6 月 1 日至 9 月 1 日）美元远期协议，则协议利率为 8.10%。如果一家公司或另一家银行要向该银行卖出 3 个月后起息的 3 个月期美元远期利率协议，则协议利率为 8.05%。买入价与卖出价之间的差额，就是该银行从事远期利率协议的买卖所取得的收益。当然，对银行而

言,从事远期利率协议的买卖究竟是否有利可图,不仅取决于这一买入价与卖出价之差,还取决于市场利率的变动。所以,在远期利率协议的交易中,银行实际上面临着一定的利率风险。为了避免这一信用风险,银行必须尽可能地将买进头寸与卖出头寸相匹配。

12.1.2 远期利率协议的交割金额

买卖远期利率协议并不涉及名义本金金额的实际转移或流动,取而代之的是远期利率协议交易的双方在协议生效的那一天以现金结算方法结清盈亏。远期利率协议在结算日发生的实际交割金额采用下列公式计算,即

$$交易金额 = \frac{(市场参考利率 - 协议利率) \times 合约面额 \times 远期期限}{360 + (市场参考利率 \times 远期期限)}$$

$$A = \frac{(i_R - i_F) \times P \times \dfrac{D_F}{B}}{1 + i_R \times \dfrac{D_F}{B}} \quad 或 \quad A = \frac{(i_R - i_F) \times P \times D_F}{B + i_R \times D_F}$$

式中,A 表示交割金额;i_R 表示参照利率或参考利率;i_F 表示协议利率;P 表示协议金额(名义本金或合约金额);D_F 表示协议期限的天数;B 表示转换期的天数(如计算为美元时,1 年按 360 天算;计算为英镑时,1 年按 365 天算)。

远期利率协议遵循欧洲货币计算日期的惯例,即上式中的远期期限(B)采用的是一年计 360 天、实际交易日则是有一天算一天的做法。当市场参照利率高于协议利率($i_R > i_F$)时,交割金额(A)为正值,即远期利率协议的出售者(认为市场利率要下跌的一方)向购买者支付差额(买方获利,由卖方向买方支付);反之,当市场参照利率低于协议利率($i_R < i_F$)或协议利率高于市场参照利率时,交割金额(A)为负值,即远期利率协议的购买者(认为市场利率要上升的一方)向出售者付款(卖方获利,由买方向卖方支付)。

远期利率协议是在协议利率生效的那一天(即协议利率适用期限开始的首天)而不是在协议利率适用期限的最后一天进行现金结算的,故为了使在期限开始时进行的现金结算在价值上等于在期末实施的现金结算,期末值必须根据市场参照利率折算成现值。当远期利率协议到期时,如果参照利率与协议利率发生背离,就必须由其中的一方对另一方支付参照利率与协议利率的差额,以作为补偿。由于远期利率协议的到期日是债务的起息日(如【例 12-1】中的 6 月 1 日),因此利差的支付就发生于这一起息日。但是,债务人向债权人支付利息一般是在债务的到期日(如【例 12-1】中的 9 月 1 日)。这就说明,参照利率与协议利率之差额的支付发生在债务人实际支付利息之前。因此,在计算支付金额时,必须考虑货币的时间价值。也就是说,必须把未来将要支付的利差用参照利率折算为远期利率协议之到期日的现值。即在远期利率协议的到期日,交易双方先要计算出参照利率与协议利率的利差,将此利差与协议所规定的本金和期限相乘,然后用参照利率将它贴现为到期日时的现值。①

【例 12-2】美国花旗银行向某个客户承诺 3 个月后将提供 500 万美元的固定利率贷款,

---

① 这一现值就是所要支付的金额,其计算公式为 $A = \dfrac{(R-F) \times D \times P}{B \times 100 + R \times D}$(式中,$A$ 为支付金额;R 为参照利率;F 为协议利率;D 为以天数表示的期限;P 为名义本金;B 为一年的天数)。

期限为 6 个月。为了防范利率上升，银行需要锁定 3 个月后开始的 500 万美元的融资成本（即 3 个月后的 6 个月期 LIBOR）。为此，花旗银行同某个远期利率协议交易商进行了接洽，后者报出的 3 个月对 9 个月远期利率协议的卖出价为 8.32%。在接受了这个价格并与之成交后，按照银行内部制定的规则，对最优信用等级客户适用的贷款利率是 LIBOR 加上 50 个基点，即银行对客户报出的 3 个月后提供期限为 6 个月、金额为 500 万美元的固定利率为 8.82%。

3 个月后，假定市场上的 6 个月期 LIBOR 已上升至 8.95%，花旗银行的筹资成本加大，但对客户承诺的贷款利率不变，为此，银行蒙受了年率为 0.13%（=8.95%−8.82%）的损失，具体的金额为

$$(8.82\% - 8.95\%) \times 5\,000\,000 \times \frac{182}{360} = -3\,286 \text{（美元）}$$

与此同时，远期利率协议也到了结算日，作为防范市场利率上升而买进远期利率协议的花旗银行在这项交易中是盈利的，其接受交割的金额为

$$\frac{(8.95\% - 8.32\%) \times 5\,000\,000 \times 182}{360 + (8.95\% \times 182)} = 15\,235.63 \text{（美元）}$$

实际上，具体交割金额还有另一种计算方法。

(1) 首先计算对冲盈亏，有

$$\text{对冲盈亏} = (8.95\% - 8.32\%) \times 5\,000\,000 \times \frac{182}{360} = 15\,925 \text{（美元）}$$

(2) 然后用市场利率对其进行折现，即

$$\text{实际支付或接受额} = \frac{15\,925}{1 + 8.95\% \times \frac{182}{360}} = 15\,235.63 \text{（美元）}$$

银行将远期利率协议的盈利与贷款的亏损进行对冲（15 925 − 3 286.11 = 12 638.89 美元），从而使 50 个基点的贷款净利润得到了保证，即 $5\,000\,000 \times 0.5\% \times \frac{182}{360} = 12\,638.89$（美元）。

这里有一点需注意：银行在计算这两项业务的净盈亏时，采用的是未经贴现的对冲盈亏（15 925 美元）而不是实际支付额或接受额（15 235.63 美元）来作为远期利率协议的盈利，从而使亏损与盈利都发生在同一个时点上，即都是在期末（9 个月后）。

【例 12−3】在某年 6 月 1 日，X 公司准备在 3 个月后借入为期 3 个月的 10 000 000 美元资金，以满足经营上的需要。当时，以 LIBOR 表示的市场利率为 8.10%。但根据预测，市场利率将在近期内有较大幅度的上升。为回避市场利率上升而加重利息负担的风险，X 公司便于 6 月 1 日从 B 银行买进一份远期利率协议。该协议的条款如下：

协议期限：3 对 6；
名义本金：10 000 000 美元；
协议利率：8.10%；
参照利率：3 个月期美元 LIBOR。

假如到 9 月 1 日时，美元 LIBOR 上升到 9.25%（高于协议利率 8.10%），则 B 银行必须对 X 公司支付利差。支付金额的计算方法为

$$A = \frac{(R-F) \times D \times P}{B \times 100 + R \times D} = \frac{(9.25-8.10) \times 90 \times 10\,000\,000}{360 \times 100 + 9.25 \times 90} = 28\,100.18\,(美元)$$

式中，A 为支付金额；R 为（去掉百分号的）参照利率；F 为（去掉百分号的）协议利率；D 为以天数表示的期限；P 为名义本金；B 为一年的天数。

在 X 公司收到 B 银行向其支付的 28 100.18 美元的利差后，它可再按当时的市场利率（9.25%）借入 9 971 899.82 美元，以筹足所需的 10 000 000 美元，到期偿还本金 9 971 899.82 美元，支付利息 230 600.18 美元，本息之和为 10 202 500 美元。

现在，我们设 X 公司所筹措的这笔资金的实际利率为 R_X，则

$$R_X = \frac{10\,202\,500 - 10\,000\,000}{10\,000\,000} \times \frac{360}{90} = 8.10\%$$

由此可见，当 X 公司买进远期利率协议之后虽然市场利率已上升到 9.25% 这一较高的水平，但它实际支出的利率仍被控制在 8.10% 这一较低的水平。这一较低的利率水平与当时买进远期利率协议时的市场利率正好相同。这就说明，通过买进远期利率协议，X 公司有效地避免了市场利率上升可能造成的损失。

若 X 公司在买进远期利率协议之后预测严重失误，即市场利率不是大幅度地上升，而是大幅度地下降，如降到了 7.50% 这一较低的水平，那么他们是否还能实现保值？

如果在远期利率协议的到期日（即 9 月 1 日），市场利率果真下降到 7.50%，则 X 公司就必须对 B 银行支付利差，其应付的金额可计算为

$$A = \frac{(R-F) \times D \times P}{B \times 100 + R \times D} = \frac{(7.50-8.10) \times 90 \times 10\,000\,000}{360 \times 100 + 7.50 \times 90} = -14\,723.93\,(美元)$$

这一支付金额的符号为负，表示买方对卖方的支付。为支付这一利差，X 公司必须在借入本来所需的 10 000 000 美元的同时，再多借用于支付利差的 14 723.93 美元，即合计借入 10 014 723.93 美元。若按当时市场利率 7.50% 计算，则 X 公司到期应付利息 187 776.06 美元。于是，其本息之和为 10 202 499.99 美元。

我们仍以 R_X 表示 X 公司筹资的实际利率，则

$$R_X = \frac{10\,202\,499.99 - 10\,000\,000}{10\,000\,000} \times \frac{360}{90} = 8.10\%$$

很显然，在 X 公司买进远期利率协议之后，即使市场利率的变动方向与预测的正好相反，它同样也能实现保值。但是，我们也应该看到，如果当时 X 公司没有买进远期利率协议，则在市场利率下降的情况下，它可获得减少利息支出的利益。这就说明，作为一种套期保值的工具，远期利率协议与利率期货一样，都只能使套期保值者避免可能发生的损失，而要避免这种可能发生的损失，他们就必须放弃可能获得的意外利益。

【**例 12-4**】某年 4 月 1 日，某机构投资者预计在 3 个月后有一笔金额为 5 000 000 美元的短期资金可存入银行 6 个月。但该机构投资者担心短期利率将在此 3 个月内下降。为避免因短期利率下降而减少投资收益，他向 C 银行卖出一份远期利率协议，其协议条款如下：

协议期限：3 对 9；

名义本金：5 000 000 美元；

协议利率：7.5%；

参照利率：美元 6 个月期 LIBOR。

7月1日，远期利率协议到期，而机构投资者也如数收到 5 000 000 美元的资金，但那时的市场利率已降至 6.8%。该机构投资者从 C 银行收取参照利率与协议利率之间的差额，并将此差额与收到的 5 000 000 美元一起存入银行 6 个月，C 银行应付的差额可计算为

$$A = \frac{(R-F) \times D \times P}{B \times 100 + R \times D} = \frac{(6.80-7.50) \times 180 \times 5\,000\,000}{360 \times 100 + 6.80 \times 180} = -16\,924.56 \text{（美元）}$$

在此例中，机构投资者为远期利率协议的卖方，而 C 银行为远期利率协议的买方。因此，C 银行对机构投资者的支付乃是买方对卖方的支付。所以，C 银行应付的金额为一负值。

现在，我们来计算一下该机构投资者通过卖出远期利率协议，能否使他的投资收益得到保证。

在 7 月 1 日，该机构投资者一方面收到他预期的 5 000 000 美元的资金，另一方面又收到 C 银行支付的 16 924.56 美元的利差，一并以当时的市场利率 6.8% 存入银行，合计存入本金 5 016 924.56 美元。次年 1 月 1 日，存款到期。此时，该机构投资者共收回本息 5 187 499.99 (=5 016 924.56 + 170 575.43) 美元。

设 R_Y 为该机构投资者所取得的实际收益率，则

$$R_Y = \frac{5\,187\,499.99 - 5\,000\,000}{5\,000\,000} \times \frac{360}{180} = 7.50\%$$

很显然，当该机构投资者卖出远期利率协议之后，虽然市场利率已有较大幅度的下降，其投资的实际收益率却依然保持在 7.5% 这一较高的水平。而这一较高水平的实际收益率，正是远期利率协议所确定的协议利率。

12.1.3 远期利率协议交易的基本术语、定价与报价

12.1.3.1 远期利率协议交易的基本术语

远期利率协议有国际标准格式，即各种远期利率协议通常都是根据《英国银行家协会远期利率协议》(Forward Rate Agreements British Banker's Association，FRABBA) 的格式制定的。几乎所有的远期利率协议都遵守 FRABBA。这一文件除建立了正确的法律规范外，还定义了许多重要的词汇，统称为 FRABBA 词汇。

(1) 合同金额 (Contract Amount)，即名义上借款的本金额。
(2) 合同货币 (Contract Currency)，即用来表示合同数额的货币币种。
(3) 交易日 (Dealing Date)，即远期利率协议签署的时间。
(4) 即期日 (Spot Date)，即协议开始生效的时间，一般为交易日后两天。
(5) 结算日（交割日）(Settlement Date)，即名义借款开始的日期。
(6) 基准日（确定日）(Fixing Date)，即参照利率确定的日期。
(7) 到期日 (Maturity Date)，即名义借款到期的日期。
(8) 协议期限 (Contract Period)，即结算日至到期日之间的期限。
(9) 协议利率 (Contract Rate)，即远期利率协议中商定的固定利率。
(10) 参照利率 (Reference Rate)，即在基准日用以确定交割数额的以市场为基础的利率。

(11) 交割金额（结算金）（Settlement Sum），即在结算日，根据协议利率和参照利率之间的差额，由交易一方支付给另一方的金额，如图 12-3 所示。

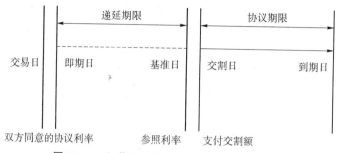

图 12-3 远期利率协议交易流程的时间简图

【例 12-5】在交易日，远期利率协议的双方同意交易的所有条件。假定交易日是某年 4 月 12 日星期一，双方同意成交一份"1×4，金额为 100 万美元，利率为 6.3%"的远期利率协议。那么，合同货币就是美元，合同金额是 100 万美元，协议利率为 6.3%。"1×4"是指即期日和结算日之间为 1 个月，即期日至名义贷款最终到期日之间的时间为 4 个月，交易日和即期日的间隔一般为 2 天。在本例中，即期日是 4 月 14 日星期三。这就是说，名义贷款或存款从 5 月 14 日星期五开始，恰好是即期日之后 1 个月。到期日为 8 月 16 日星期一（8 月 14、15 日是非营业日），即 3 个月之后。因此，结算日是 5 月 14 日，到期日为 8 月 16 日，合同期 94 天。①

在大多数远期利率协议交易中，一般以在基准日确定的 LIBOR 为参考利率。

确定 LIBOR 的方法：先从若干家指定的银行取得某一时间的利率标价，然后把这些利率标价按由低到高顺序排列，剔除最低标价和最高标价，将余下标价计算出平均值，即为 LIBOR 参照利率。现假定在确定日（即 5 月 12 日）的参照利率为 7.00%，则本例中的远期利率协议的交易流程如图 12-4 所示。

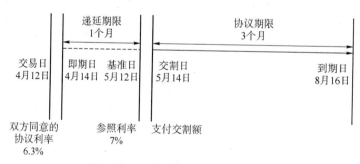

图 12-4 远期利率协议的交易流程

---

① 对一笔常规的欧洲货币贷款或存款而言，利率是在交易日确定的，但是本金的易手要到起息日才进行，起息日一般是交易日后两天。在这方面，远期利率协议有类似性。理论上，名义贷款是在结算日开始支取（在本例中是 5 月 14 日星期五），但利率的确定要提前两天（在基准日决定，即 5 月 12 日星期三）。

12.1.3.2 远期利率协议的定价与报价

给远期利率协议定价（见图 12-5），最简单的思路是把它看作填补时差缺口的金融工具。假定某人手中有一笔资金，希望进行期限为 t_L 的投资，相应利率为 i_L。t_S 是从现在起比 t_L 短的一个时间段，其利率为 i_S。那么，他可以有两种选择：

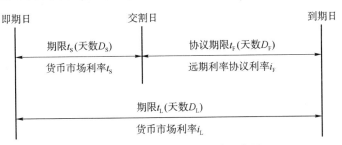

图 12-5　远期利率协议定价示意图

（1）直接进行期限为 t_L 的投资，获得 $t_L i_L$ 的利息收入。

（2）进行期限为 t_S 的投资，与此同时，卖出一份 $t_S \times t_L$ 远期利率协议，以便在下半段时间里获得稳定的收入。此时有

$$(1+i_S t_S) \times (1+i_F t_F) = 1 + i_L t_L$$

式中，i_S 为即期日到交割日的货币市场利率；i_L 为即期日到到期日的货币市场利率；i_F 为远期利率协议利率；t_S 为从即期日到交割日的时间；t_L 为从即期日到到期日的时间；t_F 为协议期限的长度。

将所有的利率以小数点的形式表示，所有的时间均折合成年来表示。将时间折合成天数，则上面公式可以重写（即得出 i_F 的值）为

$$i_F = \frac{i_L D_L - i_S D_S}{D_F \times \left(1 + i_S \times \dfrac{D_S}{B}\right)}$$

式中，D_S 为从即期日到交割日的天数；D_L 为从即期日到到期日的天数；D_F 为协议期限的天数；B 为年转换天数（例如，计算美元时，1 年按 360 天计；计算英镑时，1 年按 365 天计）；其他符号与上式含义相同。

远期利率协议报价与货币市场同业拆借交易利率报价方式相似，也采用双边报价方式。不过，远期利率协议增加了远期期限。例如，远期利率协议 3×6 的报价为 5-5.04，表示 3 个月后起息的、期限为 3 个月的协定利率价格分别为 5% 和 5.04%；左边表示报价方买入远期利率协议的价格，右边表示报价方（愿意）卖出远期利率协议的价格。就询价方而言，交易者的交易方向正好与报价方的报价方向相反。远期利率协议报价的买入价、卖出价的计算公式为

$$i_{F1} = \frac{i_3 D_L - i_2 D_S}{D_F \times \left(1 + i_2 \times \dfrac{D_S}{B}\right)}$$

$$i_{F2} = \frac{i_4 D_L - i_1 D_S}{D_F \times \left(1 + i_1 \times \dfrac{D_S}{B}\right)}$$

式中，i_{F1} 为远期利率协议的买入价；i_{F2} 为远期利率协议的卖出价；D_S 为交易日之后第二个工作日至起息日的天数（从即期日至结算日的天数）；D_L 为交易日之后第二个工作日至到期日的天数（从即期日至到期日的天数）；D_F 为起息日至到期日的天数（结算日至到期日的天数）；i_1 为期限为 D_S 的拆入利率；i_2 为期限为 D_S 的拆出利率；i_3 为期限为 D_L 的拆入利率；i_4 为期限为 D_L 的拆出利率；B 为年基准天数，取 360 或 365（根据不同货币和不同市场惯例而定。通常，计算美元时，1 年按 360 天；计算英镑时，1 年按 365 天）天。

公式计算所得是远期利率协议的理论参考价。作为一项市场价格，远期利率协议的报价还受市场供求和预期等多方面因素的影响，报价方（或做市商）可以根据需要进行调整报价。

具体远期利率协议行情可以通过路通终端机的"FRAT"界面得到（见表 12-1），远期利率协议的市场报价每天随着市场变化而变化，实际交易的价格要由每个报价银行来决定。

表 12-1　××银行远期利率协议报价

期限/月	报价/%	期限/月	报价/%
3×6	3.08~3.14	2×8	3.16~3.22
6×9	3.03~3.09	3×9	3.15~3.21
9×12	3.14~3.20	4×10	3.16~3.23
12×18	3.52~3.58	5×11	3.17~3.24

在远期利率协议报价中，还要增加远期期限。例如，在表 12-1 中，第一列、第三列为远期利率协议的期限，第二列、第四列为远期利率协议的报价。"3×6"的报价为 3.08~3.14，表示 3 个月后起息、期限为 3 个月的协议利率分别为 3.08% 和 3.14%；前面较小的 3.08% 表示报价行买入远期利率协议的价格，即报价银行在结算日支付给询价方的协议利率；后面较大的 3.14% 表示报价方卖出远期利率协议的价格，即报价银行在结算日向询价方收取的协议利率。

由于协议利率是按中间价计算的，而银行安排一项远期利率协议一般不另外收取佣金，因此通常会以 8.9% 和 9.0% 分别报出远期利率协议的买入价和卖出价。除了根据订约时已知的欧洲货币市场上有关利率直接来为远期利率协议定价以外，还可从利率期货市场上的报价间接地获得相同期限的远期利率的价格信息，因为利率期货合约的实质也是一种锁定未来某一日期开始生效的远期利率的交易。当买入一份利率期货合约时，投资者承诺在期货到期日购买国库券或债券，这相当于承诺按一个现在就确定下来的远期利率进行贷款；相反，卖出一份利率期货合约等同于承诺在期货到期日按事先约定的价格出售国库券或债券，这相当于答应根据现在就确定的某个远期利率进行借款。在有效率的金融市场上，利率期货和远期利率协议这两种策略锁定的远期利率应该是一致的，否则就会产生套利的机会。

在利率期货市场上，国库券期货的价格是以指数方式报出的，即 100 减去国库券的年贴现率（因为短期国库券是一种采用贴现方式发行的有价证券）便是 IMM 指数。欧洲美元存款的期货价格也是采用同样的"指数"方法，只不过它是附息式存款凭证，所以从 100 中减去期货价格得到的是欧洲美元存款的年利率（附息收益率）。

期货市场上现存的不同交割月份的 3 个月期欧洲美元的期货价格可直接用来为 3×6、

6×9和9×12的远期利率协议定价。例如，如表12-2所示，以指数形式报出的1990年3月份交割的3个月期欧洲美元存款的期货价格为92.23，用100减去这个指数便是1990年3月生效的3个月期欧洲美元存款的年利率（附息收益率）7.770%（=100%-92.23%）；这正是3×6的远期利率协议的报价，即3个月后开始生效的并在6个月后结束的远期利率为7.77%。又如，表12-2中1990年6月份交割的利率期货合约的报价为92.36，这意味着市场预期在期货交割日生效的3个月欧洲美元的LIBOR为7.640%（=100%-92.36%），这与6×9的远期利率协议的定价是相同的。同样，与1990年9月份交割的利率期货合约的报价92.26相对应的是9×12的远期利率协议的远期利率7.740%。

计息期限超过3个月的远期利率协议的定价稍微要复杂一点。首先需要明确的是：欧洲美元利率期货价格所隐含的利率是期限为3个月的、以年利率形式表示的LIBOR的市场预测值。例如，1990年3月交割的利率期货价格所隐含的信息是：市场预期在3个月后3个月期LIBOR的年利率为7.770%。但是，这个利率是适用于3个月期资金的年利率，3个月的实际利率为 $1.9640833\%\left(=7.770\%\times\dfrac{91}{360}\right)$。存款资金的本息在3个月后可按新的LIBOR利率滚动到下一个3个月期。如果一年计4次利息，那么即便后面3个LIBOR仍维持在7.770%的水平，其有效利率也肯定要超出7.770%。所以，为求得超过3个月的远期利率协议的有效利率，必须考虑复利的因素。

表12-2 利率期货的价格与远期利率协议的价格

欧洲美元的利率期货合约		远期利率协议			
交割时间	期货价格	期限	远期利率协议价格	期限	远期利率协议价格
1989年12月	91.64	0×3	8.360	6×9	7.640
1990年3月	92.23	0×6	8.147	6×12	7.765
1990年6月	92.36	0×9	8.083	6×15	7.955
1990年9月	92.26	0×12	8.116	6×18	8.121
1990年12月	91.98	3×6	7.770	9×12	7.740
1991年3月	91.87	3×9	7.780	9×15	7.958
1991年6月	91.74	3×12	7.868	9×18	8.125
1991年9月	91.65	3×15	8.026	9×21	8.286

12.1.4 远期利率协议的运用

由于远期利率协议可以针对未来的市场利率进行交易，故其逐渐成为金融市场上管理利率风险的一种重要工具，用来防范未来的筹资或投资所面临的利率风险。

1. 防止利率上升的风险——筹资

【例12-6】5月1日，B公司计划在3个月后筹集一笔1 000万美元的6个月短期资金。公司根据国内当前经济发展形势，预期市场利率不久将会上升。为避免3个月后的筹资因市场利率上升而增加筹资成本，B公司向A银行买进了一份"3×9"的远期利率协议，参照利率为6个月的LIBOR，协议利率为5%。若3个月后市场利率果真上升并超过5%，那么B公司的1 000万美元的6个月融资成本将会增加，但在远期利率协议交易的结算日，B公司会得到A银行支付的一笔交割差额，以此抵销一部分实际融资的损失。当然，如果3个月后市场利率未升反跌,那么 B 公司需要在远期利率协议交易中向 A 银行支付交割差额,但是实际融资中可以享受到市场利率下跌的好处。假设基准日的 6 个月的 LIBOR 为:6% 和 4%。试分别分析两种情况下 B 公司的实际融资成本。

分析:

(1) 若基准日的 6 个月 LIBOR 为 6%,则 B 公司可得到 A 银行支付的交割金额。协议期限为 184 天,交割金额为

$$\frac{10\,000\,000 \times (6\% - 5\%) \times \frac{184}{360}}{1 + 6\% \times \frac{184}{360}} = 49\,590 \text{(美元)}$$

B 公司的实际筹资金额为

$$10\,000\,000 - 49\,590 = 9\,950\,410 \text{(美元)}$$

B 公司 6 个月融资到期需偿还的本息和为

$$9\,950\,410 \times \left(1 + 6\% \times \frac{184}{360}\right) = 10\,255\,556 \text{(美元)}$$

B 公司实际承担的融资利率为

$$\frac{255\,556}{10\,000\,000} \times \frac{360}{184} \times 100\% \approx 5\%$$

(2) 若基准日的 6 个月 LIBOR 为 4%,则 B 公司需向 A 银行支付交割金额。交割金额为

$$\frac{10\,000\,000 \times (4\% - 5\%) \times \frac{184}{360}}{1 + 4\% \times \frac{184}{360}} = -50\,087 \text{(美元)}$$

B 公司的实际筹资金额为

$$10\,000\,000 + 50\,087 = 10\,050\,087 \text{(美元)}$$

B 公司 6 个月融资到期需偿还的本息和为

$$10\,050\,087 \times \left(1 + 4\% \times \frac{184}{360}\right) = 10\,255\,555 \text{(美元)}$$

B 公司实际承担的融资利率为

$$\frac{255\,555}{10\,000\,000} \times \frac{360}{184} \times 100\% \approx 5\%$$

由此可知,在 B 公司购买远期利率协议后,不管 3 个月后市场利率是升还是降,公司都可以将实际融资利率锁定在远期利率协议的协议利率水平上(5%),进而固定融资利率成本,规避利率风险。

2. 防止利率下跌的风险——投资

【例 12-7】3 月 1 日,A 银行有一笔 1 000 万英镑资金将在 3 个月后收回。该银行预测 3 个月后市场利率呈下降趋势,为避免 3 个月后收到 1 000 万英镑资金再做 3 个月的短期投资而遭受利率下降的风险,A 银行与 B 银行达成一笔远期利率协议交易:A 银行以 5.60% 的价格向 B 银行卖出 1 份"3×6"的远期利率协议,金额为 1 000 万英镑,参照利率为 3 个

月的英镑 LIBOR。若基准日的 3 个月英镑 LIBOR 为 4.6%，试分析 A 银行运用 FRA 保值的结果。

分析：如果基准日的 3 个月英镑 LIBOR 为 4.6%，那么在结算日，A 银行可以得到 B 银行支付的交割金额。交割金额为

$$\frac{10\,000\,000 \times (4.6\% - 5.6\%) \times \frac{92}{365}}{1 + 4.6\% \times \frac{92}{365}} = -24\,917 \text{（英镑）}$$

因市场利率变化与 A 银行的预测相同，3 个月后英镑 3 个月 LIBOR 下降到 4.6%，A 银行将 1 000 万英镑做短期投资会有损失，但在远期利率协议交易中，A 银行得到了 24 917 英镑的利差收益，由此可以弥补实际投资中因市场利率下降而减少的投资收益。

远期利率协议是双方为了避免在将来的利率发生波动的风险造成的损失而签订的，在未来利率波动上进行投机目的而约定的一份协议。远期利率协议是双方希望调整各自面临的利率风险的一种协议或约定。其中，一方被定义为远期利率协议的买方；另一方被定义为远期利率协议的卖方。卖方答应名义上借给买方一定数额的钱，这里买方和卖方与谁提供这类服务（银行）无关，他们只是名义上的借款者和贷款者，买方可能有实际借款的需要，他购买远期利率协议就是为了套期保值；当然，买方也可以没有实际的借款安排，购买远期利率协议只是对利率的波动进行投机。卖方则是希望把贷款或投资利率固定下来的名义贷款人，远期利率协议是对其利率下降的一种保护。利率上升，卖方将遭受损失，要对买方支付现金。卖方还可以是因利率上涨而遭受损失的实际投机者，他只是对利率下降进行投机的投机者。

对于远期利率协议的运用，需要注意以下几个方面：

（1）这笔名义上的贷款是特定币种、特定金额，在未来特定的日期才能提取，并将持续一段时间。最为重要的是，这笔名义上的贷款将有固定的利率，该利率早在双方签订远期利率协议时就确定下来了。在远期利率协议中，虽然没有实际的借贷款发生，但是买卖双方在未来某一约定的时间内仍然需要参照市场利率和协议利率对整个合约进行结算，结算额是协议一方对另一方进行补偿的金额。

（2）一份标准的远期利率协议应满足：买方名义上答应去借款；卖方名义上答应去贷款；有特定数额的名义上的本金；以某一币种标价；固定的利率；有特定的期限；在未来某一双方约定的日期开始执行。

（3）买方的意图：买方是一个名义上的借款人，他的借款不受利率上升的影响。当然，若市场利率下降了，则他必须按照既定的利率支付款项。买方可能是真的借款者，当然买方也可能是利用远期利率协议的投机者。

（4）卖方的意图：卖方也是名义上的贷款者，他将贷款或投资的利率固定了下来，因此，卖方受到了利率下降的保护，当然即使利率上升，它必须按照既定的利率贷出款项。卖方可能是担心将来会遭受利率下降而带来损失的投资者，也可能是没有真正头寸只希望从利率下降中获利的投机者。

（5）远期利率协议交易之所以是名义上的，是因为它本身并不发生实际借贷行为，理解这一点是很重要的。尽管协议的一方或双方有借款或投资的实际行为，但这必须要分别做出安排。远期利率协议只能避开利率波动的风险，这种保护是以支付现金交割额的方式来实

现的,这个交割额是远期利率协议中规定的利率与协议到期日的市场利率之差。

若没有实际借贷,则一定要注意控制投资风险,风险并不一定是损失,也可能是造成损失的可能性。要进行投资利率风险的管理,需要对经济形势、货币政策进行研判;对损益有帮助的利率调整即将发生时,应该选择浮动利率的产品以增加收益或降低成本;对损益有损害的利率调整即将发生时,应该选择固定利率的产品以锁定收益或成本,规避利率调整造成的损失。

12.2 票据发行便利

12.2.1 票据发行便利的概念与类型

票据发行便利(Note Issuance Facilities,NIF)是一项具有法律约束力的承诺。根据这种承诺,借款人以自己的名义发行短期票据进行中期融资;而包销银行承诺购买借款人未能出售的票据,或承担提供备用信贷的义务。对银行借款人来说,票据发行便利实际上是一种短期存单;而对非银行借款人来说,票据发行便利类似于未经担保的期票,也可视为一种短期银行贷款。

票据发行便利通常采用循环方式,大部分票据的到期日为1个月、3个月或6个月。但有些票据的到期日可以长达1年,也可短至1星期或几天。大多数欧洲票据以美元计值,面额通常为50万美元,票据发行便利是一种中期借款便利,其借款期限与欧洲贷款一样,通常为5~7年。票据发行便利在持票人的资产负债表中被列为一项资产,而银行包销承诺业务不列入银行资产负债表,因而它是一种表外活动。包销承诺通常采取以下几种做法:

(1)借款人发行短期票据,银行负责全部包销,并按LIBOR+0.25%利率购买票据。包销银行既可以持有这种票据,也可以将票据分配给其他投资者。

(2)独家出售代理人负责出售借款人发行的票据,并承购未出售的票据或提供同等数额的贷款。这种做法对独家出售代理人来说具有相当大的吸引力,因为他可以完全掌握出售票据的控制权。因此,他可以按高于买价的价格出售票据,从中获取销售利润。

(3)银行投标小组对票据发行进行投标,包销人则包销未投标的票据或提供等额贷款。按照这种做法,包销人有权在票据出售期限内按票据市场出售价格(LIBOR+附加利率)向牵头银行购买预定份额的票据,再将票据出售给其客户。

(4)多种成分融资便利(Multiple Component Facilities)是欧洲票据市场新发展的票据业务。借款人可以利用各种方式(如短期贷款、摆动信用额度、银行承兑票据等)提取资金。因此,借款人在选择借款的期限、货币种类、利率基础等方面具有较大的灵活性,因而深受借款人的欢迎。

(5)可转让循环包销便利。每个包销人可以在票据发行便利有效期限内,经借款人同意将其包销承诺的所有权和义务转让给另一机构。

不同于包销票据发行便利的非包销票据发行便利是指借款人发行票据,无须银行承诺包销或提供等额贷款。非包销票据发行便利的最大特点是,票据的发行与票据的包销相分离。目前,非包销票据发行便利只适用于信誉等级较高的借款人。由于借款人的信誉等级较高,他们发行的票据容易出售，无须银行承诺包销，因此这样可节省一笔可观的包销费用。非包销票据发行便利通常是指欧洲商业票据融资方案（ECP）和中期欧洲票据融资方案（MTN）。

欧洲商业票据融资方案和中期欧洲票据融资方案具有以下几个特点：一是这些票据的经销不是采用银行投标或独家出售代理的方式，而是采用交易商分销的方式；二是这些票据的到期日较短，发行比较灵活，容易满足买方的要求；三是可以连续发行，而且票据利率可采用绝对利率基础，无须参照 LIBOR；四是欧洲商业票据发行无须信用机构进行评级，也无须信贷限额担保；五是随着欧洲商业票据市场的迅速发展，借款人可以发行期限为 18 个月至 2 年的欧洲商业票据，而美国商业票据的期限一般为 30 天以下。

票据发行便利市场发展相当迅速。1981—1983 年，票据发行便利总额仅为 2 亿美元。但是，1985 年票据发行便利猛增为 494.9 亿美元。其中，经济合作与发展组织（OECD）成员国发行了 468.2 亿美元，发展中国家发行了 10 亿美元，国际机构发行了 8.5 亿美元，石油输出国发行了 5.2 亿美元。在经济合作与发展组织成员国中，发行量排前五的国家依次是美国（175.2 亿美元）、澳大利亚（78.9 亿美元）、瑞典（48.1 亿美元）、英国（38.1 亿美元）、法国（29.8 亿美元）。从票据发行便利的类型看，包销票据发行便利总额为 331.4 亿美元，而非包销票据发行便利（欧洲商业票据融资方案）仅为 163.5 亿美元。从借款部门来看，1985 年，工业机构占票据发行便利总额的 63.1%，金融机构占 27.5%，政府占 7.7%，国际机构占 1.7%。

从 1985 年起，票据发行便利市场发生了显著的变化。其主要表现是：包销票据发行便利发行总额从 1988 年的 144 亿美元急剧下跌至 1990 年的 43 亿美元；欧洲商业票据方案则从 1985 年的 163.5 亿美元猛增至 1988 年的 571 亿美元，此后略微下跌至 1990 年的 483 亿美元。1990 年，包销票据发行便利在整个票据发行便利（包括包销和非包销票据发行便利）中的占比仅为 5.9%。

从借款地区来看，经济合作与发展组织发行的包销票据发行便利和其他包销发行便利总额，1990 年仅为 49 亿美元，而发行的欧洲商业票据方案以及其他非包销便利总额在 1990 年却高达 639 亿美元。

12.2.2　票据发行便利的发行费用

票据发行便利的发行费用主要包括两大部分：票据发行便利的利率和发行管理费用。

票据发行便利的利率通常采用 LIBOR、LIBID 加基本点的形式。票据发行便利利率的高低取决于借款人的信誉等级。信誉等级一流的借款人可按较低的利率，甚至可按较低的 LIBID 加基本点发行票据。例如，瑞士、澳大利亚联邦银行以及尤尼莱弗公司通常按 LIBID 加 5～7 个基本点发行票据。但对信誉等级较低的借款人来说，其发行票据便利的利率通常为较高的 LIBOR 加基本点。最高利率一般不超过 LIBOR 加 20 个基本点。在某些场合下，票据发行利率在票据发行便利期间逐年增加。例如，5 年期限票据发行便利的最高利率一开始为 LIBOR 加 5 个基本点，随后两年为 LIBOR 加 12.5 个基本点，最后 3 年为 LIBOR 加 20 个基本点。

除票据发行利率外，票据发行便利借款人通常要支付以下四种发行管理费用：

（1）参与费或前端管理费。这笔费用通常高达15个基本点。该笔费用的多少视承诺金额的高低而定。

（2）包销费。包销费指票据发行人每年支付给包销机构的一笔费用。这笔费用的高低取决于票据发行便利的总额。对信誉等级较高的借款人来说，包销费仅为5个基本点，对其他借款人则为15个基本点。

（3）承诺费或便利费。若借款人支付了包销费，则他无须再支付这笔费用。但是，有些票据发行便利借款人既要支付包销费又要支付承诺费。承诺费有时取决于票据发行便利总额，有时取决于发行便利中未使用部分。在某些票据发行便利中，借款人可以确定不动用部分。对不动用部分，借款人可以不支付承诺费，或支付少量承诺费。承诺费一般为5~10个基本点。

（4）使用费。少数票据发行便利要支付使用费。使用费的多少取决于包销承诺的使用程度，最高为20个基本点。

票据发行便利的发行成本要低于银团贷款的成本，一般要低10~50个基本点。这是因为票据发行便利的加息率，即基本点比较低。但是，票据发行便利的管理费用比较高，二者相抵后，票据发行便利的总成本还是比较低的。

从银行角度来看，它可以从承诺包销票据发行便利中获得两方面利益：可以绕过金融监管机构对其资本适宜度的种种限制，因为票据发行便利的承诺包销是一项表外活动，不必列入资产负债表内业务；可以获得大量的收入。这笔收入主要来自以下几个方面：

①票据发行便利的利息。
②销售利润。
③前端费或参与费。
④每年的包销费或承诺费。
⑤可能收取的使用费。
⑥代理费和管理费。

一般来说，银行收取的包销费是比较低的，有时还不足以抵补其承担的风险。票据发行便利的利率相对也比较低，因而不能作为银行的主要收入。银行能从票据发行便利中获得较大收入的部分是销售利润。它可达5个基本点，而且每半年收取一次。

12.2.3　票据发行便利的特点与风险

票据发行便利的特点是成本低和流动性大。由于票据发行便利的加息率比较低，因此其发行成本通常要比银团贷款低。对信用等级较高的借款人来说，票据发行便利不失为一种较理想的融资工具。澳大利亚有关税法规定，凡在澳大利亚境外发行债券筹集的资金，用于国内企业可免交预扣税。票据的替代物还可作为应急筹资的来源。票据发行便利的流动性迎合了广大借款人的需要。

票据发行便利具有信用风险、流动风险和市场风险。信用风险由持票人和包销人分担。如果借款人在票据到期前违约，则持票人必须承担这种信用风险。如果投资者对票据丧失信心，不愿购买这类票据，那么包销商会因票据无法出售而承担信用风险。

银行承诺在某一时间提供资金，但由于市场利率条件不利而不能顺利融通资金，则银行要承受流动性风险。

与其他短期融资工具一样,利率和汇率的急剧变化将影响未清偿票据的价值。因此,票据发行便利同样具有市场风险。

12.3　浮动利率票据

12.3.1　浮动利率票据的概念与发行条件

浮动利率票据(Floating Interest Rate Note)是借款人按可变利率发行的短期至长期的负债工具。可变利率通常是参照市场利率或指数加附加利率的方式决定的。

在美国国内债券市场上发行的浮动利率票据,称为美国国内浮动利率票据。美国国内浮动利率票据是以美元为面额的负债工具。发行人事先必须向美国证券委员会(Securities & Exchange Commission, SEC)登记注册,经批准后方可公开发行。浮动利率票据的发行方法是:先由投资银行承购,然后在国内债券市场上出售给美国居民和外国人。美国国内浮动利率票据的利率通常采用美国国库券指数加附加利率的方式,有时也采用其他短期货币市场利率,或伦敦银行同业存款利率。

在欧洲债券市场上发行的以美元为面额的浮动利率票据称为欧洲美元浮动利率票据。其发行方式是:由国际投资银团承购并在国内市场上和离岸金融中心进行销售。除欧洲美元浮动利率票据外,在欧洲债券市场上还有欧洲英镑浮动利率票据、欧洲日元浮动利率票据、欧洲瑞士法郎浮动利率票据等。

欧洲美元浮动利率票据于1970年首次发行,20世纪70年代末起得到了迅速发展。1974年,欧洲美元浮动利率票据约占全部欧洲美元债券发行总额的7%。到1983年,这一比重上升为40%。80年代末,欧洲美元浮动利率票据在新发行的欧洲债券中所占比重大幅度下降,1988年降为11%,1989年降为5.2%,这是普通债券或固定利率债券(Straight Bonds)和股权担保债券(With Equity Warrants)所占比重的大幅度增加导致的。该比重于1990年上升为20%左右。

欧洲美元浮动利率票据的发行条件有以下几个方面:

1. 工具(Instruments)

欧洲美元浮动利率票据的发行条件与其他金融工具基本相同,在利率确定方面尤为相似。欧洲美元浮动利率票据的面额最低为1 000美元。

2. 到期日(Maturity)

大多数欧洲美元浮动利率票据的到期日为5~15年。最近某些借款人及银行还发行了永久性浮动利率票据。

3. 参照市场(Preference Market)

伦敦银行同业欧洲美元存款市场是欧洲美元浮动利率票据的主要参照市场。但是,亚洲美元浮动利率票据通常以新加坡银行同业美元存款市场为参照市场。由于银行同业存款市场是一个发达的套利市场,故这两个市场实际上是同一个市场。

4. 参照利率(Preference Rate)

欧洲美元浮动利率票据的参照利率主要是伦敦银行同业拆放利率(LIBOR)、伦敦银行同业拆入利率（LIBID）和伦敦银行同业中间利率（LIMEAN）。近年来发行的某些浮动利率票据以 3 个月或 6 个月 LIBOR 为参照利率，但是利率每月、每 3 个月或每周调整，每季度或每半年付息。参照利率是由指定银行（通常有三家银行）按利息期限开始之日的前两个营业日于伦敦当地时间上午 11 点报出的存款利率进行加权平均计算出来的。

5. 附加利率（Margin or Spread Rate）

欧洲美元浮动利率票据的附加利率通常为 1.125%～1.25%。附加利率的高低主要取决于发行人的信誉等级、发行期间银团贷款和循环包销便利的附加利率以及其他市场条件。

6. 利息期（Interest Period）

欧洲美元浮动利率票据的利息可按 6 个月存款利率每半年调整一次，或按 3 个月存款利率每季度调整一次。

7. 最低和最高利率息票（Minimum & Maximum Coupons）

大多数浮动利率票据的最低利率为 5%～10%，最常见的为 5.25%。浮动利率票据一般不规定最高利率，除非有利率封顶的规定。

8. 偿还条款（Redemption Provisions）

欧洲美元浮动利率票据的到期年月一般在发行之日就已确定，但是确切的偿还日期取决于借款期限内利息期的延顺。例如，利息期在某一期限内自然增加（通常从 3 个月或 6 个月的最后一天起）。但是，如果付息日遇上非营业日，则付息日应延至下一营业日。

浮动利率票据的期限一般为 5～12 年。近年来，浮动利率票据的期限大大延长。例如，英格兰银行允许商业银行发行一种永久性债券，并可作为银行的初级资本。随后英国清算银行也发行了好几笔此类大额债券。

12.3.2 浮动利率票据市场的结构

浮动利率票据市场的参与者是由借款人和投资者构成的。借款人主要有银行、非金融机构和政府机构。投资者主要有银行、投资银行、非金融机构以及个人。

尽管非金融机构首先开发了浮动利率票据市场，但是金融机构，尤其是银行，已成为该市场的主要借款人和投资者。浮动利率票据已发展成为银行的一种主要融资工具，其主要原因是：

（1）浮动利率票据的期限通常要比存款、同业银行资金或其他负债工具长，它是银行较为理想的长期资金来源。例如，1970—1979 年，大部分浮动利率票据的期限为 5～7 年，随后又延长为 7～12 年或更长时间。

（2）浮动利率票据为银行的中期贷款提供了资金融通的机会。

（3）浮动利率票据有助于银行增加资本。例如，美国持股公司在其资产负债中将浮动利率票据列为股权资本。再如，英国银行把永久性浮动利率债券视为初级资本。

（4）浮动利率票据与银行存款同属一个类别，日本、法国和德国等国的银行均通过发行浮动利率票据来扩大其存款资金的来源。

（5）某些银行法规有利于浮动利率票据的发行。例如，法国银行法允许将发行债券筹集的资金用于贷款。

(6) 大部分浮动利率票据的偿还条款给银行的负债管理提供了灵活性。

从 1982 年起,非金融机构(尤其是政府机构)在浮动利率票据市场上筹集了大量的资金。此外,信誉等级较低的借款人(如发展中国家的政府机构)比较容易进入该市场筹资。浮动利率票据市场的罚款条例也不如银行信贷或债券市场那样烦琐。

金融机构,特别是银行,是浮动利率票据市场的主要投资者。据统计,银行提供的资金占该市场资金总额的 70%～80%。浮动利率票据为银行资金进入银行同业市场提供了方便。促使银行投资于浮动利率票据的另一个重要因素是,浮动利率票据为银行资产管理提供了灵活性,并为低价购买票据提供了可能性。对日本银行来说,浮动利率票据不失为一种理想的融资工具,因为日本银行发行浮动利率票据不受资产负债期限匹配的限制。

其他投资者是银行以外的金融机构,如企业、央行、政府或半官方机构和个人。浮动利率票据对这些投资者也具有很大的吸引力。尤其是在利率高涨期间,浮动利率票据可以保护投资者免受资本损失的风险。

浮动利率票据市场可分为初级市场和二级市场。初级市场是指发行市场。公开发行浮动利率票据的程序可分为以下几个阶段:

(1) 牵头银行在指定的期限内收到借款人提交的委托书,开始拟定必要的借款文件,其中包括报告说明书。

(2) 辛迪加成员银行(即经理银行、承销银行、销售集团成员银行)将发行条件通知投资者,这一阶段称为发行或销售。

(3) 牵头银行将浮动利率票据分发给辛迪加成员银行,并用电传通知各自承担的份额。

(4) 牵头银行与辛迪加成员银行签订合约,按比例共同分享销售佣金。

在初级市场上,浮动利率票据的发行价格和条件均由牵头银行负责制定,并在指定交割日前两个营业日确定第一次付息日期。辛迪加成员银行一旦收到各自承担份额的通知,立即制定浮动利率票据上市价格。若票据交易价格高于发行价格,则公开发行成功。

二级市场是浮动利率票据上市买卖的场所。在二级市场上,浮动利率票据的价格一般具有以下几个特点:交易价格接近于平价;交易价格变动幅度较小;若干年以后价格变动幅度将呈下降趋势。但是,各种浮动利率票据之间依然存在着价格差异,价格通常会受以下几种因素影响:

1. 到期日

作为金融市场的主要参与者,银行通常参与市场的套利活动。其结果是,短期浮动利率票据的价格比较稳定,其平均值要高于中期和长期浮动利率票据。

2. 参照市场

以伦敦银行同业存款市场为参照市场的浮动利率票据,通常要比以其他存款市场为参照市场的浮动利率票据具有更大的流动性。

3. 利息期限

一般来说,对于每季度调整利息期的浮动利率票据以及经常性调整利息期的浮动利率票据,其交易价格则要高于平均价格,且价格变动幅度比较小。

此外,浮动利率票据之间的相对价格变动也反映了利息期调整的时间。当利率上升时,投资者将原来持有的浮动利率票据转换成利息期较短或经常调息的浮动利率票据;当利率下跌时,投资者将原来持有的浮动利率票据转换成利息期较长的浮动利率票据。例如,在利率上升期间,半年调息浮动利率票据价格下浮的幅度要大于季度调息的浮动利率票据。在利率下跌期间,半年调息浮动利率票据价格上浮的幅度要大于季度调息的浮动利率票据。

4. 参照利率

欧洲美元市场的票据买卖差价通常为 0.125%。因此,浮动利率票据参照利率之间的差额反映在浮动利率票据的价格上(如 LIMEAN 加 0.25% 等于 LIBOR 加 0.187 5%)。此外,参照利率(即银行同业存款利率)的变动幅度和趋势也同样反映在浮动利率票据的价格上。

5. 参照利率加附加利率

LIBOR 加 0.25% 的浮动利率票据的平均价格,要高于 LIBOR 加 0.125% 的浮动利率票据。这在利率下跌和低利率期间尤为明显,因为附加利率在整个收益中占了较大的比例。

6. 借款人

信誉等级较高的借款人发行的浮动利率票据的价格比较高,且变动幅度也比较小。

必须指出,上述因素只运用于正常的市场条件。由于这些因素是相互关联的、经常变化的,浮动利率票据市场因而会经常出现例外情况,关键是如何把握住可能出现的获利机会。

12.3.3 浮动利率票据交易的主要策略

欧洲美元浮动利率票据市场具有较大的流动性。但是,浮动利率票据的不同价格机制和参照利率,导致了浮动利率票据市场价格的不断变动。浮动利率票据市场价格的不断变动为固定收入组合资产投资者提供了大量的交易机会。

投资者只要掌握了浮动利率票据价格的相对变动或者 LIBOR 加附加利率的几种衡量指标,就能获得互换交易的机会。调整后总收益率(Adjusted Total Margin,ATM)就是其中一个衡量指标。它能反映票据价格变动后的总收益率。其计算过程分两个步骤:先计算调整后价格,再计算调整后的总收益率。调整后价格的计算公式为

$$AP = P - \frac{\left(\frac{C-B}{100}\right) \times (P + AI) \times \left(\frac{D}{360}\right)}{1 + \left(\frac{B}{100} \times \frac{D}{360}\right)} \times 0.01$$

式中,AP 为调整后价格;C 为票据现行利率;B 为基础利率;AI 为追加的利息;P 为票据价格;D 为需要调整的天数。

调整后的总收益的计算公式为

$$ATM = \frac{\left(\frac{100-AP}{BY}\right) + F + \frac{(B) \times (100-AP)}{100}}{\left(\frac{AP}{100}\right)} \times 100$$

式中,BY 为票据年数;F 为调整附加利率。

为了便于说明调整后的总收益率,现假定美国波士顿银行于 1984 年 11 月 15 日发行了到期日为 1996 年 2 月 15 日、卖出价格为 99.40 美元、利率为 9.562 5% 的浮动利率票据。该票据利率按 3 个月 LIBOR 每季度调整一次。下一次调整日期为 1985 年 2 月 15 日(90 天),基础利率(3 个月 LIBOR)为 9.50%,该票据调整后的价格为 99.399 8 美元。调整后

总收益率（ATM）计算如下：

已知卖出价格 $P = 99.40$ 美元，现行利率 $C = 9.5625\%$；假定的基础利率 $B = 9.50\%$；追加的利息 $AI = 0$；需要调整的天数 $D = 90$，则有

$$AP = 99.40 - \frac{\left(\dfrac{9.5625 - 9.50}{100}\right) \times (99.40 + 0) \times \left(\dfrac{90}{360}\right)}{1 + \left(\dfrac{9.50}{100} \times \dfrac{90}{360}\right)} \times 0.01 \approx 99.3998$$

$$ATM = \frac{\left(\dfrac{100 - 99.3998}{11.3}\right) + 0 + \dfrac{(9.50) \times (100 - 99.3998)}{100}}{\left(\dfrac{99.3998}{100}\right)} \times 100 \approx 11.08\%$$

从计算结果可知，调整后总收益率通常与票据价格呈反向变动。

浮动利率票据交易策略分为同业市场互换交易策略和市场内部互换交易策略两类：

1. 同业市场互换交易策略

信誉等级和期限相同但发行市场不同的证券，其价格往往因市场机制和效率的差异而有所不同。同业市场互换交易策略就是投资者利用不同的浮动利率票据市场，将一种票据换成另一种票据以从中获取最大的收益。

1）欧洲美元固定利率债券与欧洲美元浮动利率票据之间的互换

欧洲美元固定利率债券和欧洲美元浮动利率票据的价格均与利率成反比。若利率上升，则债券价格下跌；反之，若利率下跌，则债券价格上升。但是，浮动利率票据的价格受利率变动的影响较小，因而比较稳定。这是因为浮动利率票据利息经常按 LIBOR 加附加利率进行调整，能与现行市场利率保持一致。在票据利息调整日期，浮动利率票据的价格很可能接近于平价，但实际利息水平则取决于浮动利率票据的最后到期日和发行人的信誉等级。一般来说，浮动利率票据（即每季度调息）的价格变动幅度比较小，它是货币市场金融工具的替代物。

例如，花旗银行海外财务部发行了两种债券：1987 年到期、利率为 12% 的欧洲美元固定利率债券和 1994 年到期、利率为 3 个月 LIBOR 加 0.25% 的浮动利率票据。当债券价格回升时，投资者将浮动利率票据互换为固定利率债券，以获取最大的资本收益。当债券价格下跌或利率急剧上升时，投资者又将固定利率债券换回浮动利率票据，从而可获得高于其他货币市场金融工具的资本收益。

2）以 LIBOR 为基础利率的欧洲美元与国内浮动利率票据的互换

由于以 LIBOR 为基础利率的负债工具的价格相对稳定，故美国国内浮动利率票据已成为一种相当流行的金融工具。但是，美国国内浮动利率票据的参照利率以及利息调整机制类似于传统的欧洲美元浮动利率票据，以 LIBOR 为基础利率的国内浮动利率票据的价格变动幅度通常要大于欧洲美元浮动利率票据。欧洲美元浮动利率票据市场是一个机制完善、流动性大的金融市场，美国国内浮动利率票据市场则是一个新开发的、机制不太完善的市场，因而其价格变动幅度较大。

例如，美国大通曼哈顿银行发行了欧洲美元浮动利率票据（1993 年到期、利率为 6 个月 LIBOR 加 0.125%）和国内浮动利率票据（1996 年到期、利率为 3 个月 LIBOR 加

0.125%)。即使国内浮动利率票据的利息每季度调整一次,欧洲美元浮动利率票据每半年调整一次,国内浮动利率票据总收益率的变动幅度也大于欧洲美元浮动利率票据。利息频繁调整的浮动利率票据的总收益率相对比较稳定。总体上,国内浮动利率票据的总收益率低于欧洲美元票据。但是,当较多的投资者参与国内票据市场时,这两个市场之间的收益差额就变得越来越小。尽管如此,二者之间的收益差额在短期内依然存在,但相差不多,因为它们均以 LIBOR 为基础利率。只有当两者收益率相差较大时,投资者通过互换才能获得较大的收益。

例如,投资者持有欧洲美元浮动利率票据。5 月份时二者收益率相差很大,投资者便将欧洲美元票据掉换成国内票据。当 7 月份二者收益率相差很小时,投资者又将国内票据换回欧洲美元票据。通过互换,他便能获得 16.8% 的收益率,而同期国内票据和欧洲美元票据的收益率分别为 14.2% 和 15.5%。

3)以 LIBOR 为基础利率的欧洲美元浮动利率票据与以美国国库券利率为基础利率的浮动利率票据的互换

以美国国库券利率为基础利率的浮动利率票据的利息若每 3 个月或每 6 个月调整一次,其价格变动幅度仍大于欧洲美元票据。形成这种价格差异的主要原因是,欧洲美元浮动利率票据是以 LIBOR 为基础利率的,从结构上讲,它是最高的美元短期利率;以美国国库券利率为基础利率的浮动利率票据则受美国国库券利率的影响,它通常是货币市场中最低的美元利率。以美国国库券利率为基础利率的浮动利率票据的价格,必须进行调整以适应国库券和其他货币市场工具之间收益差额的变化。因此,以美国国库券利率为基础利率的浮动利率票据仍具有较强的竞争力。LIBOR 与美国国库券利率之间的利差是由以下几个方面构成的:

(1)美国国库券与国内银行存单利率之间的利差。美国国库券是由美国政府发行的债券,它具有信誉高、发行量大和流动性强的特点。因此,其短期利率最低。而银行存单的信誉等级相对较低,流动性较小,其收益率也就较高。影响这种利差的其他因素是,各州和地方政府对美国国库券和银行存单投资者征收的所得税税率以及美国国库券和银行存单市场的供给状况。银行存单与美国国库券之间的绝对利差通常随利率上升而扩大,因为这同美联储银行采用的紧缩性货币政策密切相关。紧缩性的货币政策造成银行系统信贷减少,投资者更加关心银行流动资产和投资质量。相反,当利率下跌时,投资者对银行流动资产的关心随之减少,并将存单转换为收益率较高的票据,以提高其组合资产的收益。20 世纪 80 年代初,由于许多美国银行面临着资金危机,银行存单与美国国库券之间的利差发生了急剧的变动。1982 年秋,当资金危机发生时,存单与美国国库券的利差扩大到约 400 个基本点。当危机消失,投资者恢复了对美国银行的信心时,利差便跌至 100 点以下。

(2)美国国内银行存单与欧洲美元存单之间的利差。过去欧洲美元存单利率比美国国内存单利率要高 20~25 个基本点。这是因为美国银行通过其海外分支行向海外提供较高的利率以获得大量的资金,而其承担的成本与国内银行相同。美国银行的欧洲美元负债只要很低的准备金比例,且无须缴纳存款保险金。但是,自 1980 年美国货币管制法案出台后,欧洲美元和国内负债的准备金要求逐渐趋于一致,二者的利差也就随之缩小。目前,这一利差主要取决于这两个市场新发行的存单数量。

(3) 欧洲美元存单与欧洲美元存款（买价）之间的利差。欧洲美元存款是不可转让的，因而其利率高于欧洲美元存单。欧洲美元存单与欧洲美元存款之间的利差利率还取决于这两个市场的发行状况。

(4) LIBOR 通常为 0.125%，高于欧洲美元存款拆入利率。

上述四种利差均会影响 LIBOR 与美国国库券利差之间的利差。在这些利差中，影响作用最大的便是美国国库券与美国国内存单之间的利差。当 LIBOR 与美国国库券利率的利差扩大时，以美国国库券利率为基础利率的浮动利率票据的价格下跌，从而使浮动利率票据的现行收益接近于其他货币市场利率。相反，当 LIBOR 与美国国库券利率之间的利差缩小时，以美国国库券利率为基础利率的浮动利率票据的价格上升，使其现行收益不致于大大高于其他货币市场利率。

现举例说明，以欧洲美元浮动利率票据与美国国库券利率为基础利率的浮动利率票据之间的互换交易策略。假定美国纽约化学银行发行了欧洲美元浮动利率票据（1994 年到期、利率为 3 个月 LIMEAN 加 0.25%）和以美国国库券利率为基础利率的浮动利率票据（到期日为 2004 年、利率为 6 个月国库券利率加 100 个基本点）。由于美国伊利诺斯大陆银行发生了信用危机以及利率普遍上升，LIBOR 与美国国库券利率之间的利差，在 1984 年 2 月底至 6 月初出现了急剧变动（从 60 点扩大到 242 点），投资者将以美国国库券利率为基础利率的国内浮动利率票据掉换成欧洲美元浮动利率票据，后者的收益率高于前者。当美国债券市场价格强劲回升以及对银行资产流动性的信心恢复时，二者之间的利差在 6 月中旬缩小到 100 点的正常水平。这时投资者再换回以美国国库券利率为基础利率的国内浮动利率票据，他便能获得 12.3% 的收益，而同期国库券利率浮动利率票据和欧洲美元浮动利率票据的收益率分别为 11.6% 和 11.3%。

2. 市场内部互换交易策略

在各种浮动利率票据市场（以欧洲美元、LIBOR 为基础利率和以美国国库券利率为基础利率的浮动利率票据），浮动利率票据的价格因发行人、利息调整频率以及期限的不同而不同。从根本上说，形成价格差异的因素是各种市场的供求状况不同，借款人的信誉等级不同，利率周期内各个市场对价格的反应程度不同。

1) 半年调息与季度调息浮动利率票据之间的互换

季度调息浮动利率票据的价格变动幅度要小于半年调息浮动利率票据，因为前者易与现行市场利率保持一致。因此，在债券市场价格回升期间，半年调息浮动利率票据的价格很可能高于季度调息浮动利率票据，而在债券市场价格下跌期间，前者要小于后者。当投资者预计利率下跌时，他将发行人相同的季度调息浮动利率票据掉换成半年调息浮动利率票据；当利率上升时，他再进行反向互换。

2) 短期浮动利率票据与长期浮动利率票据之间的互换

即使欧洲美元浮动利率票据类似于货币市场工具，长期浮动利率票据的价格变动幅度仍要大于短期浮动利率票据。因此，在债券市场价格回升期间，长期浮动利率票据的价格高于浮动利率短期票据；在债券市场价格下跌期间，前者则低于后者。当预计利率下跌时，投资者将短期浮动利率票据换成浮动利率长期票据；当预计利率上升时，投资者再换回短期浮动利率票据。

3）不同信誉等级的浮动利率票据之间的互换

投资者对不同信誉等级借款人的看法会随市场的发展而不断变化，这将导致不同等级的浮动利率票据的相对价格发生波动。20 世纪 80 年代初，美国一些银行的危机是造成美国银行与其他国家银行发行的浮动利率票据的信用等级差异变化的重要因素之一。在以 LIBOR 为基础利率的国内浮动利率票据市场上，货币中心银行和地区银行的浮动利率票据的信誉等级差异也出现了类似的变化。因此，当美国银行开始出现危机时，投资者应根据市场行情的变化将美国银行发行的浮动利率票据换成其他国家银行的浮动利率票据。当投资者恢复了对美国银行的信心时，他再换回美国银行的浮动利率票据。

核心概念

远期利率协议

票据发行便利

复习思考题

1. 试比较远期利率协议与金融期货的异同。
2. 论述远期利率协议交易与利率互换交易的异同。
3. 简述票据发行便利的优越性。
4. 假设目前货币市场利率报价如下：

3 个月期拆入利率 5.5%、拆出利率 5.63%，

9 个月期拆入利率 5.7%、拆出利率 5.83%。

试求"3×9"远期利率协议的报价（3 个月实际天数为 92 天；9 个月实际天数为 275 天）。

第13章

信用衍生产品交易

学习目标

通过对创新型金融衍生产品的学习,了解信用衍生产品的产生与发展,掌握典型信用衍生产品交易的基本原理,理解不同金融衍生产品的套期保值规避金融风险的功能,提高防范金融衍生产品触发系统性金融危机的风险识别能力。

引导案例

中国版信用违约掉期(CDS)的前世今生

对中国衍生产品市场来说,2010年11月5日是一个具有里程碑意义的日子,信用违约掉期(CDS)产品破茧而出:光大银行作为第一批被批准进行CDS交易的成员,这一天将率先与中债信用增进公司敲定国内第一笔CDS交易。业内人士认为,CDS对平衡中国资产市场信用风险具有良好作用,有利于完善国内金融结构。

据悉,光大银行和中债信用增进公司经过协商选取09清控MTN1(0982117)与10北国资MTN1(1082003)两只债券来作为标的债务,采用信用保护条约对敲的形式,双方互为信用保护的买方和卖方同时完成了两笔交易,并分别挂钩不同的标的债务。通过选择合适的债券,设定公平的信用条款,建立完善的交易系统、定价模型以及风险控制框架,光大银行迈出了我国CDS交易的第一步。

银行间交易商协会于2010年11月4日公布了首批中国银行间市场信用风险缓释交易商和凭证创设机构名单。首批交易商共有17家,其中包括国家开发银行、工商银行、中国银行和建设银行在内的12家国内银行券商等机构,以及汇丰银行、花旗银行等在内的5家外资银行。首批凭证创设机构共有14家,包括国家开发银行、中国光大银行等机构。

国内信用债市场的蓬勃发展以及银行间贷款转让交易系统的启动为CDS的发展提供了良好的土壤。目前,债券市场已经形成了包括企业债、次级债、短期融资券、中期票据、普通金融债以及集合票据在内的多种类信用债,信用债发行的多样化为 CDS 交易提供了更广泛的参照实体。而且,中国人民银行于 2010 年 9 月正式批准成立了银行间贷款转让交易系统,以提高银行信贷资产流动性,满足银行调节信贷规模、信贷结构、贷款余缺的需要。银行间信贷资产转让平台的建立提高了国内信贷资产价格的透明度,有利于以银行贷款为标的债务的 CDS 交易的展开。

业内人士表示,我国信用衍生产品市场刚刚起步,很多方面有待发展完善。首先,监管部门应出台政策鼓励银行等金融机构积极开展 CDS 交易,对买入 CDS 产品的金融机构明确规定该产品降低风险资产占用,以此拓展 CDS 发展空间,避免"只愿卖出 CDS、不愿买入 CDS"的市场单边倾向;其次,可适当放宽我国企业发行债券的限制,允许一些信用评级较低的经济体发行债券,提高信用债市场的风险,从而使 CDS 真正发挥套期保值,规避风险的作用;再次,可以在银行间市场交易商协会(简称交易商协会)的主导下,建立中央级的信用评级公司,以规范债券评级,为 CDS 交易定价提供一个统一的可参考的标准;最后,建立信用衍生品清算中心,把 CDS 交易放入一个统一的市场,进行集中清算处理,以减少由于 CDS 合同卖方违约甚至破产倒闭而带来的交易对手风险。

2018 年成了信用债违约大年,可以说信用债违约已经常态化,但是中国的信用衍生产品市场一直不够活跃。2018 年 10 月 22 日晚,中国人民银行发布公告,引导设立民营企业债券融资支持工具,以稳定和促进民营企业债券融资,其中的运作方(即专业机构)主要为中债信用增进公司;10 月 24 日,中国人民银行行长易纲对银行间市场交易商协会、信用增进公司就设立民营企业债券融资支持工具的各项工作予以充分肯定。易纲指出,下一阶段要继续按照党中央、国务院的统一部署,始终坚持基本经济制度和"两个毫不动摇",积极运用民营企业债券融资支持工具,提高民营企业金融可及性,为民营企业发展营造良好的融资环境。

央行表示,民营企业债券融资支持工具由人民银行运用再贷款提供部分初始资金,由专业机构进行市场化运作,通过出售信用风险缓释工具、担保增信等多种方式,重点支持暂时遇到困难但有市场、有前景、技术有竞争力的民营企业债券融资。同时,中国人民银行积极支持商业银行、保险公司以及债券信用增进公司等机构,在加强风险识别和风险控制的基础上,运用信用风险缓释工具等多种手段,支持民营企业债券融资。

信用风险缓释工具(Credit Risk Mitigation,CRM)由交易商协会于 2010 年推出并试点。CRM 的推出解决了中国信用债市场上衍生产品缺失的问题,其作为银行间市场上用于信用风险管理的信用衍生产品,被视为中国版信用违约互换(CDS)。交易商协会于 2010 年 10 月在银行间市场推出的 CRM,包括信用风险缓释合约(CRMA)和信用风险缓释凭证(CRMW)。2016 年 9 月,该协会又发布一系列业务规则和指引,CRM 种类新增了信用违约掉期(CDS)和信用联结票据(CLN),在交易商协会出台的 CRM 业务规则中,CDS 属于合约类 CRM,除了不能流通,其他功能都与国外 CDS 相似,而 CLN 是 CDS 与传统票据的结合。

由于推出的时间正是次贷危机后 CDS "臭名昭著"之时,因此采用 CRM 也是为了避嫌。有次贷危机教训在先,监管机构对信用衍生产品的推出持审慎态度,按照"从简到繁、由易到难"的思路,首先推出简单产品。CRM 的蓝本是 CDS,从最初始的 CRMA 和

CRMW，到现在的 CDS 和 CLN，产品设计都以 CDS 为基础。从 CRM 推出的 2010 年，一直到 2014 年，虽然债券市场规模发展迅猛，但并无实质违约发生，债券市场信用风险缓释需求有限。截至 2016 年年底，CRM 总发行额累计仅 58.8 亿元，此后直到 2018 年 8 月都没有新增发行，随着 2018 年违约增多，2018 年 9 月以来发行了 4 只 CRMW 产品，合计金额 7.85 亿元。

CRM 市场与债券市场具有信号传递的关系。信用衍生产品与信用风险高度相关，其价格反映了债券的信用风险。债券信用风险的度量器是信用利差，新信息首先体现在信用衍生产品市场及股票市场上，然后影响债券市场。但 CRM 流动性较差，使 CRM 价格更多体现流动性溢价，而非信用利差。此时，只有提高 CRM 流动性，才能更好地发挥 CRM 信用风险预测与反馈功能。

CRM 的推出更重要的意义在于其使用，而扩大 CRM 的使用是否会演变为次贷危机，取决于这些工具想要解决的底层风险是什么。穆迪观察显示，中国市场目前存在着短期经济稳定与长期资本市场发展的矛盾。当前的债券违约常态化可能是一个正常的风险定价手段，信用风险的定价利差的扩大，体现出资本市场对企业信用风险的定价更加精细化，这个发展趋势有利于资本市场长期发展；从短期来看，企业违约有可能触发实体经济的下行风险。而央行的这一稳定措施有利于平衡二者间的矛盾。

（资料来源：盛宏清. 中国版信用违约掉期（CDS）破茧而出［N］. 上海证券报，2010-11-05；央行高度重视的民企债券融资支持工具能解决什么问题？［EB/OL］. 澎湃新闻，2018-10-24，转自搜狐财经 https://www.sohu.com/a/271056460_260616。）

13.1 信用衍生产品概述

13.1.1 信用衍生产品的产生

信用衍生产品于 20 世纪 90 年代初产生于美国银行业，是目前信用风险管理中最新的管理工具之一，也是国际金融市场金融创新的最新代表。根据国际互换和衍生产品协会（International Swaps and Derivatives Association，ISDA）的定义，信用衍生产品（Credit Derivativers）是用来分离和转移信用风险的各种工具与技术的统称，主要指以贷款或债券的信用状况为基础资产的衍生金融工具。它的价值是从其他资产，如债券、贷款或其他金融资产中衍生出来的。顾名思义，信用衍生产品的主要风险是信用风险。具体来说，信用衍生产品是指交易双方签订的一项金融性合约，该合约允许信用风险从其他风险中分离出来，并从交易的一方转移至另一方。目前，信用衍生产品的具体形式主要包括信用互换、信用期权、信用远期和信用联系票据等。因此，它实际上是在互换市场、期权市场和证券市场发展比较成熟的基础上开发出来的一种复合金融衍生产品，可以看作基础性的衍生产品在信用风险管理中的具体应用；其实质是对传统金融衍生产品的再造，赋予其管理信用风险的新功能。

和其他金融工具一样，信用衍生产品是一种双边合同，目的在于转移、重组和转换信用风险。合同的双方利用信用衍生产品来增加（或减少）对某一经济实体的信用风险的承担。在这一合同中，签约的一方将经济实体的信用风险转移到另一方。通常，经济实体的风险通过它所发行的金融资产（如债券）得以实现。因此，签约的双方是合同中信用风险活动的主体，经济实体是信用风险的载体，经济实体发行的金融资产则是信用风险载体的媒介。这样的经济实体既可以是一家公司或一国政府，也可以是多个经济实体的组合。通常，这一实体是独立于签约双方的第三方实体。在信用衍生产品市场上，信用风险的载体被称为参考实体（Reference Entity）。信用风险载体的媒介，即由参考实体发行的债券或举借的贷款则被称为参考债务（Reference Obligation）。

信用衍生产品的最基本形式是信用违约互换。它的出现是当时金融市场的重大创新。信用违约互换最早是从公司债券中衍生出来的。信用违约互换把债券投资的两大要素——现金流和信用风险分离开来。一方面，和债券投资人一样，信用违约互换的投资人将承担信用违约互换参考实体的信用风险；另一方面，不同于债券投资人的是，他无须向交易对方支付等同于信用违约互换合同名义额（Notional Amount）的现金。从这个意义上讲，信用违约互换合同更像是一份保险单。不同的是，出具保险单的人承担的是信用风险，承保人保证在被担保的参考实体出现违约时，向投保人按平价（相当于信用违约互换名义额）购买信用违约互换的参考债务，由此向投保人支付因违约而损失的索赔金。

在信用风险管理领域中，信用衍生产品与某些传统银行产品（如备用信用证、联合贷款、债券保险及贷款担保）相比，其独特之处在于它可以使信用风险独立出来，并在市场中进行买卖，显著增强了信用风险的流动性，从而受到广大投资者尤其是银行等金融机构的热烈欢迎。因此，自20世纪90年代以来，信用衍生产品市场获得了长足的发展，利用信用衍生产品进行信用风险对冲的新型管理手段也开始走到了风险管理的最前沿。许多研究者认为，信用衍生产品的发展可能引发信用风险管理领域和银行业的重大变革，进而对资本市场产生重要而深远的影响。

13.1.2 信用衍生产品市场的发展

信用衍生产品市场起源于美国，J·P·摩根、摩根士丹利、美林公司、花旗银行、信孚银行等都是信用衍生产品市场的早期参与者和建设者。自1991年首次面世以来，1995年全球信用衍生交易未平仓合约就增至100亿美元，1996年更增加到500亿美元，1997年年底又剧增至1 700亿美元；1998年信用衍生产品正式进入场内交易，1999年该市场开始根据标准化的定义（ISDA制定）进行交易，2000年全球信用衍生产品交易合约的名义本金余额达到8 100亿美元。在短短10年间，信用衍生产品交易就从北美扩展到欧洲并在拉丁美洲和亚洲也形成市场，市场参与者也从最初的银行扩展到固定收益投资者、保险公司、高收益市场基金及非金融机构。

在经历了初期的平稳发展阶段之后，全球信用衍生产品市场从2005年起出现了爆炸性的增长。据ISDA的估计，信用衍生产品的名义总额于2007年年底已达62万亿美元，远远超过当时36万亿美元的全球股票市场资本总市值。从2007年下半年起，随着金融危机的深化，全球信用衍生品市场开始进入收缩和调整阶段。

和历史上所有的金融创新一样，信用衍生产品的出现是和当时特定的经济环境密不可分的。美国20世纪80年代出现的存贷机构危机、80年代末和90年代初出现的商用按揭的大批违约，使银行的资产质量恶化，资本充足率下降，市场流动性匮乏，企业和其他借债人筹资成本上升。在这样一种大的经济背景之下,一种既可以帮助银行大规模改善资产负债状况,又可以降低筹资成本的金融工具成为市场的需要。正是在这样一种背景下,以信用违约互换/掉期(Credit Default Swap,CDS)为基础和以债务抵押证券/凭证或抵押债责(Collateralized Debt Obiligations,CDO)①为核心的信用衍生产品应运而生。这时的 CDO 主要有两大类:一类是出于资产负债管理需要的资产负债 CDO(Balance Sheet CDO);另一类则是所谓的套利 CDO(Arbitrage CDO)。

资产负债 CDO 为金融机构,特别是大银行,提供了管理其资产负债的有效手段。通过 CDO,这些银行将自身一部分资产从其资产负债表上转移给了资本市场;同时,又从资本市场上获得扩展业务所需要的流动性。套利 CDO 是利用资产风险加价和负债风险加价的差异,并借助 CDO 的技术来重组资产风险,以降低筹资成本。套利 CDO 在为债务发行人降低筹资成本的同时,也为 CDO 的发行人、结构设计人以及债券承销商等创造了获利的来源。

伴随着全球信用衍生产品市场发展和新问题的不断出现,信用衍生产品法律文件也得到了不断的完善和修订。1992 年,ISDA 发布了有关信用衍生产品交易的主协议,成为信用衍生产品交易的基准文件。随后,ISDA 又发布了信用衍生产品定义和补充条款(1999 年)以及新的主协议(2002 年)。2003 年,ISDA 又发布了 2003 年信用衍生产品定义、实物交割和其他有关内容的新文件。2003 年的新定义对 1999 年的定义,如违约事件等,做了更新。此外,2003 年的新定义还对金融担保、主权国家信用违约掉换以及信用违约掉换合同的替代做了规定。近几年,ISDA 致力于推动信用违约掉换交割的标准化,发布了一系列信用违约掉换交割的程序,使信用违约掉换合同在违约事件之后的交割日趋市场化和标准化。此外,ISDA 在 CDS on ABS、CDS on CDO、LCDS 以及其他信用衍生产品方面,都颁布了指导性的法律文件。ISDA 的这些努力,对信用衍生产品交易文件的标准化起到了至关重要的作用,也促进了信用违约掉换交易的流动性和信用衍生产品市场的发展。

2009 年 4 月,针对当前金融危机给信用衍生产品市场带来的巨大冲击,特别是信用违约掉换交易暴露出来的交易对手风险和交易缺乏透明度的问题,信用衍生产品市场又推出了重大改革,被业内人士称为 CDS 大爆炸。这次 CDS 改革包括 CDS 的进一步标准化和清算中心的建立。2009 年 3 月,ISDA 发布了《2009 年 ISDA 信用衍生产品决策委员会与拍卖结算补充文件》和大爆炸协议(Big Bang Protocol),并对信用衍生产品交易的 ISDA 主协议

---

① CDO 是一种新型的 ABS(Asset Backed Securities,即资产支持证券,是将房地产抵押贷款债权以外的资产汇成资产池发行的证券,它实际上是 MBS 技术在其他资产上的推广和应用),指以抵押债务信用为基础,基于各种资产证券化技术,对债券、贷款等资产进行结构重组,重新分割投资回报和风险,以满足不同投资者需要的创新性衍生证券产品。MBS(Mortgage Backed Securities)即房地产抵押贷款支持证券,指发行人将房地产抵押贷款债权汇成一个资产池(Asset Pool),然后以该资产池产生的现金流为基础而发行的证券(主要是定期还本付息的债券);贷款产生的现金流(包括本息偿还款、提前偿还款等)每个月由负责收取现金流的服务机构在扣除相关费用后,按比例分配给投资者。因此,购房者定期缴纳的月供是偿付 MBS 本息的基础。

CDO 的核心设计理念是分级,即在同一个抵押贷款资产池上开发出信用风险不同的各级产品:优先级(Senior Tranches)、中间级(Mezzanine Tranches)、股权级(Equity Tranches)。各级产品偿还顺序由先到后为优先级、中间级和股权级,即一旦抵押贷款出现违约等造成损失,损失将首先由股权级吸收,其次是中间级,最后是优先级。其中,优先级 CDO 的购买方包括商业银行、保险公司、共同基金、养老基金等风险偏好程度较低的机构投资者;中间级和股权级 CDO 的购买者则主要是投资银行和对冲基金等追求高风险高收益的机构投资者,这也是在 2008 年国际金融危机中最先倒下的一类机构投资者。

（ISDA Master Agreement）和 2003 年版的 ISDA 信用衍生产品定义文件进行了修改和完善。其主要包括以下内容：ISDA 在全球五个地区，美洲、亚洲（除日本以外）、日本、澳大利亚和新西兰（大洋洲）、欧洲—中东—非洲，分别设立信用衍生产品决策委员会，负责对该区域参考实体的信用事件进行审议，并做出最终裁决；引入强制拍卖结算条款，弥补实物和现金结算的不足；就信用事件和承继事件增设回溯日，覆盖对冲交易间的断档期，从而提高 CDS 合约之间的互换性和替代性，使得不同交易日达成的合约也可以很容易地进行压缩合并。2009 年 7 月，ISDA 发布了《2009 年 ISDA 信用衍生产品决策委员会拍卖结算与重组事件补充文件》和小爆炸协议（Small Bang Protocol），对信用衍生产品决策委员会规则进行了修改完善，并将拍卖结算机制的适用范围扩大至重组事件。[①]

13.1.3 信用衍生产品市场的参与者

简单的信用衍生产品，如信用违约掉换，是由交易双方达成的双边金融契约。原则上，任何实体都可以成为信用违约掉换的参与者。但在实际操作中，信用违约互换的一方通常为投资银行；另一方可以是任何形式的投资人，包括对冲基金（Hedge Funds）、退休基金、相互基金、商业银行、保险公司、一般公司，以及其他资产管理公司等。这里，投资银行发挥着市场撮合的作用，因此是市场上至关重要的一员。随着信用衍生产品向 CDO 的发展，其他的参与者也加入了信用衍生产品市场中。比如，除传统债券交易中的发行人和投资人外，新的参与者还包括 CDO 管理者。具体地，信用衍生产品市场的参与人包括以下几类：

（1）发行人（Issuer）。CDO 的发行人一般是一个特定信托机构（Special Purpose Vehicle，SPV）。特定信托机构通常由汇聚或产生资产的公司成立和拥有。特定信托机构的特点是仅从事与 CDO 发行有关的业务。特定信托机构的资产一般通过母公司对其的"真实"销售（True Sales）获得。CDO 一旦出现问题，投资人不得追索特定信托机构以外的资产。特定信托机构的财务状况在很多情况下也不与其母公司合并。

（2）投资人（Investor）。投资人即 CDO 的购买者。银行、保险公司、资产管理公司、退休基金、相互基金，以及各种各样的投资公司都可以是 CDO 的投资人。投资人可以是现金投资人（Cash Investors），也可以是合成投资人（Synthetic Investors）；可以是杠杆投资人（Leveraged Investors），也可以是非杠杆投资人（Unleveraged Investors）。投资人通常根据自己对风险收益的要求来决定投资对象。比如，对冲基金通常投资于 CDO 的股本块，银行则往往投资于 CDO 的优先块。

（3）投资银行（Investment Bank）。投资银行在信用衍生产品市场中扮演着十分重要的角色。投资银行与发行人、资产管理公司、评级公司等协调合作，为信用衍生产品制定结构、确定评级、起草法律文件、完成定价等。值得注意的是，投资银行在制定产品结构时，必须对基础资产的风险加以分析、定量，并根据这些资产的风险特征制定相应的结构。投资银行还负责向投资人包销产品。

（4）增级公司（Credit Enhancer）。增级公司实质上是金融担保公司，它的主要功能是

[①] 郑振龙，孙清泉. 欧美 CDS 市场改革与中国信用风险缓释工具的市场制度设计 [J]. 金融论坛，2012（1）：38－45.

为金融工具的信用提供担保。增级公司一般都拥有很高的信用评级。例如，绝大部分增级公司的信用评级为标准普尔 AAA、穆迪公司的 Aaa 和惠誉公司的 AAA。由于增级公司实质上是用自身的信用作担保，因此它把所担保的金融债券的信用评级提升到了自身的信用评级。正因为如此，这种金融担保公司又被称为增级公司。在美国，增级公司在信用衍生产品市场中扮演着重要角色。由于这类公司属于保险公司，且仅从事金融担保业务，故又被称为单线业务公司，以此和从事多项保险业务的公司加以区别。由于增级公司接受不同于银行业的监管，它对风险有着与银行全然不同的态度，从而在结构性金融市场上具有十分重要的作用。在这次危机中，增级公司被纷纷降级。绝大多数增级公司已处于业务停顿状态，并可能永久性地离开信用衍生品市场。

（5）评级公司（Rating Agencies）。评级公司的主要功能是对信用衍生品的法律与信用结构加以审查；在有抵押资产的情况下，对抵押资产加以审查。评级公司还对参与交易的资产管理公司和受托人进行考察。评级公司运用数学和统计模型对被评审的信用衍生品进行风险分析。最后，根据全部量化和非量化的因素对该产品进行风险级别的评定。国际上的主要评级机构有标准普尔公司、穆迪公司和惠誉公司。

（6）资产管理公司（Asset Manager & Collateral Manager）。资产管理公司的主要功能是在有管理的 CDO（Managed CDO）中负责抵押资产的管理。它包括对抵押资产的挑选，以及对抵押资产按照事先制定的规则（Guidelines）进行管理。资产管理公司可以买进或卖出抵押资产，以满足 CDO 的各项风险测定指标。资产管理公司必须协调 CDO 不同风险块持有人的利益。而这些利益通常是相互冲突的。资产管理公司往往被要求持有某些风险块的一部分，特别是股本块的一部分，以使其自身利益和 CDO 投资人的利益保持一致。

（7）受托人（Trustee）。受托人以 CDO 投资人的身份持有 CDO 的资产。它的职能包括执行 CDO 法律文件中的各项条款，提供 CDO 抵押资产表现的定期报表，向 CDO 投资人分配应得的现金收入等。从这个意义来看，受托人同时又具有抵押监护人和 CDO 支付人的功能。

13.1.4 信用衍生产品的关键术语

13.1.4.1 信用风险与违约事件（或信用事件）

1. 信用风险

信用衍生产品最基本的功能就是转移信用风险。因此，了解什么是信用风险是了解信用衍生产品的基础。

信用风险是一个古老的概念。当人类有了经济活动以后，信用风险就产生了。要了解什么是信用风险，先要从什么是信用说起。当经济行为的一方，如某一个人或是某一家公司，把一定数量的资金以某种方式贷放给另一方并由此收取一定费用时，信用就产生了。传统意义上，给予和接受信用的可以是个人，也可以是公司，还可以是一国政府。在现代经济中，银行、其他形式的金融机构和各类公司是承载信用的主体。更确切地说，信用的给予方通常是银行和各种类型的金融机构。

信用工具的基本功能是为借款人筹措资金。通过信用工具，放款人把现金转移给借款人，同时承担随之而来的信用风险。为了补偿贷款人的风险以及获得金融服务，借款人要向贷款人支付一定的费用，利息就是这类费用的一个重要组成部分。现代经济中的信用工具有许多形式，但最基本的是以下两种。

1）贷款

贷款是最简单、最基本的信用形式。贷款人（如银行）把一定数量的资金提供给借款人，借款人则同意在双方签订的贷款协议下，到期偿还贷款，并定期向贷款人支付预先确定的利息。贷款种类很多，包括周转信贷、定期信贷、银团贷款、（无）抵押贷款和杠杆贷款，等等。贷款是信贷市场上的主要金融工具。

2）债券

债券是发行人与投资人之间的一种金融契约。通过发行债券，发行人从投资人那里筹措到一定数量的资金，同时保证在到期日向投资人归还本金。为了补偿投资人的信用风险和流动性风险，发行人将按合约定期支付给投资人一定的票息。贷款的发行人可以是公司，也可以是各级政府，还可以是金融机构本身。债券与贷款的最大区别是它的投资人来自整个资本市场，因此有较大的投资人基础和较高的流动性。债券有短期、中期和长期之分。商业票据和美国的 T‑Bills 为短期债券；公司债券一般属于中期债券；市政债券和大部分政府债券往往是长期债券。

从投资人（贷款人）的角度来看，投资信用工具包含两个要素：一是将流动性转移给借债人（债券发行人）；二是承担借款人（债券发行人）的信用风险。在传统的信用风险概念中，违约（Default）是信用风险最基本的形式。当交易的一方将信用（如贷款）给予交易的另一方之后，如后者不能按时偿还包括本金和利息在内的已承诺的债务，就构成了违约行为。从债权人的角度来说，信用风险意味着因交易对方违约而可能造成的经济损失。

在日益复杂的现代经济环境下，信用风险的定义和内容有了新的延伸。确定信用风险的内容和大小是现代信用衍生工具（如信用违约互换）必须明确的前提。为此，我们必须先搞清楚信用风险中既相互联系又有区别的两个概念。

第一个是债务与债务人的区别。债务（Obligations）是指债务发行人（Obligors）发行或借入的某项具体债务，而债务人是指发行债务的自然人或法人。同一债务人可能会发行条款、期限、金额等完全不同的债务。比如，同一债务人可能发行优先债券（Senior Debt），也可能发行次级债券（Junior Debt）；可能发行有抵押的债务，也可能发行无抵押的债务；可能发行债券，也可能借入信贷，等等。这些出自同一债务人的不同债务，由于在资本结构中所占的位置不同，再加上有抵押和无抵押之分，它们的信用风险也会不同。

第二个是违约与违约事件的区别。违约是债务人的拒付行为，违约事件（Events of Default，EOD）则是有关金融交易的法律文件明文规定的事件。在金融交易中，一旦违约事件发生，无论是否涉及拒付行为，债权人都有权宣布该债务立即到期，债务人则有责任立即偿付债务。因此，对于承担信用风险的投资人来说，金融交易中对违约事件的定义具有十分重要的实际意义。

2. 违约事件（或信用事件）

就信用违约互换等信用衍生产品来说，ISDA 有关信用违约掉换的标准文件（2003 版）对违约事件做出了明确的定义。其具体包括以下几项：

(1) 破产（Bankrupcy）。它是指公司按法律程序而进行的破产登记，包括无力偿还债务、清算人的指定以及债权人的安排等。

(2) 拒付（Failure to Pay）。它是指债务到期时债务人的拒付行为。

(3) 重组（Reconstructuring）。它是指债务人与债权人对债务所涉及的法律文件的修改，包括利息或本金的减少、利息或本金的推迟支付，等等。

(4) 政府债务拒付或延缓支付（Repudiation/Moratorium）。它是指外国政府对债务的拒付或延期支付。

(5) 债务提前（Obligation Acceleration）。它是指因种种原因使债务人必须提前偿付债务。

应当说明，对于某一信用违约互换的卖方来说，以上任何一个适用违约事件发生，都意味着该投资人必须承担其信用风险。适用违约事件是指那些和信用违约互换下参考实体相适用的违约事件。比如，如果参考实体是某一公司，那么适用的违约事件就包括上述ISDA违约事件中的(1)、(2)、(3)和(5)四项。相反，如果参考实体为某一主权国政府，上述ISDA违约事件中的(2)、(3)、(4)和(5)就应当是适用违约事件。注意，由于主权国政府本身不存在破产的问题，因此第(1)项违约事件应不在适用违约事件范围之内。

ISDA的违约事件可能是互相包容的，也可能是相对独立的。比如，破产事件的发生通常意味着拒付和债务重组事件也随之发生。但债务重组事件的发生，可能并不伴随其他违约事件的发生。由此可见，违约风险实际是所有相关违约事件的集合。

说起违约事件，需要特别提到ISDA信用违约互换文件中的违约事件第(3)项——债务重组。虽然ISDA的最新改革对标准的北美CDS合约取消了重组事件，但在已经存在的信用违约互换中和欧洲的CDS合约中，重组仍然是一个重要的违约事件。2001年，一个偶然事件的发生引发了信用衍生产品市场对债务重组事件的一系列改革，并对信用衍生产品市场产生了深远的影响。

这一偶然事件的主角是美国的康赛克（Conseco）公司。康赛克是一家位于美国印第安纳州的公司，从事各类保险业务。1998年，康赛克并购了一家从事移动房屋贷款的公司（Greentree Financial）。这场并购给康赛克造成了不可估量的后患，也使信用衍生产品市场措手不及。

2001年下半年，康赛克的股票开始暴跌，一度跌至每股0.45美元。银行债权人对康赛克能否偿还13亿5千万美元的贷款表示了担心，于是和康赛克展开商谈。商谈的结果是，康赛克偿还其中4亿5千万美元的流动贷款，另外9亿美元的贷款则延期15个月偿还。同时，利息率从LIBOR + 50 BPS增加到LIBOR + 250 BPS。不久，康赛克如约偿付了和流动贷款到期日相近的债券。当时，延期了15个月的9亿美元的贷款在二级市场上的交易价格大约在平价的92%左右。

按照1999年ISDA对债务重组的定义，康赛克上述债务的延期和债务的改动触发了债务重组这一违约事件。随后出现的情况是，购买康赛克信用违约互换的银行全部得到了100%的赔偿；然而，出卖康赛克信用违约互换的投资人却遭受了不测的损失。

原因十分简单，按照信用违约互换的交易规则，信用违约互换的买方必须在违约事件发生后向卖方提交康赛克的债券，信用违约互换的卖方则必须在接到债券后向买方支付和债券面额相等的现金。在当时的市场条件下，信用违约互换的买方用相当于平价 68% 的低价购买到康赛克的长期债券（而不是按平价 92% 的均价购买康赛克的短期债券）并提交给卖方，致使信用违约互换的卖方每 100 美元就要损失 32 美元。原因是信用违约互换的卖方在支付 100% 的赔偿之后，只能将到手的债券在二级市场上以相当于平价 68% 的价格出售。

康赛克事件引发了信用违约互换市场上一场关于债务重组事件合理性的大辩论。辩论的核心是，信用违约互换的买方是否可以不受限制地购买任何期限的、由违约事件肇事人发行的债券。如果答案是允许的话，那不可避免地会出现信用违约互换的买方向卖方提交最低价格债券（Cheapest to Delivery）的现象。这场辩论不久便导致了 ISDA 对债务重组事件定义的修订。然而在重组事件定义修订实施了若干年后，在最近 ISDA 对信用违约互换的违约事件的建议性定义中，决定在北美的标准信用违约互换合同中取消债务重组事件。

13.1.4.2　信用风险的主要形式

在传统意义的经济中，违约是信用风险最基本的形式。随着现代金融工具和当代经济制度的逐渐演变，信用风险又被赋予了新的内容。这些新的信用风险延伸了信用风险的传统定义，也使信用风险的管理比以往任何时候都更加复杂和更具挑战性。具体来说，除违约风险以外，信用风险还有回收风险、信用评级过渡风险、信用加价风险以及信用相关风险。

1）违约风险

信用风险中的最主要的风险是违约风险。长期的经验使人们开始对违约风险加以量化。为此，评级公司对各类经济实体的违约情况做了长期的跟踪，试图对违约的事件进行统计。比如，穆迪公司自 1920 年起就对美国公司的违约有了系统的记录。近年来，穆迪对违约的统计分析更是日渐完善。除穆迪公司之外，其他的评级公司，如美国的标准普尔公司和惠誉公司也都对违约有自己的统计分析。此外，加拿大的 DBRS 等是近几年逐渐活跃的评级公司。据统计，美国的标准普尔公司和穆迪公司大约占有 70% 以上的市场份额。

最常见的违约事件的统计是评级公司根据各个信用评级而统计公布的累计违约率。评级公司的一般做法是，根据各个经济实体如公司的管理团队、经营业绩、财务状况、竞争环境、产品优势等状况，对该经济实体的信用偿还能力做出综合评定。评定的结果会最终体现在信用评级上。各个评级公司有着自己的评级体系。例如，标准普尔公司用 AAA 代表最高信用级别，用 D 代表最低信用评级。AAA 的信用评级意味着该经济实体有着无可争辩的信用偿还能力，D 的信用评级则表明该经济实体已经发生了债务违约行为。目前，世界上只有极少数国家的政府、大银行和大型公司具有 AAA 的评级；另外，也只有为数不多的金融债券仍保持着 AAA 的评级。介于 AAA 和 D 之间的信用评级还有 AA、A、BBB、BB、B、CCC 等。

此外，标准普尔公司还用"+"和"-"将信用评级进一步划分。比如，A+ 是介于 AA- 和 A 之间的评级。穆迪公司和惠誉公司的信用级别划分基本上也和标准普尔公司的方法类似。市场上习惯将 BBB- 和以上的信用评级统称为投资级（Investment Grade），而将 BBB- 以下的评级称为非投资级（Non-investment Grade）或高收益级（High-yield Grade）。

累计违约率一般是以年为时间单位，具有非下降的数量特征。比如，同一信用评级，累计违约率会随着时间的加长呈上升（非下降）状态。另外，一定的时间长度下，信用评级越差，累计违约率就越高。例如，在穆迪公司公布的 1970—2006 年不同信用级别各个年限（1 至 5 年）的平均累计违约率中，A 级三年累计违约率为 0.22%，而 BB 级两年的累计违约率是 3.219%，可以看出，累计违约率随信用级别从投资级向非投资级过渡明显上升。

评级公司公布的违约率是各年的平均违约率。比如，穆迪公司公布的一年违约率是 1970—2006 年各个 1 年期违约率的加权平均值，其权重是各年的债务发行个数。但事实上，违约率有着明显的周期特征。比如，从 20 世纪 70 年代起，美国市场上的违约率就经历了数次违约周期。统计表明，这些周期和经济周期并不一定同步，有时经济周期本身并没有造成违约率的相应波动。但 20 世纪 90 年代以来的三次经济周期都伴随了违约周期的发生。特别是 2007 年以来发生的经济危机，很可能导致自 1929—1933 年大危机以来最严重的违约周期。据估计，2009 年非投资级的违约率有可能重复 1990—1991 年的违约双峰期时的高峰。

信用公司常将信用评级分为长期信用评级和短期信用评级。此外，评级公司除了对债务发行人进行评级外，还对债务本身进行评级。这是因为，同一债务发行人的不同债务可能具有不同的信用风险特征。比如，某一债务发行人可能既发行长期债务，又发行短期债务；既可能有优先债务，也可能有后偿债务；或许有抵押的债务，或许有无抵押的债务。这些债务的不同特征，决定了它们的信用风险也不尽相同。由此看来，债务和债务人的信用评级不同也就不足为奇了。

2）回收风险

从康赛克公司的例子不难看出，违约本身只是信用风险的一部分。因为，债权人能得到回收（Recoveries）的大小，同样决定着债权人最终损失的大小。回收率越大，债权人的损失就越小。另外，人们还用损失率（Loss Severity）来直接表达损失的大小。由于损失率是回收率的相反数，因此损失率越大，回收率就越小。如果用 EL 来代表某一债务的预期损失率，那么可以用下式表达该债务的预期损失，即

$$EL = P \times (1 - R) = P \times S$$

式中，EL 代表预期损失率；P 代表违约概率；R 代表回收率；S 代表损失率，且 $S = 1 - R$。

决定回收率的因素有很多，但主要有三个：一是债权人所持债务对资产要求的优先权（Priority of Claims）；二是债务是否带有抵押；三是债务人资产的市场价值。一般来说，在债务人资产变卖价值一定的情况下，具有优先权的债务比较低资产要求权的债务回收率高，有抵押的债务要比无抵押的债务回收率高。

债务的实际回收往往是一个很长很复杂的过程。从公司发生违约到公司的资产被变卖，会涉及各个债权人的利益。这些债权人不仅包括银行等贷款人，也包括其他如租赁协议签约人和应付账款收取人等在内的债权人。资产变卖价值的大小不仅取决于当时的市场情况，还和违约公司的资产特征有着密切的联系。比如，一种专门用途的设备可能比一台普通发电机的市场需求要小得多，其市场价格也会因此受到影响。此外，资产变卖的成本，如律师费等，也直接影响回收率的大小。

由于实际回收所不可避免的种种缺陷，在现代信用衍生工具的合同下，对已经违约的债务，一般不是等债务人的资产变卖之后才确定回收率，而是通过市场机制来予以确定。比如，信用违约互换合同规定，一旦违约事件发生，合同的买方与卖方必须根据合同在一定的时间内对已经违约的债务进行演算。在演算的过程中，交易双方可以根据规定选择实体交割（Physical Settlement）或现金交割（Cash Settlement）。在实体交割的情况下，合同的买方将向卖方提交已经违约的债务，如债券或信贷；合同的卖方则向买方支付合同的名义金额。在

现金交割的情况下,买卖双方则通过市场投标的方式决定已经违约的债务的价值;一旦价值确定,卖方将向买方支付合同名义金额和由投标决定的债务价值的差额。

从美国的经验来看,回收率还受经济周期的影响。在经济衰退时,回收率往往较低,而在经济上升阶段,回收率会随之上升。回收率和经济周期的这种关系意味着回收率和违约率呈现出负相关的关系:经济衰退→违约率上升→回收率下降;反之,经济上升→违约率下降→回收率上升。

3）信用评级过渡风险

信用评级不是一成不变的。债券发行人可能由于种种原因,如经营效果下降或现金流状况改善使其债务偿还能力降低或提高,使信用评级下降或上升。这种信用评级上下变化的风险,就是信用评级过渡风险（Migration Risk）。

信用评级过渡风险有多种表现,它对债券发行人和持有人都会产生一定的影响。首先,债券评级下降会造成债券价值的下降;相反,信用评级上升则会推动债券价值的上升。其次,信用评级下降或上升会导致发行人发行成本的上升或下降。再次,信用评级下降意味着信用风险的增加,会迫使债券持有人增加自有资本,从而导致资本回报率的下滑。最后,如果某公司（银行）与其他公司（银行）签有大量的信用衍生产品合同,信用评级的变化还意味着该公司（银行）作为交易对手的风险发生了变化,进而影响与其签约的交易对手的信用衍生产品的市场价值,等等。

从历史经验来看,信用评级过渡风险和信用评级以及金融资产种类密切相关。以往的统计表明,信用评级的骤然下滑时有发生,特别是从投资级跃到非投资级屡见不鲜。市场上通称这类公司为"堕落的天使"（Fallen Angels）。这往往是市场上或公司内部的突发事件使公司经营状况急转直下所致。在经济衰退时期,被降级公司的数量通常会大于被升级公司的数量。而在经济扩张时期,被升级公司的数量通常又会大于被降级公司的数量。信用评级公司降级对升级比（Downgrade to Upgrade Ratio）的历史资料明显呈现出这一现象。另外,统计资料还显示,一旦公司信用评级出现向下过渡,则该公司信用评级进一步向下过渡的可能性会比一直处于同类评级的公司向下过渡的可能性高得多。例如,一个从 A 降到 BBB + 的公司,会比一开始就是 BBB + 的公司更容易被降级,这种现象被称为评级过渡惯性。

4）信用加价风险

信用加价（Credit Spread）是债券利率和无风险（Risk Free）基准利率的差价,是投资者对所承担的信用风险要求的补偿。在浮动利率下,基准利率一般是指 LIBOR 或类似的基准利率。在固定利率的情况下,基准利率则是利率互换曲线隐含的零息债券利率。这时的风险加价就是债券收益率和这一利率之间的差价,也被称为 Z - spread。无论是浮动利率债券还是固定利率债券,在其他条件不变的情况下,信用风险加价的变动会导致债券和信用违约互换市场价值的变动。这种风险就是所谓的信用加价风险。

信用加价反映了市场参与人对金融工具中信用风险的评估。因此,信用加价和信用风险有着直接的联系。这种联系是由投资者的投资行为决定的。在一个具有充分效率的市场里,任何在有信用风险和无信用风险的信用工具之间的套利机会,都会因为投资者的行为而消失。此时,一个理性的投资人,在全面考虑了违约风险的情况下,会对该信用工具要求一定的预期风险报酬率,从而使得该项投资的预期风险报酬率和无风险的投资报酬率相等。正是投资者的这种行为决定了信用风险加价和信用风险的正比关系。也就是说，信用风险越大，信用风险加价就越大；反之，信用风险加价就越小。反映在信用工具的价值上，在其他因素不变的情况下，如果某信用工具的风险加价增大，它的价值就会降低；反之，就会升高。由于信用加价每时每刻都在变化，因此信用工具的价值也会因风险加价的变动而每时每刻发生波动。

应当指出，在实际市场中，纯粹的信用加价是观测不到的。市场上可观测的加价，不仅包含了信用风险的成分，也包含了诸多非信用风险的成分。非信用风险部分往往和信用工具的流动性和供求上的技术因素有密切的关系。多年来，人们对风险加价做了许多实证研究，其目的之一在于对各种风险因素加以分解。但迄今为止，市场上还没有一个公认的方法来有效地分解这些风险因素。

5）信用相关风险

信用相关风险是一种普遍存在的风险。有信用工具组合的存在，就会有相关风险的存在。要理解相关风险，就必须了解什么是信用相关性。信用相关性是指两个以上金融工具或参考实体之间可能存在的违约相关性。比如，通用汽车公司的倒闭很可能会导致其下属汽车零部件公司也随之倒闭。

在美国，违约相关的现象在历史上曾屡屡出现。比如，20 世纪 80 年代大批石油公司的倒闭，存贷信用机构危机中大批存贷信用机构和中小银行的破产；21 世纪初，数家大型航空公司的破产以及 2007 年在由次级贷款引发的金融危机中众多房地产信贷公司的相继垮台，等等。

信用相关风险是指相关性的变化造成的信用工具价值变化的风险。显然，这种信用工具和资产组合息息相关，否则，相关性就无从谈起。CDO 分块就是这样一种信用工具。

尽管违约相关的现象时有发生，但两个具体经济实体之间的违约相关性是一个几乎无法观察的现象。这是因为，对于一个公司来说伴随违约的常常是公司的破产，故其通常只发生一次。所以对于同一个公司，屡次发生违约的现象极为罕见。为了解决这一问题，在现实定价模型中，人们通常用资产价值的相关性来近似地代替违约相关性。遗憾的是，在多数情况下，资产价值依旧是无法观测到的。于是，股票价格的相关性实际上又替代了资产价值的相关性。这种间接替代造成了模型中违约相关性的不确定性，也不可避免地导致了金融工具价值的不确定性。

违约相关性虽然无法直接观察到，但可以想象它会受到多种因素的影响，因此违约相关性应该不是一个常数。试想一下福特汽车公司和通用汽车公司的违约相关性。一般的结论是：因为它们同属于一个产业，故违约相关性应该是正的，而且相关系数应该比较高。意思是说，如果通用汽车倒闭，则福特公司倒闭的可能性也随之增加。

实际上，这两个公司的违约相关性要复杂得多。设想一种全新的交通工具某一天被一家新的公司创造出来，从而可以廉价和有效地代替汽车。毫无疑问，两家公司的违约相关性不仅是正的，还可能接近于 1。再假如，通用公司自身经营不善，在激烈的竞争中被日益削弱。而与此同时，福特公司战略得当使得盈利改善，在竞争中市场份额增加。在这种情况下，两家公司的违约相关性应该是负的。前一种情况代表人们常说的系统性风险（Systemic Risk）。在系统性风险上升的情况下，经济实体的违约相关性也会随之增加；后一种情况则是人们常说的个别风险（Idiosyncratic Risk）。在个别风险发生的情况下，经济实体的违约相关性往往是不确定的。

一般地，违约相关性不是一个常数。两个经济实体的违约相关性会随着时间的变化而变化。以上述的福特公司和通用公司例子中的第二种情况为例。如果通用公司因经营不善而即将破产，短期内福特公司很可能受到负面的影响。因为众多的汽车零部件供应商可能因通用公司的破产而受到牵连，从而影响到福特公司的短期盈利。但随着汽车零部件供应商逐渐恢复生产秩序，福特公司的经营状况应该会逐渐改善。从而，两家公司的违约相关性从短期的正相关变为长期的负相关。

那么，违约相关性的变化是如何影响金融工具价值的呢？根据现代金融理论，在一个充分有效和完备的市场中，金融资产的合理价格要求预期收益与预期损失相等。假如信用违约互换的初始现金流为零，那么这意味着其预期的收益应该和其预期的损失相等，这时该信用违约互换的票息就是市场合理的票息。根据统计学定义，一个资产组合的预期损失等于组成该资产组合的各个金融工具的预期损失之和，而实际上，资产组合的价值并不取决于构成该资产组合的金融工具间的违约相关性。

既然资产组合的预期损失独立于违约相关性，那么违约相关性到底是如何进入资产组合产品价值中的呢？违约相关性虽然不改变资产组合的预期损失，但它会直接影响资产组合的损失概率分布。较高的违约相关性虽然不会改变资产组合的整体损失概率分布的期望值，但是会增加损失概率分布的尾部风险；相反，较低的违约相关性则会减少损失概率的尾部风险。正是由于违约相关性和损失概率分布的这一关系，那些资产组合的分块（Tranche）产品（如 CDO 等）的价值便和违约相关性有了直接的关系。在分块产品中，相关性的存在决定着信用风险在不同风险块中的分配。相关性的增加会使风险从股本块移向优先块；反之，风险则从优先块向股本块转移。从信用违约互换买方的角度看，相关性增加，优先块和次优先块的价值会上升，股本块的价值下降；反之，优先块和次优先块的价值下降，股本块的价值上升。

违约相关性风险不仅对资产组合的定价有着重要的意义，对资产组合的风险管理也至关重要。

13.1.5 信用衍生产品的作用

作为营利性的金融机构，商业银行主要是通过发放贷款并提供相关的其他配套服务来获取利润的，这就使它不可避免地处于信用风险集中持有者的地位。而传统的商业银行信用风险管理手段（主要包括分散投资，防止授信集中化，加强对借款人的信用审查，要求其提供抵押或担保等）需要大量人力、物力的投入，并且只能在一定程度上降低信用风险水平，而很难使投资者完全摆脱信用风险，无法适应现代信用风险管理发展的需要。因此，近年来信用衍生产品的出现为商业银行管理信用风险带来了新的手段和工具。其最大的特点是银行可以通过它将信用风险从其他风险中剥离出来并转移出去，从而较好地解决风险管理实践中的"信用悖论"问题，即当银行管理存在信用风险时，应将投资分散化、多样化以防止信用风险集中。然而，在实践中，由于客户信用、区域行业信息优势以及银行贷款业务的规模效应等原因，银行的信用风险很难分散化。

信用衍生产品在信用风险管理中的作用集中表现在以下几个方面：

（1）提供了新的分散和转移信用风险的手段。信用衍生产品可以将组合的信用风险从市场风险中剥离出来，单独进行管理，这极大地方便了银行对复杂资产组合的风险管理。而且，信用衍生产品有效克服了传统信用风险管理工具效率及流动性不足的缺陷，使得银行不必过度依赖多样化授信来降低信用风险，这在一定程度上避免了分散风险手段的过度运用而导致银行业务小型化和运作成本的增加。此外，银行通过信用衍生产品将贷款的信用风险剥离出来转让给外部投资者，并没有改变其与原贷款客户的业务关系，因此可以在不必告知债务人的情况下获得抵御违约的保护，避免了出售贷款给客户关系带来的不利影响，大大增强了银行调节和管理信用风险的灵活性，从而在降低信用风险与维持客户关系之间取得较好的平衡。

（2）有利于信用风险市场定价的形成。信用衍生产品的出现使得银行贷款的纯粹信用风险可以上市交易，进而为信用风险的定价提供了直接的市场参考。信用衍生产品的市场交易价格实质上就是在既定信息披露下投资者对基础资产信用风险的直接定价，从而大大增加了信用风险定价的透明度和准确性。

（3）信用衍生产品为一些投资者提供了进入新兴市场和贷款市场的便捷渠道。在现实生活中，投资者直接投资于新兴市场往往会受到各种复杂的监管因素和投资机制的制约，其通过参与信用衍生产品交易而间接投资新兴市场，便可以轻松绕过有关障碍。此外，那些原本受法规或能力限制无法进入银行贷款市场的机构投资者，也可以通过出售信用保护的形式参与贷款市场，获得新的利润增长点。

（4）信用衍生产品可以大大提高银行资本的报酬率。根据1988年《巴塞尔协议》的规定，银行信贷资产的资本要求为：贷款本金×风险权重×8%，其中，风险权重视交易对手而定。因此，通过信用衍生产品交易，银行可以巧妙地实现交易对手的转换，利用风险权重的差异来节约资本金，从而提高资本收益率，获得显著的财务杠杆效应。

综上所述，信用衍生产品以其可以单独分离并交易信用风险、显著增强信用风险流动性、提高资本回报率等优点，受到了广大投资者尤其是银行等金融机构的热烈欢迎。值得注意的是，虽然信用衍生产品市场增长潜力巨大，但其存在的一些深层次矛盾也不容忽视。信用衍生产品交易过程中信息的严重不对称、对某些术语（如"信用事件"）理解的分歧、标准违约风险模型和定价公式的缺乏以及会计和税收方面的模糊性问题等，都成为当前信用衍生产品市场发展的隐忧。而且，某些信用衍生产品本身也会给银行带来特殊的风险，即交易对手风险。当一家银行把风险暴露通过信用衍生产品转移给另外一家银行时，实际上只是把标的资产的违约风险变换成了交易对手和标的资产的联合违约风险。因此，如何加强对信用衍生产品的内部控制和外部监管是目前亟待解决的问题。

13.2 典型信用衍生产品交易

13.2.1 信用违约互换

信用违约互换，也称"纯粹的"信用互换，是为了剥离出总收益互换中的利率敏感性因素而开发的另外一种信用互换合约，是最简单也是目前运用最为广泛的一种信用衍生产品。其基本结构如图 13-1 所示。信用违约互换是在一定期限内，买卖双方就指定的信用事件进行风险转换的一个合约：信用风险保护的买方在合约期限内或在信用事件发生前定期向信用风险保护的卖方就某个参考实体的信用事件支付费用，以换取信用事件发生后的赔付。也就是说，信用违约互换是一种双方协定，卖方为买方提供保护，以应对无担保公司或国家债务停付的情况；受保护的一方支付初期预定费用或持续支付来获得担保，如果一份债券或贷款违约，那么提供违约风险保护的卖方会提供补偿。而一篮子信用互换（Basket Default Swap，BDS）是信用违约互换的一种变形，其特点是对应物不是某一信用而是一篮子信用。一篮子信用中出现任何一笔违约，互换交易的对手都必须向信用风险的出售方赔偿相应的损失。

图 13-1　信用违约互换基本结构

合约双方就基础资产的信用状况达成协议，风险的出售方向购买方支付一定的费用（类似于违约期权费），在互换期限内如果约定的信用事件（Credit Event）发生，则风险的购买方将向出售方支付全部或部分的违约损失；反之，如果约定的信用事件并未发生，则互换自动失效。因此，这实际上是风险的出售方以一定的费用为代价将基础资产的信用风险转嫁给风险的购买方，即相当于购入了一份信用保险，或是一种多期的违约期权。

由于信用违约互换中的风险购买者的清偿支付依赖于特定"信用事件"的发生，因此对"信用事件"的精确定义是必不可少的。在 ISDA 制定的一份信用衍生产品标准合约中，对信用事件的定义就包括：借款企业破产；无法支付贷款；延期支付贷款；信用等级降低。此外，信用违约互换合约中通常还会有一条备注条款，以确保违约事件不是指微小的、不重要的、阶段性的信用事件。

因此，通过信用违约互换，银行不用出售贷款资产就可以有效地对冲贷款的违约风险，而投资者也不用为这笔贷款专门融资就能从贷款收益中分得一定基点的收入。尽管此时银行面临的信用风险从贷款客户的违约风险变成贷款客户和风险购买方共同违约的风险，但是显然，当二者的违约相关性极小时，共同违约的风险要大大低于原借款人违约的风险。

信用违约产品在当前的信用衍生产品市场上最为普遍、最受欢迎，但是在起草交易文件时产生的问题也最多。信用违约产品有一个与众不同的特点：其支付基于或有事件，即基于一两个与信用相关的事件出现。这些与信用相关的事件既包括拒付或者破产这类极端的情况，也包括那些昭示着参考实体信誉可能或者将要出现紧急变化的警示因素，例如债务重构和信用降级。结算可以用现金或者实物。这些产品的名字可能会使人迷惑，有些人把它们称作"信用违约期权"，另一些人则称之为"信用违约互换"。对于外行人来说，这两种产品的类型都包含有选择性的内容，都是交易一方或双方在信用事件突发后进行的某类选择。然而总的说来，仅一方（通常是信用保险的买方）享有权利（而非义务）认定信用事件的交易被称作信用违约期权；而交易双方都有权认定信用事件的交易被称作信用违约互换。不过，这一解释并没有被普遍认同。除了销售利益和经济内涵不同之外，将产品定义为"互换"还是"期权"也会产生税收和会计方面的问题。例如,期权费一收到就会记入损益账户,但是互换的收入将按照权责发生制的原则记账。

13.2.2 总收益互换

13.2.2.1 总收益互换的含义

总收益互换是最受欢迎的结构之一,也称作总收益率互换。总收益互换就是按照特定的固定利率或浮动利率互换来支付利率的义务。在总收益互换中,信用保险买方或总收益支付方将从信贷资产或"参照信用资产"处获得的收益全部转移给交易对手,即信用保险卖方或总收益接受方,而得到一个事先约定的利率回报,该利率可以是浮动利率也可以是固定利率。总收益互换和信用违约互换最大的区别在于,总收益互换不仅把信用风险转移出去,也将其他风险,如利率风险、汇率风险等转移了。如果信用事件使参照信用资产的市场价值下降,那么信用风险买方就会因信贷资产市场价值的下降而遭受损失。但它在互换合约中所获得利率收入有可能大于其支付的总收益,于是二者的差额便可以被用于冲销它在信贷市场上的损失。例如,一家银行以利率12%贷款给某企业20亿美元,期限为5年。如果在贷款期限内,该企业信用风险加大,那么银行将承担贷款市场价值下降的风险。银行为转移这类风险而购买总收益互换,按该合约规定(以一年为支付期),银行向信用保护卖方支付以固定利率为基础的收益。该支付流等于固定利率加上贷款市场价值的变化,同时,信用保护卖方向银行支付浮动利率的现金流。当合约规定固定利率为15%以及浮动利率为13%时,在支付期内贷款市场价值下降10%,那么银行向交易对方支付的现金流的利率为5%(=15%-10%),从交易对手处获现金流的利率为13%。交换现金流后这笔收入可以用来冲销该银行在信贷市场上的损失。但是,总收益互换存在利率风险,如果浮动利率大幅度下降,那么互换后的现金流会受到极大影响。总收益互换在不使协议资产变现的情况下,实现了信用风险和市场风险的共同转移。无论在信用违约互换中,还是在总收益互换中,风险的承担者都无须增加自己的资产负债表规模,而是作为表外业务加以处理。

如图13-2所示,交易一方支付一项资产的总收益(包括利息和资本增值),换得一笔固定的浮动利率的支付,如在LIBOR的基础上再加一个价差。总收益互换定期结算,如每3个月结算一次。

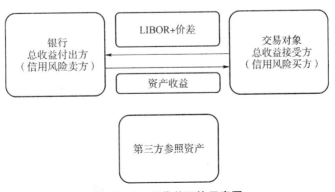

图13-2 总收益互换示意图

在总收益互换交易中，总收益付出方不需要在公开市场上出售资产就成功地剥离了所有的经济风险与信用风险，并得到了 LIBOR 加价差的支付，另外，总收益的接受方不必在公开市场上购买就赢得了该项资产的经济利益。比方说，总收益的接受方能以比市场融资利率低得多的成本得到这笔基础资产，尤其是在其信用等级不高的情况下，总收益的接受方所支付的价差通常都会低于它从市场上融资的价差。

以一家商业银行和一家对冲基金为例，商业银行发放了许多房地产贷款，对冲基金则不能。为了发放这些贷款，贷款人不得不借入大量的资本，推广其贷款服务，经营管理贷款，并处理大量的后台问题；对冲基金虽然不能直接放贷，但是它有一个可选择的方案，即一定程度地租用这家商业银行的资产负债表。对冲基金通过总收益互换得到这些贷款而不是直接从银行购买。近年来，信用卡保证证券（Credit Card Backed Securities）与资产保证证券（Asset-backed Securities）有了很大的增长。一方面，资产的交易商们将贷款或信用卡的支付证券化，然后转让。另一方面，采用总收益互换，虽然没有直接购买贷款，却可以得到贷款所有的利益（包括所有的费用和收益）。

13.2.2.2 总收益互换的特点

总收益互换的内涵与股票互换相类似，都是将一种或一篮子资产的经济风险从一方（总收益互换中的付出方，简称付出方）转移到另一方（总收益互换中的接受方，简称接受方）。在总收益互换中，这种转移是用两条路径表示的（见图13-3）。第一条是付出方把超过基础参照债务价值以上的全部收益交给接受方，这些收益包括两部分内容：合同期内参照债务价值的升值，以及这种资产可能接受或收到的一切收入。在总收益互换的另一条转移途径中，接受方将为合同期内参照债务的所有可能贬值向付出方做出支付。这样，接受方将获得该参照债务的所有收益，同时承担其所有损失；接受方通常向付出方支付某种形式的融资利息。

图 13-3 总收益互换示意图

在分析总收益互换时，可以把它想象为一种合成的金融业务：接受方借入一笔资金并支付相关的融资利息，然后使用借来的资金购买参照债务的投资组合。在融资期内，接受方可以获得该参照债务升值所带来的全部收益（包括能产生的所有收入），同时承担该参照债务贬值损失的风险。这项金融业务结束时，它可以卖掉参照债务，偿付贷款，以实现利润或者弥补损失。比较而言，总收益互换有很多优势。首先，它不要求接受方介入任何的金融安排，这样就避免了购买和持有构成参照债务的资产的复杂程序，消除了处置参照债务时没有充足偿贷资金的麻烦。并且，总收益互换能够使接受方从经济上拥有通常情况下无法拥有的资产（如通常对某些特定经济实体限制其持有某些特定的资产）。从付出方的角度来看，这种信用衍生产品也是有吸引力的，因为它不经过销售就可以把基础参照债务的经济特性转让给接受方。对于那些既重视与借款人的客户关系，又希望对借款人的信用风险实施控制的金融机构来说，这种工具尤其受欢迎。付出方的另一个优势在于它不用实际持有基础参照债务就可以通过介入总收益互换而虚拟地实现卖空。

13.2.2.3 总收益互换的风险收益分析

1. 总收益互换的信用风险

总收益的接受方支付出 LIBOR+价差,而总收益的付出方付出资产的总收益。总收益包括所有的利息、费用以及所有因盯住市价而产生的资产价值的增加值,这与股票互换颇为相像。例如,股票互换也是支付出 LIBOR+价差,得到《金融时报》股票指数(FTSE)水平的回报。股票互换与总收益互换的区别在于:总收益互换的收益并不盯住 FTSE 或类似的指数,而是根据特定的基础资产、特定的债券,或者特定的贷款。

总收益互换也是这样。如果该笔贷款的价值下跌,则全部两项支付都指向同一个交易者。如图 13-4 所示,一项资产的总收益可能是负的。为什么互换如此重要?在利率互换中,银行对于客户的风险并不大,其原因就在于支付已经对冲过了。

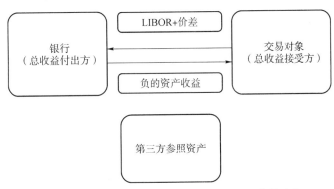

图 13-4 总收益互换,参照资产下跌,总收益为负

在总收益互换中,如果参照资产的收益为负,总收益接受方要进行两项支付:

(1) 利息支付:LIBOR+价差。
(2) 因为参照资产下跌而产生的支付。

如果参照资产收益为负,那么风险不仅没有被对冲掉,反而加倍了(如图 13-4 所示的两个箭头都指向同一个方向)。

利率互换和总收益互换(或股票互换)在信用风险方面是迥然不同的。利率互换的支付总是可以对冲掉的,而总收益互换的支付不仅得不到对冲,反而还可能加倍。虽然二者都叫作互换,但从总收益付出方的角度看,二者代表着不同的信用风险。如果基础资产价值下跌,总收益付出方将产生很大一笔债权,信用风险大增。

2. 总收益互换的有效期限

在实践中,总收益互换的有效期限很少与基础资产一致。例如,人们可以购买一份 30 年期债券的两年期总收益互换。用这种方式,总收益接受方只需筹措两年期限的资金,就可以获得这份 30 年期债券的当期全部收益。设想一个投资者想要从 X 公司购买两年期债券,但是 X 公司只发行 30 年期的债券。在这种情况下,总收益互换是一种很有吸引力的工具。

另外,总收益付出方在这两年中摆脱了债券面临的所有风险,包括资本风险、利率风险等。债券的全部价值按照市场变化进行调整,以确定该项资产的总收益。这样总收益付出方不必卖掉其 30 年期的债券后再买回来,也一样可以实现相同的市场收益。

反过来，如果总收益付出方愿意在最初5年以及第11~30年期间保持对该债券的控制，而不愿在第6~10年间承担其风险，总收益互换也可以根据需求量身定制。

3. 总收益互换可以取得合意的债权

假设一个买家想要购买一笔长期贷款中的6个月权益，他所面临的几个选择是：

（1）买入该债券，并在6个月后卖掉；

（2）买入基础资产的看涨期权，并卖出看跌期权；

（3）进行总收益互换。

方案（1）和方案（2）都包括两笔交易。这个买家必须先买进再卖出，故两种方案都涉及双重的买卖价差。第（3）种方案即总收益互换方案，只包括一笔交易，这样处理起来就要相对容易一些。买方只需支付一次性的买卖差价，而且不会涉及以后是否真正卖掉这笔债券的问题。

13.2.3　信用价差期权

信用价差期权就是用以向投资者补偿参照资产违约风险的高于无风险利率的利差。它是在预先同意的风险加价（又称执行价）下购买或销售CDS的权利，所以信用价差期权又叫信用违约互换期权。信用价差增加表明贷款信用状况恶化，信用价差减少则表明贷款信用状况提高。信用价差期权假定市场利率变动时，信用敏感性债券与无信用风险债券的收益率是同向变动的，信用敏感性债券与无信用风险债券之间的任何利差变动必定是对信用敏感性债券信用风险预期变化的结果。信用保护买方即信用价差期权购买者，可以通过购买信用价差期权来对冲信用敏感性债券由于信用等级下降而造成的损失。和股票期权相似，信用违约互换期权分为看涨期权和看跌期权。看涨期权赋予投资人出售CDS的选择权；看跌期权则赋予投资人购买CDS的选择权。如果风险加价收紧并低于看涨期权下的执行价，即该期权成为价内期权，则持有看涨期权的投资人会执行该期权，因为对于CDS的卖方来说，CDS的价值将上升。相反，如果风险加价超过看跌期权下的履行加价，即该期权成为价内期权，则持有看跌期权的投资人会执行该期权，即按执行价购买CDS以从中受益。信用违约互换期权的有效期一般为3个月。信用违约互换期权的持有人为获取购买或出售CDS合同的权利，必须向信用违约互换期权的出售人支付一定的期权费用。

信用价差期权的支付取决于风险债券与无风险的政府债券之间的价差。风险债券一般是由公司或地方政府发行的。假定一位身处魁北克全民公决之前的加拿大投资者，该全民公决是为魁北克是否应从加拿大分离出去而进行的。这位加拿大投资者相信，如果魁北克从加拿大分离出去，那么魁北克政府债券与加拿大政府债券之间的价差将会大大增加。在这种情况下，投资者将会关注10年期魁北克债券与10年期加拿大政府基础债券的价差。这位投资者的可行策略包括：

（1）买空一种债券而卖空另一种。这种办法的风险在于一旦投资者判断错误，他将遭受巨大的损失。

（2）购买魁北克债券的看跌期权。如果与预料相同，价差增加，魁北克债券的价格将下降，则看跌期权获益。但是投资者在购买看跌期权的同时，也得到加拿大利率的头寸。加拿大利率下跌的幅度有可能超过价差增加的幅度，从而导致魁北克债券价格反而更高。因此，购买魁北克债券的看跌期权并不能完全保证投资者的收益。

（3）购买价差期权。该期权的支付可以表述如下：期权到期日投资者得到的金额是

$$K \times \text{Max}(S - X, 0)$$

式中，S 代表以基点表示的 10 年期魁北克债券与 10 年期加拿大政府基础债券的价差；X 代表履约价格；K 代表将价差转化为美元的乘数。举例来说，期权将根据信用价差在一年中的表现进行支付。如果价差超过 50 个基点（履约价格），则每一个基点价值 5 000 美元，这就是该期权应支付的金额。

尽管对于价差期权潜力的讨论如火如荼，但实际的交易并不是很多。价差期权市场还是一个缓慢增长的市场，这种期权因为难以对冲而鲜有发行。虽然政府债券可能具有流动性，但地方性债券就不一定了。试想一下，期权发行商的头寸必须卖空一部分风险债券以对冲掉风险较高的债务，但这些债券的借入利率有可能很高。还有一种办法是，保值人卖空一些高风险发行人的股票（如果它是一家公司），但是他也就此陷入了基差风险。

此外，若价差一旦增加，就倾向于增加很多。如果某公司陷入严重的财务危机，则其价差将有相当增长。期权卖方在期权到期日很有可能面临大量的支付，这与传统期权有很大不同。以汇率期权为例，如美元对欧元，如果交易商卖出一种当前平价的看涨期权，那么可能获益也可能亏损。最坏的情况是期权略微赔钱，交易商不得不稍做支付，期权到期产生巨额亏损的可能性很小。但是，如果交易商销售的是一份信用价差期权，而且违约事件发生，那么交易商支付的金额将会相当多。信用价差期权一旦亏损，就会赔很多的钱，利率期权则不然。如果你的债券价格从 100 降到 99.50，那么市场只是波动了一点，债券只是略微亏损，或者说欧元对美元的汇率只变动了几个点，所以利率期权只是略微亏损。而信用价差期权不可能只产生略微的亏损，因为交易商发觉价差期权给他们带来的期权收入与其所承担的风险相比，是微不足道的。

【例 13-1】设初始时间为 T_0，一个投资者销售 ABC 债券的信用价差看跌期权（见表 13-1）。该看跌期权在结算日起一年后到期，而 ABC 债券自身将在更晚的时间到期。

表 13-1 信用价差看跌期权

2023 年 12 月 31 日到期的 ABC 债券信用价差看跌期权	
（从 1994 年 11 月 14 日起）	
看跌价差买方	银行
看跌价差卖方	投资者
名义本金额	1 000 万美元
结算日期	今天
执行日期	一年后的今天
基础指标	2023 年 12 月 31 日到期的 ABC 债券
参照用美国国库券	认购收益率为 6.25% 的 2023 年 8 月到期的美国国库券
指标信用价差	基础指标到期收益 = 基础指标的净买价（除去应计利息和未付利息的净买价）- 美国东部时间执行日期两天前的中午 12 点时参照用美国国库券的认购收益率
当前价差	1.95%
看跌价差执行价差	2.05%（平价远期合约执行价差）

续表

2023年12月31日到期的ABC债券信用价差看跌期权 (从1994年11月14日起)	
看跌期权的支付	名义金额×Max{持续期×(指标信用价差-2.05%),0}
持续期	8
期权费	名义本金金额的1.25%,由银行在结算日支付给投资者

信用价差看跌期权的支付如图13-5所示。

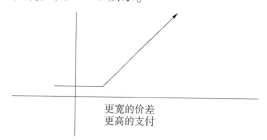

图13-5 信用价差看跌期权的支付

虽然图13-5非常像看涨期权的支付图示,但这是信用价差看跌期权,这种期权使得银行将债券卖给投资者,获得高于参照国库券250个基点的收益。

请注意确认书中"持续期"一词的使用。通常持续期用来衡量债券价格如何对收益的变化做出反应。不考虑凸率,如果收益变化,那么债券价格将大致按以下公式做出反应,即

价格的变化 = 收益的变化×持续期×原始价格

银行购买这种票据是为了在ABC债券利差增大的时候得到保护。如果利差增大,那么债券价格的变化将与债券的持续期呈近似的比例关系。准确地说,持续期必须是期权到期时的持续期,但是,持续期又是利息率(债券价格)的函数。因为这种期权是为利差变化提供保护的,所以确认书中所使用的持续期是在期权开始时确定的一个近似的数值。

在确认书中,基础指标使用的是买价方法,参照用美国国库券使用的则是卖价方法。一方面,由于卖价比买价高,因此使用卖价收益较低;另一方面,由于买价比卖价低,因此使用买价会获得较高收益。基础指标的买价收益减去参照用美国国库券的卖价收益,就可以得到基础指标信用价差的较高价值,从而增加了期权到期日投资者对银行的潜在支付。

13.2.4 信用联系票据

信用联系票据(Credit Link Notes,CLN)是信用衍生产品中发展最为迅速的领域之一。信用联系票据是指同货币市场票据相联系的普通固定收益证券与信用违约互换相结合的一种信用衍生产品;它是指在资产证券化中,发起人的债权债务未转移给信托机构时,由信托机构发行信用连接票据,使用发行票据获得资金,购买高质量低风险证券,所得收益用于支付票据本息,剩余部分用来分散债务人违约而使发起人承担的信用风险。[①] 信用联系票据的购

---

① 在资产证券化中,发起人的债权债务一般会真实销售给特设信托机构,以全部转移债权。但在特殊情况下,当发起人与债务人业务往来等关系紧密而不愿意转移债权、影响信任关系时,由于债务人违约的客观风险存在,若债务人违约,发起人因为没有真实转让债权债务给特设信托机构需要承担法律责任,这时则需要CLN或者CDS来分散发起人风险。

买者提供信用保护，一旦信用联系票据的标的资产出现违约问题，信用联系票据的购买者就要承担违约所造成的损失。信用联系票据的发行者则相当于信用保护的购买者，他向信用联系票据的购买者支付一定的利率。如果违约情况未发生，则他还有义务在信用联系票据到期时归还全部本金；如果违约情况发生，则只须支付信用资产的残留价值。

银行可以利用信用联系票据来对冲公司贷款的信用风险。同时，它还可以作为一种融资手段，为其发行银行带来现金收入。某种意义上，信用联系票据是对银行资产的一种重组。但是，同其他信用衍生产品一样，贷款本身还保留在银行的账户上。随着信用联系票据的发展，出现了专门从事信用联系票据业务的金融机构。这些金融机构通常以特设信托机构的形式发行信用联系票据，发行 CLN 所得的收入用于购买安全性较高的资产，如国库券或者货币市场资产。有信用风险对冲需求的机构可以同 CLN 的发行者签订一种"纯粹"的信用互换合约。当违约事件发生时，CLN 的发行者负责向购买者（有信用风险对冲需求的机构）赔偿违约资产的损失，这一支付过程由发行 CLN 所购买的安全性资产保证。对于 CLN 的发行者而言，这一交易过程不存在什么风险，它实质上是位于信用保护的需求者（如有信用风险对冲需求的银行）和信用保护的提供者（购买 CLN 的机构）中间的中介机构。CLN 的购买者是信用保护的提供者，其收入是安全性资产的利息以及 CLN 发行者从信用风险对冲机构那里收取的一部分费用。

在总收益互换中，总收益支付方（一般是交易商）承担着巨大的信用风险。如果参照资产的收益下降，那么总收益接受方欠有两笔支付：一笔是 LIBOR + 价差，另一笔是对资产价值贴水的支付。假定总收益接受方（客户）现在违约，那么总收益付出方（银行）将损失很大一笔钱。总收益互换对于零售市场而言不是一种合适的产品，因为银行不愿也无法整天跟踪交易对家，追讨债务。信用联系票据克服了这一问题，利用信用联系票据，银行摆脱了全部的信用风险。

受委托契约（Mandate）的约束，相当多的机构投资者被禁止购买衍生产品，但是他们可以购买债券或票据。为迎合这些客户的需求，完整的结构票据市场在 20 世纪 90 年代早期得到了很大的发展。客户从市场上购买支付利息及偿还本金的票据或债券。利息（也可能包括本金的支付）是与基准市场价格或事件相联系的。

人们有可能在信用衍生产品之上再创造出一种结构票据。一般地，除非发生违约事件，不然在到期日投资者都可以得到利息和本金的偿付。然而，一旦发生违约事件，投资者就可能丧失利息甚至本金。

如图 13-6 所示，发行者建立一个 AAA 级、无破产之虞的特设信托机构，向第三方卖出信用互换。实际上，第三方是一个每年支付 x 基点费用以求得保护的信用保险买方。

投资者用 100 美元（票面价值）购买了一种结构票据，只要没有违约事件出现，该票据就要支付大量的利息。利息定为 "$LIBOR - y + x$"。与 AAA 级特设信托机构发行的利率为 "$LIBOR - y$" 个基点（如 LIBOR - 10 个基点）的普通浮动利率债券相比，"$LIBOR - y + x$" 是非常理想的，其利息得到了增加。

投资者接受利息直到债券到期，然后收回票面价值的数额。这就是没有违约事件时标准的利息增进债券。如果违约事件发生，特设信托机构就必须向信用保险买方支付或有偿付

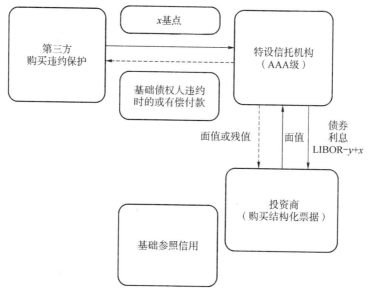

图 13-6 信用联系票据结构示意图

款。或有偿付款是由 100 美元减去参照资产的残值得到的。而且信用事件一旦发生,特设信托机构即停止向投资者支付债券利息,并返还给投资者相当于票面价值减去或有偿付款的余额。这样,特设信托机构将支付给投资者相当于参照资产残值的金额。

从特设信托机构的角度出发,需要考虑以下问题:

(1) 在债券的到期日,如果没有违约发生,则特设信托机构按票面价值返还投资者。

(2) 如果债券有效期内发生违约,则特设信托机构向信用保险买方支付或有偿付款,向投资者支付票面价值减去或有偿付款的余额。

在这两种情况下,特设信托机构都返还票面价值。

假设基础参照信用方发生违约,残值是 75 (见图 13-7),则特设信托机构将向信用保险买方支付 25,向投资者支付 75。

信用联系票据的利息应该如何确定呢?是 LIBOR $-y+x$ 吗?LIBOR $-y$ 仅仅是 AAA 级机构的融资利率。假设特设信托机构能够以 LIBOR -10 基点的利率融资,则我们可以把特设信托机构得到的 x 基点视为违约互换的替代价格。假定违约互换的销售价格为每年 50 个基点($x=50$),则特设信托机构支付 LIBOR $-10+40$($x'=40$)留下了 10 个基点。特设信托机构得到的 x 并不一定与其支付的 x 相等,其中留有一点利差,但它们之间存在着某种联系。

值得注意的是,特设信托机构不存在投资者的信用风险,因为投资者已经支付给特设信托机构 100 美元的启动资金,故即使贷款人违约,特设信托机构也只需付给投资人低于 100 美元的金额。

银行不愿意从零售投资商处购买信用互换,因为零售投资商可能付款,也可能不付款,这样银行就不得不看零售投资商的眼色行事。而在信用联系票据业务中,银行事先获得了投资商所支付的 100 美元,这样就不必承担信用风险,而只需付给零售投资商低于 100 美元的金额。由此,我们就能够理解信用联系票据产生的原因了。如果违约事件发生,投资商就以

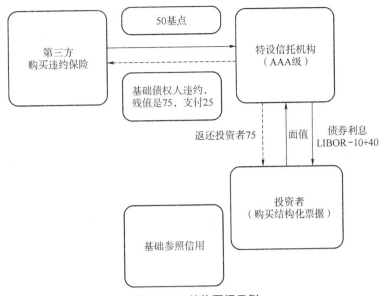

图 13-7 结构票据示例

低于面值的价格收回投资以赔偿银行。

信用联系票据的投资方可能是一家投资管理基金。根据基金契约的规定,只能允许基金购买 AAA 级债券。因为其发行人是 AAA 级的特设信托机构,所以信用联系票据也在基金可以购买的范围之内。如果一切顺利,那么参照信用方没有违约,基金将获得较高的利息(LIBOR + x - y);而如果购买普通债券,基金只能获得 LIBOR - y 的利息。

但对于那些总体上特别适合作为信用联系票据的结构化票据,授予发行者 AAA 级标准并不意味着投资者一定能够得到利息和本金。AAA 级指的是发行人"支付的能力",而不是其"支付的义务"。在结构化票据方面,投资者面临许多不同的市场风险。

对于信用联系票据,投资者实际上承担了那些自身评级远低于 AAA 级参照信用方的违约风险。如果参照信用方的信用资质较差,则投资者原本是被禁止直接购买的。

信用联系票据的另外一个可能的投资者是那些想要购买参照债权人风险的人。现假设发行人只发行 30 年期的债券,而投资者想要购买 5 年期的债券。此时,运用信用联系票据,投资者可以购买类似 5 年期债券的产品。5 年期债券的资本要求与 30 年期债券的资本要求迥然不同。投资者为债券融资 5 年,这比融资 30 年要容易得多。另外,投资者有可能是基金。基金契约不允许购买 30 年期的债券,只允许购买 5 年期的债券,但运用信用联系票据,基金能以增进利息买到 5 年期的债券。

核心概念

信用衍生产品
总收益互换
信用违约互换
一篮子信用互换

信用价差期权
信用联系票据
信用风险

复习思考题

1. 什么是信用衍生产品?其主要作用是什么?
2. 论述信用风险及其主要形式。
3. 请分别说明信用违约互换、总收益互换、一篮子信用互换、信用价差期权、信用联系票据的基本原理。

第 5 部分　综合运用模块

第 14 章

国际金融市场、欧洲货币市场与国际资本流动

学习目标

通过了解国际金融市场的发展状况,掌握离岸国际金融市场与传统国际金融市场的区别,着重理解欧洲货币市场的特点和类型;深入理解国际资本流动的新特点,结合20世纪80年代以来典型国际金融危机的经验教训,掌握国际资本流动与国际金融危机的关系,增强开放条件下短期国际资本流动对发展中国家货币冲击带来的负面效应的预判能力。

引导案例

巴克莱银行 LIBOR 操纵案

尽管全球其他金融市场皆有各自的银行同业拆借利率,譬如欧元区有 EURIBOR,东京有 TIBOR,上海有 SHIBOR,然而这些基准利率无不以 LIBOR 为最重要参考标准。因为伦敦是世界上规模最大、流动性最好、体制完善、历史悠久的国际金融中心之一,很多重要金融指标甚至超过纽约,雄踞全球之冠。

BBC 最新披露的一份秘密录音显示,英国央行曾在 2008 年国际金融危机期间反复向银行业施加压力,让他们低报 LIBOR。录音中,巴克莱高级经理 Mark Dearlove 指示 LIBOR 提交者 Peter Johnson 压低该利率,并暗示是英国央行的授意。Dearlove 则表示,尽管他和 Johnson 一样并不情愿这么做,但是英国央行的人让他们这么做。记录显示,这一对话发生在 2008 年 10 月 29 日。非常凑巧的是,当天,英国央行副行长 Paul Tucker 和巴克莱前首席执行官 Bob Diamond 也通了电话。Tucker 在那次电话中反复强调,几位英国政府高级官员向其致电,询问为何巴克莱提交的 LIBOR 报价总是较高。Tucker 还对 Diamond 说,巴克莱没有必要总是把 LIBOR 报得那么高。不过巴克莱在声明中说,Diamond 不认为 Tucker 在让巴克莱人为更改 LIBOR 报价,但是议会则认为英国央行是在传达下调 LIBOR 报价的指示,并对

交易员做出相关指示。

根据巴克莱银行向监管部门和调查机构所提供的初步材料，以该银行2007年正常每天的金融交易头寸计算，每日盈亏规模至少达到4 000万美元。LIBOR的轻微波动就会导致盈亏转换，一夜暴富或一夜巨亏只在转瞬之间。

初步调查的结论，操控主要有两种方式：第一种是巴克莱交易员们根据自己的金融交易头寸，计算出LIBOR处于何种水平才可以盈利，经过精心计算之后，然后报出能够确保交易盈利的LIBOR。为确保万无一失，他们必须和其他银行交易员进行合谋、分享，乃至贿赂和公开收买。第二种则是蓄意报出较低借贷利率，以便让同行和外界相信自己银行的流动性充足，资产负债表稳健，无须以高价去拆借资金。初步调查结论显示，2008年国际金融危机期间，包括巴克莱在内的许多大银行都刻意使用第二种操纵手法，甚至还可能得到过英格兰银行的默许和首肯。因为英国央行也希望LIBOR走低来带动整个市场利率下降。这样，一方面可以缓和银行金融市场的流动性紧张，另一方面也可以降低金融机构的危机救助成本。

通常情况下，LIBOR由18家大银行（即货币市场主要做市商）共同决定。每个交易日的上午11点，18家银行分别提出各自对货币市场借贷成本（即借贷利率）的估算，然后去掉4个最高价和4个最低价，剩下10个报价的平均值就是当天的LIBOR。哪怕LIBOR只有一个基点（0.01%）的变动，都会影响全球数以十万亿美元计的金融产品交易，牵涉的盈利和亏损动辄千万、数亿乃至数十亿。从最简单的银行贷款到最复杂的衍生产品（如利率掉期和CDS），LIBOR时刻牵动着全球金融市场每个交易者的神经中枢。据不完全统计，全球金融产品年交易量早就突破1 000万亿美元，外汇交易已超过800万亿美元，一个基点（0.01%）的差距就是1 000亿美元。毫不夸张地说，谁能够掌控LIBOR，谁就能在很大程度上操控全球金融市场。

自2010年年底以来，监管机构一直在对一些帮助设定LIBOR和东京银行间拆借利率的美国和欧洲的银行进行调查，其中帮助英国银行家协会（BBA）在2006—2008年设定美元LIBOR委员会的所有16名银行成员先后被传涉及其中，在历时一年半后，这次跨越三大洲、至少涉及9家执行机构的全面调查取得实质性进展。

这次"绊倒"巴克莱的则是再平常不过的邮件。其中一封邮件的内容是巴克莱一位交易员向LIBOR报价人员感谢道："老兄，这次我欠你一个大人情了！改天下班后过来，我会开一瓶博林格（Bollinger）香槟。"据监管机构公布的电子邮件显示，2005—2008年，至少有14名交易员通过提交不准确的LIBOR数据获利，金融危机爆发期间，他们则是通过低报利率来制造银行财务状况良好的假象。

来自英国的巴克莱银行率先认罪，承认两类不当行为。2005—2007年，该行在提交LIBOR和欧元区银行间同业拆借利率（Euribor）报价时，曾把该行及其他银行衍生产品交易员的请求纳入考虑范围。这实际上是巴克莱交易员通过其LIBOR定价成员的特殊身份，为其内部或其他银行资金部门提供不对称信息交流，违反了"中国墙"（Chinese Wall）规定，该规定旨在防止一家银行不同部门之间的信息共享。（利用内幕消息提前在银行间市场建立有利头寸获利，即依靠操纵上述英国银行家协会指定的16家LIBOR定价成员的报价，使得LIBOR定价往有利于自己建立的头寸方向发展而获利。）

2012年6月28日,老牌银行巴克莱接受英美当局处罚,为这些邮件付出了4.5亿美元的天价罚金。美国联邦政府于2013年2月6日宣布,因苏格兰皇家银行及旗下RBS证券日本公司在2006—2010年试图操纵、成功操纵和虚假汇报日元和瑞士法郎的LIBOR报价,决定对其处以4.75亿美元罚款。巴克莱银行、苏格兰皇家银行(RBS)、瑞银(UBS)、荷兰合作银行(Rabobank)和经纪商毅联汇业(ICAP)已经在全球与监管机构就更为广泛的LIBOR操纵达成和解,总计支付了35亿美元。

14.1 国际金融市场与国际融资

14.1.1 国际金融市场

国际金融市场有广义和狭义之分。广义的国际金融市场是指在国际范围内从事各种专业性融资活动的场所或领域,它包括国际短期资金市场(国际货币市场)、国际长期资金市场(国际资本市场)、国际外汇市场和国际黄金市场等。此外,20世纪70年代以来形成的国际金融衍生工具交易市场,是国际金融市场新的组成部分。狭义的国际金融市场则是指在国际间经营借贷资本即进行国际借贷活动的领域,仅包括国际长期资金市场和国际短期资金市场。

14.1.1.1 国际货币市场

货币市场(Monetary Market)又称短期资金市场,是指从事期限在一年以内(含一年)的短期资金融通市场。国际货币市场(International Monetary Market)是国际金融市场的重要组成部分,其主要功能是为短期资金在国际间的转移和融通提供渠道。各国的资金盈余者可以将其短期资金投放到国际货币市场上加以充分的运用,以获取大量的收益;各国的资金短缺者在遇到临时性或季节性资金周转困难时,也可以利用国际货币市场来满足短缺资金需要。

国际货币市场主体主要包括各国商业银行、投资银行、证券公司、票据承兑和贴现公司、央行等。国际货币市场呈现出借款期短、金额大、成本低、风险小、资金周转量大、纯信用拆放等特点。根据不同的借贷方式,国际货币市场分为银行短期信贷市场、短期有价证券市场和票据贴现市场。目前,主要西方国家的货币市场都已连为一体,形成统一的国际货币市场。

1. 银行短期信贷市场

银行短期信贷市场是由国际银行同业间的拆借以及对工商企业提供短期信贷资金而形成的市场。前者主要解决银行平衡一定头寸、调节资金余缺的问题,后者主要解决企业流通资金的问题。目前,银行短期信贷市场业务主要以银行同业拆借为主,由持有多余头寸的银行将其头寸拆借给头寸不足的银行。

同业拆借业务具有以下特点:

(1)交易期限短。由于同业拆借主要用于银行的头寸调整,故期限都比较短,最短的是隔夜,最长的不超过一年。

(2)交易金额大。由于同业拆借是在银行间进行的,故每笔交易金额都比较大。如伦敦同业拆借市场每笔交易以25万英镑为最低限额。

（3）交易手续简便。由于银行的信用一般都比较高，因此银行同业拆借通常不需要签订协议，也不需要提供担保品，有时仅以电话联系就可以完成资金的拆借。

（4）交易利率的非固定性和双向性。交易利率的非固定性是指银行同业拆借的利率随市场利率的变化而变化，不采用固定利率。交易利率的双向性是指同业拆借利率有拆出利率和拆进利率之分。拆出利率表示银行愿意拆出资金的利率；拆进利率表示银行愿意拆进资金的利率。拆进利率通常都低于拆出利率。在美国、日本、德国、新加坡等地的市场上，银行报出拆借利率时，拆进利率在前、拆出利率在后，如9.75%~9.875%。在英国则相反，银行报出拆借利率时，拆出利率在前、拆进利率在后，如8.5%~8.25%。

目前，在国际同业拆借市场乃至整个国际金融市场中最有影响的利率是LIBOR。这是伦敦市场上一流的银行间进行拆放的利率。在贷款协议中议定的LIBOR通常为指定的几家参考银行在规定时间（一般是伦敦时间上午11时）利率报价的算术平均数。LIBOR现已成为国际金融市场浮动利率贷款的基准利率，一般都是在LIBOR的基础上，再加上一定的百分点（如LIBOR+0.05%）来确定。

2. 短期有价证券市场

短期有价证券市场是指国际间进行短期有价证券的发行和买卖活动的市场。在这种业务中，交易的对象是各种期限在一年以内的可转让、流通的信用工具。政府、工商企业等可以通过发行或转让短期信用票据筹措资金，投资者则可以通过买卖短期信用票据而运用资金来获取利益。

各国的短期有价证券种类繁多，主要包括：

（1）国库券（Treasury Bills）。这是政府为了满足财政需要或弥补财政赤字筹措资金而发行的短期政府债券，也可以称为短期公债。国库券是一种不标明利息的债券，采取以票面金额折价方式发行，折价多少主要取决于当时市场的利率水平。国库券的票面金额同购买时支付的价格之间的差额，就是国库券购买者所获收益，到期按票面金额偿还。国库券的信用高于商业信用和银行信用，国库券期限短、风险低、流动性强，在市场上可以随时变现，且它是可以生利的资产。因此，国库券已经成为西方国家中最理想的短期投资工具。

（2）商业票据（Commercial Papers）。这是一些大型工商企业（包括非银行金融机构）为筹集短期资金而凭信用发行的、有固定到期日的短期借款票据。期限一般在30天到1年不等（30~60天最多），这种票据由发行人担保，可以转让，利率的水平取决于市场供求情况、发行人信誉、银行借贷成本、票据的面值和期限等，其利率低于银行优惠利率（Preferential Interest Rate），稍高于政府国库券。发行商业票据时需要通过中介机构，且发行商业票据的企业都需要有较好的信誉。如英国，发行商业票据的公司的股票必须在伦敦股票交易所公开上市交易，其资产净额必须在5 000万英镑以上。在美国证券市场上，商业票据每天的交易量可达数10亿美元。

（3）银行承兑汇票（Bank Acceptance Bills）。其主要是为进出口商签发的，经银行背书承兑保证到期付款的汇票。这种汇票的期限一般为30~180天（90天最多），面值无限制。同商业票据不同，银行承兑汇票除可在承兑银行贴现外，还可在二级市场上买卖，买卖时按面值打一定折扣，买价与面值的差额为持票人的利润。

（4）大额可转让定期存单（Certificate of Deposit，CD）。其于1961年首先出现在纽约，是由花旗银行发行的。它是商业银行和金融公司吸收大额定期存款而发放给存款者的存单，这种存单不记名，可在市场上自由出售。投资存单，既可获得定期存款利息，又可随时转让变为现金，颇受投资者欢迎，而且发行这种定期存单也是银行获取短期资金的稳定来源。最初为大面额，最少为10万美元，多者可达100万美元。目前，在美国，大额存单市场是仅次于国库券市场的第二大短期证券市场。其特点是金额固定且面额较大，不能提前支取，期限短，利率不受管制，便于投资者的资金周转。伦敦短期资金市场和纽约短期资金市场是交易量最大的短期资金市场，除当地的金融机构和工商企业在市场上进行交易外，巨额的短期资金从国外其他金融中心通过银行网的存款关系流入这两个金融市场，再把巨额的资金从这里贷款到世界银行网或世界其他金融中心。伦敦与纽约短期资金市场上的利息率差异，引起资金在西欧大陆与美国之间移动、调拨，从而导致美元与英镑汇率的变化。

3. 票据贴现市场

票据贴现市场（Discount Market）是对未到期票据按贴现方式进行融资的交易市场。贴现（Discount）是指持票人将未到期的票据按贴现率扣除自贴现日到票据到期日的利息后，向贴现行换取现金的一种活动。通过贴现，持票人可以提前获得现款，贴现行是向持票人提供了一笔事先收取利息的贷款，所以贴现是短期资金市场上融通资金的一种重要方式。

贴现业务的主要经营者包括经营贴现业务的商业银行和专门经营贴现业务的贴现公司。贴现的票据均为一年以内的短期票据，包括商业承兑票据、银行承兑票据、国库券以及其他短期债券。持票人向贴现行办理贴现后，贴现行还可持票据再向央行进行再贴现（Rediscount）。

目前，世界上最大的贴现市场在英国。英国的贴现市场起源于19世纪初，直到20世纪50年代中期，一直是伦敦唯一的货币市场，在英国的货币市场中也一直占据极其重要的地位。50年代中期后，英国的货币市场出现了一些新的交易工具，形成与贴现市场平行发展的新兴市场，称之为平行市场。可见，英国的货币市场分为贴现市场和平行市场，在贴现市场上主要经营商业票据、银行承兑票据、国库券和其他短期债券的贴现，而平行市场主要由银行同业拆借市场和存单市场构成。

14.1.1.2 国际资本市场

国际资本市场又被称为长期资金市场，是开展期限在一年以上的中长期国际性融资业务的市场，中期信贷一般为2~5年，长期信贷一般为5~10年，有的长达10年以上。在国际资本市场上，根据信贷方式的不同，主要分为：

1. 银行中长期信贷市场

银行中长期贷款的期限一般为1~5年或5~10年，甚至更长。借款方大多是世界各国私营或国营企业、社会团体、政府机构或国际组织，贷款方主要是商业银行。依据商定的贷款条件，借贷双方一般都要签订贷款协议，有的贷款还要借款国家的主要金融机构或政府担保。如果借款金额大、时间长，则贷款方往往需要由几家、十几家，甚至几十家不同国家的银行组成银行集团，通过其中的一家或几家牵头共同向借款人提供贷款。

银团贷款（Syndicated Loans）也称集团贷款或辛迪加贷款，是指多家商业银行组成一个集团，由一家或几家银行牵头联合向借款人共同提供巨额资金的一种贷款方式。银团贷款在国际上始于20世纪60年代,流行于70年代,80年代有了较大的发展。目前,这种银团贷款已成为国际中长期信贷的主要方式。银团贷款融资量大、风险小、专款专用,贷款对象大部分是各国政府机构或跨国公司,贷款货币大部分使用欧洲货币。银团贷款的主要特点:

(1) 由于银团是由多家银行组成的协议组织,因此参加银团的银行数目根据项目大小可多可少,大型项目有几十家银行参加,小型项目有3~5家银行参加,项目的风险不是由一家银行承担,而是由各参加行按其提供贷款的份额分担的。同时,银团可以保证大型项目的资金需求,通过组织银团还可加强国际银行间的交流,提高参加行的国际地位。

(2) 对于借款人来说,采用国际银团贷款方式融资,只需一次谈判借款条件,签订一个贷款协议,就可一次向国际银团成员银行报告其金融条件和信用要求。这对于借款人有很大的吸引力。

(3) 国际银团贷款对于贷款人也有很多好处。银行贷款可以避免对单个借款人过多债权的风险,银行可以同时参与多个不同的国际银团贷款,面向更多的借款人,以分散风险。

(4) 国际银团贷款可以吸收较小的银行参与国际贷款批发销售市场。许多小银行本无力单独承担国际贷款,在大银行承担大部分信贷之后,可把部分信贷转售给小银行。

(5) 银团贷款常与项目融资相伴。银团贷款不是凭主办单位的资产与信誉作为发放贷款考虑的原则,而是根据为营建某一工程项目而组成的承办单位的资产状况及该项目完工后所创造出来的经济效益为发放贷款考虑的原则,因为项目所创造的经济效益是偿还贷款的基础。

国际银团贷款的一般程序主要包括以下步骤:

(1) 借款人慎重选择牵头银行。当借款人决定要用国际银团贷款方式筹资时,首要工作就是选择牵头银行。一般情况下,不同的借款人有不同的选择习惯。有的借款人会选择同自己关系密切的银行;有的借款人则轮流挑选国际上一些大银行,以便和更多的国际银行建立关系;有的借款人邀请一些大银行投标,从中选择合适的牵头银行。如何确定牵头银行,要根据借款人的项目情况、信用要求和国际金融市场情况确定。

(2) 借款人向牵头银行递交筹资委托书,同时附上有关文件(包括项目的批准证书、营业执照、合同、可行性研究报告等)。

(3) 牵头银行回复借款人贷款承诺书。牵头银行与借款人进行初步谈判,当借款人的条件基本符合贷款要求时,银行要向借款人递交贷款承诺书和贷款合同的基本结构,提出在什么条件下可以为其组织银团贷款。

(4) 组建银团。如果借款人原则上同意银行的贷款基本结构条款,即开始组织银团贷款的工作。首先,确定参加行名单,这些参加行必须经牵头银行审查同意。其次,与有关参加行接触,简介项目的情况并征询意见。

(5) 起草项目概况,并分发给各参加行。牵头银行应根据借款人提供的有关资料进行认真的项目评估,写出评估报告并进行现金流量分析,在此基础上写出项目概况。项目概况的主要内容包括对项目的各当事人(包括主办人、承包商、管理公司、担保人等)分别做出分析、评估和说明。项目概况分别提供给各参加行研究,牵头银行收到各参加行的承诺电传后,银团即宣告组成。

(6) 准备有关文件,进行贷款合同的谈判。在银团基本组成后,牵头银行要与借款人进行谈判。文件的起草工作由牵头银行委托或聘请的律师进行。这些文件包括贷款合同、还款担保、抵押担保、超支担保（或备用信贷协议）、完工担保（或履约保证）、合同转让书（包括管理合同、销售合同、工程合同等），牵头银行就这些文件逐项与借款人进行谈判。

（7）签约、发布"墓碑"广告。银团成员在贷款合同上共同签字，达成银团贷款协议后，可以在发行量比较大的国际性商业报刊上发布广告。由于篇幅较小、措辞严谨、形式严肃，因此又被称为"墓碑"广告。该广告对借款人、牵头银行和参加行来说都有正面的宣传作用。对于借款人来说，等于为工程做了一次促销广告，因为只有获利前景好的项目才能得到银团贷款的支持；对牵头银行来说，银团贷款的成功一方面给它带来丰厚的收益，另一方面是其信誉和能力的体现；对于参加行来说，能够参与到国际知名的银团贷款协议可以提高知名度。

（8）贷款监督和贷款偿还工作。银团贷款的签订只是贷款合同履行的第一步，银团贷款能否取得预期的收益还要看项目的完成情况和贷款的偿还情况。所以，在资金到位后，就要按照协议进行贷款的监督，确保资金的合理使用，保证款项得到偿还。

图 14-1 所示为银团贷款的具体程序示意图。

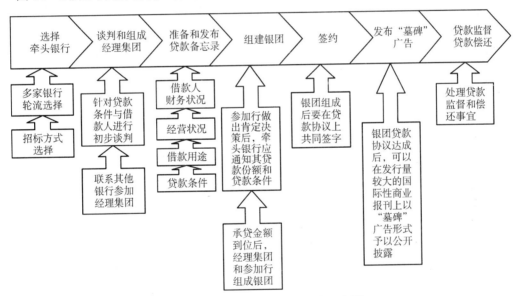

图 14-1 银团贷款的具体程序示意图

2. 中长期证券市场

中长期证券市场是指各种中长期有价证券（包括政府债券、公司债券、股票等）的发行和买卖场所。随着第二次世界大战后经济和金融国际化程度的提高，证券市场逐渐走向国际化，形成了国际证券市场，并成为国际资本市场的重要组成部分。国际证券市场一般可分为国际债券市场和国际股票市场两类。

1) 国际债券市场

国际债券市场是专门从事国际债券发行和买卖交易的场所。该市场债券的期限一般在 1 年以上，是中长期融资工具。其中，1~5 年期限的，为中期债券；5 年以上期限的属长期债券。

债券的发行者或中长期资金的需要者有中央政府、地方政府、银行和非银行金融机构、工商企业,还有国际金融机构等。它们利用资本市场发行债券是为了获得中期或长期的生产发展资金。债券的购买者或资金的供给方主要是人寿保险公司、年金基金、信托公司、各种投资公司和其他储蓄机构。此外,有些国家政府机构和个人,也可能选择债券方式进行长期投资,获取收益。

债券的新发行市场又称一级市场、初级市场。在大多数国家,债券的发行都没有固定的场所,而是通过证券投资机构或大商业银行和信托公司等金融机构进行的。这些机构承购新发行的债券,然后投向二级市场转售一般投资者,这种承购和分销债券的业务,也称为投资银行业务。发行的方式可以是公开发行,称为"公募"(Public Issue);也可以是私下发行,称为"私募"(Private Issue)。

据 BIS 统计,截至 2010 年 6 月末,国际债券按发行人居住地的国别划分,美国、英国、德国、荷兰、法国和西班牙发行的国际债券未清偿余额在全球排名前六位。其中,美国、英国、德国三国的国际债券余额占据全球总余额近半成份额。在国际债券中,金融机构发行的债券占比最大,为 78.5%;其次是公司发行人和政府,市场份额分别为 12.6% 和 8.9%。截至 2016 年 9 月,国际债券市场未偿债券余额的币种结构为:美元占 44.94%;欧元占 38.54%;英镑占 8.18%;日元占 2.19%;人民币占 0.52%。

债券的交易市场又称为二级市场、次级市场,即已发行的债券在不同投资者之间转售交易的市场。一般情况下,债券的转售交易也要通过证券交易的投资机构,由其向出售债券的资金需求者及购买债券的投资者提供有关债券的买卖行情,以供其选择。

在国际债券市场上,有外国债券和欧洲债券之分。外国债券(Foreign Bond)是指一国借款人到另一国家债券市场发行的以市场所在国货币为面值的债券。如日本人在美国发行的美元债券,中国国际信托投资公司在日本发行的日元债券等。外国债券的承购和销售一般由市场所在国银行组织的承购辛迪加负责,筹措的资金可以自由运用。一般地,外国债券在发行时既要受本国外汇管理的约束,又需得到市场所在国的批准,法律手续较为烦琐。目前,国际上较大的外国债券市场主要有美国的扬基债券(Yankee Bond)市场、日本的武士债券(Samurai Bond)市场、英国的猛犬债券(Bulldog Bond)市场,以及德国和瑞士的债券市场等。国外开发机构在中国境内发行的人民币债券,被称为熊猫债券(Panda Bond),也是外国债券的一种。欧洲债券(Euro-bond)是指借款人在本国境外市场发行的,不以发行市场所在国的货币为面值的国际债券,就其实质而言,是境外债券。如日本在英国伦敦发行的美元债券,即为欧洲美元债券。

由于债券市场的国际化程度越来越高,特别是欧洲债券市场迅速发展,因此债券发行者的资信,或债券的风险程度对投资者越来越重要。美国和日本出现了一些专门评定债券和股票信用等级的金融服务公司。在国际资本市场上,应用最广泛、最有权威性的是美国的标准普尔公司和穆迪投资服务公司。两家公司按债券发行人的要求,对债券进行评级,评定的等级直接关系到债券的发行状况。

2)国际股票市场

股票是股份公司发给股东的、证明其入股并持有该公司股权的凭证。股票市场的核心是股票交易所,股票交易所是证券经纪人、自营商等投资机构有组织建立的从事股票交易的公开场所,除了股票交易外,在股票交易所往往也有债券和金融期货期权的交易。股票交易所与通常的债券市场不同,它是有组织的、集体的、有固定地点的市场,股票交易所一般只经营已发行上市的股票,所以又称为典型的二级市场。

目前,世界上主要的股市都是高度国际化的,这一方面体现在各主要股票交易所之间有现代化的通信联系,任一股市的行情可以迅速传递到其他股市;另一方面,世界上主要的西方股票交易所已不仅仅是国内公司的股票交易市场,它们都有大量的外国公司的股票上市交易,外国公司上市的数量有的甚至接近或超过本国公司的数量。股票交易所已经成为国际金融市场的重要组成部分,它对投资者和筹资者都具有国际性。

14.1.2 国际融资

14.1.2.1 出口信贷

1. 出口信贷的概念

出口信贷(Export Credit)是一个国家为了增强本国商品的竞争力,扩大商品出口,通过给予利息补贴并提供信贷担保的方法,鼓励本国银行对本国出口厂商或国外进口厂商(或进口方银行)提供低利率贷款。它是一国的出口厂商利用本国银行的贷款扩大商品出口的一种重要手段,特别是金额较大、期限较长的商品,如成套设备、船舶等。

2. 出口信贷的种类

出口信贷按照贷款对象的不同,一般分为卖方信贷和买方信贷。

1)卖方信贷

卖方信贷(Supplier Credit)是出口方银行向本国出口厂商(即卖方)提供的低利率贷款。这种贷款协议由出口厂商与出口方银行签订。实际上,卖方信贷是出口厂商通过将其货物买卖合同中远期收益的权益抵押给贷款银行,从银行中获取资金融通的过程。

卖方信贷通常用于大型机械及成套设备、船舶等资本品的出口。由于这些商品出口涉及的资金量较大、时间较长,进口厂商一般都要求采用延期付款的方式。出口商为了加速资金周转,往往需要取得银行贷款。出口厂商付给银行利息(费用有的包括在货价里,有的在货价外另加,但最后都转嫁给进口商承担)。因此,卖方信贷是银行直接资助本国出口商向外国进口商提供延期付款,以促进商品出口的一种方式。

在采用卖方信贷的条件下,通常在签订买卖合同之后,进口商先支付贷款的10%~20%的定金,作为履约的一种保证金,在分批交货、验收和保证期满时,再支付10%~20%的现汇货款,其余的货款在全部交货后若干年内分期偿还,并付给延期付款期间的利息。出口商把所得款项与利息按贷款协议的规定偿还给本国的贷款银行。所以,卖方信贷实际上是出口商从贷款银行取得贷款后,再向进口厂商提供延期付款。银行与出口商之间属于银行信用,出口商与进口商之间是一种商业信用。图14-2所示为卖方信贷流程示意图。

图14-2 卖方信贷流程示意图

（1）在正式签署货物买卖合同前，出口商必须与贷款银行取得联系，获得银行发放出口信贷的认可。一般情况下，银行在受理和审核项目后，对出口商下达具体要求，如买卖合同必须规定：进口商现在支付比例达到合同金额的10%～20%；分期付款是每半年等额贷款本金和利息偿还一次，即与贷款偿还一致；出口商向保险机构投保出口收汇险，将保险费打入货价，并将保险单收益权转让给出口方银行；进口商延期付款担保机构的资格由贷款银行确定。

（2）出口商与进口商签署货物买卖合同，同意以延期付款方式向进口商出售商品。一般情况下，合同要求进口商在合同生效后——即期付款方式支付货款金额10%～20%的定金作为履约的一种保证金，在分批交货、验收和保证期届满时，再支付10%～15%的现汇货款，其余的货款在全部交货后若干年内分期偿还，一般为每半年偿付一次，并支付延期付款期间的利息。

（3）出口商在与进口商签订货物买卖合同的同时向保险公司投保出口收汇险，并将保险项下的权益转让给贷款银行。出口商与贷款银行正式签署贷款协议，在协议中，出口商同意将货物买卖合同下的远期收汇权益抵押给贷款银行。

（4）出口商按期收到进口商银行开具的信用证，并在收到定金后开始组织生产，向贷款银行提款。提款有两种形式：一是在出口商发货交单时，出口商按贷款比例向银行提款，这是比较规范的做法。只有在出口商按期交货才能取得进口商银行开出的本票或汇票，贷款银行根据上述债权凭证发放贷款。二是出口商在取得定金后，根据生产中的资金缺口向贷款银行提款。这种形式对贷款银行风险较大，如果出口商不能按期交货，出口商转让给银行的远期收汇保险单和抵押的远期收汇凭证就失去了意义。因此，在这种情况下，贷款银行要求出口商提供出口商品按期交货履约的保证。

（5）进口商在规定的期限内分期偿还剩余货款，并支付延期付款的利息。出口商将收到的货款依照贷款协议偿还给银行。

2）买方信贷

买方信贷（Buyer Credit）是出口商银行直接向外国的进口商（买方）或进口商银行提供的贷款。其附带条件就是提供的贷款必须用于购买债权国的商品，进而起到促进商品出口的作用，买方信贷也被称为约束性贷款（Tied Loan）。

在采用买方信贷的条件下，当出口方供款银行直接贷款给外国进口商时，进口商先用本身的资金，以即期付款的方式向出口商缴纳买卖合同金额的10%～20%的定金，其余货款以即期付款的方式将银行提供的贷款付给出口商，然后按照贷款协议所规定的条件，向贷款银行还本付息；当出口方贷款银行贷款给进口方银行时，进口方银行也以即期付款的方式代理进口商应支付的货款，并按贷款协议规定的条件向贷款银行归还贷款和利息等。至于进口商与本国银行的债务关系，则按双方商定的办法在国内结算清偿。买方信贷不仅使出口商可以较快地得到货款和减少风险，而且使进口商对货价以外的费用比较清楚，便于它与出口商进行讨价还价。因此，这种方式比较流行。图14-3和图14-4所示分别为买方信贷的贷款对象为进口商和进口方银行时的出口信贷流程。

图 14-3 买方信贷的贷款对象为进口商时的出口信贷流程

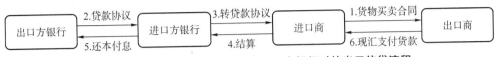

图 14-4 买方信贷的贷款对象为进口方银行时的出口信贷流程

在买方信贷中，如果贷款对象是进口方银行，涉及的合同关系就比较复杂，主要包括进出口商之间的货物买卖合同、出口方银行与进口方银行之间的贷款协议、出口方银行与出口商之间的出口信贷担保保险费支付协议等。保险费协议是出口买方信贷担保的前提；出口信贷担保协议是出口信贷的前提。出口信贷的买方信贷基本流程为：

(1) 出口商提出买方信贷意向申请，在银行审核项目材料，出具贷款意向，并对商务合同具体付款条件提出要求后，进出口方才进入货物合同签署阶段。

(2) 进、出口商签署现汇货物买卖合同，并明确进口商将使用出口方银行提供的买方信贷来支付货款。合同签订后，进口商先支付货款的 15%～20% 作为定金。

(3) 进口商或进口方银行与出口方银行签署贷款协议。

(4) 进口商根据出口商的交货情况，分批利用出口方银行贷款或进口方银行转贷的资金支付 80%～85% 的货款。

(5) 进口商根据进口方银行、出口方银行的贷款协议支付本金和利息。

(6) 当买方信贷的贷款对象为进口方银行时，进口方银行根据贷款协议向出口方银行支付本金和利息。进口方银行与进口商之间的债权债务关系根据协议在国内进行结算。

3. 出口信贷的主要特点

(1) 信贷发放以资本货物出口为基础。出口信贷支持的一般都是金额较大、需要资金融通期限较长的商品出口，如成套设备、船舶等。买方信贷中出口国银行向进口国提供的贷款必须全部或大部分用于购买提供贷款国家的商品。

(2) 贷款利率较低。出口信贷利率一般低于资本市场相同条件下的市场利率，无论贷款机构是政府设立的专门机构还是普通的商业银行利差，均由政府提供补贴给予补偿。

(3) 通常出口信贷的贷款金额只占合同金额的 85% 左右，其余 10%～15% 由进口商先行支付。

(4) 出口信贷发放与出口信贷保险相结合。由于出口信贷期限较长、金额较大，涉及不同国家的当事人，因此出口信贷的风险对贷款银行而言远远大于单纯对国内机构发放的贷款。而对于出口信贷，私人保险公司一般不愿意提供保险。在这种情况下，政府为促进出口，设立专门的出口信贷担保机构来承担出口信贷风险。例如，美国的进出口银行、日本的输出入银行、法国的对外贸易银行、中国的进出口银行等，除对成套设备、大型交通工具等商品的出口提供国家出口信贷外，还向本国私人银行提供低利率贷款或贷款补贴，以资助其出口信贷业务。

（5）出口信贷是政府促进出口的手段。对出口商而言，出口买方信贷对进口商或进口商银行的融资显得极其便利，无须出口商负债，有利于出口商的收汇安全，加快资金周转。对进口商而言，一方面出口买方信贷扩大了进口厂商的融资渠道；另一方面由于出口信贷的融资成本往往低于进口国国内市场融资成本，因此出口信贷能够有效地降低商品进入国际市场的成本、提升本国商品的竞争力。如今，其已成为世界各国普遍选择的重要贸易促进手段。相对于卖方出口信贷，出口买方信贷为进口商提供了更多便利，使出口买方信贷业务成为出口信贷的主要形式，发达国家的出口买方信贷更是占到整个出口信贷的90%以上。

14.1.2.2 项目融资

1. 项目融资的概念及其特点

1）项目融资的概念

国内外经济学界对于项目融资的理解大致有两种观点：

一种认为，凡是用来建设一个新项目、收购一个现有项目或者对已有项目进行债务重组所进行的融资活动都可以被称为项目融资，这就是广义的项目融资。广义的项目融资边界大而模糊，存在一个"项目"是有别于其他融资的唯一特征，难以区分为了某个项目而发放的一般贷款与项目融资的差别。总部在英国伦敦的著名法律公司 Clifford Chance 编著的《项目融资》（1997年）一书中对项目融资的定义是：项目融资是用于代表广泛的且具有一个共同特征的融资方式。该共同特征是"融资不是主要依赖项目发起人的信贷或所涉及的有形资产。"在项目融资中，提供优先债务的参与方的收益在相当大程度上依赖于项目本身的效益。因此，他们将其自身利益与项目的可行性以及潜在不利因素对项目影响的敏感性紧密联系起来。

美国财会标准手册中对其定义是：项目融资是指对需要大规模资金的项目采取的金融活动，借款人原则上将项目本身拥有的资金及其收益作为还款资金来源，并将其项目资产作为抵押条件来处理。通常该项目事业的主体的信用能力不作为重要因素来考虑。这是因为该项目主体或是不具备其他资产的企业，或是项目主体的所有者（母体企业），不能直接追究责任。

另一种则认为，项目融资仅指无追索或有限追索的融资，这就是狭义的项目融资。并非每个项目的资金筹集方式都是项目融资。实际上，只有很少一部分项目融资带来了理论研究和实践应用价值。归根结底，项目融资最突出的特点就是无追索或有限追索。

根据中国银监会《项目融资业务指引》，项目融资是指符合以下特征的贷款：

（1）贷款用途通常是建造一个或一组大型生产装置、基础设施、房地产项目或其他项目，包括对在建和已建项目的再融资。

（2）借款人通常是建设、经营该项目或为该项目融资而专门组建的企事业法人，保理是主要从事该项目建设、经营或融资的既有企事业法人。

（3）还款资金来源主要依赖该项目产生的销售收入、补贴收入或其他收入，一般不具备其他还款来源。

2）项目融资的特点

（1）项目导向。

项目融资，顾名思义，就是以项目为主体安排融资。投资者专门为项目设立一个项目公司，贷款人主要依赖项目本身的经济强度，即项目本身的资产和项目的未来收益，而不是依赖项目的投资者或发起人的资信来安排融资。

（2）有限追索。

追索是指在借款人未按期偿还债务时贷款人要求借款人用以抵押资产之外的其他资产偿还债务的权利。作为有限追索的项目融资，贷款人可以在贷款的某个特定阶段对项目借款人实行追索，或者在一个规定的范围对项目借款人实行追索。除此之外，无论项目出现什么问题，贷款人均不能追索到项目借款人除该项目资产、现金流量以及所承担的义务之外的任何形式的财产。

（3）风险分担。

为了实现项目融资的有限追索，项目的风险需要以某种形式在项目投资者和与项目开发有直接和间接利益关系的其他参与者和贷款银行之间分摊。项目融资的风险分担机制降低了项目发起人、贷款人和其他参与者因某一风险而导致生产经营困难甚至破产的可能性，提高了各方参与项目融资的积极性；同时，促使当事人关注项目的建设和运营情况，以预防和降低项目风险，提高项目成功的可能性。

（4）非公司负债型融资。

项目的债务不反映在项目投资者的资产负债表中，这种债务最多以某种说明的形式反映在资产负债表的附注中，项目融资不影响项目发起人公司的后续借贷能力，从而使得项目发起人可以同时进行多个项目而不至于发生筹资困难，进而提高了融资效率。

（5）信用结构安排灵活多样。

成功的项目融资可以将贷款的信用支持分配到与项目有关的各个关键方面，典型的做法包括：在工程建设方面，可以要求工程承包公司提供一个固定价格、固定工期的合同或者"交钥匙"合同要求项目设计者提供工程技术保证等；在市场方面，可以要求对项目产品感兴趣的购买者提供一种长期购买合同来作为融资的信用支持；在原材料和能源供应方面，可以要求供应方在保证供应的同时，在定价上根据项目产品的价格变化设计一定的浮动价格公式，以保证项目的最低收益。所有这些做法都可以成为项目融资强有力的信用支持，提高项目的债务承受能力，减少融资对投资者资信和其他资产的依赖程度。

（6）融资成本较高。

与传统的融资方式相比较，项目融资存在的一个主要问题是筹资成本较高，组织融资所需要的时间较长。项目融资涉及面较广、结构复杂，需要做好大量有关风险分担、税务计算、资产抵押等技术性的工作，筹资文件通常比一般公司融资多出几倍。项目融资的大量前期工作导致融资的成本要比传统的融资方式高。融资成本包括融资顾问费用、法律费用等融资的前期费用和利息成本两个部分。由于贷款方承担的风险较高，其要求的利率也必然较高，即项目融资的利息成本一般要高于同等条件公司贷款的 $0.3\% \sim 1.05\%$，其增加幅度与贷款银行在融资结构中承担的风险以及对项目投资者的追索程度是密切相关的。再加上其他各种费用，使得项目融资整体费用成本较高。

（7）利用税务结构优势，降低融资成本。

充分利用税务优势来降低融资成本，提高项目的综合收益率和偿债能力是国际上项目融资的一个重要特点。

2. 项目融资的主要模式

1) TOT（Transfer Operate Transfer）模式

TOT模式是移交－经营－移交的英文缩写，具体是指东道国在与国外投资者签订经营协议后，把已经投产运行的基础设施项目移交给国外投资经营者，凭借该设施在未来若干年内的收益，一次性地从外国投资者手中融得资金，用于建设新的基础设施项目；TOT经营期满后，外国投资者再把该基础设施无偿地移交给东道国。

2) ABS（Asset Backed Securitization）模式

ABS模式即资产证券化的简称。这是近年来出现的一种新的信贷基础设施项目融资方式，其基本形式是：以项目资产的未来收益为保证，通过在国内外资本市场发行成本较低的债券进行筹融资。在西方，ABS模式广泛应用于排水、环保、电力、电信等投资规模大、资金回收期长的基础设施和公用事业项目。

3) IIF（Infrastructure Investing Fund）模式

IIF模式即基础设施产业投资基金模式，其具体流程是：组建基金管理公司，向特定或非特定投资者发放基金单位以设立基金；将资金分散投资于不同的基础设施项目上；待所投资项目建成后通过股权转让实现资本增值；其收益与风险由投资者共享、共担。IIF模式的优点在于集聚社会上的分散资金，并将其用于基础设施项目的建设。

4) UEC（Using Equipment Contract）模式

UEC模式即使用设备协议模式，投资者事先同项目设施使用者签署"设施使用协议"并获付费承诺，然后组建项目公司，项目公司将协议作为融资载体来安排融资。其信用保证主要来自"设施使用协议"中使用者的无条件付费承诺，在具体的融资结构设计中，往往把"设施使用协议"做成一个实际上的项目债务融资担保或信用增强途径。UEC模式较适用于资本密集、收益较低但相对稳定的基础设施项目，如石油、天然气管道、港口设施等。

5) PFI（Private Finance Initiative）模式

PFI模式即民间主动融资模式，对于基础设施项目和公用事业项目，政府通过项目招标的方式来确定民间投资主体，并授权后者负责项目的融资、建设与运行；而作为对该民间投资主体的回报，政府在授权的期间内每年以财政性资金向其支付一定的使用费或租赁费；授权经营期结束时，民间投资主体将该项目无偿转让给政府。PFI模式主要用于一些不向大众收费的项目，如免费桥梁、隧道等。

6) URM（User Reimbursement Model）模式

URM模式即使用者付费模式，是指政府通过招标的方式选定合适的基础设施项目民间投资主体，同时政府制定合理的收益人收费制度并通过一定的技术手段将上述费用转移支付给项目的民间投资者，作为购买项目服务的资金。

7) ST（Shadow Tolling）模式

ST模式即影子收费模式，是指对于基础设施和公用事业项目，政府通过招标的方式来确定民间投资主体，并授权后者负责项目的融资、建设与运营；而作为对该民间主体的回报，政府在授权期限内每年以财政性资金或其他形式向其支付一定的补偿费用，补偿其免费为公众提供服务应得的利益；授权经营期结束时，民间投资主体无偿转让项目给政府。

8）PPP（Private Public Partnership）模式

PPP 模式即公共私人合作制，是指公共部门通过与私人部门建立伙伴关系、提供公共产品或服务的一种方法。PPP 包括 BOT、TOT 等模式，主要强调合作过程中的风险分担机制和项目的货币价值原则。PPP 模式是在基础设施和公用事业项目建设中发展起来的一种优化的项目融资。

9）BOT（Build Operate Transfer）模式

BOT 模式是建设 – 经营 – 转让的英文缩写，指的是政府或政府授权的公司将拟建设的某个基础设施项目，通过合同约定并授权另一投资企业来融资、投资、建设、经营和维护，该投资企业在协议规定的时期内通过经营来获取收益，并承担风险。政府或政府授权的公司在此期间保留对该项目的监督调控权。协议期满，根据协议由授权的投资企业将该项目转交给政府或政府授权的公司。BOT 模式适用于现在不能盈利而未来却有较好或一定盈利潜力的项目。

在 BOT 模式的基础上，衍生出来的 BOOT、BOO 等相近的模式被看作 BOT 模式的变种。它们之间的区别主要在于投资者拥有项目产权的完整性程度不同：在 BOOT 模式下，投资者在特许期内暂时拥有项目产权，但不完整，投资者参与度比 BOT 模式高；在 BOO 模式下，投资者长期拥有项目完整的产权，近似于永久专营。

10）BT（Build Transfer）模式

BT 模式即建设 – 移交的英文缩写，是 PPP 模式在实际运用中的具体演变，其特点是协议授权的投资者只负责该项目的投融资和建设，项目竣工经验收合格后，即由政府或政府授权的单位按合同规定赎回。BT 模式主要适用于项目建成后无法直接向公众提供产品并收取费用的情形。所以只能由政府直接向主办人支付该项目的款项，并使该项目服务公众。BT 模式是一种创新的投融资模式，近年来在基础设施、公用事业项目建设中得到广泛应用。

11）以杠杆租赁为基础的项目融资模式

这是指在项目投资者的要求和安排下，由杠杆租赁结构中的资产出租人融资购入项目的资产，然后租赁给承租人（项目投资者）的一种融资结构。资产出租人在融资贷款银行的收入以及信用保证主要来自项目结构中的税务好处、租赁费用、项目的资产以及对项目现金流量的控制。由于杠杆租赁办理手续比较复杂，故一般只适用于大型设备租赁项目，如飞机、轮船、集装箱、输油管道等。

3. 项目融资的运作

1）项目融资的参与者

（1）项目的直接主办人。

项目的直接主办人是指直接参与项目投资和项目管理、直接承担项目债务责任和项目风险的法律实体。在项目融资中，一个普遍的做法是成立一个单一目的项目公司来作为项目的直接主办人，而不是母公司或控股公司，即项目的实际投资者为项目的直接主办人。

（2）项目的实际投资者。

项目的实际投资者可以是单独一家公司，也可以是由多家公司组成的投资财团；可以是私人公司，也可以是政府机构或者是二者的混合体。

(3) 项目的贷款银行。

商业银行、非商业银行金融机构（如租赁公司、财务公司、某种类型的投资基金等）和一些国家政府的出口信贷机构，是项目融资债务资金来源的主要提供者，将其统称为贷款银行。承担项目融资贷款责任的银行可以是简单的一两家银行，也可以是由十几家银行组成的国际银团。银行参与数目主要是由贷款的规模和项目的风险（特别是项目所在国的国家风险）决定的。例如，根据一般的经验，贷款额超过3 000万美元以上的项目，至少需要三家以上银行组成国际银团来提供资金。但是，对于一些被认为是高风险的国家，几百万美元的项目贷款也常常需要由多家银行组成国际银团提供。

(4) 项目产品的购买者或项目设施的使用者。

项目产品的购买者或项目设施的使用者通过与项目公司签订长期购买合同（特别是具有"无论提货与否均需付款"和"提货与付款"性质的合同），保证了项目市场和现金流量，为投资者对项目的贷款提供重要的信用保证。项目产品的购买者作为项目融资的一个参与者，可以直接参加融资谈判，确定项目产品的最小承购数量和价格公式。

(5) 项目建设的工程公司或承包公司。

信用卓越的工程公司或承包公司承建项目或签订较为有利的合同安排，可以帮助项目投资者减少在项目建设期间所承担的义务与责任，可以在建设期间就将项目融资安排成为有限追索的形式。

(6) 项目设备、能源、原材料供应者。

项目设备、原材料生产者为了寻找长期稳定的市场，在一定条件下愿意以长期的优惠价格条件为项目供应能源和原材料。这种安排有助于减少项目初期以及项目经营期间的许多不确定因素，为项目投资者安排项目融资提供了便利条件。

(7) 项目融资顾问。

项目融资顾问在项目融资中扮演着一个极为重要的角色，在某种程度上决定了项目融资能否成功。融资顾问通常聘请投资银行、财务公司或商业银行中的项目融资部门来担任。担任融资顾问的推荐包括能够详细地了解项目投资者的目标和具体要求，熟悉项目所在国的政治经济结构，对投资费用有清楚的认识和分析，掌握当前金融市场变化动向和各种新的融资手段，与主要银行和金融机构建有良好的关系，具备丰富的谈判经验和技巧等。在项目融资的谈判过程中，融资顾问周旋于各个有关利益主体之间，通过对融资方案的反复设计、分析、比较和谈判，最后形成一个既能在最大程度上保护项目投资者的利益又能为贷款银行接受的融资方案。

(8) 有关政府机构。

微观方面，政府部门可以为项目的开发提供土地、良好的基础设施、长期稳定的能源供应、某种形式的经营特许权、条件优惠的出口信贷和其他类型的贷款或贷款担保。宏观方面，政府部门可以为项目建设提供一种良好的投资环境，例如，利用批准特殊外汇政策和特殊税务结构等优惠政策来降低项目的综合债务成本，进而提供项目的经济强度和可融资性。

2) 项目融资的框架结构

项目融资由四个基本模块组成，即项目的投资结构、项目的融资结构、项目的资金结构和项目的信用保证结构。

(1) 项目的投资结构。

项目的投资结构即项目的资产所有权,是指项目的投资者对项目资产权益的法律拥有形式和项目投资者之间(如果项目有超过一个以上的投资者)的法律合作关系。目前,国际上为项目融资采用的投资结构有单一项目子公司、非限制性子公司、代理公司、公司型合资结构、合伙制结构、信托基金结构、非公司合资结构等形式。

(2) 项目的融资结构。

融资结构是项目融资核心部分。一旦项目的投资者在确定投资结构问题上达成一致意见,接下来的重要工作就是要设计和选择合适的融资结构以实现投资者在融资方面的目标要求。项目融资通常采用的融资模式包括投资者直接融资、通过单一项目公司融资、利用"设施使用协议"型公司融资、生产贷款、杠杆租赁、BOT 模式等方式。

(3) 项目的资金结构。

项目的资金结构设计用于决定在项目中股本资金、准股本资金和债务资金的形式、相互之间比例关系以及相应的来源。项目融资重点解决的是项目的债务资金问题,然而,在整个结构中也需要适当数量和形式的股本资金和准股本资金来作为结构的信用支持。通常为项目融资采用的债务形式有商业贷款、银行贷款(辛迪加贷款)、商业票据、欧洲债券、政府出口信贷、租赁等。

(4) 项目的信用保证结构。

对于银行和其他债权人来说,项目融资的安全性来自两个方面:一方面来自项目本身的经济强度;另一方面来自项目之外的各种直接或间接的担保。这些担保可以是由项目的投资者提供的,也可以是由与项目有直接或间接利益关系的其他方面提供的。这些担保可以是直接的财务保证,如完工担保、成本超支担保、不可预见费用担保,也可以是间接的或非财务性的担保,如长期购买项目产品的协议、技术服务协议、以某种定价公式为基础的长期供货协议等。所有担保形式的组合构成了项目的信用保证结构。项目本身的经济强度与信用保证结构相辅相成。项目的经济强度高,信用保证结构就相对简单,条件就相对宽松;反之,就要相对复杂和严格。

3) 项目融资的运作程序

一般来说,项目融资的程序大致可以分为投资决策、融资决策、融资结构分析、融资谈判和执行五个阶段。

(1) 投资决策阶段。

对于任何一个投资项目来说,在决策者下决心之前,都需要经过相当周密的投资分析,这些分析包括宏观经济形势的判断、工业部门的发展以及项目在工业部门中的竞争性分析、项目的可行性研究等内容。一旦做出投资决策,接下来的一个重要工作便是确定项目的投资结构。项目的投资结构与将要选择的融资结构和资金来源有着密切的关系,在很多情况下,项目投资决策是与项目能否融资以及如何融资紧密联系在一起的。投资者在决定项目投资结构时需要考虑的因素很多,主要包括项目的产权形式、产品分配形式、决策程序、债务责任、现金流量控制、税务结构和会计处理等方面的内容。

(2) 融资决策阶段

在这个阶段,项目投资者将决定采用何种融资方式为项目开发筹集资金。是否采用项目融资取决于投资者对债务责任分担、贷款资金数量、时间、融资费用以及债务会计处理等方面的要求。如果决定采用项目融资来作为筹资手段，投资者就需要选择和任命融资顾问，开始研究和设计项目的融资结构。

(3) 融资结构分析阶段。

设计项目融资结构的一个重要步骤是完成对项目风险的分析和评估。项目融资信用结构的基础是由项目本身的经济强度以及与之有关的各个利益主体与项目的契约关系和信用保证构成的。能否采用以及如何设计项目融资结构的关键点之一就是要求项目融资顾问和项目投资者一起对项目有关的风险进行全面分析和判断，确定项目的债务承受能力和风险，设计出切实可行的融资方案。项目融资结构以及相应资金结构的设计和选择必须全面反映投资者的融资战略要求和考虑。

(4) 融资谈判阶段。

在初步确定了项目融资方案之后，融资顾问将有选择地向银行或其他投资机构发出参与项目融资的建议书，组织贷款银团，策划债券发行，着手起草有关文件。与银行的谈判会经过很多次的反复，这些反复可能涉及融资结构或资金来源的调整，甚至可能是对项目的投资结构及相应的法律文件做出修改，以满足债权人的要求。在谈判过程中，强有力的项目融资顾问可以加强投资者的谈判地位，保护其利益，并能够灵活地、及时地找出问题的解决方法，打破谈判僵局。因此，在谈判阶段，项目融资顾问的作用是非常重要的。

(5) 执行阶段。

在正式签署项目融资的法律文件之后，融资的组织安排工作就结束了，项目融资进入执行阶段。在这期间，贷款人通过项目融资顾问经常性地对项目的进展情况进行监督，根据融资文件的规定，参与部分项目的决策、管理和控制项目贷款资金投入和部分现金流量。贷款人的参与可以按项目的进展划分为项目建设期、试生产期和正常运行期三个阶段。

14.1.2.3　出口保理

1. 出口保理概述

1) 出口保理的概念

出口保理（Export Factoring）是国际保理的一种。国际保理的全称是国际保付代理业务，在中国大陆地区称为包销代理，承购应收账款业务，在中国香港地区称为销售保管，在中国台湾地区一般称为应收账款收买业务。由于各个国家所承袭的保理历史渊源以及商业习惯不同，因此目前为止，国际贸易及金融界对国际保理的定义尚未统一。较为权威的是国际统一司法协会在1988年5月通过的《国际保理公约》中对保理的定义：保理是指卖方（供应商、出口商）与保理商之间存在的一种契约关系。根据该契约，卖方（供应商、出口商）将其现在或将来给予的与买方（债务人）订立的货物销售、服务合同所产生的应收账款转让给保理商，由保理商为其提供以下至少两项服务：贸易融资、销售分账户管理、债款回收、坏账担保和信用销售控制。

一般地，出口保理是指保理商（通常是银行或银行附属机构）对采用赊销等信用方式出口商品或提供服务的出口商在受让其应收账款的基础上，提供信用担保、贷款催收、销售分类账管理以及贸易融资等金融服务。

2)保理业务在我国发展的现状

国际保理业务在我国起步较晚,初期的发展相对缓慢。1987 年 10 月,我国银行与国外保理公司密切合作,在国内最早开始办理国际保理业务。1992 年 2 月,中国银行加入了国际保理商联合会(Factors Chain International,FCI)①,这标志着我国的国际保理业务进入规范化的运作。之后,随着市场的发展,国际贸易对国际保理这项业务的依赖度也逐渐升高。2001 年以来,国内的其他商业银行业也开始涉足保理行业,先后推出了国际保理业务。截至 2013 年 6 月,我国共有 27 家金融机构加入了 FCI。现阶段,我国国际保理的发展程度与初期相比有飞跃式的发展。然而,就全球国际保理这个大环境而言,我国与其他发达国家相比,保理业务所占的市场份额仍较低。除 1996 年保理营业额有所下降,并且持续低迷到 1998 年外,此后的 10 年里营业额呈现逐年上涨的趋势。2009 年比 1995 年保理业务额增长了 2 242 倍,比 2005 年增长了 14 倍,比 2008 年增长了 22.4%。2017 年,中国银行业保理业务量达 2.15 万亿元,同比上升 25%;其中,国内保理业务量 1.66 万亿元,同比上升 36%;加上商业保理业务量 1 万亿元,2017 年中国保理业务量总计 3.35 万亿元,占 GDP 的 3.68%。据世界银行统计报告,全球保理业务量与 GDP 之比约为 2.93%,保理业务发展较早的国家和地区中这一比例在 6% 以上,而英国、意大利、中国台湾等保理业务发达的国家和地区中该比例可达 15%。根据中国银行业协会、国家统计局数据测算,2016 年中国保理业务量占 GDP 的比例为 2.3%,虽然与 2006 年的 0.78% 相比已有较大提升,但与世界发达水平相比仍有较大的增长空间。②

2. 出口保理的程序

(1)出口商向出口保理商申请办理出口保理业务,应提供出口保理商要求的资料。

(2)出口保理商审核同意后,与出口商签订出口保理协议。

(3)出口商将进口商的有关情况及交易资料提交给出口保理商。

(4)出口保理商将资料调整后转送给进口商所在国内的、经选定的进口保理商。

(5)进口保理商对进口商的资信进行调查和评估,确定进口商的信用额度,并将调查结果及可提供信用额度的建议通知出口保理商。

(6)出口保理商转通知出口商,如果该进口商资信可靠,则出口保理商对进出口双方间的交易加以确认。

(7)进出口双方签订以保理方式结算的贸易合同。

(8)出口商按合同规定备货装运后,将发票及有关货运单据交给出口保理商。

(9)出口保理商按照出口商的要求,预付一般不超过 80% 的货款或采用买断票据的形式,即按票面金额扣除利息等各项费用后,将货款余额无追索权地付给出口商。

---

① FCI 成立于 1968 年,2016 年 1 月 1 日,国际保理商组织(IFG)和 FCI 正式合并。新组织以 FCI 的名义开展工作,吸收双方的优良传统,组建了全球最大的非营利协会,致力于促进应收账款融资行业的发展。合并带来不少益处,不仅削减了冗余成本,也丰富了行业资源;会员的来源和数量大大增加,前者(IFG)从 73 个国家增加至约 90 个国家,后者(FCI)从 275 名会员增加到约 400 名会员。2016 年,全球保理业务交易量高达 2.35 万亿欧元;而在过去的 20 年中,保理业务的复合年增长率达 9% 以上。

② 自 2018 年 5 月起,中国商业保理的监管职责从商务部划转至中国银行保险监督管理委员会(简称银保监会)。这一政策的出台有利于对同类性质的金融产品实施统一监管并制定规则,形成监管合力,减少套利空间,同时创造更安全、更有益的环境,为保理行业的持续发展提供有利条件。

(10) 出口保理商随即将发票及单据转寄给进口保理商，后者入账，进行财务管理及负责催收货款。

(11) 发票、汇票到期后，进口商按票面金额付款给进口保理商（如果进口商在发票到期日 90 天仍未付款，则由进口保理商担保付款）。

(12) 进口保理商扣除服务费后将余下货款付给出口保理商。

(13) 出口保理商在扣除预付货款、押金、银行转账及其他费用后，将余款交给出口商；如果是买断的，则只需结账。

3. 出口保理的特点

1）融通资金，手续简便

出口商可以获得灵活的贸易融资便利，解决因赊销引起的现金流不足，加速资金周转，及时补充营运资金。

2）规避风险，提前退税

保理商提供买方信用担保，出口商即便出口到高风险地区也可高枕无忧不再担心出口收汇风险。而且，还可以马上办理结汇和提前核销退税，避免汇率波动风险。

3）美化报表，减低成本

将未到期的应收账款直接转换为现金收入，降低资产负债率，并使报表得以美化。保理商负责应收账款的催收和销售分户账管理，不仅省去财务管理的人力和物力，及时了解国外买方的资信状况变化，控制销售风险，更能有助于消除与不同国家买方之间交易的语言、文化和法律方面的障碍。

4. 出口保理的风险

国际保理对于出口商有巨大的诱惑力，但是，国际保理业务自身也有一些不利之处，除了出口商承担的国际保理费用较高之外，出口商还承担了其他的一些风险。出口商获得了进口保理商对进口商的信用额度，但这并不意味着风险全部消除。因为进口保理商的信用担保只包括因进口商资信原因导致的不付款以及因国家风险、不可抗力和自然灾害造成的付款风险，而对因贸易纠纷导致的进口商不付款，进口保理商将不负责赔偿。因此，出口商在国际双保理机制下可能面临以下主要风险：

1）产生贸易纠纷，导致进口保理商免责的风险

根据国际保理商联合会（FCI）制定的《国际保理统一规则》，如果因商品数量和质量、服务水平、交货期限等纠纷引起进口商拒付，即使在核定的信用限额内，进口保理商也将免除信用担保责任。问题的关键在于该规则没有对贸易纠纷的认定做出明确规定，导致了国际保理业务潜在的不足，这种不足表现在以下三个方面。

首先，没有明确界定提出贸易纠纷的合理原因。贸易纠纷本应该由买卖双方间的贸易合同判定出口商是否存在违约，但在实务中，可能出现不管提起贸易纠纷的理由是否合理，只要进口商在规定时间内寻找借口甚至怀疑商品质量存在问题而拒不付款，就可以暂时免除进口保理商在核定信用额度下的赔付责任，使得出口商和出口保理商承担风险。

其次，没有确定进口保理商对贸易纠纷进行审核的责任。《国际保理统一规则》规定，由出口商负责判别进口商提出的贸易纠纷是否存在，并证明其提出的纠纷不合理。而没有规定进口保理商对贸易纠纷进行审核的责任，这可能导致进口商为了拖延甚至拒绝付款而提出

假贸易纠纷。

最后,没有明确规定提出贸易纠纷时所需的书面文件。这就可能使进口商提出的贸易纠纷缺乏真凭实据,而仅凭借口头说明,进口保理商就轻易认定存在贸易纠纷,免除自己担保付款的责任。

2)面临进口保理商诚信不足的风险

这种风险主要表现为:当进口商提出贸易纠纷时,进口保理商没有尽力协助贸易纠纷的解决,使出口商蒙受利益受损的风险。根据《国际保理统一规则》规定,出口商和出口保理商负有解决贸易纠纷的首要责任,但进口保理商有责任为解决贸易纠纷提供帮助。如果出口保理商在保理业务中欲提起法律诉讼,由于债权已转让,则必须委托进口保理商出面在当地起诉进口商。进口保理商在保理业务中具有特殊的双重身份,既是出口商应收账款的代收人,又是进口商信用的担保人。若进口商有偿付能力,则进口保理商的利益与出口商一致,它会竭尽全力争取自己或出口商胜诉,以便根据判决要求进口商付款,避免或减少损失;若在诉讼前已经获知进口商无偿付能力,进口保理商就有可能站在进口商的一边希望自己或出口商败诉,以达到解除赔付责任的目的。

5. 出口商的风险防范

在国际保理业务中,进口保理商是出口保理商选择的,并对出口保理商负责。因此,出口商在前述面临的风险中,最主要的是进口商的诚信风险。出口商可以采取以下措施来防范风险。

1)尽可能充分地了解进口商的诚信问题

出口商对进口商的信任应该建立在对进口商经营作风和诚信的充分了解之上,尤其是对于金额较大的交易,应事先委托咨询机构对进口商进行资信调查,以便心中有数,避免与资信不佳的进口商做生意。不能单一地依赖进口保理商核准的信用额度来了解进口商。因为进口保理商做资信调查评估时有可能比较注重进口商的资金实力和未来的现金流,对其经营作风和诚信未必能准确把握。

2)严格拟定符合国际惯例的买卖合同条款

严格拟定符合国际惯例的买卖合同条款,使其内容和释义清晰、明确,对防止合同纠纷极其重要。在实务中,贸易争议通常是针对货物的规格、质量提出的。因此,买卖合同中的品质条款、检验条款极其重要。出口商应争取在合同中规定进口商提出争议的时间限制,超过规定期限则进口商丧失提出争议的权利。

3)合同结算方式应采用跟单托收中的承兑交单

在保理业务中,尽管承兑交单(D/A)与赊销(O/A)都适用于保理业务,但在承兑交单条件下,进口商必须首先承兑由进口商开立的远期汇票才能取得货权单据提货,因此将应收账款转化为票据权利。各国票据法均规定汇票承兑人必须到期履行票据权利。如果进口商在票据到期日无论以什么理由拒付,进口保理商都可以向法院提起诉讼。

4)严格履行买卖合同和保理合同,且不超过信用额度发货

在国际保理业务中,债权转让以出口商严格履行合同义务(包括买卖合同和保理合同)为前提。如果出口商在交货期限、商品数量、商品质量、价格以及所提交的单据方面与买卖合同不符,进口商必然会提出贸易纠纷,导致进口保理商免除对进口商的信用担保责任。此外,进口保理商在所核准的信用额度内承担信用担保,对超过信用额度的金额,进口保理商

尽力履行托收职责，但不负担保责任。如果进口保理商核损的是循环额度，则出口商应掌握好出货的节奏，把已发运的货物金额控制在信用额度之内；当前一笔应收账款未收回或出现争议而未能及时解决时，就不要再发运新的货物。

5）注意单据质量和保存

商业单据一般由出口商在发货后自行寄给买方，这是保理业务比信用证简便、灵活之处。但出口商仍应注意商业单据的质量，至少保证合同、发票、运输单据、检验证书、装船前要求的其他单据，以及其他履行销售合同的证明等内容完整一致、准确清晰，并与进口保理商核定信用额度时的情况一致。这些证明文件都有可能使出口商在日后处理争议时处于主动地位。

6）选择信誉卓著、富有经验的出口保理商

首先，信誉卓著的出口保理商可以最大限度地实现国际保理商联合会所倡导的原则，那就是："运用正确的程序，高效运作，保证高质量的服务；坦诚、谨慎、遵循常识和良好商业道德，在与其他会员、客户的关系处理中显示最大的善意。"

其次，富有经验的出口保理商知道如何选择进口保理商并与之合作。另外，优秀的出口保理商知道如何选择适合保理的业务，及早去除那些易产生争议的产品或服务是避免争议的最好方法。

14.1.2.4 福费廷

1. 福费廷业务的概念及特点

1）福费廷业务的概念

福费廷业务（Forfaiting）是一种与出口贸易密切相关的贸易融资业务，是国际化大银行长期以来从事的基本贸易融资品种之一。

广义的福费廷是指银行或其他机构无追索权地从债权人（出口商）那里买入由于商品或劳务的出口而产生的应收账款（或称未到期债权）。在大多数情况下，这种债权是以汇票或本票的形式体现的。除非债务人（进口商）信誉卓著，通常这些汇票或本票是要经过银行保付或担保的。从事福费廷业务，出口商放弃对所出售债权的一切权益，而办理福费廷业务的银行也必须放弃对出口商所支付款项的追索权，只要出口商所出售的债权是合格有效的。

狭义的福费廷是指从事福费廷业务的银行在远期信用证项下无追索权地买断开证行已承兑的汇票或已承付的单据的业务，以及在托收业务项下买断经债务人的银行保付的已承兑汇票业务。

实际上，从笔数和金额来看，狭义的福费廷业务占福费廷业务的大多数。其他的福费廷业务，如无追索权地买断由非银行机构承兑或保付的汇票或本票的业务，因其风险考虑因素以及操作方式而有较大不同，但其基本原理是相同的。

长期以来，出口贴现是中国各商业银行向客户提供的主要贸易融资服务之一。然而，银行提供的这种传统的出口贴现业务是对出口企业保留追索权的，即当贴现银行未能按期从国外承兑/承付/保付银行处收到应收账款时，将向出口企业追讨贴现款项本息。

相比之下，福费廷业务中银行由于对出口企业支付的贴现款项没有追索权（前提是企业出让的是合格、有效的债权），因此完全承担了与该笔债权有关的商业信用风险、国家风险、汇率风险等收汇风险。福费廷业务给出口企业带来的其他好处包括：获得的银行融资无须占用授信额度，企业可以将节省下来的授信额度用于其他资金需求；银行贴现款项在企业资产负债表上直接体现为现金收入，进而减少了银行贷款和应收账款的金额，改善资产负债比率；银行提供福费廷融资主要关注承兑／承付／保付银行的信誉，无须特别审查出口企业的资信状况和还款能力。与流动资金贷款等相比，手续快捷方便很多；出口企业不再承担资产管理和应收账款回收的工作及费用，从而节约了财务管理费用。

福费廷业务起源于第二次世界大战后的欧洲，之后在美国也发展得如火如荼。以往欧美的福费廷商只关注于本土的需求。伦敦金融城一度是福费廷业务的全球中心。经美国福费廷商的努力，拉丁美洲在20世纪90年代曾是福费廷业务最活跃的二级市场。但是21世纪以来，亚洲作为"全球工厂"崛起，亚洲地区的出口贸易量激增，增长速度远远超过欧美市场。很多外资银行在新加坡建立业务中心，借助地缘优势向中国境内出口企业大力拓展福费廷业务，争取市场份额和利润空间。2016年，中国外贸出口额高达25.49万亿元，据统计，全球年均福费廷交易量占世界贸易额的2%以上。按此比例，中国福费廷业务市场总额应高达5 000亿元以上，中国福费廷业务需求市场潜力巨大。但是，目前福费廷业务在中国尤其是国有商业银行的开展并不像预计中的那样顺利，也就是说，中国实际的福费廷业务交易量远远没有达到这个水平。

2）福费廷业务的特点

（1）终局性融资便利。

福费廷是一种无追索权的贸易融资，出口方一旦取得融资款项，就不必再对债务人偿债与否负责；同时不占用银行授信额度。

（2）改善现金流量。

将远期收款变为当期现金流入，有利于出口方改善财务状况和清偿能力，减轻资金占压，进一步提高筹资能力。

（3）节约管理费用。

出口方不再承担资产管理和应收账款回收的工作和费用，从而大大降低了管理费用。

（4）提前办理退税。

办理福费廷业务后，出口方可立即办理外汇核销及出口退税手续。

（5）规避各类风险。

办理福费廷业务之后，出口方不再承担远期收款可能产生的利率、汇率、信用以及国家等方面的风险。

（6）增加贸易机会。

出口方以延期付款的条件促成与进口商的交易，避免了因进口商资金紧缺而无法开展贸易的局面。

（7）实现价格转移。

可以提前了解包买商的报价并将相应的成本转嫁到价格中去，从而规避融资成本。

2. 福费廷业务的基本程序

（1）签订进出口合同与福费廷合同，同时进口商申请银行担保。

（2）出口商发货，并将单据和汇票寄送给进口商。

（3）进口商将直接承兑的汇票或开立的本票交给银行要求担保。银行同意后，担保函和承兑后的汇票或本票由担保行寄给出口商。

（4）出口商将全套出口单据（物权凭证）交给包买商，并提供进出口合同、营业执照、近期财务报表等材料。

（5）收到开证行有效承兑后，包买商扣除利息及相关费用后贴现票据，无追索权地将款项支付给出口商。

（6）包买商将包买票据经过担保行同意后向进口商提示付款。

（7）进口商付款给担保行，担保行扣除费用后将剩余货款交给包买商。

3. 福费廷业务的风险及防范

1）福费廷业务的风险

（1）利率风险。

福费廷业务提供中、长期融资，使用固定利率，因此对于经营福费廷业务的银行来说，其承担的风险较高。在选择期和承担期中，利率上升会导致包买商的融资成本上升。对于这种高风险的金融产品如何定价（既可以保证融资的利润与承担的风险相匹配，又能使出口商接受），是福费廷业务的核心问题。

（2）承诺风险。

出口商与进口商在签订贸易合同之前，按照一般惯例，出口商将向福费廷融资商支付一笔承诺费。但在合同执行期间，如果进口国家的政治、经济情况恶化，融资风险增加，外资银行不愿意再以原价格成交，中资金融机构已向客户做出融资承诺，则必将使其陷入进退两难的境地。此时，无论是终止合同还是提高价格，都将对出口商造成损失。

（3）流动性风险。

我国票据贴现市场不成熟，使国内银行在买入出口商远期票据后，无法在二级市场上转让票据，以分散风险。由于福费廷业务通常融资时间长、金额大，因此一旦在各家银行推开后形成一定规模，势必将产生银行资产的流动性问题。

（4）贸易欺诈风险。

福费廷业务服务于出口贸易，中资金融机构对出口商给予票据贴现后，放弃追索权，这是福费廷业务的魅力所在，但也容易为不法商人利用来使用贸易欺诈的手段骗取银行的贴现资金。因而，一些外资银行为防止贸易欺诈情况的出现，往往会保留追索权。所以，中资金融机构一定要与客户签订福费廷业务合同，清晰地界定双方的权利和义务及特殊情况下的例外条款，适当地规避有关的业务经营风险。

（5）客户流失到合作方的风险。

在目前市场情况下，中资银行主要是将承接的客户业务转给外资运作，以自身的客户优势与外资银行的雄厚资金及管理优势相结合，借助外资银行的福费廷专业机构开展福费廷委托代理业务。值得注意的是，在福费廷业务中，真正的融资商是外资银行，国内出口客户的资料很容易被外资银行获取。如果外资银行不甘心只做福费廷的二级市场业务，而借合作之机，跨过中资金融机构直接参与一级市场业务竞争，与中资金融机构争夺客户资源，则会使中资金融机构失去一部分优质客户。

2) 福费廷业务风险防范

(1) 加强营销宣传，培养专业人才。

目前，许多进出口企业对福费廷业务缺乏全面、深入的了解，而且福费廷相对于别的融资产品（如抵押、贴现等）费用较高，这在一定程度上影响了福费廷业务开发推广。因此，银行一方面要做好加强营销的工作，让出口商充分意识到福费廷业务的物有所值；另一方面应结合考虑出口企业的承受能力、信用、风险溢价、盈利等因素，参考国外同业数据的同时，从扶持外贸企业推广福费廷业务出发，制定合理的贴现率与费率，根据福费廷业务期限的长短灵活地掌握管理费和承诺费的尺度，使银行和企业都能接受。

福费廷业务实质上是一种综合性国际金融业务，它要求从业人员既精通外语、国际银行业务，又熟知国际商业法律、法规和惯例。因此，要拓展福费廷业务，把业务的经营风险控制在最低点，专业人才的培养是首要的。

(2) 健全银行内部经营机制，提高风险评定能力。

银行在开办福费廷业务时无追索权地买断票据，虽然有进口的银行担保，但也承担了一定的收汇风险，特别是在票据期限较长的情况下。因此，中资银行的信息调研和风险评定工作还有待进一步改进和加强，以满足从事福费廷业务的包买商必须消息灵通、随时掌握各类信息的要求。目前，中资银行有必要设立专业的市场信息调研部门，对其他国家和地区的政治经济状况、各主要银行的经营情况与资信变化、具体业务的风险程度等进行调查，对每一笔业务的风险做出及时准确的评估，从而对客户的询价做出快速的反应。同时，充分利用外资银行提供的咨询调查服务，了解当地的情况，进行必要的风险控制。

(3) 积极采用灵活的结构贸易融资方式，以分散风险。

由于有些福费廷业务需要融资的金额大、期限长，因此银行在融资规模较大时可以采用与银行贷款相结合的方式，这样既可以分散风险、加强同业合作，又能为大型成套设备筹集到巨额的资金，从而鼓励我国资本性货物的出口。根据出口项目的具体情况，分阶段灵活使用不同的融资方式，如出口卖方信贷与福费廷业务相结合，这能较好地解决企业成套设备出口的融资需要问题，加大对出口商的支持力度。

另外，我国对外优惠贷款能带动我国机电产品、成套设备出口的生产性项目，采用福费廷业务与政府援外贷款相结合，可扩大我国的对外贸易。对有些大型设备的出口，可以考虑采用福费廷业务与BOT项目相结合的复合投、融资方式。这样既带来了出口，又鼓励了对外直接投资，对出口企业占领海外市场、增加海外投资起到一定的促进作用。

14.1.2.5 结构性贸易融资

1. 结构性贸易融资的含义及特点

1) 结构性贸易融资的含义

目前，国际上关于结构性贸易融资的含义没有统一界定，大多数学者、专家比较认可的定义是：结构性贸易融资（Structured Trade Finance）是创造性地运用传统的融资方式与非传统的融资方式，根据国际贸易项目的具体情况以及项目社会环境的具体情况要求，将多种融资方式进行最佳组合，使得项目的融资得以实现，并使企业获得全程的信息和全程信用管理。

结构性贸易融资实际是一种金融工具的组合。目前，国际上常用的金融工具主要有出口信贷（包括买方信贷、卖方信贷）、银团贷款、银行保函、出口信用保险、福费廷、国际保理、远期外汇买卖业务、期货业务、期权业务、利率互换业务、货币互换业务、传统银行贷款、常规票据贴现等。

2）结构性贸易融资的特点

（1）高度的综合性。

融资过程包括证券化、风险管理、出口促进中的最新方法，并与传统的贸易信贷及结算手段相结合，对现有贸易融资、结算工具重构与组合。结构性贸易融资业务需要根据具体案例来专门定制、设计，为特定的贸易项目提供一个最佳解决方案。

（2）对自然资源及基础设施工业的大宗商品和资本商品的出口特别适用。

大宗商品的融资额高，对涉及国家的进出口贸易也有较大影响，一些国家的政策性银行往往开展结构性贸易融资业务，以支持本国的进出口贸易业务，如美国进出口银行支持的结构性贸易融资项目包括光导纤维电缆、天然气、石油项目、通信、制造业大型设备等。我国的一些大宗商品特别是船舶出口，也是通过中国进出口银行办理出口信贷，并由商业银行代理该业务的。但我国的金融工具不多，结构性贸易融资不发达，因此，一般仅限于传统的出口信贷业务。

（3）还贷主要不是靠债务人的信誉，而是靠项目融资本身的现金流量、未来的交易状况来保障其安全性。

这一点与项目融资有类似的地方。如花旗银行是把项目融资与结构性融资归为一类进行业务统计的。同类型业务具有相似的风险特征，从项目融资的角度来研究结构性贸易融资业务的风险是有益的。

2. 结构性贸易融资的运作

结构性贸易融资并没有统一的操作规程，这里以一个具体的案例来说明结构性贸易融资的运作。

【例14-1】 1995年5月和1996年2月，我国A、B、C公司（国内三大大型造船厂）作为共同卖方同马来西亚DF公司签订了6艘船舶的出口合同，合同的总价为1.7亿美元，6艘船预计的最早交船时间为1997年10月，最晚交船时间为1999年2月。这6艘船的支付方式都是分五期T/T支付，即签约5%、开工5%、上船台10%、下水10%和交船70%，其中第二期和第三期进度款（两个10%）由马来西亚银行开出付款保函。

由于建造该批出口船舶前期的资金投入量很大，5%的定金和开工时5%的付款不能满足生产资金的需求，因此出口商急需获得贸易融资的支持。假设要采用出口信贷和传统的贸易融资方式来满足上述项目的要求，则进行以下分析：

1）出口信贷

不管出口卖方信贷还是买方信贷，一般是对出口非延期付款提供融资。在出口项目下，出口商交付船舶时，他可收到全部货款，因此，不具备使用出口信贷的条件。

2）福费廷融资

在本出口项目中，出口商的远期收款权是不确定的，能否到期获得每笔应收款项还取决于出口公司能否按时按质履行其在出口合同项下的义务，而不确定的债权是无法被追索地出售的。此外，由于船舶还未交货，因此也没有不可撤销的汇票或本票作贴现。所以，在本项目中，也不具备福费廷融资的条件。

此时，采用结构性贸易融资安排。首先海外项目公司作为借款人，从国外银团获得贷款，再作为贷款人身份转贷给国内出口商，它通过贴现的方式给国内出口商提供融资。公司在结构性贸易融资中的中介作用主要是通过一个协议来实现的。

（1）公司与国内出口商签订购买协议。

在该协议中，公司以贴现形式给出口商提供资金；而出口商承诺将出口合同项下的最后一期进度款收款权转让给公司。

（2）公司与国外银团签署贷款协议。

国外银团向公司提供贷款，公司将出口商转让给它的出口合同项下的最后一期进度款的收款权作为还款保证抵押给国外银团。

（3）牵头银行组织国外银团。

本项目所需融资金额比较大，因此一家银行很难承担，需组织多家银行共同提供融资。

（4）由国内银行安排提供借款担保。

由于在本项目中银团所获得的最后一期款项的收款权是不确定的，因此银团提供贷款的风险很大，一般要求国内银行提供还款担保。国内银行能否提供还款担保是银团是否提供贷款的一个必要条件。

在本项目的结构性贸易融资中，中国进出口银行作为借款担保人，向贷款银行提供借款保函。中国进出口银行作为一个主要的或有债务的承担者，一方面要求出口商提供反担保，另一方面将出口商所造的船抵押，并将保险权益转让给中国进出口银行。

总的来看，通过组织国外银团贷款，一方面利用了境外资金来支持我国船舶出口，另一方面通过多家银行参与贷款，分散了项目的风险，使融资方案得以实现。通过引进海外项目公司作借款人，由其以贴现的方式支付给出口商，使其得到境外融资。中国进出口银行充当本结构性贸易融资安排中的借款担保人，使海外项目公司的对外借款的融资成本大大降低。

总之，结构性贸易融资是一种有利于参与各方的方法，特别是对外贸易中的进出口双方，它往往能形成双赢局面。

14.2 欧洲货币市场与离岸金融市场

第二次世界大战之后，科学技术革命的发展大大促进了全球的生产国际化和资本国际化。传统的国际金融市场已经不能适应这种国际化的趋势，因此，一个不受各国金融法规管制、资金规模巨大的新型国际金融市场应运而生，即欧洲货币市场。

14.2.1 欧洲货币市场的概念和特点

1. 欧洲货币市场的概念

欧洲货币也称境外货币，是指在货币发行国境外流通的货币。最早出现的欧洲货币是欧洲美元，之后逐渐出现了欧洲英镑、欧洲日元等。欧洲货币市场也称离岸金融市场，是指能够交易各种境外货币，既不受货币发行国政府法令管制，又不受市场所在国政府法令管制的金融市场。

欧洲货币市场是当代国际金融市场的核心，因其最早在欧洲出现，最早经营的是境外美元业务而惯称欧洲美元市场。当今世界上主要的欧洲货币交易中心有 30 多个，主要分布在欧洲、亚洲、中东、美洲等地区，其中最为重要的是伦敦。在欧洲货币市场从事境外货币经营业务的银行称为欧洲银行，而在亚洲的新加坡和中国香港，欧洲货币市场又称为亚洲美元市场。

对于欧洲货币市场的概念，应当从以下几个方面去理解：

（1）欧洲货币是指在货币发行国境外流通的货币。它并非指一种专门的货币，而是泛指所有在发行国之外进行借贷的境外货币。如在美国境外作为借贷对象的美元即为欧洲美元，在日本境外作为借贷对象的日元即为欧洲日元等。在这里，"欧洲"超出了地理意义上的概念，被赋予了经济上的意义，具"境外"和"离岸"之意。

（2）欧洲货币市场并不限于欧洲各金融中心。欧洲货币市场起源于欧洲，以伦敦为中心，今天已逐渐向亚洲、北美洲和拉丁美洲等地区扩散，它泛指世界各地的离岸金融市场。

（3）欧洲货币市场并不仅限于货币市场业务。尽管欧洲货币市场是一个以短期资金借贷为主的市场，但其业务范围并不限于短期资金借贷，它还经营中长期信贷业务和欧洲债券业务。

人们把传统的国际金融市场称为在岸金融市场，把欧洲货币市场称为离岸金融市场。离岸金融市场和在岸金融市场的区别最初是由境外货币和境内货币区别产生的。但是，随着欧洲货币市场的发展，离岸金融市场和在岸金融市场的主要区别不仅在于境外货币和境内货币的区别，更在于市场管理体制的区别，即离岸市场不受市场所在国金融、外汇政策的限制，可以自由筹措资金，进行外汇交易，实行自由利率，无须缴纳存款准备金等。例如，为了应对欧洲货币市场的发展趋势，美国于 1981 年在境内设立了国际银行设施（International Banking Facilities，IBF）①，开办欧洲货币业务，将境内美元和境外美元业务分离管理，通过国际银行设施，开办离岸业务。国际银行设施的设立，保持了欧洲美元是美国的境外美元这一形式，但就地理上看，欧洲美元已经能在美国境内经营，这是欧洲货币市场的一个重大发展。

2. 欧洲货币市场的特点

1）欧洲货币市场范围广阔，交易规模巨大，币种繁多

欧洲货币市场的市场规模是一般国际金融市场无法比拟的。单笔交易金额都超过 100 万美元，几亿美元的交易也很普遍。交易的币种不仅限于欧洲美元、英镑、日元等传统

---

① 纽约离岸金融市场形成于 1981 年，当年美联储正式批准设立纽约离岸金融市场，称为国际银行设施，主要内容包括：(1) 凡获准吸收存款的美国银行、外国银行均可申请加入 IBF；(2) IBF 的交易严格限于会员机构与非居民之间；(3) IBF 的交易可免缴存款准备金，无利率上限、存款保险等要求，还可免征利息预扣税；(4) 存放在 IBF 账户上的美元视同境外美元，与美国国内美元账户严格分开。（从这一点看，离岸金融业务实际上把市场所在国货币也包括了进来，但要与国内货币分开管理。）国际银行设施不是一个具有实体的独立银行体系，而是在美国境内的账户或外国银行开立的用以经营欧洲货币和欧洲美元的账户，此体系资产独立，与总行的账户分开。国际银行设施准许上述银行吸收非居民（即在美国地区以外的个人、银行和公司）以及美国国外公司、银行的存款，同时准许贷款给非居民，但贷款须用于国际业务。创设国际银行设施的意义在于吸引巨额资本流入美国，改善国际收支状况；同时，吸回巨额境外美元以便就近管制，从而加强美国金融资本经营境外货币业务的竞争力。

币种，还包括加拿大元、欧元等币种，以发展中国家货币为交易的币种也并不少见，甚至还出现了以特别提款权等为标价币种的交易。欧洲货币市场交易的品种主要有同业拆借、欧洲银行贷款和欧洲债券，其雄厚的资金实力为国际投资和国际贸易活动提供了极大的便利。

2) 欧洲货币市场是高度自由的市场，所受管制较少

作为离岸金融市场，欧洲货币市场既不受市场所在国金融法规的管辖，也不受交易货币发行国金融法规的约束。迄今为止，尚不存在对这一市场专门进行管制的国际法律。欧洲银行经营境外货币存款业务没有存款准备金要求，也无须缴纳存款保险金，资金调拨十分方便、自由。在税收方面，特别是在加勒比海和亚洲的一些避税港，银行的利息收益只需缴纳很少的税金，或根本不需缴税。同时，欧洲货币市场经营非常自由，投资者和筹资者可以自由进出入，而且贷款条件灵活、贷款期限多样、贷款用途不限。这也是欧洲货币市场能吸引大量的国际投资者和筹资者的重要原因。

3) 欧洲货币市场是具有独特利率结构的市场

欧洲货币市场之所以能吸引大量的国际投资者和筹资者，除其经营非常自由的原因外，还在于它具有独特的利率结构。欧洲货币市场利率体系的基础是 LIBOR，存款利率略高于国内金融市场，而放款利率略低于国内金融市场，存贷款利差较小，一般为 0.25%～0.5%，有时甚至低于 0.125%。欧洲货币市场之所以具有这样的特点，主要是因为在欧洲货币市场上经营业务的欧洲银行可以免缴存款准备金和享受低税率乃至免税，从而可降低经营成本。此外，交易规模大、贷款客户信誉高也可使欧洲银行相应降低贷款利率。

4) 欧洲货币市场主要是银行同业市场

同外汇市场一样，欧洲货币市场的大部分存贷业务都是在银行同业间，通过电话、电报、电传等现代化通信工具进行的，而银行与非银行客户之间的交易只占了一小部分。欧洲货币市场上的银行同业拆借期限有长有短，最短为隔夜，最长不超过一年，而且拆借主要凭信用，一般不需签订合同，利率基本上以 LIBOR 为基础，拆借金额多在 100 万美元以上。

14.2.2 欧洲货币市场的形成和发展

第二次世界大战以后，世界经济和科学技术的迅速发展推动了经济的国际化发展，这是欧洲货币市场形成和发展的根本原因。经济的国际化包括生产的国际化和市场的国际化。在生产和市场国际化的条件下，跨国公司迅速发展，客观上要求有一个国际性的金融市场为其提供大量的借贷资金，或为其大量闲置资本提供升值的机会，欧洲货币市场高效、自由的运营机制恰好适应了这种客观需求。除了经济国际化这一根本内在因素外，欧洲货币市场的形成还得益于许多外在因素的推动。

1. 朝鲜战争及英镑危机导致欧洲美元市场的形成

欧洲货币市场的形成，源于欧洲美元市场的兴起。1950 年，朝鲜战争爆发，美国政府冻结了中国存放在美国的所有资产。苏联和东欧等国也担心遭到这种"待遇"，故将存放于美国的美元转存到美国境外的银行（主要是伦敦的银行）。而当时英法联合入侵埃及，英国

经济受到严重影响,致使其国际收支恶化,发生英镑危机。英国政府允许各家银行接受美元,并进行放贷。这样,欧洲美元市场便在伦敦出现了。

2. 西欧国家倒收利息税等政策使欧洲美元市场发展成为欧洲货币市场

1958年以后,西欧各国放松外汇管制,实现了货币的自由兑换,允许资金自由流动,对非居民的外币存款不加干预,并免缴存款准备金,这些都为欧洲货币市场的顺利发展提供了良好的环境。20世纪60年代,西方各国通货膨胀日益严重,投机性的国际游资流动频繁。联邦德国(西德)、瑞士等国为维持外汇市场稳定,遏制通货膨胀,限制资本流入,规定对非居民的西德马克、瑞士法郎存款不仅不付利息,甚至倒收利息,或强制性地将新增存款转移至央行冻结,但如果用外币开户则不受此限制。这使非居民纷纷将手中的西德马克和瑞士法郎等货币存储于他国市场,于是欧洲货币的币种增加,出现了欧洲西德马克、欧洲瑞士法郎等币种。这样,欧洲美元市场发展成为欧洲货币市场。

3. 逃避本国金融政策法令管制的做法急剧推进了欧洲美元业务的发展

1958年后,美国国际收支开始出现赤字,并且规模逐渐扩大,美元大量流向国外,为欧洲美元市场提供了大量资金。同时,美国为改善国际收支逆差状况,从20世纪60年代起采取了一系列限制美元外流的措施。如1963年7月美国政府实行"利息平衡税",规定美国居民购买外国居民在美国发行的有价证券所获得的利息一律要纳税(0.719%~11.25%)。1965年1月美国政府又颁布了《自愿限制对外贷款指导方针》,以限制美国银行对非居民扩大信贷业务。1968年,自愿限制变成了强制性限制。上述一系列措施迫使美国银行和跨国公司纷纷先将资金调至海外分支机构,再向世界各地贷放,从而急剧推进了境外美元存贷业务的发展与扩大。

此外,美国联邦储备法案的"Q项条例"和"M项条例",在客观上也促进了欧洲美元市场的发展。美国联邦储备法案的"Q项条例"在20世纪60年代美国国内严重的通货膨胀、市场利率不断上升的情况下,使美国银行吸收存款能力下降,大笔美元资金转存到了欧洲各国,而美国银行为了国内信贷业务的正常进行,又不得不到欧洲美元市场筹集资金,再调回国内使用,提高了筹资成本。但此举促进了欧洲美元市场的发展。美国联邦储备委员会的"M项条例"规定美国商业银行吸收国外存款及其分行在总行账面上的存款,必须向联邦储备银行缴纳累进的存款准备金。由于这只适用于向美国国内公司提供贷款的美国银行,不适用于外国银行,从而削弱了美国银行自身的竞争力。这样,美国的商业银行为逃避此条例,纷纷在欧洲设立分支机构,在国外吸收营运存款。

4. 石油输出国的巨额"石油美元"为欧洲货币市场的发展注入了资金

20世纪70年代,世界石油价格两次大幅度上涨。这一方面使石油输出国手中积累了大量的"石油美元",这些美元大多投入欧洲美元市场,使这一市场上的资金供给非常充裕;另一方面,发展中国家中的非产油国的国际收支出现了逆差,它们都转向欧洲美元市场借入资金以弥补逆差,使该市场上的资金需求也增加了。"石油美元"的出现为欧洲货币市场的发展提供了资金上的保证。

随着欧洲货币市场的迅速扩展,全球范围内已形成了几十个离岸金融市场,如表14-1所示。

表 14-1 全球离岸金融中心的地理分布①

离岸中心群	核心	外围圈
西欧群	伦敦、苏黎世、卢森堡、法兰克福	直布罗陀、马恩岛、泽西岛、安道尔、马耳他、圣马力诺、摩纳哥、列支敦士登
中东群	巴林	塞浦路斯、贝鲁特、科威特、迪拜
亚太群	东京、中国香港、新加坡	马尼拉、中国台北、曼谷、拉班、纳闽、首尔、悉尼、瓦努阿图、瑙鲁、汤加、西萨摩亚、库克群岛
北美群	纽约	加利福尼亚、佛罗里达、伊利诺伊
加勒比群	巴哈马、开曼群岛、巴拿马、百慕大	哥斯达黎加、安圭拉岛、安提瓜、阿鲁巴岛、巴巴多斯、英属维尔京群岛、尼维斯岛、荷属安的列斯、蒙特塞拉特、特克斯和凯科斯群岛、圣文森特

14.2.3 欧洲货币市场的类型

欧洲货币市场按境内业务与境外业务的关系不同，可分为以下三种类型。

1. 一体型

一体型又称伦敦型，是指本国居民参加的在岸业务与非居民进行的离岸交易之间无严格分界，可以同时经营。在这一类型的离岸金融市场上，离岸金融业务与国内金融业务上的资金往来完全自由化。可以说，这是一个开放度最高的自由金融市场，因以伦敦市场为代表，故称为伦敦型的离岸金融市场。香港国际金融市场就属于一体型。

2. 分离型

分离型又称纽约型，是指限制外资银行和金融机构与居民往来，只允许非居民参与离岸市场业务；其在管理上把境外欧洲货币与境内欧洲货币进行严格分账，目的是防止离岸金融交易冲击本国货币政策的实施。分离型的典型代表是美国的国际银行设施、新加坡离岸金融市场上设立的亚洲货币账户，以及日本东京离岸金融市场上的涉外特别账户②。

以纽约为代表的 IBF 成为依靠政策主动培育境内金融业务与离岸金融业务相分离的离岸市场类型。由于美国政府除了把在美国境内流通的外国货币视为欧洲货币外，又将在美国境内流通但不受美国金融当局管理的非居民美元存贷款定义为欧洲美元，因此欧洲货币的概念从此突破了特定地理区域限制，表现出鲜明的国际借贷机制的特点。这样，"欧洲货币"又进一步突破了"境外货币"的含义，它应更确切地被理解为"制外货币"（Extrality Currency），即不论这种业务是发生在境内还是发生在境外，均不受货币发行国制定的金融法规管制。

与伦敦型离岸金融市场相比，纽约型离岸金融市场是一种比较容易控制的离岸金融市

---

① 资料来源：连平. 离岸金融研究 [M]. 北京：中国金融出版社，2002.
② 1986 年 12 月 1 日是日本金融开放和日元国际化的一个重大日子：由 180 多家日本银行和外国银行分行所组成的东京离岸市场开始营业，并开展与 IBF 相类似的业务，即吸收非居民的日元存款和向非居民提供日元贷款。由于这些存款和贷款属于欧洲日元的一部分，故不受日本国内银行法的管制。

场,它通过分账管理,可以使国内金融业务免受境外货币的冲击,从而保持国内金融市场的稳定。

3. 走账型

走账型又称避税港型或巴哈马型,是纯粹的记载金融交易的场所,只从事借贷投资业务的转账或注册等事务手续,不从事具体的金融业务,相当于记账结算中心。

这类市场的特点是:市场所在国本身并无发达的经济,也没有雄厚的资金力量,但税收极为优惠,政府对金融业限制极少,银行保密制度也极为严格,从而成为避税天堂。因此,为了适应保密性和逃税的特殊要求,许多跨国金融机构在免税或无监管的城市设立"空壳分支机构"(Shell Branch)或"纸银行"(Paper Bank)。这种市场主要以加勒比海地区的巴哈马岛国为代表,属于这一类的市场还有开曼、巴拿马等。表14-2列出了部分离岸金融中心的税率。

表14-2 部分离岸金融中心的税率

地名	个人所得税	公司所得税	资本利得税	利息、股息预扣税
巴哈马	无	无	无	无
巴林	无	无	无	无
开曼	无	无	无	无
卢森堡	0~51%	33%	同所得税	7%、5%
新加坡	0~30%	17%	无	27%、无

14.2.4 欧洲货币市场的经济影响

欧洲货币市场灵活多样的运作机制缓解了资金来源与运用之间的诸多矛盾,从而使国际资金的大规模运动得以顺利进行。但因为监管不力,也会给国际金融市场带来巨大的波动。

1. 欧洲货币市场的积极影响

(1) 促进了国际贸易的发展。无论是对于发达国家还是发展中国家,对外贸易都是促进经济增长的重要途径,而欧洲货币市场大规模的融资活动,为贸易融资提供了充分的资金来源,从而加速了国际贸易的发展。

(2) 促进了西欧的经济复兴和一些发展中国家的经济发展。第二次世界大战后,西欧国家的经济复兴得益于欧洲货币市场,如在联邦德国(西德)、日本等战败国的经济恢复和发展过程中,欧洲货币市场为其提供了重要的资金来源。后来一些发展中国家在发展经济的过程中,也从欧洲货币市场获取了大量资金,以补充国内资金的不足,如巴西、墨西哥等,其经济发展都大量利用了欧洲货币市场信贷。

(3) 缓和了国际收支矛盾。20世纪60年代的美元危机和70年代的两次石油危机,使国际收支成为一种全球性现象。据IMF估计,从1973年到1983年的10年间,OPEC成员国和一些工业国经常账户上的顺差额累计约为3 868亿美元,同期非产油发展中国家则累计为5 972亿美元的逆差。仅靠IMF的贷款无法解决这一矛盾。而欧洲货币市场通过把OPEC组织存入的石油美元贷给逆差国,一方面为顺差国的盈余资金找到了出路,另一方面为逆差国提供了清偿手段,从而缓和了全球性的国际收支矛盾。

（4）推动了国际金融一体化的发展。欧洲货币市场的出现打破了过去国际市场受国界分割而存在的相互隔绝的状态，通过跨国银行的业务活动将遍布世界各地的金融市场紧密地联系在一起，从而促进了国际资金的流动和国际金融的一体化，这恰恰顺应了世界经济发展的基本趋势。

2. 欧洲货币市场的消极影响

（1）削弱各国货币政策的效力。欧洲货币市场上的借贷非常自由，各种机构都很容易在这一市场上取得资金，这就使得各国货币政策难以顺利贯彻。例如，当国内为抑制通货膨胀而采取紧缩银根的政策时，国内银行和企业却可以很方便地从欧洲货币市场获得低利率的资金来源，从而使紧缩政策难以达到预期效果。

（2）加大世界通货膨胀的压力。欧洲货币市场的借贷活动很容易使一国的闲置资源转变成其他国家的货币供应源，从而使市场的信用基础得以扩大。此外在欧洲货币市场上，当大量游资冲击外汇市场、黄金市场和商品市场时，也会对有关国家的物价水平产生影响，引起输入型通货膨胀。例如，当投机商用作为软币的欧洲美元去抢购硬货币，导致硬货币汇率进一步上升时，硬货币发行国为稳定汇率，不得不大量抛售本币去收购美元，从而引起本币供应增加，促使物价水平上升。

（3）增加国际金融市场的脆弱性。欧洲货币市场的存款绝大部分都是一年以下的短期存款，而自20世纪70年代以来，随着各国跨国公司、企业、政府等借款人对中、长期资金需求的迅速增加，欧洲货币市场的中、长期贷款猛增，占整个贷款总额的一半以上，这就使得国际金融市场变得极为脆弱，因为在这种短存长贷的局面下，一旦市场有风吹草动，就会出现储户大量挤兑的现象，引起银行资金周转不灵，从而导致国际金融市场的动荡。

（4）加剧国际金融市场的动荡。欧洲货币市场上的"短存长贷"现象已使得国际金融市场极不稳定，而欧洲货币市场上的投机活动又进一步加剧了国际金融市场的不稳定性。在欧洲货币市场上，投机活动十分活跃，大部分短期资金都用于外汇投机。这部分投机资金在国与国之间频繁转移，往往造成汇率、利率的剧烈波动，引起国际金融市场的动荡不安，例如1992年的英镑危机、1994年的墨西哥比索风暴、1997年的东南亚金融危机，都给国际金融市场造成了极大的震动。

14.3 国际资本流动与国际金融危机

14.3.1 国际资本流动

1. 国际资本流动的含义

国际资本流动（International Capital Flows）是指资本基于经济或政治目的的需要从一个国家或地区的政府、企业或个人向另一个国家或地区的政府、企业或个人的流出或流入，即资本在国际范围内的转移。它是国际经济交易的基本内容之一。

国际资本从其表现形式来看，可分为商业资本、产业资本和金融资本，尤以金融资本为主。国际资本流动的载体分别为商品、技术和资金，因而国际资本流动就表现为商品输出或输入、技术转让或引进以及银行资本输出或输入三方面的内容。国际资本流动按其流动方向，可分为国际资本流入和国际资本流出。国际资本流入表现为本国对外国负债的增加和本国在外国的资产的减少，或外国在本国资产的增加和外国对本国负债的减少。资本流出表现为本国对外国负债的减少和本国在外国资产的增加，或外国在本国的资产减少和外国对本国负债的增加。对一个国家或地区来讲，总是存在资本的流入和流出，只不过是流入、流出的比例不同而已。

国际资本流动还与其他相关的概念有联系。

（1）国际资本流动与资本输出、输入。国际资本流动不一定就是资本输出、输入。一般资本输入、输出是只与投资和借贷等金融活动相关联，并且以谋取利润为目的的资本流动，因而不能涵盖国际资本流动的全部内容。

（2）国际资本流动与资金流动。资金流动是指单向的、不可逆转的资金款项的流动和转移，相当于国际收支中经常账户的收支。资本流动即资本转移，是可逆转的流动或转移，投资或借贷资本的流出伴随着利润、利息的回流以及投资资本和贷款本金的返还。一般来说，资金流动是一种不可逆转性的流动，即一次性的资金款项转移，其特点是资金流动呈单向性。而资本流动是一种可逆转性的流动，其特点是资本流动呈双向性。

（3）国际资本流动与国内资本流动。国际资本流动与国内资本流动的差异性最主要体现在资本拥有者和使用者的居民属性上。一是国际资本流动是在资本拥有者和使用者出现跨越国界的分离情况下出现的；二是国际资本流动表现为资金形式的跨国运动，而金融资本流动的结果必然导致以商品和服务为主要内容的实际资源的移动，即实际资本在国家间的流动。国际资本流动是资本跨越民族、国家的界限而在国际范围内运动的过程，是资本要素在不同主权国家和法律体系管辖范围之间的输入与输出。

（4）国际资本流动与所有权转移。国际资本流动不同于以所有权的转移为特征的商品交易，它以使用权的转让为特征，但一般仍以盈利为目的。一国或地区的国际收支平衡表中的资本与金融账户，集中反映了该国或地区在一定时期内与他国或地区的资本流动的综合情况。

2. 国际资本流动的分类

国际资本流动是指资本从一个国家或地区向另一个国家或地区转移。这种转移包括两个方面：资本从债权国向债务国转移；本金和利息从债务国向债权国转移。国际资本流动与一国的经济发展有着密切的关系，它主要反映在一国国际收支平衡表的资本项目与金融项目中。国际资本流动按照不同的标志可以划分为不同类型。

（1）从期限来划分，按资本的使用期限长短将其分为短期资本流动和长期资本流动两大类。短期国际资本流动是指期限为一年或一年以内或即期支付资本的流入与流出；长期资本流动是指使用期限在一年以上或未规定使用期限的资本流动，它包括国际直接投资、国际证券投资和国际贷款三种主要方式。

（2）从资本的流动方向划分，其可分为资本流出和资本流入。

（3）从资本流动的方式划分，其可分为直接投资、间接投资和国际信贷等。

（4）从资本流动的性质上划分，其可分为政府间资本流动和私人间资本流动。

3. 国际资本流动的影响

1）国际资本流动的正效应

(1) 使全球利润最大化,增加社会福利。

长期资本流动可以增加世界经济的总产值与总利润,并使之趋于最大化。资本在国际上进行转移的一个原因就是资本输出的盈利大于资本留守在国内投资的盈利,这意味着输出国因资本输出,在资本输入国创造的产值会大于资本输出国因资本流出而减少的产值。这样,资本流动必然增加了世界的总产值和总利润,而且资本流动一般是遵循向利润率高的国家流动的原则,最终会促使全球利润最大化。在各国国内资本收益率不一致的情况下,如果允许资本项目开放,收益率的差异就会导致资本流动,这将使资本的效率提高,社会福利增加。私人资本对资本管制是非常敏感的,如果一国管制过多,外国投资者就会考虑在贷款上加进一定比例的风险溢价,使借款成本加大。而如果允许资本自由流出、流入,就会减少国外投资者的顾虑。一些发展中国家国内利率放开后,利率上升,这时候如果能够放松资本管制,将在一定程度上减轻企业筹资的成本,有利于企业的发展。

(2) 加深了货币信用国际化。

首先,加深了金融业的国际化。资本在国际上的转移,促使金融业尤其银行业在世界范围内广泛建立,银行网络遍布全球,同时也促进了跨国银行的发展与国际金融中心的建立。其次,促使以货币形式出现的资本遍布全球,国际资本流动使以借贷形式和证券形式体现的国际资本大为发展,渗入世界经济发展的各个角落。最后,国际资本流动主体的多元化,使多种货币共同构成国际支付手段。目前,几个长期资本比较充裕的国家,其货币都比较坚挺,持有这些货币,意味着可以更广泛地在世界范围内实现购买力在国际上的转移,或可更有选择余地地拥有清偿国际债权债务的手段。

(3) 促进国际贸易的发展。

随着国际资本流动越来越频繁,其规模也越来越庞大,特别是国际投资对国际贸易产生了巨大的影响。对外援助和投资可促进接受国的经济发展,改善其国民经济的薄弱环节,加速基础设施建设,使其发展对外贸易的基础与能力扩大。同时这也改善了直接投资的环境,以吸引更多的资金流入,有利于改善投资国的政治、经济与贸易环境,有利于其贸易的扩大,带动其商品输出。此外,通过对外投资,便于投资者更好地吸收商业情报,提高产品的竞争能力。国际直接投资转向制造业、商业、金融、保险业,尤其是新兴工业部门,使贸易商品结构出现以下变化:一是国际服务业在迅速发展;二是国际贸易中间产品增多;三是发达国家和发展中国家出口商品结构进一步优化,发展中国家出口制成品占比大大提高。随着各大跨国公司的对外投资日益扩大,许多跨国公司纷纷设立自己的贸易机构甚至贸易子公司,专营进出口业务,从而有效降低了贸易成本。国际资本流动推动了贸易的自由化,对外直接投资的发展加速了生产国际化的进程,跨国公司在世界各地组织生产,其内部贸易也不断扩大。

(4) 推动国际金融市场的发展,促进国际资本流动。

国际资本流动加速了全球经济和金融的一体化进程,增加了国际金融市场的流动性,主要体现在以下方面:一是国际流动资本在世界各金融市场之间追逐高额利润的游动过程,使得一国的经济、金融与世界经济和金融的相关性增强,从而加速了世界经济、金融一体化的进程。二是国际流动资本极大地利用现代化的通信和交易手段,迅速地从一国流向另一国,可以有效地满足国际金融市场的资金需求,尤其是短期资金需求,并降低国际金融交易成本。三是国际投机资本在世界各主要金融市场的套汇、套利活动,使国际金融交易中存在的汇率差异和利率差异被迅速拉平,导致世界主要金融市场的价格呈现一体化趋势。此外,随着保证金交易、透支交易以及金融衍生工具的广泛运用,国际资本流动对国际金融的影响日益扩大。在获取巨额利润的同时,国际资本在客观上增大了国际金融市场的流动性。事实上,国际资本流动在得益于金融衍生工具的同时,也推动了金融衍生工具的创造和运用。

(5) 有利于发展中国家的资本形成。

发展中国家在经济增长过程中面临的最为突出的问题就是资本不足,资本形成问题是发展中国家经济发展的核心问题。资本的供给取决于储蓄能力与储蓄愿望,资本的需求取决于投资的需求。在发展中国家中,资本形成的供求两方面都存在着恶性循环关系,影响资本形成的市场需求不足的原因是实际购买力不足,这种实际购买力的不足压制了对个人投资的刺激,并导致恶性循环。因此,发展中国家往往以引进外资为其自身资本形成的一条有效途径。对外资的引进和有效利用,可以拉动对发展中国家人力资源和自然资源的需求,提高这些资源的利用程度,提高其市场化程度。这不仅对引进外资的发展中国家是有利的,对资本输出国的发达国家也是有利的。

(6) 引发财富效应。

金融工具提供了一个资产保值增值的方式。人们可以将资金用实物的形式保存下来,但往往会因为折旧等因素贬值而带来损失,但是以金融工具形式进行保存和流通的资金可能会创造收入、增加财富。财富的持有量代表着人们当前和未来的购买力,是衡量社会福利状况和国民生活水平的重要指标。由于国际资金在各国金融市场之间的流动会使单个国家的证券市场的财富效应扩散,因此重要的金融市场所在国的经济增长通常会通过财富效应推动整个世界经济的繁荣。

2) 国际资本流动的负效应

国际资本流动能够为世界各国和国际金融市场带来经济效益和便捷,但是伴随着国际资本流动也产生着种种风险,而这些风险一旦处理不好,可能会引起损失。

(1) 货币替代对发展中国家货币发行和调控产生冲击。

资本自由流动后,货币替代对一国货币发行、货币政策实施会产生影响。货币替代是经济实体在一定的利率、汇率、税率等差异的情况下,因追求资本安全和利益最大化而采取的一种由外币代替本币职能的现象。狭义的货币替代是指外币存量以现金、活期存款、定期存款和有价证券的形式存在,分别在价值储藏、价值计算和转移支付方面替代本国货币的职能;广义的货币替代还包括留在国外的外逃资本。货币替代对发展中国家的重要性不同于发达国家。发达国家由于其资本市场的一体化,货币替代主要是私营经济主体有价证券多样化和进出口商争取降低国际贸易交易成本的结果。而多数发展中国家由于金融市场不发达,经济和政治不稳定,因此货币替代是国内经济主体躲避本国货币造成的。由于外国货币不仅作为保值手段,还作为计价手段和支付手段,因此大面积地排斥处于劣势的本国货币。货币替代改变了货币存量的构成,国内的货币需求结构也发生了相应的变化,使得国内的宏观需求管理极为困难。

(2) 国际资本流动对国内金融市场造成巨大的冲击。

不受金融管制的约束、可以迅速跨区域流动的资本,是金融自由化、金融市场一体化和资金流动管制相应放松、非官方金融资产占比明显增大的必然结果。对发展中国家来说，在其工业化、现代化的进程中，必然要经过一个国际化的过程。在此过程中，其经济会逐步融入世界经济，世界经济已经越来越被庞大而迅速的国际性资金流主导。这些国际性资金流以现代化的电子技术为依托，每天以数十亿美元的规模在全球市场上流动，对国内金融市场造成巨大的冲击，对各国经济产生巨大的影响。

(3) 国际资本流动对流入国银行体系的冲击。

进入20世纪90年代，国际资本大量流入发展中国家，对这些国家的银行体系造成巨大影响，并由此带来相当大的风险。对资本流入国的银行来说，巨额国际资本的流入，最直接的影响有两个方面：一是银行的规模发生变化；二是银行对这些资本的运用使得其资产负债表的结构发生变化。资本大量流入导致银行的资产负债规模加大，银行的不良贷款增加。发展中国家的外国资本主要通过银行流入国内，因而国内银行对外负债的增加会导致银行国内资产负债表的扩大。如果国家对银行管理和监控不善，资本流入就会加大银行信贷扩张的机会，不良贷款的比例就会增加，从而导致银行危机和货币危机的出现。

(4) 增加国际金融市场的动荡和监管难度。

短期资本流动会加剧国际金融市场动荡，具体表现为：它会造成汇率大起大落，投机更加盛行。巨额资本尤其是"游资"① 在国际金融市场上寻找目标，常常以泡沫成分大、投机气氛浓的市场为对象，而这些国家和地区的市场不一定缺乏资金。大量投机资金流向该类市场进行投机造成了各种经济信号的严重失真，从而难以引导资金在国际金融市场上和不同国家间进行合理配置和流动，由此造成的结果是资金匮乏的国家更难以获得资金，而资本过剩的国家的资本流入较多，从而陷入一种恶性循环。国际巨额资本的流动，尤其是短期投机套利资金的频繁出入，使国际金融市场的动荡成为常态；更为严重的是，巨额资本流动还产生了巨大的波及效应和放大效应。从一个国家产生的冲击波可以迅速扩散到多个国家，这种效应使各国的国内经济政策和国际干预效力大大减弱。国际金融衍生产品市场的不断发展和完善，导致更多的金融衍生工具持续推出，使得金融脱媒问题变得日益严重，加大了各国央行的货币政策制定和执行的难度，冲销了货币政策的执行效应。

(5) 导致汇价波动及汇率制度的不稳定。

国际金融市场上的巨额资金以外币形式频繁输出或输入一国，必然使该国外汇市场供求迅速变化，引起汇率大起大落。在现行浮动汇率制下，实行钉住浮动或管理浮动汇率制度的国家为维系原有汇率制度就要对外汇市场进行干预，投入或吸纳外汇以求得市场的平衡。当一国因外汇输出数额大、时间快而没有能力进行干预时，就得调整原有的汇率制度，不得不

---

① 游资又称热钱或投机性短期资本，是指只为追求最高报酬以最低风险在国际金融市场上迅速流动的短期投机性资金。其具有四大特征：①高收益性与风险性。追求高收益是游资在全球金融市场运动的最终目的，而高收益往往伴随着高风险，因而游资赚取的是高风险利润。②高信息化与敏感性。游资对世界经济金融现状和发展趋势、对国际金融市场汇差和利差等各种价格差以及对有关国家经济政策等高度敏感，并能迅速做出反应。③高流动性与短期性。基于高信息化与高敏感性，只要有钱可赚，游资就迅速进入；若风险加大则瞬间逃离，表现出极大的短期性甚至超短期性，在一天或一周内迅速进出。④投资的高虚拟性与投机性。游资主要投资于全球的有价证券市场和货币市场，以便从证券和货币的价格波动中获得利润（即"以钱生钱"），这对国际金融市场有一定的润滑作用。如果国际金融市场没有游资这类风险偏好者，风险厌恶者就不可能转移风险。但游资的投资既不创造就业，也不提供服务，具有极大的虚拟性、投机性和破坏性。

实行自由浮动汇率制,这种变化又成为国际金融市场上投机资本获得丰厚利润的渠道。同时,这会使汇率调整国资本遭受巨大损失,国际收支失衡。从大部分发展中国家的经验来看,开放资本项目后,资本的大量流入导致不同程度的本币升值。货币升值降低了本国商品的竞争力,出口减少,经常项目急剧恶化,货币汇率面临很大压力。这时,如果外国投资者大幅度减少资本流入或开始撤资,本国汇率又会急剧下跌。同时,由于经常项目的恶化及外资流入的减少,有外债的国家的到期还本付息就会出现困难,从而引发偿债国的货币危机。

(6) 造成国际资本配置失衡并影响国际收支平衡。

国际资本流动影响投资国和东道国的国际收支平衡。一国的国际收支是衡量一国经济交往中的总收入和总支出状况的平衡表。如果发生了对外投资,则投资国对外支出增加并引起国际收支逆差;相反,东道国会因当年吸引外资而改善了国际收支。因此,对外直接投资对投资国国际收支短期的影响是消极的,长期的影响则要考虑它是否会导致东道国的出口替代,使投资国进口原先出口的商品。与此相反,对外投资对东道国短期的影响是积极的,但长期的影响是不太确定的。由于大多数发达国家的对外投资是双向的,对国际收支的长期和短期的影响大部分相互抵销。当一国出现持续性国际收支不平衡时,投机性和保值性短期资本流动会加剧该国的国际收支失衡状态。当一个国家出现持续性逆差时,该国的货币汇率就会持续下跌。如果投机者预期到该国货币汇率还会进一步下跌时,就会卖出该国货币,买进其他货币,以期该国货币贬值、其他货币升值后获利。这种投机行为,会使该国的资本流出,从而扩大逆差,加剧国际收支失衡。反之,当一个国家出现持续性顺差时,这个国家的货币汇率就会持续上升。如果投机者预期到这种汇率还会上升,就会卖出其他货币,买进该国货币,以期该国货币升值后获利。这种投机行为,会使该国顺差扩大,从而也加剧了国际收支失衡。

4. 国际资本流动的新特点

国际资本流动是经济全球化的集中体现。随着世界经济进入经济全球化阶段,20 世纪 90 年代的国际资本流动达到了空前规模,而这种状况又与经济全球化交相辉映,彼此呼应。总的来说,目前的国际资本流动具有以下特点:

1) 国际资本流量增长迅速

从 20 世纪 80 年代开始,世界经济进入平稳快速发展时期。美国经济的长时期繁荣、欧盟地区经济形势趋好、亚洲地区新兴工业经济体的崛起以及中国和东欧国家的改革和市场开放,极大地激活了世界经济增长的各种元素,各国的投资市场容量扩大,并展现出良好的投资回报前景。而信息技术的快速发展和各国金融管制的逐渐放松,又为国际资本的流动提供了便利与可能,使得国际资本的加速流动同时具备了良好的内在驱动力和外在环境,导致资本在全球范围内表现得相当活跃。自 20 世纪 90 年代初,国际资本的流入、流出一直保持旺盛的增长势头,其年均增长率大大超过世界国内生产总值和固定资本形成的增长率。

2) 国际资本地域流动呈双向化发展

总体上,发达国家作为资本主要流入和流出地域的格局没有改变,国际资本流动大幅度增加的主要原因在于欧美发达地区间相互直接投资的急剧膨胀。但随着发展中国家经济的发展和贸易自由化的逐步加大,其吸收外部资金的需求与能力的增长超过了发达国家,资本流入量占世界总流入的比重开始增加。外资的大量流入不仅为这些国家增加了就业,而且促进了经济和对外投资的发展与壮大，形成了资本运动过程中的双向交叉式发展。这种趋势加剧了资本的全球化融合，使得国际分工进一步细化，国际比较优势发挥得更好。

3）引资方式呈多样化发展

20世纪80年代以前，引进外资一般采取外商直接投资、政府贷款、国际金融组织贷款、国际商业银行贷款等传统方式，其中以引进外商直接投资为主。如今，随着各国市场的开放和经济全球化浪潮的推进，在利用外资的渠道和方式上也出现了新的尝试和创新，如跨国并购、股票债券融资、项目融资、风险投资、转让经营权等，这些方式与传统的方式相比具有明显的时代性、灵活性、安全性和效率性，从而被人们越来越关注和选择，形成了传统融资方式与新兴融资方式相辅相成、共生共长、多样化发展的局面。国际资本流动的加剧衍生了新的引资方式，而引资方式的多元化又进一步方便和促进了国际资本的快速流动。证券融资作为以发行债券、股票及有价证券来吸引资金的方式在近几年也呈上升趋势，更多的国家、地区和企业将融资视角转向证券市场。证券融资国际化成为新的热点。

4）官方发展融资比重下降，私人资本的主导地位不断加强

国际资本流动从性质或主体结构看，大致分为官方和私人两大部门。第二次世界大战后，政府部门的资本流动曾在整个国际资本流动中占主导地位，尤其是在第二次世界大战后欧洲的恢复重建和日本经济的崛起过程中。而近年来，官方发展融资逐年减少。目前，私人资本流动已占全球资本流动的3/4以上。国际私人资本扩展与发展主要得益于科技进步和世界经济一体化发展。科技进步提高了企业的盈利能力和水平，为增加资本积聚和积累创造了条件，从而出现大量资本过剩；世界经济一体化发展则为过剩资本提供了新的跨国投资和盈利机会，特别是许多发展中国家实行市场经济改革和大规模私有化以及放松金融管制，对资本的需求极大地激发了资本流入，为资本的流入创造了前所未有的条件，从而使私人资本流动的主导地位进一步加强。

5）国际资本流动期限结构日益模糊

国际资本流动通常被划分为长期资本流动和短期资本流动，长、短期资本流动划分的期限标准通常为一年。显然，这两类资本流动的动机、目的以及对一国国际收支平衡乃至整个世界金融经济稳定与发展的影响是不尽相同的，就是对其监管的要求和认知程度也不一样。随着近年来全球金融与贸易管制的放松，金融创新层出不穷，尤其是金融产品创新和资产证券化，使得国际资本流动中的长、短期资本的相互转化既方便、迅速又极为频繁，从而使国际资本流动的期限结构日趋模糊。在现实经济生活中，已经很难明确区分长期资本流动和短期资本流动。同时，大量短期资本经常混杂在国际贸易或长期资本中一起流动，监管难度越来越大，成本也越来越高，如大额定期存单、货币与利率互换、票据贴现与展期以及各种基金运作等，从而使国际资本流动的期限结构日趋模糊。

6）国际直接投资扩张趋缓，国际银行贷款比例不断上升

自20世纪80年代以来，国际直接投资出现了两个热潮期：一个是80年代后半期；另一个是1995年至今。经验表明，无论是发达国家还是发展中国家，国际直接投资在加速一国经济发展方面都起了重大的积极作用。因而，国际直接投资也就成了国际资本流动的重要方式。尤其是进入20世纪90年代，随着全球第五次并购浪潮的兴起，迅猛增长并独占鳌头成了国际资本流动的主导趋势。但是，21世纪以来，跨国企业并购明显降温，国际直接投

资扩张趋缓,投资数额大幅度下降,而且在未来几年内,有能力从事大型跨国并购的公司数量呈明显不足之态,可供并购的企业资源也将减少,国际直接投资的增长必将受到影响,短期内难以回升。然而,与此相对应的是传统的融资方式——国际贷款,尤其是跨国银行贷款在国际资本流动中的地位和作用相对提高和加强。

7)跨国公司、机构投资者成为推动国际资本流动的主要力量

对于当代国际资本流动,尤其是国际直接投资,其主角是跨国公司。跨国公司拥有巨额的资本、庞大的生产规模、先进的科学技术、全球的经营战略、现代化的管理手段以及世界性的销售网络,其触角遍及全球各个市场,成为世界经济增长的引擎,对"无国界经济"的发展起着重大的推动作用。机构投资者包括共同基金、对冲基金、养老基金、保险公司、信托公司、基金会、捐款基金,以及投资银行、商业银行和证券公司。

8)国际资本流动的市场结构发生了重大的变化

国际资本流动不再是单纯的发达国家向发展中国家流动,许多发展中国家在经常利用国际资本市场筹资的同时,更加注重将其经济发展中暂时闲置的资金投放到国际资本市场中,以谋取更大的利益。从国际资本流动的传统方式与衍生工具的比较看,衍生工具交易产生的国际资本流动数量已居于绝对优势地位,而且衍生交易的增长速度非常迅猛。从衍生工具交易的内部组成看,场外交易市场衍生工具交易的增长更为迅猛,基本上在国际衍生工具交易中居于主导地位。由于发展中国家多为出口拉动型增长,其外汇储备多是购买美国国债,也就是官方资本由发展中国家流向发达国家。发展中国家之间的资本流动不断增加。随着发展中国家经济的快速发展、各国经济联系和合作的增强及各国资本市场的逐步开放,发达国家投资发展中国家、发展中国家相互投资的力度都大幅度增强。地理位置的毗邻和文化的接近,使得发展中国家的相互投资障碍更小。

5. 短期国际资本流动与国际金融危机的关系

20世纪90年代以来,国际金融危机频繁爆发,其原因是多方面的,既反映广大新兴市场国家经济扩张步伐和开放程度超过其宏观管理能力的客观现实,又与国际金融市场等外部环境的变化息息相关。尤其是在亚洲金融危机的产生与发展演变过程中,国际资本流动与金融危机密切相关的特点更为突出。从20世纪90年代至今发生的几次金融危机来看,国际资本流动与国际金融危机的关系主要表现在以下几个方面:

1)国际资本大量流入,加剧国内经济失衡

20世纪90年代爆发金融危机的国家有一个共同特点,就是在危机爆发前这些国家都出现了巨额外资的流入。在墨西哥金融危机爆发前的1993年,墨西哥外资流入占其国内生产总值的比重高达8%,为历史最高水平;在亚洲金融危机爆发前的1994—1995年,泰国、马来西亚、印度尼西亚、菲律宾和韩国等国的外资流入占各自国内生产总值的比重也在6%以上。巨额资本流入新兴市场后,刺激了其经济发展,资本急剧增值,这种示范效应吸引了更多的资本流入。

相对于国际资本流入的规模,在一些新兴市场国家,金融监管相对滞后,对金融机构的约束力薄弱。国际金融市场有利的融资条件和大量国际资本的流入,刺激银行积极参与国际金融市场活动,金融资产总量迅速扩张,并过度投入畸形繁荣的证券市场和房地产市场,出现贷款质量不高、坏账率居高不下的现象。在一些突发性事件的影响下,金融领域出现的问

题打击了市场信心，加速外资抽逃。

因此，对于经济规模不大和金融市场狭小的新兴市场来说，在宏观调控机制及金融监管手段不完备的情况下，放任巨额私人资本的自由流入，对其结构和期限不进行适当控制，必然增加国内宏观经济失衡的可能性，一定条件下为外部冲击引致金融危机埋下伏笔。

2）国际游资的冲击是金融危机爆发的导火索

游资通常以间接投资的方式而非直接投资的方式流入一国的资本市场，如证券市场、衍生金融工具市场和短期信贷市场，热衷于从事风险较高的金融交易，其活动的实质应属于虚拟经济的一部分。20世纪80年代后期以来，随着世界性的金融自由化、金融一体化趋势的深入发展，国际金融市场的联系更加紧密，进出更加方便，国际金融市场上信用乘数效应剧烈增加，游资的数额成倍增长。国际游资的冲击对一国经济的危害很明显，也很严重。当大量国际游资在短期内集中侵入一国外汇市场时，会使东道国经济表现出过热，并迅速提高其货币的币值，而大量国际游资在短期内会离开东道国，又会使其货币发生急速的贬值，动摇外国投资者的信心，降低该国及其金融机构的资信等级，严重时则会诱发金融危机。1997年的东南亚金融危机，其导火索就是以索罗斯为首的巨额国际游资对泰国的外汇市场和股票市场的冲击。

3）资本大量抽逃使危机国雪上加霜

金融危机爆发后，随着股市、汇市的狂跌，大量的国际资本从不同渠道纷纷流出危机国，各类资本流动性的提高，使国际资本在不同国家的调整变得非常容易，国际资本可以因微小利差而快速进入一个国家，也可以因内外部环境的突然变化而迅速撤离。但是，这对于长期习惯于大量资金流入的国家来说，突然出现的外资流入减少甚至净流出，导致其经济体的应变能力下降，进而打击其实体经济。

资本的大量外逃使正常的经济活动难以进行，导致金融市场恐慌，经济形势恶化，市场信心崩溃。随着市场信心的崩溃，危机国原有的资产价格进一步贬值，使实际债务剧增，并且越是在困难的时候，这些国家越难在国际市场上筹措到必要的资金，从而使经济活动进一步萎缩。

14.3.2 20世纪80年代以来的典型金融危机

14.3.2.1 20世纪80年代的国际债务危机

1982年8月20日，墨西哥政府宣布无力偿还到期外债，要求推迟90天，随后其他42个债务国都因无力偿还债务而要求推迟还债，由此引发全球性发展中国家的债务危机，主要集中在拉美国家。

1. 债务危机的原因

1）国际原因

第一，发展中国家债务问题的根源在于资本输出对于发展中国家的过度资源分割。通过直接投资，发达国家在发展中国家获取了巨额利润。同时，发达国家利用自己在国际金融市场的垄断地位，向发展中国家提供大量私人贷款，进行高利盘剥。20世纪80年代初，由于利率大幅度上升，发展中国家的债务负担突然加重，一年支付数百亿美元的利息，超过了其自身的支付能力。

第二，发展中国家债务问题的根源还在于现存的不公正的国际经济旧秩序，即在生产、贸易、技术和金融等各个领域，发展中国家仍然在很大程度上处于对发达国家的依附地位，生产上的单一经济、贸易上初级产品与工业制成品的巨额"剪刀差"、技术上的被垄断以及国际货币制度中的不利地位，这一切都迫使发展中国家的经济长期落后，增长缓慢，且使其负债累累。

第三，发展中国家的债务问题与殖民主义统治遗留下来的问题有关。过去的殖民统治迫使发展中国家采取单一经营的出口结构，殖民地为其宗主国工业化过程提供很重要的农产品和矿产原料，这些国家独立后工业基础薄弱，为了满足本国的生产和消费，花费了大量的外汇进口必需的生活用品和资本货物。

2）国内原因

第一，债务国通过借债来实现工业化。多数发展中国家在发展初期，选择将"进口替代"政策作为唯一可行的发展战略，进口替代的工业化通常只有以借外债来筹资才能实现，并且进口替代工业越发展，外债的增加就越快。到了20世纪60年代，一些拉美和东南亚国家又逐渐转向"出口导向"发展模式，试图制止债务膨胀；但是，由于20世纪80年代初世界经济危机和工业国家的保护主义，严重阻碍了发展中国家的产品进入国际市场，因此这些国家偿债之路依然艰难。

第二，债务国外债使用不当。借债规模与结构确定后，如何将其投入适当的部门，并能最大地发挥其使用效益，是偿还债务的最终保证。从长期来看，偿债能力取决于一国的经济增长率，短期内则取决于它的出口率。许多债务国在大量举债后，没有根据投资额、偿债期限、项目创汇率以及宏观经济发展速度和目标等因素综合考虑，制定出外债使用走向和偿债战略，不顾国家的财力、物力和人力等因素的限制，盲目从事大工程建设。在制定发展战略计划时，不是从国家基础和实力出发，而是片面追求高速度的经济增长，许多国家把外国贷款大量投放在耗资大、周期长和见效慢的大项目上，并且大型发展项目主要依赖外国贷款来解决。庞大的投资计划超过国家财政的实际能力，因国内储蓄同投资之间的差额很大，只能依靠国际金融资源来解决，于是外债的增长速度超过了还债的承受能力。此外，在拉美国家，财政和货币政策的失误又导致大量资金外逃。

第三，债务国对借用外债缺乏管理和监测。外债管理需要国家对外部债务和资产实行技术和体制方面的管理，提高国际借款的收益，减少外债的风险，使风险和收益达到最圆满的结合，这种有效的管理是避免债务危机的关键所在，其管理的范围相当广泛，涉及外债的借、用、还各个环节，需要政府各部门进行政策协调，对借用外债管理混乱，多头举债，无节制地引进外资，往往会使债务规模处于失控状态、债务结构趋于非合理化，它妨碍了政府根据实际已经变化了的债务状况对政策进行及时调整，而当政府发现政策偏离计划目标过大时，偿债困难往往已经形成。这主要表现在：缺乏对借用外债的宏观控制，借贷窗口开放过多；举借债务结构不当，官方优惠贷款比重下降，私人商业银行贷款比重上升；对借债年期的长短安排不妥，出现还债高峰。

第四，外贸形势恶化，出口收入锐减。出口创汇能力决定了一国的偿债能力，一旦一国没有适应国际市场的变化，未能及时调整出口产品结构，其出口收入就会大幅减少，经常项目逆差就会扩大,从而严重影响其还本付息能力。同时,巨额的经常项目逆差进一步造成了对外资的依赖,一旦国际投资者对债务国经济前景的信心大减,对其停止贷款或拒绝延期,债务危机就会爆发。

2. 债务调整和债务战略

整个 20 世纪 80 年代,发展中国家一直未摆脱债务危机的困扰,其外债从 1981 年年底的 700 多亿美元增加到 1989 年年底的近 1.3 万亿美元,发展中国家资金净流出超过 2 400 亿美元,其中拉美国家资金净流出约 1 800 亿美元。沉重的债务负担严重影响它们的经济发展和社会安定,若不及时减免,则可能又将面临债务国单方面宣布停止偿债的局面。在 20 世纪 80 年代初发生第三世界债务危机以后,解决债务危机已成为重中之重。

1) 贝克计划

1985 年 9 月,美国财政部部长詹斯·贝克在韩国汉城(现为首尔)召开的 IMF 和世界银行第 40 届年会上提出了"美国关于发展中国家持续增长的计划"。其主要是通过对债务国新增贷款、将原有债务的期限延长等措施来促进债务国的经济增长,同时要求债务国调整国内政策,这些措施被称为贝克计划。贝克计划的基本内容包括:一是主要债务国实行综合、全面的宏观经济与结构政策,以便降低通货膨胀并实现国际收支的平衡,从而恢复经济增长,提高偿债能力;二是在 IMF 的作用下,由多边发展银行和地区发展银行在 3 年内向 15 个主要债务国增加贷款,比当时的贷款水平增加 50%,此外,由 IMF 从它的信托基金中拨出 27 亿美元,专门提供给低收入的债务国,以支持它们的经济调整和偿债的需要;私人银行在 3 年内向这 15 个债务国增加 200 亿美元的贷款,这样,在 3 年内,世界银行等多边银行和商业银行向 15 个主要债务国提供新贷款总额共为 290 亿美元。

经过美国政府的劝说和压力,西方工业国家政府和银行表示支持贝克计划。发展中国家也肯定了贝克计划的某些积极因素,如它承认了发展中国家只有恢复经济增长,才有可能解决债务问题。贝克计划较紧缩方案前进了一步,但贝克计划没有指明美国政府对这项计划将承担什么义务,世界银行和国际商业银行增加贷款也是有条件的。最终,贝克计划对缓解债务危机有所帮助,但未能从根本上解决问题。

2) 债券换债务计划

贝克计划没有达到预期的效果,西方债权者的国际债务战略需要新的突破。1987 年年底,美国提出了以债券交换债务为主要内容、旨在缓解墨西哥等债务国债务危机的新计划。这一计划于 1988 年在墨西哥实施,取得了一定效果。据这一计划,墨西哥政府将用 20 亿美元现金购买美国财政部发行的为期 20 年的特别无息票债券,这些债券的本金和累积的利息将在 20 年到期时一次付清,也就是说,现在用 20 亿美元所买到的美国财政部债券,按年利约 8.4% 计算,20 年期满后,本息总额将达 100 亿美元。墨西哥政府将以上述美国财政部债券作担保,发行 100 亿元、为期也是 20 年的债券。这些墨西哥政府债券将在卢森堡证券交易所向国际债权银行出售,债权银行特别是美国的商业银行以 50% 的折扣换取墨西哥的新债券,100 亿美元的新债券换回 200 亿美元的旧债务。若债券换债务计划完全付诸实施,将会较大幅度地减轻墨西哥的债务负担。

尽管这一计划未能如愿以偿,但从解决债务问题角度来看,有一定的积极意义,它是减免第三世界债务的一次新尝试。

3）布雷迪计划

1989年3月，美国财政部部长布雷迪公布了布雷迪计划，其核心内容是：鼓励商业银行取消债务国部分债务；要求国际金融机构继续向债务国提供新贷款，以促进债务国的经济发展，提高还款能力。同以往方案相比，布雷迪计划把解决外债的重点放在债务本息的减免上，而不是放在借新债还旧债的方式上。这一计划改变了美国过去坚持逼债的僵硬立场，意味着美国的债务政策出现了重大转折，严峻的现实使美国政府开始承认减免债务是解决债务问题的必出之路。尽管这一计划有可能导致民间银行削减贷款，但比过去向前走了一步，给缓解债务危机提供了一个突破口。

到1997年，发展中国家被要求偿还的贷款高达8 675亿美元，约有3 460亿美元无法按期偿还，这个数字几乎相当于世界六大商业银行资本的总和。发展中国家的外债总额和无法按期偿还的贷款额将大幅度增加。债务危机的逐年加剧使许多发展中国家新的贷款大幅度减少。由于债务国借不到更多的新债而难以偿还旧债，国际上许多银行因而陷入严重的金融危机。这一形势如果继续发展下去，一旦债务国失去清偿债务的能力，不仅严重阻碍本国经济发展和社会稳定，还将使债权国及有关银行遭受沉重的打击，并诱发国际金融市场的动荡。

由于发展中国家的债务危机涉及世界经济的方方面面，因此在许多国际金融和国际性会议上都把这个问题纳入重要议程，作为当前世界经济中迫切需要解决的问题之一。从现阶段来看，想要逐步、有效地解决负债国的债务难题，缓解债务危机，避免国际性金融危机的发生，一方面要有良好的国际经济秩序，另一方面需要西方发达国家以及国际金融机构采取有效措施，支持发展中国家的经济发展，如降低贷款利率、减少进口限制、提供必要的经济援助等。当然，许多发展中国家需要加强自身的社会稳定，发展经济，稳定金融环境。总之，要从根本上解决这一问题需要国际社会长期的努力。

14.3.2.2　20世纪90年代以来的几次主要金融危机

1. 英镑危机（1992年）

1992年9月，在欧洲货币市场上发生了一场自第二次世界大战以来最严重的货币危机。欧洲货币体系实质是一个固定的、可调整的汇率制度。它的运行机制有两个基本要素：一是一篮子货币——欧洲货币单位；二是格子体系——汇率制度。欧洲货币单位是当时欧洲共同体（简称欧共体）12个成员国货币共同组成的一篮子货币，各成员国货币在其中所占比重的大小是由它们各自的经济实力决定的。欧洲货币体系的汇率制度以欧洲货币单位为中心，让成员国的货币与欧洲货币单位挂钩，然后通过欧洲货币单位使成员国的货币确定双边固定汇率。欧洲货币单位确定的本身就孕育着一定的矛盾，因为欧共体成员国的实力不是固定不变的，一旦变化到一定程度，就要求对各成员国货币的权数进行调整。当时，由于德国马克对美元汇率升高，德国马克在欧洲货币单位中的相对份额也不断提高。德国马克价值的变化使得德国货币政策不仅能左右德国的宏观经济，而且对欧共体其他成员的宏观经济也产生了很大的影响。英国和意大利的经济则一直不景气，增长缓慢，失业增加。它们需要实行低利率政策来降低企业借款成本，让企业增加投资，扩大就业，增加产量，并刺激居民消费，以提振经济。但当时的德国在统一后，在财政上出现了巨额赤字，政府担心由此引发通货膨胀，在通货膨胀率仅为3.5%的德国不仅拒绝了七国首脑会议要求其降息的请求，而且在1992年7月把贴现率升为8.75%。这样，过高的德国利息率引起了外汇市场出现售英镑、里拉而抢购德国马克的风潮,致使里拉和英镑汇率大跌,最终,索罗斯的介入导致英镑狂跌而退出欧洲货币体系。

英镑危机的爆发在很大程度上反映了欧共体主要工业国家货币金融政策的不协调,要想减少金融危机的爆发,就需要加强国际货币金融政策的协调和配合。在这场金融危机中,德国在其经济实力不断增强、德国马克坚挺的情形下,不顾英国、意大利两国经济一直不景气的情况,执意提高利率。在芬兰马克被迫与德国马克脱钩的情况下,还意识不到维持欧洲货币体系运行机制的迫切性,公然宣布其绝不会降低利息率,最终导致英镑危机的产生。

在经济一体化、全球化的今天,尽管各国间各种经济矛盾日益加剧,但任何国家都不能一意孤行,各国只有在合作与协调中才能求得稳定的发展。世界正在朝着国际合作与政策协调的方向发展,这一趋势现在已经成为不可逆转的潮流。由此,各国采取协调的经济政策就会促进世界经济的发展,而各行其是往往会产生不利的后果。

2. 墨西哥金融危机(1994年)

20世纪80年代末至90年代初,墨西哥进行了全面的市场化改革,大力推进贸易自由化、金融自由化和全面私有化。墨西哥市场化改革和经济状况被国际社会普遍看好,从而吸引大量外资涌入,外资也一度成为墨西哥经济发展的主要动力。大规模的资本流入增加了墨西哥的外汇储备,但同时也出现了严重的经常项目逆差问题。随着1994年美国六次加息,以美元计价的资金成本大幅度上升,墨西哥的外债负担也骤然增加。由于外贸赤字的恶化,外国投资者信心动摇,在资本大量持续外流的压力下,1994年12月20日墨西哥政府不得不宣布让新比索贬值15.3%。然而这一措施在外国投资者中间引起了恐慌,致使资本大量外流。墨西哥政府在两天之内就损失了40亿~50亿美元的外汇储备。到1994年12月22日,外汇储备几近枯竭,降到了少于一个月进口额的水平,最后墨西哥政府被迫宣布让新比索自由浮动,政府不再干预外汇市场。几天之内新比索下跌了40%。在汇率急剧下挫的同时,墨西哥股票交易也崩溃了。危机给墨西哥带来了严重冲击,大批银行、企业因支付困难濒临倒闭,经济从1995年开始出现全面衰退,GDP下降了6.9%,失业率从3.2%上升到6.6%。墨西哥金融危机还对全球金融和经济产生了广泛影响,受影响最大的是拉美国家。

墨西哥金融危机爆发的原因主要有两方面:

第一,经常项目巨额逆差是爆发金融危机的根本原因。1994年,贸易自由化使墨西哥在加入北美自由贸易区后面临严重的贸易危机,进口大幅增加,外汇储备减少。当时,墨西哥政府为了控制通货膨胀而采取长时间的稳定汇率政策,外国投资者觉得这是一种隐含的"汇率保障",因而吸引了外资涌入。大规模的资本流入使得实际有效汇率上涨,出口竞争不利,推动了经常项目的进一步恶化。然而,大部分外资主要用来增加消费,投资和外贸出口并未显著增长,这就使整个经济过分依赖外资。一旦外资流入减缓,外汇储备就大量减少。外国投资者一旦察觉到风险,便开始把资金撤回本国,由此触发了金融危机。同时由于金融自由化,为推动银行的信贷扩张,大规模的资本流入又使得基础货币大量投放,通货膨胀更加严重。

第二,国内经济结构失衡是爆发金融危机的深层次原因。由于生产性投资不断下降,投机性投资膨胀,因此经济增长动力严重不足,经济泡沫现象严重。快速的私有化进程使国有资产大量流失,国家调控经济的能力和实力严重削弱,经济结构失衡问题突出,资金主要流向不动产、商业和金融市场，第三产业远远超前于第一产业和第二产业，产业发展极不平衡。

3. 东南亚金融危机（1997 年）

20 世纪 90 年代，东南亚各国都加快了市场化进程和对外开放，经济发展突飞猛进，吸引了大规模的外资流入。1996 年受美元升值和美国利率上调的影响，泰国经济形势发生转折性变化，贸易萎缩和外资流入减速，再加上国内金融市场动荡迭起和政治问题不断加剧，使市场信心下挫，外资开始大量撤离，股市连续下滑，在此形势下国际对冲基金组织了一场对泰铢的大规模攻击。泰国央行为维持泰铢汇率几乎耗尽外汇储备，最后不得不宣布放弃钉住汇率制，一时间泰国掀起抛售泰铢抢购美元的狂潮，泰铢急剧贬值，东南亚金融危机爆发。随后，该金融危机迅速蔓延到菲律宾、马来西亚、印度尼西亚以及韩国，造成这些国家的汇市和股市连续下挫，大批金融机构倒闭，失业增加，经济衰退，中国台湾、香港地区及其他东南亚国家也承受着巨大的金融市场压力。此后，该金融危机还蔓延到世界其他地区，并对全球经济造成了严重影响。

这次东南亚金融危机持续时间之长、危害之大、波及面之广，远远超过人们的预料。然而危机的发生绝不是偶然的，它是一系列因素共同促成的必然结果。从外部原因看，是国际投资的巨大冲击以及由此引起的外资撤离。据统计，危机期间，撤离东南亚国家和地区的外资高达 400 亿美元。但是，这次东南亚金融危机的最根本原因还在于这些国家和地区内部经济的矛盾性。东南亚国家和地区是近 20 年来世界经济增长最快的地区之一，近年来在经济快速增长的同时也暴露出日益严重的问题：以出口为导向的劳动密集型工业发展的优势，随着劳动力成本的提高和市场竞争的加剧正在下降。一些主要工业部门生产力大量过剩，盈利能力急剧下降。同时，由于缺乏新的主导产业群引导，大量资金转向投机性的证券市场、房地产市场，形成金融、房地产泡沫。银行信贷成为企业筹资的主要渠道，但由于缺乏完善的内控机制和金融监管机制，在泡沫经济破灭后，银行产生了大量不良贷款，直接催化和深化了金融危机。另外，在美元对国际主要货币有较大升值的情况下，东南亚国家和地区的汇率未做调整，从而出现高估的现象，加剧了产品价格上涨和出口锐减。货币贬值又导致了偿还外债的能力进一步下降，通货膨胀压力加剧，促使股市下跌。在开放条件尚不充分和应变能力不够强的情况下，过早地开放金融市场，加入国际金融一体化，当国际游资趁机兴风作浪时，一些东南亚国家和地区完全处于被动地位。另外，经济增长过分依赖外资，大量引进外资并导致外债加重。随着资本账户的开放，东南亚各国都形成了对国外银行的巨额外币债务，且偿债期短。而大规模期限短的银行外币借贷对应的是对国内企业按本币计价的中、长期债权，国内银行既没有对巨额外债进行期限转换，也没有对外汇风险进行规避。

4. 俄罗斯金融危机（1998 年）

俄罗斯于 1992 年开始全面的经济转轨后，一直陷于严重的经济危机中，通货膨胀、投资萎缩、生产下降。伴随"休克疗法"私有化改革的推进和发展，受东南亚金融危机的影响，俄罗斯于 1997 年 10 月和 1998 年 5 月先后爆发了两次金融危机。危机首先反映在货币市场和证券市场上，占俄罗斯国债总额约 1/3 的外国资本大规模外逃，引起汇率下跌和股市大幅下挫，再贷款利率一度高达 150%，股市、债市和汇市基本陷入停盘状态，银行无力应付居民提款，整个金融体系和经济运行几乎瘫痪。1998 年 8 月，俄罗斯政府决定让卢布自由浮动，金融危机全面爆发。金融危机造成卢布大幅贬值，大量企业和银行倒闭，通货膨胀加速上涨、经济活动开始衰退，俄罗斯金融危机还带动欧洲和中亚地区的股市、债市和汇市全面下挫。

俄罗斯金融危机爆发的原因主要有：一是俄罗斯自独立以来，其经济长期处于动荡和衰退的局面，导致财政入不敷出，为解决国家财政的困窘，俄罗斯政府不得不大量发放短期债券和对外大量借款，从而导致严重的债务危机。二是出口受阻和资本急剧外流导致国际收支恶化。1994—1997年，俄罗斯每年都保持着巨额贸易顺差和适度经常项目顺差。但1997年的亚洲金融危机使得全球石油价格与原材料价格下跌，俄罗斯的出口贸易受到沉重打击，从而造成俄罗斯外汇储备增长缓慢。1997年，俄罗斯资本流出急剧加速，进一步恶化了国际收支，直接引发了金融危机。三是金融秩序混乱，政府不能制定和实施一个连贯的经济政策，不良资产比重过高，卢布信誉低下，俄罗斯央行作为唯一的货币发行机关不具有超然独立的地位，不能有效履行货币调控和金融监管的职能；企业相互间拖欠资金现象严重，金融犯罪活动猖獗，政局动荡，使金融形势更为恶化。

5. 阿根廷金融危机（2001年）

20世纪80年代，拉美国家经济曾陷入债务危机的困境。从1982年至1992年，拉美地区经济增长率仅为1.8%，大大低于世界平均水平。阿根廷进出口贸易在国民经济中占据重要地位，1989年以后阿根廷在对外贸易中推行了新自由主义政策，解除了许多进口限制，使得阿根廷外贸一直处于逆差状况；1999年国际收支经常项目逆差已达118亿美元，国际收支出现资本净流出现象，丧失了偿还外债的能力。同时，阿根廷自1989年起，就放开了对外资的限制，也没有外汇管制和信用证的限制，货币自由兑换，资本出入自由。阿根廷的固定汇率是货币局制度，阿根廷比索和美元以1:1固定汇率挂钩。在具体操作上，其央行每发行一比索就要有一美元的外汇储备做基础。相应的，央行要无条件以固定汇率接受市场对美元的买卖要求。但是，比索钉住美元，导致了对比索的估计过高，扼杀了阿根廷的出口。1998年下半年，受国际金融形势动荡的影响，阿根廷经济形势恶化，进入了长达4年的经济衰退期。到2001年年底，由于受长期衰退困扰及金融和财政形势恶化的冲击，经济大幅度下滑，最终陷入金融危机。金融危机引发金融市场恐慌，导致资本大规模外逃和银行挤兑。面对金融危机，政府被迫实行限制居民提款和限制资金外流等金融管制措施，进一步加剧了金融恐慌，引爆了蓄势已久的社会不满情绪与矛盾，全国各地发生大规模的社会骚乱、游行示威和流血事件。长期存在的各种政治矛盾激化，出现严重的政治混乱。在10多天内，阿根廷更换了3位总统，国家陷入了以经济持续恶化、社会动荡不安和政治局面混乱为特征的全面危机中。

阿根廷金融危机爆发的原因也是多方面的。一是奉行经济自由化，大大削弱了政府的干预职能；同时，推行国企私有化，几乎将所有的国有企业都卖给私人，尤其是外国投资者，使国家丧失了管理与控制经济的重要手段。二是推行开放经济，对外资流入、流出几乎不设任何限制。实行贸易自由化的同时，膨胀了贸易部门，加重了国民经济对国际市场的依赖。三是政府宏观调控政策的措施不当，没有根据形势的变化及时调整汇率；长期奉行负债发展战略，导致外债负担沉重。政府采取不恰当的财政政策，错失产业结构调整与升级的有利时机。

6. 美国次贷危机（2007年）

美国次贷危机又称次级房贷危机，是指一场发生在美国，因次级抵押贷款机构破产、投资基金被迫关闭，股市剧烈震荡引起的金融风暴。它致使全球主要金融市场出现流动性不足的危机。美国次贷危机是从 2006 年春季开始逐步显现的，2007 年 8 月开始席卷美国、欧盟和日本等世界主要金融市场，最后导致全球金融危机。

引起美国次级抵押贷款市场风暴的直接原因是美国的美元利率上升和住房市场的持续降温。次级抵押贷款是指一些贷款机构信用程度较差和收入不高的借款人提供的贷款。利率上升，导致还款压力增大，使很多本来信用不好的用户感觉无力还款，因此出现违约的可能，对银行贷款的收回造成影响。美国次级抵押贷款市场通常采用固定利率和浮动利率相结合的还款方式，即购房者在购房后头几年以固定利率偿还贷款，其后以浮动利率偿还贷款。在 2006 年之前的 5 年，由于美国住房市场持续繁荣，加上前几年美国利率水平较低，美国的次级抵押贷款市场迅速发展。随着美国住房市场的降温，尤其是短期利率的提高，次级抵押贷款的还款利率也大幅度上升，致使购房者的还贷负担大大加重。同时，住房市场的持续降温也使购房者出售住房或通过抵押住房进行再融资变得困难。这种局面直接导致大批次级抵押贷款的借款人不能按期偿还贷款，进而引发次贷危机。其本质是美国经济开始周期性下滑，货币政策需调整，利率上升，房价暴跌，房产泡沫也随之破灭，整个链条便出现断裂，首先是低信用阶层的违约率大幅度上升，从而引发了次贷危机，继而引发了 2008 年的国际金融危机。

7. 欧洲主权债务危机（2010 年）

受美国次贷危机的影响，欧洲部分经济体财政支出扩大，税收减少，财务状况持续恶化，这引发了市场对于主权债务违约的担忧，导致全球股市、汇市、债市以及大宗商品市场出现大幅度波动，从而给全球经济复苏蒙上了阴影。

2009 年 1 月，由于经济衰退、财政状况恶化，希腊、葡萄牙及西班牙的信用评级相继被降低，从而引起了市场对欧洲主权债务偿还能力的担忧。2009 年 10 月，希腊政府宣布 2009 年政府赤字和公共债务占国内生产总值的比重达到 12.7% 和 113.0%，这再次加大了市场对于欧洲主权债务危机的恐慌。2009 年 12 月，惠誉、标准普尔和穆迪三大评级公司再次调低了希腊、葡萄牙以及西班牙的主权信用评级。欧盟的葡萄牙、爱尔兰、意大利、希腊、西班牙还被评为欧洲主权债务风险最大的 5 个国家。

2010 年 2 月底，在各方迟迟未能拿出解决希腊主权债务危机方案的情况下，标准普尔与穆迪几乎同时宣称，未来几个月可能会再次下调希腊的主权信用评级。4 月 27 日，标准普尔再次将希腊的长期国债信用评级降至 BB+（垃圾级），并将葡萄牙长期信用评级下调至 A−。金融市场对于欧元以及欧元区经济的信心又一次受到重挫。4 月 29 日，标准普尔将西班牙长期主权信用评级由 AA+ 调至 AA。欧洲主权债务危机出现进一步扩大的趋势，5 月 2 日，在经历了多轮艰苦复杂的谈判之后，欧盟与 IMF 就援助希腊债务危机方案达成一致，双方决定在未来 3 年向希腊政府提供总额为 1 100 亿欧元的贷款，其中欧元区国家出资 800 亿欧元，IMF 出资 300 亿美元。5 月 3 日，欧洲央行也向希腊采取了援助措施，决定暂时无限期取消希腊政府借贷的信用评级"门槛"。受此影响，金融市场出现企稳迹象。然而，由于欧盟的救援计划还需要各国经过立法程序加以确认，救援附加的条件也很可能引起各方势力的反对，因此它并未能完全平息投资者对于欧元区前景的担心。

此次欧洲主权债务危机主要是因部分成员国过度负债而造成的。这些成员国未能重视财政赤字扩大的风险，过度发债，最终造成了被动的局面。但从更深层次来看，这也与欧盟缺乏对各国财政政策的有效约束有关。欧元区有的成员国大幅举债，超出了《稳定与增长公约》的规定，从而导致上述问题的出现。此次欧洲主权债务危机也与西方国家政府支出过度膨胀有关。欧洲主权债务危机直接影响了欧元区经济的增长，给全球经济复苏带来了较大的不确定性。它造成全球股市、汇市和债市的大幅度波动，尤其是在市场相对脆弱的时期，引发连锁反应，产生系统性风险。

14.3.3 金融危机爆发的原因及危害

通过对20世纪90年代以来爆发的几次主要金融危机的回顾可以发现，金融危机对一国金融、经济和社会发展造成的破坏程度越来越重，从货币危机开始，并逐步演化为金融危机，金融危机再扩展到经济领域，导致一国经济运行的混乱和经济发展的倒退。金融危机甚至会动摇一国政局，引起政党更替和人们对政府的信心危机。尽管每一次金融危机的爆发都有其各自的特征、原因和影响程度，但在错综复杂的因素中也包含着诸多共同之处。随着经济全球化趋势的增强，现代的金融危机基本上表现为：在国际经济失衡的条件下，国际资本在利益驱动下利用扭曲的国家货币体系导致区域性金融危机爆发，因而本质上，金融危机的性质和成因都发生了变化。

第一，固定汇率制与经常项目逆差往往是导致金融危机爆发的直接原因。在所有危机中，遭受国实行的都是钉住汇率制，这意味着在资本流入较强的时期，本国货币处于升值压力之下，这一方面造成出口竞争力下降，经常项目恶化，另一方面使货币当局面临国内通货膨胀的压力。经常项目逆差靠资本流入弥补，外汇储备的构成也主要依靠资本流入。在这种情况下，当资本流入减速或撤离时，外汇储备急剧减少，并无力维持钉住汇率和偿还外债，进而导致危机爆发。

第二，国内银行体系的脆弱性加剧了金融危机的影响。随着金融开放和放松管制，银行业务的扩展与资本市场的开放使得银行面临更大的风险。在利率上升和经济萧条的情况下，盲目贷款加大了银行和公司的脆弱性；同时，在汇率处于压力之下时，政府也陷入了困境，不管是用紧缩银根来维持汇率，还是使货币贬值，都无法直接或间接地阻止银行及其客户财务状况的继续恶化。

第三，过快推进金融自由化又无法应对金融风险导致金融危机爆发。许多新兴市场国家在金融自由化改革过程中，盲目开放资本账户，而国内又缺乏完善的金融监管体系和有效的危机防范机制，结果导致巨额的国际资本自由流动，这极易造成新兴市场国家的经济泡沫，形成虚假繁荣，其结果是严重误导这些国家的财政货币政策，使其金融的脆弱性不断加大，最终酿成金融危机。

第四，国际经济发展不平衡。在区域经济一体化和经济全球化的背景下，一个国家宏观政策的影响力可能是区域性的也可能是全球性的。从国际经济失衡导致金融危机的形成路径可以看出，国际经济失衡通过国际收支表现出来，国际收支失衡的调整又通过国际货币体系进行，如果具备了完善和有效的国际货币体系，则完全可以避免国际经济强制性和破坏性调整，即可以避免金融危机的发生。然而，现实的国际货币体系是受大国操纵的，因而国际经济失衡会被进一步扭曲和放大。

第五，金融监管机制滞后，金融创新过度掩盖了巨大风险。由于国际金融体系是由美国主导的，而美国又无视一些国家多次提出的加强监管的建议，因此整个国际层面也缺乏有效的金融监管。在监管滞后的整体氛围下，金融机构的贪婪性迅速膨胀。资产证券化所创造的金融衍生产品本来可以起到分散风险、提高银行等金融机构效率的作用，但是资产证券化一旦过度，就加长了金融交易的链条，使金融衍生产品越变越复杂，金融市场也就变得越来越缺乏透明度，以至于最后没有人关心这些金融产品真正的基础是什么，也不知道其中蕴含的巨大风险。

第六，国际热钱迅速流动。金融全球化让世界在享受全球化带来的红利的同时，也带来了相应的风险。由于金融自由化和经济全球化已发展到相当高的程度，当今世界各地都处在不同程度的金融开放中，大规模游资在全球各地迅速流动，各种令人眼花缭乱的金融衍生产品将全球金融机构盘根错节地联系在一起，而美国等发达国家又占据着最为有利的地位。随着全球金融动荡的加剧，世界各国都不同程度地出现了流动性短缺、股市大跌、汇率震荡、出口下降、失业率上升等现象，全球金融市场和实体经济正面临严峻的考验。

核心概念

国际货币市场
国际资本市场
欧洲货币市场
离岸金融市场
国库券
商业票据
伦敦同业拆放利率
银行承兑汇票
贴现市场
大额可转让定期存单
银团贷款
扬基债券
外国债券
欧洲债券

复习思考题

1. 论述20世纪90年代以来国际资本流动的新特点。
2. 论述国际银团贷款的含义及其特点。
3. 论述离岸金融市场的概念及其分类。
4. 论述欧洲货币市场的特点。
5. 评述美国的"次贷危机"及2008年的国际金融危机。
6. 评述欧洲主权债务危机。
7. 论述20世纪80年代国际债务危机的经验教训，以及其对发展中国家经济增长的启示。

第15章

国际金融风险管理

学习目标

通过了解国际金融风险的含义和特征,熟悉几种主要国际金融风险,加强对国际金融风险的认识和理解,树立风险防范意识,掌握风险管理的技巧和方法,以适应瞬息万变的国际金融市场。

引导案例

新兴市场国家货币遭遇"闪崩"

2018年8月10日,美国总统特朗普在推特上宣布,将对土耳其进口的钢、铝分别加征50%和20%的关税。当天土耳其货币里拉就暴跌了18%,且此后接连多日遭遇下跌,一些中心城市甚至出现了居民上街抢购商品的景象,经济陷入崩溃状态。土耳其里拉开启暴跌模式,截至2018年8月13日(星期一),2018年年内里拉贬值幅度高达45%。受里拉重挫影响,阿根廷比索、墨西哥比索、印尼盾、俄罗斯卢布纷纷承压下挫,全球股债市场也遭遇严重双杀。

土耳其经历过去10年经济增长奇迹,GDP增速基本保持在10%以上增长,甚至有时增长保持在15%~20%。数据显示,现任总统埃尔多安执政16年期间,该国平均GDP增速5.9%。2018年一季度GDP增长速度约为22%。但土耳其的经济增长主要依靠主权外部债务杠杆,向欧洲银行等借入大量美元债务,过去10年美元债务/GDP从33%上升为2017年底的55%,上升幅度巨大。土耳其局势较为特殊,并不能与新兴市场其他国家相提并论,主要利空因素包括土耳其财政赤字、美元反弹、伊朗潜在供给收缩导致的油价攀升以及贸易摩擦等。由于土耳其经常项目赤字高企,占GDP比重高达9%,因此里拉走势会继续承压。

2018年,拉美国家和中东国家货币贬值幅度大于亚洲新兴市场货币,亚洲新兴市场货币的贬值幅度大于欧洲市场货币。从2018上半年走势来看,越是依赖美元债务的国家和地区在本轮美元强势周期中跌幅越大。因此，在美元强势的背景下，非美货币走势必然出现分化。

据外媒2018年6月8日报道，IMF宣布与陷入金融危机的阿根廷达成为期36个月、500亿美元的常备贷款协议，旨在阻止阿根廷比索贬值，支持正在加速实施财政赤字削减计划的马克里政府。这是IMF有史以来最大一笔援助贷款：根据协议，要求阿根廷扩大缩减赤字的步伐，2018年、2019年其财政赤字占GDP比重目标分别为2.7%和1.3%，此前的目标为3.2%和2.2%；计划在2020年实现财政平衡，并在2021年实现财政盈余。阿根廷在2018年6月份收到了第一批150亿美元的救助。

土耳其金融危机爆发后，8月13日阿根廷央行宣布将基准利率从40%上调至45%，这是自2018年4月27日以来第四次大幅度加息，也使阿根廷成为世界上利率最高的国家。与高利率相对应的是高通胀率，7月份，阿根廷通胀率已经超过31%。2018年8月29日，阿根廷比索兑美元跌幅扩大至8%，创历史新低（34.001比索/美元），2018年以来已经崩跌超40%（其中，仅2018年8月就下跌了20%）。

早在2001年，阿根廷政府就宣布总额高达1 300亿美元的主权债务违约。2017年年底，阿根廷政府部门外债达1 424亿美元，近几年阿根廷的GDP增速一直低于2%，甚至为负。过高的外债、过低的经济增速使得阿根廷偿债压力很大，也导致财政状况恶化。2009年至今，阿根廷财政和经常账户经常处于"双赤字"，国家财政没钱，导致投资缩减、经济下滑。财政和经常账户经常处于"双赤字"，也使得阿根廷的外汇储备/GDP在众多新兴市场国家中垫底。外汇储备不足使得央行无力干预外汇市场，阻击空头。以股市为例，2009—2018年年初，阿根廷股指从1 000点左右一口气涨到了35 000点，累计上涨近34倍。但2018年随着比索汇率贬值，阿根廷股市也由牛市转为熊市，所以对国家和个人来说，合理借债与增加储备很重要。

15.1 国际金融风险管理概述

国际金融风险是指在国际金融活动中存在的风险。具体来说，国际金融风险是指在国际金融一体化的环境下，国际金融市场上的某些因素（如汇率、利率等）在一定时间内发生始料未及的变动，致使国际金融主体的实际收益与预期收益发生背离的可能性。它是金融风险在国际金融领域的特殊表现形式。

不同种类的国际金融风险产生的原因以及对经济主体的影响程度不同，从而经济主体对其管理方法也有差别。所以，在进行国际金融风险管理时，除了需要对国际金融风险的定义、特征和影响有基本的认识外，我们还需要详细区分不同种类的国际金融风险，以便进行管理。

依据不同的标准和研究目的，国际金融风险可以进行很多种分类。一是按照引起风险的因素属于宏观因素还是微观因素，国际金融风险可以分为系统性风险和非系统性风险。由宏观因素（如国家政策等）引起的风险属于系统性风险；由微观因素（如金融机构的决策失误、员工犯罪等）引起的局部金融风险属于非系统性风险。二是按风险的可控制程度，其可以分为完全不可控风险、部分可控风险和基本可控风险。完全不可控风险是指由于完全无法预测的因素变动，且这些因素变动事先无法有效防范引起的风险，如国家风险。部分可控风险是指那些事先通过采取措施，在一定程度上可以控制的风险。例如，信用风险、汇率风险和利率风险等就可以通过信用分析、抵押、互换、远期协议等衍生工具以及通过内部模型等方式或措施进行管理，将风险控制在一定范围内。基本可控风险是指那些通过制定、实施科学严密的工作规程、管理措施、内控制度便可基本控制的风险，如流动性风险、操作风险等。

国际金融风险管理指的是各经济活动主体在筹集和经营资金的过程中，对国际金融风险进行识别、衡量和分析，并在此基础上有效地控制与处置国际金融风险，以最少的成本、最经济合理的方法达到最大安全保障，获取最大收益的一种金融管理方法。

15.2 商业银行的风险管理

现代商业银行是以金融资产与金融负债作为经营对象，提供各种与货币直接相关的金融服务的金融机构。现代商业银行的经营过程与金融活动息息相关，对国民经济和整个社会产生的影响很大，这使得商业银行与一般工商企业相比，不可避免地面临着更多的金融风险，也使得现代商业银行的风险所带来的损失也比一般企业大得多。所以，防范和管理银行风险就显得尤为重要。

只有对银行的各种金融风险加以管理与控制，才能确保商业银行稳健经营与健康发展。所以，风险管理一直被银行重视，并逐渐形成了一整套比较完善的风险管理理论与方法，用于指导银行经营管理的实践。

1. 银行汇率风险管理

1）汇率风险管理的原则

汇率风险管理的目标在于减少汇率波动带来的现金流量的不确定性，控制或者消除业务活动中可能面临的由汇率波动带来的不利影响。对于存在汇率风险的所有经济主体来说，在汇率风险管理上都应该遵循以下原则：

（1）全面重视原则。

全面重视原则要求涉外经济主体对自身经济活动中的汇率风险高度重视。汇率风险可能带来营运资本和现金流量的损失，影响经济主体的正常经营和核心竞争力。经营者需要加强风险管理意识，从管理战略上给予汇率风险管理高度的重视。

（2）管理多样化原则。

管理多样化原则是指经济主体应灵活多样地进行汇率风险管理。由于经济主体的经营范围、经营特点、管理风格各不相同，因此经济主体所面临汇率风险的种类、风险头寸的大小和结构也不相同。同时，经济主体还受国家外汇管理政策、金融市场发达程度等外部因素制约。因此，在进行汇率风险管理时，经济主体应充分考虑自身面临的具体情况，寻找最适合的避险工具和管理方法。

对同一经济主体来说，风险管理方法并不是一成不变的。随着经济的发展，经济主体的内外部环境不断变化，经济主体的汇率风险管理战略也需要做相应的更改。

(3) 收益最大化原则。

收益最大化原则要求经济主体在确保实现风险管理预期目标的前提下，通过采用远期外汇交易、期权、互换、期货等金融工具，以最少的成本支出，追求最大化的收益。这是经济主体确定具体的风险管理战略、选择汇率风险管理方法的基石和出发点。

2）汇率风险表现形式

银行的汇率风险主要存在于银行外汇买卖的交易之中，银行外汇买卖的交易一般源于两种类型：代客买卖和银行自营外汇买卖。

(1) 代客买卖。

代客买卖是指银行按照客户的要求，在外汇市场上代客户买卖一笔外汇，从中赚取手续费或者价差。这时银行不承担汇率风险，而由顾客自己承担，银行只赚取价差或手续费。通常，银行代客买卖外汇有三种形式：

一是银行根据客户的要求，从外汇市场上买入客户要求的货币，同时出售客户愿意卖出的货币。

二是客户向银行下订单，订单的内容包括买卖货币的金额、汇价水平和订单的有效期限，订单可以通过传真或电话汇给银行，其种类有市场订单、限价订单和直至取消的订单①。

在订单有效期限内，市场汇率未能达到客户的目标价格，或目标价格在市场上出现时由于客观条件限制，银行无法获得这一价格，使客户的订单未能做成，银行在这方面没有责任，不承担风险。但银行有义务尽可能为客户抢到市场上最好的汇价，否则银行的信誉会受到损害。

三是先报价后平仓。银行根据市场价加减点数向客户报价，在客户同意报价并口头或书面成交后，银行才能在市场上平仓。为了方便交易，目前银行代客买卖多采取这种做法。

(2) 银行自营外汇买卖。

银行自营外汇买卖可以是即期的，也可以是远期的。银行的外汇交易员根据自己的权限，基于汇率走势的预测分析，买卖外汇，并在汇价有利时平仓。如果银行外汇交易员在某种货币的买进和卖出的金额不匹配，那么银行就持有了多头或者是空头头寸。这种敞口头寸，就是外汇的受险部分，受国际金融市场上汇率波动的影响。

银行除了在外汇买卖中遇到汇率风险外，在其他的经营活动中，也会碰到汇率风险。例如，银行在货币互换、外汇期货、外汇期权交易等方面都会遇到汇率风险。

3）外汇买卖风险管理方法

(1) 限额管理。

限额管理是外汇交易风险控制的主要方法。银行在制定外汇敞口头寸的限额时，必须分析影响限额规模的各种因素。一是外汇交易的损益期望。在外汇交易中，风险与收益成正比，银行对外汇业务的收益期望越大，对外汇风险的容忍程度也应该越强，于是银行的限额就越大；反之，银行的限额就会越小。二是对亏损的承受能力。银行对亏损的承受能力越强，其限额就定得越大；反之，其限额就定得越小。三是交易的币种。交易的币种越多，交

---

① 直至取消的订单是指客户通知银行取消订单前一直有效的订单。这是使用最多的一种订单。

易量越大，限额也就越大。四是交易人员的水平。交易人员的业务水平越高，限额可能越高；反之，限额可能越小。

银行主要的限额控制方法有：

①即期外汇头寸限额。这种限额一般根据交易货币的稳定性、交易的难易程度和相关业务的交易量确定。

②同业拆放头寸限额。这种限额的制定要考虑交易的难易程度、拆放期限长短、拆放币种利率的稳定性等。

③掉期外汇买卖限额。由于掉期交易受同业拆放利率的影响，因此掉期外汇限额的制定，必须考虑期限长短和利率的稳定性。

④敞口头寸限额。敞口头寸限额的对象是因没有及时抵补而形成的某种货币多头或者空头的敞口头寸，这种限额一般需要规定相应的限额时间和金额。

⑤止损点限额。它是银行对交易人员所规定的最大亏损额。不同的交易人员，止损点也不同，这取决于他们的交易水平和亏损后的补救能力。

（2）在险价值。

许多金融机构和法规制定者把在险价值（Value at Risk，VaR）当作全行业衡量风险的一种标准。VaR将金融机构的全部资产组合风险概括为一个简单的数字，并以美元、欧元等主要货币为计量单位来表示风险管理的核心——潜在亏损。如今，VaR主要被应用于与汇率风险和利率风险相关的领域。

①VaR的含义。VaR是指在正常的市场条件、给定的置信水平和给定的时间间隔内，某项资产或某一资产组合可能发生的最大损失。

②在险价值计算。为了计算在险价值，需要选取一个常用的计量单位、一个时间长度和一个概率值。计量单位可选用金融机构业务所涉及的主要币种，时间长度的范围需要满足这一期间资产组合要素不变，可选一天、一周、两周等。需要注意的是，在选择时间长度时，应参考投资组合要素中资产的流动性程度以及交易的频繁程度。流动性较差的资产，选取的时间也相对较长。

③VaR的特点及缺陷。VaR的特点是应用普遍，它简单明了地表示了市场风险的大小，没有专业背景的投资者和管理者也可以根据VaR对金融风险进行判断。VaR可以事前计算风险，可以计算单个金融工具的风险，还可以计算投资组合的风险。

虽然VaR是一种风险管理的重要工具，但也存在着某些缺陷，例如，VaR计算的假定条件是市场呈正态分布，资产组合价值变动与市场价格变化存在严格的线性关系。但在现实经济活动中，市场及资产组合的运动与VaR技术的假定条件存在差异，这使得VaR技术在风险管理过程中表现得仍不完美。

④压力测试。VaR管理技术可以衡量银行等金融机构在正常市场环境中的风险，但如果市场条件出现大幅度不正常变化，风险管理者则是用压力测试的方法来衡量经济主体在这些混乱的市场环境中所面临的风险。这种技术运用计算机来模拟不同的场景，并计算这些场景中经济主体资产价值的变化。这种方法的优势在于管理者可以不使用历史数据，而是根据设定的可能出现的市场状况来估计。但这种方法在本质上是完全主观的，它可能导致VaR不正常的高数值。所以，这种方法多是作为VaR的一种补充方法。

2. 银行利率风险管理

1）利率风险表现形式

利率是资金的价格，银行是资金供给者与需求者的中介机构，其资产与负债绝大多数通过利率来计价。当资产与负债对利率变动的敏感程度不一时，就会产生利率风险，给银行带来净利息收入损失或资本损失。如果银行持有的这种资产或负债是国际资产或负债，就产生了国际利率风险。根据巴塞尔委员会的监管原则，利率风险主要有重新定价风险、基准风险、收益率曲线风险、期权风险四种表现形式。

(1) 重新定价风险。

重新定价风险又称期限不匹配风险，是最主要和最常见的利率风险形式。重新定价风险是指由于银行资产负债或表外业务到期日的不同（对固定利率而言）或是重新定价的时间不同（对浮动利率而言）而产生的风险。例如，银行以短期存款为长期固定利率贷款的融资来源，当利率上升时，贷款的利息收入是固定的，但存款的利息成本会随利率的上升而增加，从而使银行的未来收益减少和经济价值降低。

(2) 基准风险。

基准风险的产生是由于在计算资产收益和负债成本时，采用了不同类别的基准利率。在期限相同的条件下，当二者采用的不同类别的基准利率发生了幅度不同的变化时，就产生了基准风险。例如，一家银行可能用1年期存款作为1年期贷款的融资来源，贷款按照美国国库券利率每月重新定价一次，存款则按照LIBOR每月重新定价一次。用1年期的存款为来源发放1年期的贷款，这种情况下，由于利率敏感性负债与利率敏感性资产的重新定价期限完全相同而不存在重新定价风险，但因为其基准利率的变化可能不完全相关，所以变化不同步，仍然会使该银行面临着因基准利率的利差发生变化而带来的基准风险。

(3) 收益率曲线风险。

收益率曲线就是将某一债券发行者发行的各种期限不同的债券的收益率用一条线在图表上连接起来而形成的曲线。随着经济周期的不断运动，收益率曲线的斜率呈显著变化。收益率曲线风险是指当正常情况下的上升型①收益率曲线变为平坦型或下降型时，即收益率曲线非平行移动时银行面临的风险。

(4) 期权风险

期权风险又称选择权风险，是指银行资产、负债和表外项目中明显存在或暗含的各种选择权带来的风险。一般利率水平如果发生较大的变化，将促使借款者提早偿还它们的银行贷款，或者促使储户提前从银行取出它们的定期存款，这对银行盈利来说构成了一种风险来源。

【例15-1】某银行吸收金额为100万美元、利率为8%、期限为3个月（90天）的定期存款，同时该银行将这笔100万美元的存款以10%的固定利率贷给客户，期限也为3个月。假设市场利率在30天后下降了100个基点（变为7%），同时贷款利率也下降100个基点（变为9%），此时，借款者将会提早偿还贷款，然后以9%新的贷款利率获得新的贷款，

---

① 上升型即短期利率低于长期利率。收益率曲线在商业周期的大部分过程中为上升型。在商业周期处于扩张阶段时，央行会提高短期利率以抑制经济过快增长，此时短期利率会高于长期利率，即为下降型。

如表 15-1 所示。

表 15-1　银行面临的期权风险　　　　　　　　　　单位:%

项目	利率未变化的前 30 天的 资产收益和负债成本	利率变化后的 60 天的 资产收益和负债成本
若按时偿还贷款，则 90 天期固定利率贷款 90 天期定期存款 净利差	10.00 8.00 2.00	10.00 8.00 2.00
若提早偿还贷款，则 90 天期固定利率贷款 90 天期定期存款 净利差	10.00 8.00 2.00	9.00 8.00 1.00

从表 15-1 可以看出，银行原计划在整个 90 天的贷款期间均赚取 200 个基点的净利差。但实际上，银行在这段时间仅在前 30 天赚取了 200 个基点的净利差，之后的 60 天只赚取了 100 个基点的净利差。

2）利率风险管理方法

（1）传统资产负债表内管理。

传统资产负债表内管理是商业银行为实现自身经营目标和方针而采取的一种管理方法。它将商业银行的资产和负债作为一个整体，根据市场变化，通过对资产负债结构共同调整达到安全性、流动性、营利性的动态均衡。

①对冲原理。对冲原理是商业银行传统的资产负债匹配思想。在对冲原理的指导下，商业银行在经营中将长期的稳定来源资金投资于长期的资产，而短期资金只能用于短期投资。在采用浮动利率的金融工具来筹资和投资时，则要求相关的资产和负债在相近的时点调整利率。遵循这一原理的经营策略能够保证银行的流动性，资产收益的现金流入正好可以用来支付到期负债的现金流出，同时通过在相近的时点根据负债成本的变化调整资产的收益来规避利率风险。这一原理稳健有余而活力不足，不利于银行发挥其集中分散资金、短借长贷的作用。而且随着金融发展和竞争的加剧，对更高利润的追求也使商业银行不再满足于短期贷款的低风险和低收益，转而发展更高利息的中、长期贷款。这使商业银行难以严格遵守对冲原理来管理资产和负债，从而转向更积极的管理政策。

②缺口管理。缺口管理就是通过监控和调整资产和负债的敏感性和期限缺口来进行资产和负债综合管理的方法。在缺口管理原则下，不要求每笔资产负债在期限和利率敏感性上完全匹配，而注重分析资产负债表的缺口状况。在市场利率发生变动时，通过随时调整资产和负债的构成来适应外部环境的变化，减少利率变动带来的收益和损失，同时保持尽量大的利差，实现利润最大化。

缺口管理的前提是分析银行资产和负债的利率特性，区分利率敏感性和非利率敏感性资产和负债，并统计头寸计算缺口。同时，预期未来利率水平发生各种变动时银行净利息收入的变化情况，生成缺口分析报告。银行在对未来利率走势做出判断后，将根据自身主动缺口管理或保守缺口管理的经营策略选择在未来一段时间内应该保持的理想缺口状态,并向理想状态调整。例如,银行目前为资金正缺口,利率敏感性资产大于利率敏感性负债,在保守的缺口管理策略下,理想的未来利率缺口为零,则需减少利率敏感性资产或增加利率敏感性负债。

银行利用缺口分析管理利率风险,首先需要制定定期缺口分析报告,以衡量其资产和负债的利率敏感性。在实际管理过程中,需要注意各种机构对于资产负债利率敏感性的分类标准不尽相同。一些规模较小的单位往往以1年为标准,而一些规模较大的机构常根据贷款或存款的到期日与重新定价的时间来划分,设计出一系列的时间区,如分为1天到7天、8天到1个月、1个月到3个月、3个月到半年、半年到一年等若干时间段。对于这些规模较大的机构来说,应确定每个时间段到期或可重新定价的资产和负债的数额,从而确定该时段的利率敏感性缺口,然后将各个时段的利率敏感性缺口相加,就可以得到整个考察期的总缺口,最后利用利率敏感性总缺口,就可以分析和管理整个考察期内的总风险。

【例 15-2】假定一家银行的主要资产是贷款和债券,负债只有存款和定期存单。表 15-2 对这家银行在某年初的资产负债结构进行了分析。

表 15-2 某银行年初资产负债结构分析[①]   单位:百万元

时间	1月1日至1月7日	1月8日至1月31日	2月1日至3月31日	4月1日至6月30日	7月1日至12月31日	非利率敏感性资产负债	1年总计
资产	—	—	—	—	—	—	—
贷款	20	32	93	157	161	103	566
债券	—	11	46	62	85	150	354
现金和存放同业	—	—	—	—	—	—	80
负债和股权	—	—	—	—	—	—	—
存款	15	34	112	124	162	143	590
定期存单	—	—	50	80	100	170	400
股权	—	—	—	—	—	—	10
缺口	+5	+9	−23	+15	−16	—	—
总缺口	+5	+14	−9	+6	−10	—	—

假定银行预测在第一季度由于资金需求旺盛,市场利率将上升;在第二季度由于资金供给增加,市场利率将下跌;对于第三季度以后的情况,尚难以预料。根据这一预测结果,该银行可以采取如下方案:

(a)第一季度保持正缺口。该银行1月份有1 400万元的正缺口,2、3月份具有2 300万元的负缺口,由于预测第一季度市场利率将上升,保持正缺口会使银行获得较高的净利息收入,因此银行应该对2、3月份的资产负债结构做出相应的调整,或者增加该期间的资产2 300万元以上,或者缩小该期间负债2 300万元以上,或者同时调整资产与负债,以使利率敏感性缺口为正。

---

① 资料来源:于润,张岭松. 国际金融管理[M]. 南京:南京大学出版社,2002.

（b）第二季度保持负缺口。该银行在第二季度有 1 500 万元的正缺口，因此该银行必须对该期间的资产负债结构进行调整，或者减少该期间的资产 1 500 万元以上，或者增加负债 1 500 万元以上，或者同时调整资产与负债，以使利率敏感性缺口为负。

（c）第三、四季度保持零缺口。该银行第三、四季度已经具有 1 600 万元的负缺口，由于难以把握第三、四季度市场利率的变动趋势，银行宜保持利率敏感性缺口为零，这样便可以免受因利率风险而造成的损失，保持收入稳定。因此，必须对资产负债结构做出相应调整，或者增加该期间的资产 1 600 万元，或者缩小该期间的负债 1 600 万元，或者同时调整资产负债，使利率敏感性缺口为零。

（2）现代金融衍生工具管理方法。

金融衍生工具能提高经济效率，这些合约的经济功能使以前被绑定在一起的风险分解成不同的部分，而把每一部分风险转移给那些愿意承担和管理这些风险的人。金融衍生工具管理利率风险的方法是通过投资金融衍生产品的收益冲抵资产负债业务在遭受利率不利变动时遭受的损失，是一种表外管理方法。同时，金融衍生产品市场的交易活跃、方式灵活，应用金融衍生工具管理利率风险也有实施迅速、成本低廉的好处，可以迅速地改变银行利率风险头寸，与资产负债表内管理相比，这大大地节省了时间和经济成本。

①远期利率协议。远期利率协议（FRA）是合同双方达成的一项远期贷款合约，但并不真正做出贷款安排，而是一种锁定远期利息收入或成本变化，进行套期保值的最灵活、最简单的利率衍生工具。在远期利率协议下，合约买卖双方分别是名义的借、贷款人，合约有特定的名义本金额和固定的利率以及贷款期限。名义贷款发生则是在未来的某一时点（称为结算日），双方约定在结算日对市场参考利率与协议利率之间的差额进行结算，当市场利率高于协定利率时，由协议卖方按照贷款期限、本金计算出的利息差额的现值支付给买方；当市场利率低于协定利率时，则由买方向卖方支付。

远期利率协议在个别风险管理方面非常有用，但是它是一种合约化的承诺，为公司在有利条件时提供的灵活性很有限。同时，远期利率协议有期限和币种的限制，它在大型产业经济和货币领域还没有广泛使用。所以，目前远期利率市场的参与者主要是商业银行和其他金融机构。当利率水平上升时，商业银行可以购入一个远期利率协议，以此将未来的借款成本固定在一定的水平上。在结算日，如果市场利率上升，银行可以按照利率协议得到市场利率与协议利率差额的支付，弥补按照结算日较高的市场利率进行筹资的成本。当商业银行预期利率水平下降，希望固定未来贷款收益时，就可以出售一个远期利率协议。如果结算日市场利率下降，则银行可按远期利率协议得到一定的利率差额支付，使其贷款利息收入固定在协议利率的水平。当然在这两种情况下，商业银行都要放弃利率沿有利方向变动所带来的额外利息收入，即采取远期利率协议进行套期保值是以牺牲银行未来的盈利机会为代价的。

②金融期货。金融期货是一种标准化合约，合约的一方同意在将来的某一时间以事先确定的价格，将一定数量的基础金融工具出售给合约的另一方。金融期货的价格会随着基础金融工具价格的波动而波动，如果利率上升，基础金融工具价格下跌，则金融期货的价格也会下跌。金融期货实行逐日清算，交易所在每日交易结束后，根据当日金融期货的价格，要求合约的一方或另一方追加维持保证金，以防止出现大量累计损失。

用金融期货管理利率风险的原理：一般地，当市场利率发生变化时，基础金融工具的价格会发生相反的变化。若市场利率上升，债券或贷款的价格就会下跌，这又使基于这些金融工具的金融期货的价格发生与利率相反的变化。因此，如果银行要避免利率上升的风险，则可以卖出金融期货；如果银行要避免利率下跌的风险，则可以买入金融期货。银行在利用金融期货管理利率风险时，一般都有相应的现货头寸，银行通过买入或卖出金融期货，达到套期保值的目的。因此，金融期货使得市场风险由银行转移给投资者，这些投资者希望通过承受风险而获得投机收益。表15-3所示为常用的防范利率风险的金融期货策略。

表15-3 常用的防范利率风险的金融期货策略

风险头寸	期货交易	利率变化	平仓结果
未来某日支付利息	空头	利率上升	期货价格下跌，空头获利
		利率下降	期货价格上涨，空头亏损
未来某日收取利息	多头	利率上升	期货价格下跌，多头亏损
		利率下降	期货价格上涨，多头获利

③利率期权。利率期权是一种合约，根据该合约，期权的买方有权利（但没有义务）在将来以执行价格向期权的卖方购入或卖出一定数量的金融工具。利率期权不同于利率期货之处在于：期权的买方既可以履行合约，也可以放弃履行，但期货的买方或卖方必须履行合约，或者执行对冲交易。利率期权的买方必须为此种权利支付一定的费用，即期权费。当他认为履行合约更为不利时，期权买方可以放弃，但要损失期权费。

例如，贷款方担心未来利率的上升，在现货期权市场上买入看涨期权，则有权在到期日或在期满前按事先约定利率借入资金。到期后，如果利率真的上涨，并且高于协定的利率，则期权的买方会执行期权以获取收益；如果预计的利率并未上升或虽上升但仍低于协定利率时，则该项期权不会被执行，期权买方损失期权费。又如，贷款方担心未来利率可能下跌而造成利差损失，买入利率期权以便有权在期权的到期日或期满前按事先约定的利率放贷资金。当利率下跌并低于协定利率时，期权的买方将行使权利以获取利差收益，否则，他将放弃期权权利，损失期权费。

④利率互换。利率互换是一种合约，合约双方承诺在一定期限内进行款项支付的交换。利率互换可以是固定利率与浮动利率互换，也可以是浮动汇率与浮动汇率互换，从而改变金融工具的利率风险性质。利率互换一般只涉及利息的支付，而对本金或是名义金额不产生影响。实质上，合约双方只支付两种利率的差额，利率互换一般需要中介人的参与，中介人可以是商业银行、投资银行或其他金融机构，通常它们会收取一定的佣金。

利率互换与合约双方的筹资成本比较优势有关。具有较高资信等级的借款人与资信等级较低的借款人相比，无论是以浮动利率筹资还是固定利率筹资都有优势，但是在以固定利率筹资时，两个借款人之间的利率差幅一般要大于以浮动利率筹资时的情况。也就是说，资信等级低的借款人在浮动利率市场上筹资比资信等级高的借款人具有比较优势，而资信等级高的借款人在固定利率市场上筹资比资信等级低的人具有比较优势。因此，如果双方都从比较优势出发，就能降低各自的筹资成本。

利用利率互换管理利率风险的原理：根据利率互换的性质，银行可以使用利率互换来改变敏感性缺口或持续期缺口。通过将长期固定利率与短期浮动利率互换，达到自己的目的。例如，A 公司借到固定利率为 10% 的美元债务，B 公司则借到浮动利率为 LIBOR +0.5% 的美元债务。通过互换，A 公司实际支付的利息是按浮动汇率 LIBOR +0.5% 计算的，而 B 公司实际支付的利息是按固定利率 10% 计算的。

(3) 利率限额体系。

银行可以通过利率限额体系，即通过设定利率上限、利率下限和利率上下限的方式来减少利率风险。

利率上限是指买卖双方就未来某一段时间内，商定一个固定利率作为利率上限，如果市场利率超过协议规定的上限利率，则由卖方将市场利率与上限利率的差额支付给买方，但买方在协议签约时，必须支付给卖方一定的费用。

利率下限是指买卖双方就未来某一段时间内，商定一个固定利率作为利率下限，如果市场利率低于协议规定的利率下限，则由卖方将市场利率与下限利率的差额支付给买方，但买方在协议签约时，必须支付给卖方一定的费用。

利率上下限是指买入一个利率上限的同时，出售一个利率下限，是利率上限和利率下限两种交易的组合。通过出售利率下限，可以获得一定的费用，从而降低购买利率上限的成本。购买利率上下限，可以使借款人的利率限定在一定的幅度内。

15.3 工商企业的风险管理

工商企业面临的风险一般可划分为商业性风险和非商业性风险。商业性风险包括生产风险、宏观经济风险和技术风险；非商业风险包括事件风险和金融风险。由于一般非金融类工商企业将金融风险管理引入企业管理体系中的时间较短，且与金融机构的资产和产品都不同，这使得一般工商企业对金融风险的态度和处理方式与金融机构相比有很大区别。金融风险管理是金融机构的管理核心，而对于一般工商企业来说，金融风险管理只是其全面风险管理中的一部分。

企业面临的金融风险可以理解为企业在从事金融活动时，由于汇率、利率、金融资产价格及商品价格在一定时期内偏离预期值而发生损失的可能性。这里，我们主要介绍工商企业的汇率风险管理与利率风险管理。

15.3.1 汇率风险管理

企业面临的外汇风险可分为交易风险 (Transaction Exposure)、会计风险 (Accounting Exposure)、经济风险 (Economic Exposure)。

15.3.1.1 交易风险管理

交易风险也称结算风险，是指以外币计价的交易，因将来结算汇率的不确定性而引起应收债权或应付债务实际价值变化的不确定性。交易风险在以外币约定时（如签订进出口贸易合同时）开始发生，在外汇的买卖实际交割时消失。

1. 交易风险的表现形式

1）企业有外币借款或贷款

企业在以外币进行借贷以及伴随借贷而进行外汇交易时会面临外汇买卖风险。一般地，当企业有外币借款时，如果在一段期限后偿还债务时外币汇率相对于本币升值，则企业偿还债务的本币成本将增加；当企业有外币贷款时，如果在一段期限后收回贷款时外币汇率相对于本币贬值，则企业收回债权的本币收入将减少。例如，英国的比彻姆集团在1971年借入了一笔1亿瑞士法郎的资金，按当时汇率折合1 031万英镑。当5年后贷款到期时，英镑已经大幅度贬值，仅本金的偿还成本就是2 273万英镑，是借入本金的两倍多。

2）企业以外币计价进出口

在国际贸易往来中，从达成贸易合同到最终结清债务，一般需要少则3个月多则1年的时间，在此期间结算货币的汇率发生变动，就会使交易双方承担由此带来的结算风险。一般地，出口商承受着出口本币收入因外汇贬值而下降的风险，同样进口商承受着进口本币支付因外汇升值而增多的风险。假设合同的结算方式对于交易方来说是以外币结算的，则外汇汇率变动对进出口商的影响如表15-4所示。

表15-4 外汇汇率变动对进出口商的影响

贸易方 \ 汇率变动	外汇汇率升值	外汇汇率贬值
进口商	获利	受损
出口商	受损	获利

【例15-3】美国一出口商向日本出口一批价值10亿日元的设备，1月1日双方正式签订买卖合同，合同规定以日元作为计价结算货币，4月1日一次性付清货款。假定签订合同时美元对日元的汇率为USD 1 = JPY 110，而4月1日回收货款时汇率变为USD 1 = JPY 115。如表15-5所示，美国出口商在外汇风险中蒙受的损失为869.6 - 909.1 = -39.5（万美元）。

表15-5 美国出口商面临的外汇风险

日期	交易金额	当日汇率	受险部分	出口收入
签订合同 1月1日	10亿日元	USD 1 = JPY 110	10亿日元	预期应收入 909.1万美元
办理结算 4月1日	10亿日元	USD 1 = JPY 115	0	实际收入 869.6万美元

此外，远期外汇买卖，海外投资的股息、红利，特许权使用费的汇寄以及资本的回收等都会产生交易风险。

2. 交易风险的管理方法

对于交易风险，可供选择采用的管理方法主要有三类：签约时的风险管理；签约后利用金融市场进行的风险管理；其他风险管理方法。

1）签约时的风险管理

企业在签订合同的时候，可以采取一些防范风险的措施。

（1）选择合同货币。选择合同货币不外乎包括选择本国货币、交易对方国货币或是第三国货币。具体选择时,应遵循以下基本原则。

第一,争取选用本币作为合同货币。这样就不会发生本国货币与外国货币的兑换问题,也就从根本上消除了汇率风险。这时交易风险完全由交易对方来承受。但是,这一方法一般只适用于实行货币自由兑换的国家,否则交易对方一般不会轻易接受。

第二,出口商和债权人选用硬币,进口商和债务人选用软币。出口商和债权人将硬币作为合同货币,在结算或清偿时,合同货币汇率的上升将使出口商和债权人换回更多的本国货币;进口商和债务人将软币作为合同货币,在结算和清偿时,合同货币汇率的下跌将使进口商和债务人支付较少的本国货币。使用这一方法的前提是交易者能够对汇率变动做出准确的预测,但要做到这一点是很困难的。

另外,出口商或债权人希望使用硬币,进口商或债务人希望使用软币,但在一笔经济交易中,交易双方只能选择一种合同货币。此时,选取哪种货币主要是交易双方讨价还价的结果。

(2) 加列合同条款。为了转移或者分摊汇率变动所造成的经济损失,在签订合同时,可以加列一些保护性的合同条款,如均摊损益条款、货币保值条款等。

均摊损益条款是指当合同货币的汇率发生变动而出现经济损失或经济收益时,由交易双方共同分摊。具体做法是:在结算日,根据签约日和结算日合同货币与本币汇率的简单算术平均值,对签约日确定的合同货币金额进行调整。

货币保值条款是指选择某种与合同货币不一致、价值相对稳定的货币,将合同金额转换成所选货币来表示,在结算或清偿时,按所选货币表示的金额以合同货币完成收付,目前采用较多的货币保值条款为一篮子货币保值条款①。

2) 签约后利用金融市场进行的风险管理

在签订交易合同以后,经济主体可以利用外汇市场与货币市场来控制汇率风险。其主要方法有:

(1) 远期外汇交易。远期外汇交易是指买卖外汇的双方成交以后,并不立即办理交割,而是按照所签订的远期合同规定,在未来的约定日期办理交割的外汇交易。远期外汇交易的期限按到期日可分为两种:一种是整月期限交割,一般为1个月、2个月、3个月、6个月或1年(1年以上的外汇交易在实务中较少见);另一种是特殊期限交易,如零头期限交易和择期交易。无论是从事国际贸易的进出口商,还是从事外汇业务的银行,都可以通过远期外汇交易来规避交易风险。

一般地,当出口商持有净外汇债权时,将承受外汇贬值而引起的本币收入减少的损失,应卖出远期外汇;当进口商持有净外汇债务时,将承受外汇升值而引起的本币支出增加的损失,应买入远期外汇。通过远期外汇交易,进出口商未来外汇现金流的本币价值固定,从而避免交易风险。

【例15-4】一个美国进口商在3月15日与英国出口商签订了一笔价值为50万英镑的合同,双方约定于同年6月15日以英镑支付货款。签订合同之日的英镑汇率为 GBP 1 = USD 1.520 0。按签约时的汇率计算,美国进口商需支付76万美元的货款。如果该美国进口

---

① 一篮子货币保值条款是指在签订合同时,确定多种货币与合同货币之间的汇率,并规定每种所选货币的权数。加列这种保值条款可以防止汇率风险,其往往用于长期合同。

商预计 3 个月以后英镑的即期汇率将有较大幅度的上升,比如升至 GBP 1 = USD 1.560 0,则美国进口商就需要支付 78 万美元,即因汇率变动多支付 2 万美元,从而产生汇率风险。为了回避这一交易风险,该进口商可以在签约时在外汇市场购进 3 个月期的英镑期汇,3 个月后履行购入英镑期汇的义务,将所获得的英镑用于支付货款,从而避免了英镑汇率上涨所带来的损失。

(2) 外汇期货交易。外汇期货交易是指在固定的期货交易所内,买卖双方各自交付一定数量的保证金与佣金,通过经纪人及交易所,买卖外汇期货合约的行为。

【例 15-5】承接【例 15-4】美国进口商还可以运用外汇期货交易来控制汇率风险。该进口商可以通过芝加哥国际货币市场的某一会员经纪人买进 8 份 6 月 17 日交割的英镑期货合约(每份合约的标准单位为 6.25 万英镑),英镑期货的汇率为 GBP 1 = USD 1.538 0。在 6 月 15 日,该进口商在即期外汇市场购入 50 万英镑用于进口支付,此时英镑的即期汇率上升到 GBP 1 = USD 1.540 0,然后在外汇期货市场卖出其先前购买的 8 份英镑期货合约,6 月份交割的英镑期货汇率已经升至 GBP 1 = USD 1.557 0。虽然该美国进口商在即期外汇市场损失 1 万美元,但在外汇期货市场获利 9 500 美元,从而控制了交易风险。

(3) 外汇期权交易。外汇期权是指期权买方以一定的保险金为代价,获得在一定时期内或一定时期后按照协议价格买进或卖出一定数量某种外汇的权利。利用外汇期权市场,企业可以通过购买外汇看涨期权或看跌期权,从而达到控制交易风险的目的。具体来说,当企业持有净外汇债权时,将承受外汇贬值而引起的本币收入减少的损失,企业应购买看跌期权合约;当企业持有净外汇债务时,将承受外汇升值而引起的本币支出增加的损失,企业应购买看涨期权合约。这样操作可以有效控制交易风险。

【例 15-6】某美国出口商向英国出口一批价值 50 万英镑的商品,3 个月以后由英国进口商以英镑进行支付。但美国出口商担心英镑将会贬值,使其出口的美元收入减少。为了控制这种交易风险,美国出口商购入英镑看跌期权,协议价格为 GBP 1 = USD 1.560 0,期权费为 USD 0.03/GBP。在 3 个月以后的到期日,该出口商面临两种选择:

第一种是如果外汇市场英镑的即期汇率高于 GBP 1 = USD 1.560 0 的协议价格,那么美国出口商将放弃期权合约,通过现汇市场出售英镑,以使出口商获得更多的收益。

第二种是如果外汇市场英镑的即期汇率低于 GBP 1 = USD 1.560 0 的协议价格,那么美国出口商将行使期权,按协议价格卖出 50 万英镑,使其避免由于英镑贬值而造成的损失。

花费 1.5 万美元的期权费,通过购入英镑看跌期权,使美国出口商能够在 3 个月以后以不低于 GBP 1 = USD 1.560 0 的价格卖出英镑,从而控制了汇率风险。

(4) 货币市场借贷。货币市场借贷主要是通过创造未来外汇收入与支出相同币种、相同金额和相同期限的债权或债务来达到消除汇率风险的目的。对于一个未来有外汇收入或外汇支出的进出口商或投资者,面对汇率风险,可通过货币市场借贷的方式控制风险。

【例 15-7】某美国出口商向英国出口一批价值 50 万英镑的商品,3 个月以后由英国进口商以英镑支付。美国出口商担心英镑将贬值,使其出口的美元收入减少。为了控制这种交易风险,它可以向银行借入英镑(年利率为 3%,期限为 3 个月)。它借入英镑的数量为 $50/(1 + 3\% \times 3/12) = 49.6$(万英镑)。然后在即期外汇市场将所借英镑出售,假定英镑兑美元的汇率为 GBP 1 = USD 1.545 0,则该出口商可获得的美元收入为 $49.6 \times 1.545\ 0 = 76.6$(万美元)。这样,在美国出口商签约时,就将出口所得美元收入确定下来,从而避免了汇率风险。在 3 个月后的结算日,美国出口商用收到的货款,偿还银行贷款本息共 50 万英镑。

(5) 货币互换。货币互换的参与者根据利率和汇率的走势以及手中资金头寸的状况,通过互换交易来改变资金的利率形式和货币种类,加强对汇率风险的管理。由于货币互换的期限较长,一般为 2~10 年,因此在一些涉及外汇的长期项目上应该考虑利用这种工具来管理汇率风险。

【例 15-8】A 公司在 2003 年 3 月 25 日筹措到一笔 50 亿日元的资金,期限为 5 年,固定利率为 5.2%。但是该公司项目投产后创汇美元,如果此后日元升值,超过项目设计的汇率水平(1 美元兑 100 日元),则该公司必将蒙受汇率损失。所以,该公司在 2005 年 3 月 25 日出现 1 美元兑 110 日元行情时,及时委托一家银行(中介人)与 B 公司达成货币互换协议,把 50 亿日元债务互换成美元债务,汇率固定在 1 美元兑 110 日元,并支付美元固定利率 7.900(与项目当初设计时的筹措美元出口信贷利率水平相等),每半年交易双方相互支付一次利息,互换交易终止日相互交换本金。

如果此后三年的平均汇率为 1 美元兑 100 日元,正好与项目筹资时设计的汇率水平一致,则 A 公司不会受到汇率波动的影响;如果日元持续升值,平均汇率为 1 美元兑 90 日元,且 A 公司未进行货币互换,则 A 公司将承担由于汇率变动而带来的损失,比设计成本增加支出 642.0(= 6 422.0 - 5 780)万美元。然而,如果 A 公司进行了货币互换交易,则可以规避日元升值的汇率风险,并且使互换后的成本比设计时的成本降低 157.5(= 5 780 - 5 622.5)万美元。表 15-6 所示为 A 公司做货币互换交易前后支付本息的测算表。

表 15-6　A 公司做货币互换交易前后支付本息的测算表　(单位:万美元)

债务本金 50 亿日元	不进行货币互换		进行货币互换
	日元升值, 平均汇率为 1 美元兑 90 日元	日元保持预期水平, 平均汇率为 1 美元兑 100 日元	协议汇率为 1 美元兑 110 日元
该债务后 3 年本息支付日	日元债务支付本息	日元债务支付本息	美元债务支付本息
2005 年 9 月 25 日	144.4	130	179.5
2006 年 3 月 25 日	144.4	130	179.5
2006 年 9 月 25 日	144.4	130	179.5
2007 年 3 月 25 日	144.4	130	179.5
2007 年 9 月 25 日	144.4	130	179.5
2008 年 3 月 25 日	5 700.0	5 130	4 725.0
合计	6 422.0	5 780	5 622.5

3) 其他风险管理方法

除了签约时的管理方法以及在签约后利用金融市场控制汇率风险的方法以外,还有其他一些避免汇率风险的方法。

(1) 平衡法。平衡法是指在同一时期内,创造一个与风险资金相同货币、相同金额、相同期限的反方向资金流动,使外币债权与外币债务相互抵销,从而消除外汇交易风险的管理方法。例如，A 公司在 6 个月之后有一笔 100 万美元的应付货款，该公司应设法出口同等金额的货物，使 6 个月之后有一笔同等数额的美元应收货款，借以抵销 6 个月后的美元应付货款，从而消除外汇风险。然而平衡法的局限是一个企业很难实现外币资产与负债的完全平衡。

（2）组对法。组对法是指企业针对其存在的某种外汇敞口头寸，创造一个与该种货币相联系的另一种货币的反方向流动来消除某种货币外汇风险的方法。组对中收入或支付的不是同一种货币，而是第三国货币，但它与外币的汇率通常具有固定的或稳定的关系，当外币对本币升值或贬值时，作为组对的第三国货币也随之升值或贬值。组对法较平衡法灵活性大且易采用。但组对法的实现需要一个前提条件，即需要找到一个与外币具有固定汇率关系的第三方货币，而在现在的浮动汇率制条件下，要找到这样的一种货币很难。而且，如果选用组对货币不当，则可能产生两种货币对本币都发生价值波动的双重风险。

15.3.1.2 会计风险管理

1. 会计风险的计量

基本的会计风险计量方法有四种，即现行汇率法、流动与非流动项目法、货币与非货币项目法和时态法。

1）现行汇率法

在折算时，对外币报表中所有资产和负债项目均采用单一的汇率，即按期末的现实汇率折算。目前，现行汇率法是跨国公司运用最多的一种折算方法。

2）流动与非流动项目法

跨国公司将国外子公司资产负债表中的项目分为流动性和非流动性两类。在折算时，对流动资产和流动负债项目按报表日的现实汇率计算，对非流动资产和非流动负债项目按历史入账时的汇率计算。

3）货币与非货币项目法

在折算时，对货币性项目采用现时汇率进行计算，对非货币性项目则采用历史汇率进行计算。

4）时态法

它是针对货币与非货币项目法的缺点提出来的。时态法规定现行汇率运用于一切以现行成本表示的项目，而所有以历史成本表示的项目则使用历史汇率。

表 15-7 对以上四种会计风险计量方法在折算资产负债表项目时使用的汇率进行了总结。

表 15-7 四种会计风险计量方法在折算资产负债表项目时使用的汇率

资产负债表项目	现行汇率法	流动与非流动项目法	货币与非货币项目法	时态法
现金	C	C	C	C
应收账款	C	C	C	C
应付账款	C	C	C	C
存货	C	C	H	C 或 H
固定资产	C	H	H	H
长期负债	C	H	C	C
实收资本	H	H	H	H

注：C 表示现行汇率；H 表示历史汇率。

2. 会计风险的管理方法

涉外经济主体对会计风险的管理，通常是实行资产负债表保值。这种方法要求在资产负债表上以各种功能货币表示的受险资产与受险负债的数额相等，以使其折算风险头寸（受险资产与受险负债之间的差额）为零。只有这样，汇率变动才不会带来任何折算上的损失。

实行资产负债表保值，一般要做到以下几点：

（1）弄清资产负债表中各账户、各科目上各种外币的规模，并明确综合折算风险头寸的大小。

（2）根据风险头寸的性质确定受险资产或受险负债的调整方向。

（3）在明确调整方向和规模后，进一步确定对哪些账户、哪些科目进行调整。

15.3.1.3 经济风险管理

1. 经济风险表现形式

1）国内企业的经济风险

一个开放国家的国内企业，完全在本国购买原材料、加工生产、销售产品、不参与国际买卖，不会遭受由于本外币兑换产生的交易风险，但也有可能面临经济风险。比如，一个与该公司经营相同项目的外国企业，其国内货币贬值，而它出口到国内企业所在国的商品竞争力增强，国内企业此时就遭受了经济风险。

2）跨国公司的经济风险

从事国际业务的跨国公司，其汇率波动经济风险的程度要比纯粹的国内企业大得多，且它们所面临的经济风险也要复杂得多。这是因为，跨国公司的经济风险取决于需求的价格弹性，弹性越大，对汇率波动的主动权越小，受经济波动的影响相对较大。跨国公司的经济风险还要看不同货币的变化差异，而各国汇率的变化程度往往不一样。

表 15-8 大体总结了汇率波动对企业经营活动的影响。

表 15-8　汇率波动的经济风险①

影响本国货币流量的交易	本国货币升值	本国货币贬值
影响公司本国货币流入量的交易	—	—
本国销售*	减少	增加
以本国货币标价的出口	减少	增加
以外币标价的出口	减少	增加
对外投资的利息收益	减少	增加
影响公司本国货币流出量的交易	—	—
以本国货币标价进口的物料	无变化	无变化
以外币标价进口的物料	减少	增加
所欠外债的利息	减少	增加
注：*这是相对于在本国市场上的外国竞争者而言的		

① 资料来源：杰费·马杜拉. 国际财务管理[M]. 大连：东北财经大学出版社，2000.

2. 经济风险的管理

与前两种风险的短期性不同，经济风险是一个长期、动态、不确定的概念。虽然在理论上，经济风险也是企业面临的重要风险类型，但是对于在实践中是否管理经济风险有很大的争议。企业拒绝管理经济风险主要是由于缺乏有效的工具，管理成本与收益不能相抵这两个方面。但大多数企业，尤其是跨国公司还是十分重视对经济风险的防范，并将其作为企业运营中主要的风险来应对。

经济风险的管理原则是尽可能降低汇率变动对现金流量的影响，这也是我们探讨外汇风险管理的主要原则。在这样的原则下，企业可以根据自身的生产经营特点，通过企业生产管理、营销管理及财务管理等的多样化组合，减轻经济风险。

1）经营多样化

经营多样化是指在全球范围内分散其原料来源地、生产地以及销售地，以达到减轻经济风险的目的。经营多样化的作用主要体现在两个方面：一是经济风险会由于经营的多样化而降低。当汇率出现意料之外的变动后，企业的竞争力可能会由于汇率的变动而在某些市场上下降，在另外一些市场上却有可能提高。这样，对企业的生产与经营活动产生的影响就能在某种程度上相互抵销，从而不会对公司现金流量产生太大的影响；二是实行经营的多样化，在意料之外的汇率变动发生以后，企业可以根据不同地区生产成本与市场销售的变化，相对比较容易地调整其经营策略，降低经济风险。比如，在出现汇率变动以后，可以改变生产的投入组合，更多利用贬值货币国家的原料，改变不同生产地的产量分配，在不同市场采取不同的产品策略、价格策略、促销策略和市场策略等，以降低企业的经济风险。

2）财务多样化

财务多样化是指在多个金融市场，以多种货币寻求资金来源与资金去向，实现筹资的多样化与投资的多样化。在筹资方面，通过在不同国家的金融市场运用不同的金融工具筹集多种货币的资金来源，可以降低筹资成本和筹资风险，特别是筹资的汇率风险；在投资方面，可以通过在多个国家投资不同的金融工具，并进行合理的资产组合，相对稳定地创造多种货币的投资收益。在出现汇率变动的情况下，收益与损失相互抵销，将有利于降低企业的经济风险。

15.3.2 利率风险管理

1. 公司利率风险表现形式

利率风险是指利率变动对公司以外币计值的资产和负债带来的潜在影响。它既包含有利的利率变动，会增加公司资产和收入的价值，或者减少债务负担的利息支出，也包含不利的利率变动，对其产生的消极影响。但一般来说，由于公司对意外损失更加敏感，因此在谈论利率风险时，主要都是分析利率变动对公司带来损失的可能性。

对一般企业来讲，在借贷活动中，主要充当的是借款人的角色。因此，当市场利率上升时，公司的借款成本增加；当市场利率下降时，公司的借款成本减少。

【例15-9】甲公司以浮动利率借款1 000万美元，这笔贷款两年后到期，利率为当时6个月美元 LIBOR + 200 个基点（每年2%），且每 6 个月重设一次。最初的 6 个月美元 LI-

BOR 是 5%，但是甲公司面临着利率升高的风险。如果在最后一个利率重设日 6 个月美元 LIBOR 变为 6.5%，之后保持 6.5% 不变，那么甲公司在这两年内将由于利率升高而损失额外利息成本 3 万美元。

此外，公司的利率风险与银行面临的利率风险的表现形式不同。银行利率风险主要是借贷活动中利率性质和期限不匹配产生的风险，而公司的利率风险主要是由于利率上升或下降带来的风险。可以说，浮动利率贷款是公司最大的，也是经常被关注的利率风险来源。

2. 利率风险的计量

一般工商企业对于利率风险的计量主要是通过财务报表来评估利率风险的潜在规模。

1）资产负债表分析

一个公司的资产负债表上的负债规模是显示该公司利率风险暴露程度的重要指标，而财务杠杆①又是使用最广泛的、衡量资产负债表中负债规模的指标。

较高的杠杆比率对借款者来说意味着较高的利率风险暴露，对贷款者来说意味着较高的信用风险。作为一种粗略的原则，如果负债超过股本和公积金之和，即如果杠杆比率超过 100%，则该公司的管理者就应该考虑建立正式的系统来检测它的风险暴露。

2）损益表分析

利率风险暴露的另一个有用的指标可以从公司的损益表中提取。一个公司的利润必须能够支付其利息成本，分析中使用最广泛的比率是利息保障倍数（Interest Coverage Ratio）。它是指企业生产经营所获得的息税前利润与利息费用的比率。这是一种简单地衡量公司的利润在多大程度上与它的利息收入相关的方法。一般地，利息保障倍数越大，公司拥有的偿还利息的缓冲资金越多，公司面临的偿债风险就越小。例如，一公司的利息保障倍数小于 1，表明自身产生的经营收益不能支持现有的债务规模，则它的财务状况是高风险的。

3）行业分析

一些行业面对利率的变化比另一些行业更加脆弱，因此处于这些行业中的公司应该清楚认识它们的利率风险暴露。房屋建筑业就是一个典型的行业例子，这是因为房屋建筑公司不得不通过大量的借款为它们的工程融资。利率上升导致建筑公司的借款成本上升，同时，较高的住房贷款利率也会抑制住房的需求，造成房屋建筑商的住房滞销，现金流动困难。

其他对利率变化敏感的行业包括消费品、企业制造和销售、航空、旅游业以及其他需求水平与经济增长率相关的行业。

3. 利率风险管理方法

1）选择有利的利率形式

选择有利的利率形式的基本原理是：在对有关国际货币资本借贷进行磋商时，经济活动主体根据对未来利率走势的预测，选用对自己有利的利率形式，据以签约成交。

---

① 财务杠杆是指企业利用负债来调节权益资本收益的手段。财务杠杆比率是反映公司通过债务筹资的比率，如产权比率、资产负债率等。杠杆比率越高，投资者盈利率越高，当然，其可能承担的亏损风险也越大。

选择有利的利率形式的具体做法是：对国际货币资本的借方而言，如果预测利率未来会上升，则选择固定汇率；反之，如果预测利率未来会下降，则选择浮动利率。与借方相反，对国际货币资本的贷方而言，如果预测利率未来会上升则选择浮动利率；反之，如果预测利率未来会下降，则选择固定利率。

通过上述做法，国际货币的借方与贷方不仅可以将蒙受经济损失的可能性完全转移给交易对方，而且可以为自己争取到获得额外经济利益的机会。这里最为关键的是，要求有关经济主体能够对利率的未来走势做出准确预测。否则，很难达到风险管理的效果。

2）订立特别条款

借款人可以在浮动利率的借款协议中，通过增订特别条款来避免利率波动的风险，如设定利率上下限、转换利率形式等。

（1）设定利率上下限。

在增订特别条款时，设定利率上限或利率下限可使借款利率在借款期限内只在利率上下限之间波动，从而规避利率风险。当市场利率高于利率上限时，将利率上限作为借款利率；当市场利率低于利率下限时，则将利率下限作为借款利率。如果在浮动利率的贷款协议中增订了利率上限条款，则借款人通常要向贷款人支付一定的费用；如果增订了利率下限条款，则借款人通常可以得到优惠利率的贷款。是否在贷款协议中订立该条款，取决于借款人对待利率风险的态度以及借款人对利率未来走势的预期。

（2）转换利率形式。

在增订特别条款时，借款人还可以在浮动利率的贷款协议中转换利率形式。当利率的波动达到协议中规定的最高限或最低限时，借款人可以将浮动利率贷款转换为固定利率贷款，从而避免利率进一步波动的风险。由于在签订协议时增加了这样的特别条款，银行要额外地承受超出协议限定之外的利率波动风险，因此必须对这种利率波动的风险进行套期保值，由此产生的额外费用体现在贷款银行提供这种服务的价格里。因此，借款人在签署这项协议之前，要对其利弊慎重衡量。

除了上面传统的利率风险管理方法之外，一般工商企业也可利用前面介绍到的金融衍生工具来进行利率风险管理。

【例15-10】假设该公司需要在2个月后借款5 000万美元，为期6个月。为了锁定这笔贷款利率，该公司从银行家信托按LIBOR为6.5%购买了一份"2×8"的远期利率协议，金额为5 000万美元。这就意味着，银行家信托签订了一份2个月后的6个月的LIBOR远期合约，即从现在算起2个月后，如果LIBOR超过6.5%，银行家信托将支付该公司利息费用之差；如果LBOR低于6.5%，该公司将支付给银行家信托利息费用之差。

假设2个月之后LIBOR是7.2%，因为利率超过6.5%，所以公司将从银行家信托那里收到的利息支付为

$$\frac{(7.2\% - 6.5\%) \times \frac{180}{360} \times 50\,000\,000}{1 + 7.2\% \times \frac{180}{360}} = 168\,919 \text{（美元）}$$

15.4 国家风险评估与管理

15.4.1 国家风险概述及其类型

1. 国家风险的基本概念

国家风险（Country Risk）是指在国际经济活动中，由国家的主权行为引起的造成损失的可能性。其具体包括：为保存外汇或其他原因，不能或不愿完成对贷款者或投资者的外汇偿付义务所造成的风险；其他借款者由于贷款或投资本身以外的因素不能完成对贷款者或投资者的偿付义务而造成的风险。

正确把握国家风险应该注意以下三点：

（1）以本国货币融通的国内信贷，其所发生的风险属于国内商业风险，不属于国家风险讨论的范围。

（2）凡是跨国境信贷，不论接受信贷的对象为一国政府，还是私人企业或个人，均有可能遭遇到国家风险。因而，国家风险的概念比主权风险或政治风险的内涵更广。主权风险仅相对于某一主权国家政府贷款可能遭受的损失风险而言。

（3）必须是政府所能控制的事件所导致的风险，才是国家风险。

2. 国家风险的类型

国家风险大致可以按以下标准划分为不同类型：

1）按风险发生的缘由划分

（1）政治风险。

政治风险是一国国际关系发生重大变化，如对外发生战争、领土被侵占等，或是一国的国内动荡，如意识形态不同导致的革命、恐怖事件、选举、地方性政党分裂、经济利益集团间冲突等因素而造成损失的风险。政治风险一般以主权政府的风险形态出现。一旦一国发生战争、动乱或是革命，不仅会直接影响该国履行对外偿债的能力，而且会因为政局的不稳定而导致主权政府形态的更迭。新的领导人或党派很有可能拒绝承认旧政府的债务，甚至在经济政策的制定方面，与旧政府背道而驰。

（2）社会风险。

社会风险是指一个社会由发生内战、种族纠纷、宗教纷争、所得分配不均以及社会阶层间的对立等因素而造成的风险。稳定促发展，如果社会秩序混乱，那么必然影响一个国家的经济发展和经济政策的执行，从而进一步削弱一国政府、企业和居民的对外偿债能力。

（3）经济风险。

经济风险是指一国由经济一直处于低增长、出口收入持续降低、国际收支情况不断恶化、粮食与能源的进口需求突然剧增以及外汇短缺等因素而造成的风险。一国长期不能履行偿债义务，大多是由经济因素造成的，这种经济风险与一国的内外部经济发展有关。以上导致经济风险的因素，都会对国际收支产生很重大的不利影响。当国际收支发生困难的时候，一国取得外汇的能力会下降，因而会影响该国的偿债能力，这种因获取外汇能力降低导致外汇短缺而影响偿债能力的风险，又被称作汇兑风险或是国际收支风险。

5）按风险大小程度划分

按风险大小程度，国家风险可划分为高度风险、中度风险及低度风险，这是根据借款者采取行动所致损失程度的不同而做出的判别。高度风险一般列为风险等级 C 级，风险分值是 30～55；中度风险一般列为风险等级 B 级，风险分值是 7～15；低度风险则列为风险等级 A 级，风险分值是 1.5～3。

在上述五种分类标准中，第一种和第二种分类标准最常被使用，也最为重要。第一种分类标准是按风险发生的缘由来划分的，一般探究国家风险发生的根源，从而测定与掌握风险程度。对于第二种分类标准，由于债务国或债务人采取何种反应行动对债权银行的债权确保或损失程度的影响颇大，因而常被国际银行采用。

15.4.2 国家风险评估

国家风险评估就是采用定性与定量相结合的方法，系统分析可能导致风险的各种因素，进而测定这些因素及其变化对债务国偿债能力的影响。作为国家风险管理的首要环节，国家风险评估历来受到国际信贷组织和机构的高度重视。

1. 国家风险评估的方法

世界各国银行和非银行金融机构对国家风险采取的评估方法各不相同，但总体而言，可分为定性分析法与定量分析法。

1）定性分析法

定性分析法就是指对各种评估要素做出主观上的分析与判断。这里的评估要素主要分为政治要素、社会要素和经济要素。

（1）政治要素。

一国的政治情况对其信用和偿债能力有很大影响，特别是由政治要素直接引发的国家风险，往往是债权方难以回避的，其造成的损失也是无法挽回的。政治要素的内涵十分丰富，表 15-9 对其进行了简要概括。

表 15-9 政治要素及其内涵

政治要素	内涵
政体与政权转移方式	民主化程度；政权转移方式；政治制度的弹性
政治形势及其稳定性	统治者的民众基础；执政党与在野党的力量对比；执政党的基本准则；政治的稳定性；政变的可能性
权力关系与强权人物	政治的结构特征；政府的行政效率；国家管理的哲学与政策；政府官员的素质与科学决策能力；强权人物的影响力
政府对外资的态度和以往国有化的记录	欢迎/不欢迎；差别待遇；征收外国资本及国有化的记录；民族主义力量的状况
外交政策与外交关系	外交政策的独立性；与邻国的关系，与其他国家的经贸关系；与国际组织的关系；国家外交形象
国际压力导致政治制度巨变的可能性	国家间矛盾激化；外国势力干涉；和约与联盟关系；国家之间的战争

（2）社会要素。

每个社会都有自己的特征，如社会发展背景、社会发展状况和社会不安定程度等，这些特征无不体现在政府与民众的行为之中，进而直接或间接地影响一国的偿债能力。社会要素及其内涵如表15-10所示。

表15-10 社会要素及其内涵

社会要素	内涵
社会发展背景	历史；宗教；种族；语言；文化；生活习惯；社会结构与组织
社会发展状况	生活水准；教育普及程度；寿命与健康水平；死亡率与出生率；居住环境；人口结构与分布；人民的工作意愿；人民参与政治程度
社会不安定程度	种族冲突；宗教纷争；社会阶层对立；贫富差距；罢工；暴乱；叛乱

（3）经济要素。

一切政治要素和社会要素对一国信用和偿债能力所产生的影响，最终都要反映在该国的经济统计中。一国综合经济实力的大小、国际收支状况以及外汇储备的多少，都对该国信用和偿债能力具有决定性的意义。因此，在国家风险的评估中，经济要素最为重要。表15-11所示为经济要素及其内涵。

表15-11 经济要素及其内涵

经济要素	内涵
资源开发与政府经济发展计划	自然资源状况；人力资源状况；经济发展计划；国民生产总值；经济增长率，人均国民收入；资本积累率；工业化程度；消费水平
货币金融政策	货币供应量；通货膨胀率；利率结构；信用工具；金融市场
政府预算	预算净值；政府支出占GNP比重；财政赤字或盈余占GNP的比重
就业和工资水平	失业率的高低；工资水平；劳资关系
进出口贸易	出口竞争力；出口商品结构；出口地区分布；进口规模与增长率；进口商品结构；进口地区分布；贸易条件；服务贸易；贸易管制
国际收支状况	经常账户差额；资本与金融账户差额；官方储备资产变动；经常账户差额占GNP的比重
国际储备与外汇市场	外汇储备；在IMF的借款权；国际储备与年进口率；外汇市场状况；货币可兑换性；币值稳定状况
对外债务状况	外债总额占GNP比重；到期应偿还债务占GNP比重；借款比率；偿债比率；以往偿债记录
经济发展前景	社会制度（包括市场制度、产权制度、国家政治体制、司法体系等）；人文差异（包括国民智商，国民储蓄或节俭、国民勤劳程度、宗教信仰等）；人口数量或人口密度；其他因素

定性分析法偏重于利用经验和准则，而不是使用量化的数据来说明各项评估要素的特征及其与偿债能力之间的关系。按照评估内容的复杂性和深浅程度，其可以进一步分为简述报告法和详述报告法。简述报告法是指风险评估者根据贷款业务的实际需要，选择其认为重要